HANS URS VON BALTHASAR

THEOLOGIK

BAND I

HANS URS VON BALTHASAR

THEOLOGIK

ANLAGE DES GESAMTWERKES

BAND I

WAHRHEIT DER WELT

BAND II

WAHRHEIT GOTTES

BAND III

DER GEIST DER WAHRHEIT

JOHANNES VERLAG EINSIEDELN

HANS URS VON BALTHASAR

THEOLOGIK

ERSTER BAND

WAHRHEIT DER WELT

JOHANNES VERLAG EINSIEDELN

Mit kirchlicher Druckerlaubnis

Hergestellt im Graphischen Unternehmen Benziger
Einsiedeln, 1985
ISBN 3 265 10297 1

INHALT

IV. WAHRHEIT ALS TEILNAHME

ZUM GESAMTWERK

Der dritte Flügel unserer Trilogie ist der theologischen «Logik» gewidmet, das heißt schlicht der Frage, was im Ereignis der Offenbarung Gottes durch die Menschwerdung des Logos und die Ausgießung des Heiligen Geistes «Wahrheit» besagt. Dieses Verständnis von «Logik» wird sich gewiß auch mit dem Problem zu befassen haben, welchen Denk- und Sprachgesetzen die Aussagen über das in der «Ästhetik» Wahrgenommene und Erfahrene, über das in der «Dramatik» bei der Konfrontation göttlicher und menschlicher Freiheit Dargelebte unterliegen, aber solche Probleme werden doch erst sinnvoll stellbar, wenn dahinter die Frage nach dem Logos, also der Wahrheit des Seins selbst angegangen wird.

Die ganze Trilogie ist von Anfang an nach den transzendentalen Bestimmungen des Seins gegliedert worden, und zwar je im Hinblick auf das analoge Verhältnis ihrer Geltung und Gestalt im weltlichen und im göttlichen Sein: so entsprechen sich in der Ästhetik weltliche «Schönheit» und göttliche «Herrlichkeit», in der Dramatik weltlich-endliche und göttlich-unendliche Freiheit. Hier in der theologischen Logik wird entsprechend über das Verhältnis zwischen der Struktur geschöpflicher und göttlicher Wahrheit nachzudenken sein. Und nachfolgend über die Frage, ob sich göttliche Wahrheit innerhalb den Strukturen der geschöpflichen darstellen und (in diversen Formen) zur Aussage bringen kann. Theologische Erkenntnisse über Gottes Herrlichkeit, Güte, Wahrheit setzen naturgemäß eine nicht nur formalistische oder gnoseologische, sondern ontologische Struktur des weltlichen Seins voraus: ohne Philosophie keine Theologie.

Hier nun, wo von der Wahrheit die Rede sein soll, wird es der Ort sein, über die behandelten Transzendentalien nochmals ausdrücklicher zu reflektieren, dabei wird sachgemäß – da sie ja gemeinsam das ganze Sein durchwalten – nicht nur ihre Untrennbarkeit (vgl. Platon, Philebos 64e), ihre gegenseitige Durchdringung und Voraussetzung sichtbar werden, sondern damit auch das grundlegende Transzendentale der Einheit, auf dessen geschöpfliche Struktur im ersten Band (169f, 186ff. 201, 283), reflektiert wurde, auf deren göttliche Struktur («Wie kann die absolute Einheit trinitarisch sein?») eingegangen werden soll. Dabei wird sich zeigen, daß von Einheit als Transzendentale überhaupt erst gehandelt werden kann, wenn die übrigen Transzendentalien vorweg thematisch geworden sind.

Das Bedenken der Analogie der Seinswahrheit wird, weit entfernt, sich in Abstraktionen zu verlieren, uns mindestens ebensosehr wie die Ästhetik und Dramatik vor die vitalsten Fragen des christlichen Glaubens und Lebens stellen: Wie kann, ontologisch gedacht, Gott Mensch werden, anders gefragt: Ist weltlicher Logos tragfähig genug, göttlichen Logos in sich einzubergen? Wie kann, wenn dieses Grundgeheimnis sich hat einigermaßen lüften lassen, innerhalb der Welt und ihrer Logik so etwas wie «Nachfolge Christi» bei Wesen gedacht werden, die ja das Menschwerdungsgeheimnis gar nicht mitvollziehen? Wie ist, als einrahmende Voraussetzung für eine solche Nachfolge, ein Gebilde wie «Kirche» (als «Leib» und «Braut» Christi) ontologisch konzipierbar? Die Circuminsessio der Transzendentalien läßt es als notwendig erscheinen (und entschuldigt es damit), daß zum Teil in den früheren Flügeln unseres Triptychons schon behandelte Fragen erneut zur Sprache kommen; anders als in umkreisenden Wiederholungen des Je-Ganzen läßt sich ja Theologie überhaupt nicht betreiben, ihre Parzellierung in kontaktlose Einzeltraktate ist ihr sicherer Tod.

Wenn Theologe ernsthaft nur sein kann, wer auch und zuvor Philosoph ist, sich – gerade auch im Licht der Offenbarung – in die geheimnisvollen Strukturen geschöpflichen Seins versenkt hat (und das kann der «Einfältige» ebensowohl und vermutlich besser als der «Kluge und Weise»: Mt 11,25), der wird sich in steigendem Maße verwundern, wie komplex die Strukturen der Transzendentalien für das kontingente Sein sind, dessen Geheimnis-Abgrund auch verhindert, daß man mit einem Problem endgültig fertig werden kann. Nicht nur durchwaltet alles endliche Sein die «Realdistinktion» von Essenz und Esse-Existenz (letzteres nochmals der Eindeutigkeit entgleitend), sondern die Pole sind, wie zu zeigen sein wird, nur streng durcheinander erhellbar. Nicht anders verhält es sich mit der Polarität innerhalb der Einheit zwischen dem Einzelnen und dem Allgemeinen, mit der

Polarität innerhalb der Schönheit zwischen «Gestalt» und «Licht» («Ich muß über die Ästhetiker lachen», sagte Goethe, «welche sich abquälen, dasjenige Unaussprechliche, wofür sie den Ausdruck ‹schön› gebrauchen, durch einige abstrakte Worte in einen Begriff zu bringen.» An Eckermann 18.4.1827), mit der Polarität innerhalb der Ethik zwischen Gehorsam und Freiheit oder dem Problem der Übergabe endlicher an die unendliche Freiheit, worin die erste sich selbst verwirklicht. Aus dem Dasein solcher Polaritäten erhält das endliche Sein seine Konsistenz, seine Lebendigkeit, seine Würde, die es über die reine Faktizität erhebt und es zum Gegenstand eines unstillbaren Interesses, ja einer ehrfürchtigen, staunenden Bewunderung macht, die, je tiefer man in diese Strukturen eindringt, für den erkennenden Blick zugleich enthüllter und in ihr Geheimnis hinein verhüllter erscheinen. Von diesem Paradox, daß Enthüllung sich sehr wohl mit Verhüllung und Geheimnis verträgt, der Geheimnischarakter des Seins also keineswegs Irrationalität bedeutet, wird im Folgenden ausführlich und zentral zu handeln sein. Damit wird auch die Polarität zwischen Wissen und Glauben thematisch werden, ein Motiv, das, zumal im personalen Bereich und in der Liebe angewandt, niemanden befremden wird.

Und da von Liebe die Rede ist, wird die Frage unvermeidlich sein, ob sie nicht den verborgenen Untergrund für die ineinanderliegenden Transzendentalien bilden könnte, so daß die scheinbare Zweiheit, die sich im Wort «Philo-Sophia» anzeigt, schließlich, tiefer gesehen, sich in eine lebendige Einheit auflösen könnte und damit auf ihre Art wiederum die Analogie weltlichen Seins zum unendlichen anzeigen würde, von der man in Identität aussagt, daß es «die Weisheit» und «die Liebe» ist.

Damit wird schon die tiefste Problematik einer «Theologik» ansichtig, die paradoxerweise fragt, ob die in der Analyse weltlicher Wahrheit (wie der übrigen Transzendentalien) aufgezeigte Polaritätsstruktur, die gerade die Unähnlichkeit des Geschöpflichen mit dem Sein des Schöpfers zu betonen scheint, aufgrund ihrer innern Lebendigkeit nicht zugleich ein Moment positiver Ähnlichkeit und Vergleichbarkeit mit Gott enthält. Darin steckt schlicht die Frage, worin das endliche Sein «Bild und Gleichnis» des absoluten Seins ist (wobei wir jetzt nicht zwischen «Bild» und »Spur» unterscheiden wollen), eine Frage, die nur innerhalb einer theologisch-trinitarischen Betrachtung Sinn und Dringlichkeit erhält.

Um diese intrikate Frage auf sinnvolle Weise anzugehen, muß die Untersuchung in zwei Teile gegliedert werden: ein erster muß sich zunächst mit den innerweltlichen Strukturen der Wahrheit befassen: des weltlichen Seins überhaupt sowie seiner Stufen, die zugleich sich vertiefende Weisen der sich selbst explizierenden Wahrheit sind. Diese Arbeit ist im Wesentlichen in einem früher erschienenen Werk («Wahrheit der Welt» 1947) hinreichend geleistet worden, weshalb es hier als erster Teil der Theologik erneut vorgestellt wird. Das Werk gab sich damals ausdrücklich als ein «Erster Teil», dem als zweiter eine Untersuchung über «Wahrheit Gottes» folgen sollte; diese blieb aus äußerlichen, biographischen Gründen ungeschrieben und wird hier nach einem längeren Zeitraum vorgelegt, womit auch der Abschluß der ganzen Trilogie erreicht ist.

Im vorliegenden ersten Band wird vorwiegend philosophisch vorgegangen. Das endliche Sein wird auf seine Wahrheitsstrukturen (die sich, wie gezeigt, nur in der Circuminsessio der andern Transzendentalien erhellen läßt)[1] hin durchforscht, wobei dem Leser vielleicht manches weniger Gewohnte begegnen wird, manches, das seit der Antike und auch seit der Patristik unvermerkt aus dem Blick geraten ist, sich aber aus der Rückschau auf die große Tradition durchaus rechtfertigen läßt. Diese Tradition soll jetzt nicht in extenso vorgeführt werden; um die Sammlung auf den Gegenstand nicht abzulenken, wurden nur ein paar Hinweise auf Thomas von Aquin gegeben, zum Beweis, daß wir uns von der großen Überlieferung nicht weit entfernt haben. Daß die untersuchten innerweltlichen Strukturen auf

[1] Darum konnte und mußte hier genauer Dargelegtes bereits in früheren Bänden in kurzen Hinweisen vorweggenommen werden. Das gilt vor allem für die Gleichzeitigkeit der Eröffnung des Ichraums und des Seinsraums (und darin des Du- und Wir-Raums) im sich erkennenden Subjekt, wie sie in Theodramatik II,1, Kapitel «Freiheit als Selbstbewegung» (192–219) geschildert wird. In der «Ästhetik» wäre vieles von Bonaventuras Expressio-Lehre (Herrlichkeit II, 1, 288–311) mit dem hier über Ausdruck, Bild und Wort Gesagten zu vergleichen.

einen transzendenten göttlichen Logos zurückweisen, wird – außer an wenigen andern Stellen – erst im Schlußkapitel thematisch, wonach freilich für das philosophische Denken Gott und seine Wahrheit nur als principium et finis mundi (Vatic. I, DS 3004) einsichtig werden.

Der nachfolgende zweite Band behandelt die Wahrheit, die Gott uns von sich selber her durch freie Offenbarung kundgetan hat und die damit zur letzten Norm weltlicher Wahrheit wird. Auf welche Weise die letztere dabei nicht aufgehoben, aber über sich selbst erhoben und vollendet wird, das zu schildern und einzusehen, setzt die Analysen des ersten Bandes voraus.

Wenn der erste Band aus einer philosophischen Perspektive blikkend mit philosophischen Begriffen arbeitet, so der zweite aus theologischer Perspektive mit theologischen Methoden. Doch ist bei dieser Unterscheidung immer Zweierlei mitzubeachten.

Erstlich gilt, daß die Welt, so wie sie konkret existiert, eine Welt ist, die je schon positiv oder negativ in einem Verhältnis zum Gott der Gnade und der übernatürlichen Offenbarung steht, und daß es in diesem Verhältnis keine neutralen Punkte und Flächen gibt. Die Welt, als Gegenstand der Erkenntnis, ist immer schon in diese übernatürliche Sphäre eingebettet, und so steht auch entsprechend das Erkenntnisvermögen des Menschen immer unter dem positiven Vorzeichen des Glaubens oder dem negativen des Unglaubens. Es kann zwar die Philosophie, sofern sie sich in einer relativen Abstraktheit bewegt, von dieser übernatürlichen Einbettung der geschöpflichen Natur absehend, gewisse natürliche Grundstrukturen der Welt und der Erkenntnis herausheben, die ja durch jene Einbettung keineswegs aufgehoben oder auch nur in ihrem Wesen alteriert werden; sie wird aber, je näher sie dem konkreten Gegenstand kommt und je tiefer sie das konkrete Erkenntnisvermögen beansprucht, um so mehr auch, bewußt oder unbewußt, theologische Daten miteinbeziehen. Wurzelt sich doch das Übernatürliche in die innersten Strukturen des Seins ein, um sie wie ein Sauerteig zu durchsäuern, wie ein Hauch und allgegenwärtiger Duft zu durchwehen. Es ist nicht nur unmöglich, es wäre auch Torheit, diesen Duft der übernatürlichen Wahrheit aus der philosophischen Untersuchung mit allen Mitteln verbannen und ausmerzen zu wollen; viel zu stark ist das Übernatürliche in der Natur imprägniert, als daß sich diese noch in ihrem Reinzustand (natura pura) rekonstruieren ließe. Ein anderes ist es nun, die aller Philosophie einhaftenden theologischen Daten unbewußt zu übernehmen, wie es etwa die heidnische Philosophie eines Platon und Aristoteles tat, ein anderes, diese Daten bewußt abzulehnen und sie säkularisierend auf immanente philosophische Wahrheit zurückzuführen, wie es die Methode des modernen Rationalismus, aber auch eines gewissen neuern Idealismus, Mystizismus, Existenzialismus, sowie einer rein philosophischen personalistischen Wertlehre kennzeichnet, ein anderes schließlich, die untilgbare Anwesenheit solcher Theologumena inmitten des konkreten philosophischen Denkens christlich anzuerkennen und als solche gelten zu lassen. Der erste Weg ist für uns nicht mehr gangbar, der zweite Weg, der der Säkularisierung der Theologie, enthält ein negatives Vorurteil gegenüber der Möglichkeit oder Wirklichkeit göttlicher Offenbarung und hätte dieses Vorurteil theologisch zu rechtfertigen, noch bevor er sich an den Versuch einer sogenannten reinen Philosophie heranwagte, in welcher er sich anmaßt, die Wahrheit der Offenbarung als eine dem Menschen eigene Wahrheit zu behandeln und zu verarbeiten. So bleibt uns vorderhand nur der dritte Weg offen: die Wahrheit der Welt in ihrer prävalenten Welthaftigkeit zu beschreiben, ohne jedoch die Möglichkeit auszuschließen, daß die so beschriebene Wahrheit Elemente in sich schließt, die unmittelbar göttlicher, übernatürlicher Herkunft sind. Manche Beschreibungen weltlicher Elemente der Wahrheit in diesem ersten Band stehen in einem solchen Zwielicht: könnte, was über Liebe, über Gnade, Übersehen und Vergessen usf. gesagt wird, ohne den Einstrahl eines theologischen Lichts entdeckt worden sein? Aber vielleicht ist es hier notwendig, nicht nur Natur und Übernatürliches als zwei Bereiche einander gegenüberzustellen, sondern einen dritten Bereich von Wahrheiten anzusetzen, nämlich solche, die wahrhaft zur geschöpflichen Natur gehörig dennoch erst ins Licht des Bewußtseins treten, wenn sie von einem übernatürlichen Strahl erhellt werden. Könnte man zu dieser Sphäre nicht die Aussage des 1. Vatikanums zählen, daß der natürliche Verstand hinreicht, «den einen und wahren Gott» als «unsern Schöpfer und Herrn durch das Geschaffene hindurch mit Gewißheit zu erkennen» (DS 3026)? Also jene Synthese vorzunehmen, die eigentlich allen historischen heidnischen Religionen mißlang: zwischen einem personalen Polytheismus und einer apersonalen Mystik der Einheit, da diesen Religionen das den Göttern anhaftende Personale eine Endlichkeit zu enthalten schien, die nicht anders zu überwinden war als durch eine hinter der Götterwelt liegende personlose Einheit? Oder fällt auf die Aussage des hl. Thomas, daß der endliche Mensch schon von Natur (also ohne ein übernatürliches Existential) nach der Anschauung Gottes – einer unmittelbaren, nicht durch die geschaffene Welt vermittelten – verlangt, nicht auch ein solches Licht? Eine derartige «dritte Zone» nicht a priori auszuschließen, ist augenscheinlich vorurteilsloser als eine Methode, die von vornherein mit der Unmöglichkeit übernatürlicher Offenbarung rechnet. Die hier versuchte Beschreibung weltlicher Wahrheit wird sich demnach bemühen, das ans Licht zu stellen, was als solche Wahrheit erscheint, ohne entscheiden zu wollen (denn eine solche Unterscheidung scheint innerlich unmöglich), von welchem natürlichen oder übernatürlichen Licht sie getroffen wird.

Erst dann, und methodisch davon getrennt, soll die theologische Untersuchung anheben, die von der Selbstoffenbarung Gottes in dem göttlichen, menschgewordenen Logos und dem ihn auslegenden Pneuma ausgehend, diese Selbstoffenbarung zum ausdrücklichen Gegenstand nimmt. Sie wird sich dabei hüten, diese Selbstoffenbarung nochmals in eine kategoriale und eine transzendentale aufzugliedern, als ob man die in Christus und seiner Auslegung durch den Geist in der Kirche als eine bloß kategoriale Sphäre von einer sie übergreifenden, allgeschichtlichen transzendentalen Sphäre unterscheiden könnte. Vielmehr ist es das Geheimnis der Wirkkraft des Heiligen Geistes Christi, seine geschichtliche und auferstandene Wirklichkeit als das Universale Concretum so zu universalisieren, daß ihre Strahlen «bis an die Grenzen der Erde» zu dringen vermögen (vgl. dazu: «Theologie der Geschichte» ⁶1979).

Als Zweites aber sollte sich aus den nachfolgenden Untersuchungen ergeben, daß die innere Fülle philosophischer Wahrheit – auch abge-

sehen von dem theologischen Licht, das auf sie fallen kann – doch in sich selbst viel reicher ist, als viele ihrer Darstellungen es vermuten lassen. Läßt man sich durch die scheinbare gegenseitige Ausschließung philosophischer Systeme – wie Empirismus und Rationalismus, Idealismus und Realismus, Objektivismus und Existentialismus – nicht aus der Fassung bringen, versucht man die Systeme durch einen schlichten Blick auf die Wirklichkeit zu «unterwandern» – wie zum Beispiel Thomas die angebliche Unvereinbarkeit von Platonismus (bzw. Augustinismus) und Aristotelismus «unterwandert» hat –, so wird eine Breite, Fülle und Vielfalt im natürlichen Bereich offenbar, die dann auch erlaubt, das Werk der Gnade voll zu würdigen: diese braucht die ganze Fülle, um sich darzustellen, sie durchdringt, gestaltet, erhebt sie und bringt sie zu ihrer letzten Auswirkung. Versäumt man diese philosophische Vorarbeit, so leidet darunter, wie schon einmal gesagt, am meisten die Theologie, die sich dann entweder auf ein paar trockene, abstrakte Begriffe zu stützen hat oder, den philosophischen Unterbau gänzlich vernachlässigend, sich notdürftig einen solchen selber zusammenbastelt und sich leicht auf undurchdachtes, ideologisch gefärbtes Material stützt, das ihr dabei behilflich sein soll.

Dann leben sich Philosophie und Theologie immer mehr auseinander. Eine jeder Transzendenz entratende Philosophie, die sich ins Innerweltliche verschanzt, gibt es bald auf, von unentzifferbaren «Chiffren» oder von einem zu «hirtenden Seyn» zu reden und begnügt sich zusehends mit Formen und Variationen eines comteschen Positivismus, der in der Unfruchtbarkeit von Funktionalismen, Logizismen und Sprachanalysen endet, worin von Wahrheit als einem Seinstranszendentale nichts mehr übrig ist. Folgerichtig schwebt dann Theologie in sich selbst, auch und gerade, wenn sie sich «existential» gibt und wenn sie die Kluft zwischen einem Christus des Glaubens und Jesus des Wissens zu schließen versucht, so ist auch mit dem bloßen Verweis auf diesen Jesus die Brücke noch nicht geschlagen zu dem, was Wahrheit für den Menschen des philosophielosen technisch-positivistischen Zeitalters allenfalls (im Nachklang) noch bedeuten kann. In dieser Isolierung ist die verunsicherte Theologie geneigt, sich mit einem exegetischen Rationalismus den Ast abzusägen, auf dem sie sitzt, oder in einen Politismus auszubrechen, wie ein Teil der «Befreiungstheologie» es versucht, die das Ärgernis der weltlichen Armut mit dem Ärgernis des Kreuzes verwechselt und den Glauben in die Praxis verlegt. Exegese wie ethischer Einsatz des Glaubenden in Ehren, aber Einzelaspekte der Wahrheit können, wenn nicht integriert, nur auf Abwege führen.

Integration: ein solches Programm fordert eine strenge Zusammenarbeit zwischen Philosophie und Theologie, welche Zusammenarbeit aber nur möglich wird, wenn beide Disziplinen innerlich füreinander offen sind. Das ist nur möglich, wenn die Analogie zwischen göttlichem Urbild und weltlichem Abbild von beiden Seiten wieder zentral zu denken versucht wird. Dabei kann es nicht nur um die Gottabbildlichkeit des Menschen gehen – und um die Frage, wieweit diese durch menschliche widergöttliche Einstellung verloren oder nicht verlorengehen kann –, sondern umfassender um die Gottabbildlichkeit des weltlichen Seins im ganzen. Die geistbesitzenden Wesen innerhalb der geschaffenen Welt werden darin gewiß einen Vorzugsplatz einnehmen, jedoch, was wenigstens den Menschen betrifft, ist dieser von den Stufen der untermenschlichen Welt nicht abzutrennen, deren Seinswahrheit von der seinen nicht abgelöst werden kann.

Um diese aber richtig zu beschreiben, ist nochmals auf das anfangs Gesagte zurückzukommen: die Transzendentalien sind keine Kategorien, die als endliche Gehalte gegeneinander de-finiert werden können; sie sind durchgehende Bestimmungen des Seins als solchen und liegen deshalb ineinander. Daß wir uns damit den Prügeln Nietzsches aussetzen, ist uns bewußt: «An einem Philosophen ist es eine Nichtswürdigkeit zu sagen ‹das Gute und das Schöne sind eins›; fügt er gar noch hinzu: ‹auch das Wahre›, so soll man ihn prügeln» (Schlechta III 832). Dies verwundert nicht, wenn man zusieht, was aus den Transzendentalien schon bei Kant geworden ist, nämlich (in § 12 der Analytik der Begriffe in der Kritik der Reinen Vernunft) zu einem zwar alten, aber «leeren» Gedanken, dessen Wahrheit darin liegt, Kategorien der Quantität, «nämlich der Einheit, Vielheit und Allheit» als «logischen Erfordernisse(n) und Kriterien aller Erkenntnis der Dinge» zu bilden, die dann «unbehutsamer Weise zu Eigenschaf-

ten der Dinge an sich» gemacht werden. Bei Nietzsche werden sie nicht nur gegeneinandergekehrt («Die Wahrheit ist häßlich», sagt der im zitierten Fragment folgende Satz), sondern als innerlich widersprüchlich nachgewiesen und somit aufgelöst, aufgrund einer leidenschaftlicheren Leugnung jeder Transzendenz, als es die affektierte positivistische Gleichgültigkeit ihr gegenüber war.

Von Nietzsche und bis in die Gegenwart hinein wird diese Aushöhlung der Transzendentalien durch das gerechtfertigt, was der Mensch aufgrund seiner Freiheit in seiner Sphäre aus ihnen zu machen wußte: Lüge, Bosheit, Häßlichkeit und grundsätzliche, zum Prinzip erhobene Zwietracht scheinen seine Welt so zu beherrschen, daß dem Blick, dem einzig realistischen, der das alles aushält, das Denken des Seins als des Wahren, Guten, Schönen als hoffnungslos illusionär erscheint. Beherrscht wird das Dasein durch den Willen zur Macht, der sich der Transzendentalien so bedient, wie es ihn fördert: Wahrheit, Prawda, ist, was der Macht nützt usf. Dieser Scheinübermacht des freien menschlichen Verfügens steht aber doch die sie verohnmächtigende Macht ihres Selbstwiderspruchs entgegen, der offen oder verborgen, früh oder spät zur Selbstaufhebung führt. Die bürgerliche Moral des Alten Testaments (gegen die Ijob sich auflehnt) meinte den Zusammenbruch dieses Selbstwiderspruchs empirisch miterleben zu können. Sie mochte nicht durchaus verfehlt sein, aber als allgemeines Gesetz konnte sie sich nicht behaupten. Christlich betrachtet, bleibt die durchgehende Offenbarung dieses Selbstwiderspruchs dem Menschen transzendent. Das Reich des Antichrist bricht erst eschatologisch zusammen. Dennoch kann von den Nicht-Verblendeten der Widerspruch schon innergeschichtlich erkannt und der rasche Zusammenbruch tausendjähriger Reiche auch wirklich erlebt werden. Die Macht des Seins und seiner unaufhebbaren Bestimmungen ist stärker als der menschliche Versuch, diese Bestimmungen mitsamt dem Sein, dem sie inhärieren, nihilistisch aufzuheben.

Man kann dies nochmals anders sagen. Alle der menschlichen Freiheit möglichen Perversionen des Seins und seiner Bestimmungen streben immer nach einer Aufhebung seiner Tiefendimension, die es auch und gerade in seiner Enthüllung ein Geheimnis sein läßt. Die

Formel «A ist nichts anderes als ...» kennzeichnet diese Perversion in allen transzendentalen Dimensionen. A ist vielmehr immer noch «etwas anderes als ...». Sowohl Gutsein wie Schönheit wie Wahrheit ist durch keine De-finition ausgeschöpft, ihr Raum durch keine Reduktion plattzudrücken, das Mysterium ihres Daseins wie ihres Wesens auf keine Formel zu bringen. Der letzte Grund für diesen Geheimnischarakter alles Erkennbaren lüftet sich freilich erst, wenn der kreatürliche Charakter alles gegenständlich Erkennbaren, das heißt die Verborgenheit seiner letzten Wahrheit im Geist des Schöpfers erkannt wird, der allein den ewigen Namen der Dinge zu sprechen vermag. Doch dies weist, um voll eingesehen zu werden, aus diesem philosophischen Band in den zweiten theologischen hinüber.[2] *Von ihm her sind die Transzendentalien gegen alle Angriffe menschlicher Freiheit – soviel diese auch verderben mag – erst recht gefeit.*

Der zweite Teil der Theologik wird sich nochmals in zwei Bände gliedern müssen. Im Zentrum des ersten wird das christologische Problem stehen: wie ist überhaupt göttliche, unendliche Wahrheit in geschöpfliche, endliche übersetzbar? Die Analogia Entis verbietet, über beiden ein einendes Drittes anzusetzen; kein Begriff kann sich über Gott erheben. So bleibt das Problem ein solches zwischen Gott und Welt: kann Gott sich als *Gott der Welt verständlich machen, ohne seines göttlichen Charakters verlustig zu gehen, ohne einer zwischen-gott-weltlichen (hegelschen) Dialektik zum Opfer zu fallen? Kann Gott – über seine «prophetischen» Anweisungen an die Menschheit hinaus – sich dieser* als *Gott offenbaren, ohne daß sich die Menschen dabei einen götzenhaften Begriff von ihm schmieden? Ist die Idee, daß der Mensch «Bild Gottes» ist, tragfähig genug, ihn zum Erfasser des «Urbilds» zu machen? Ist, um den hier auftauchenden Grenzbegriff zu beschwören, ein Wesen vorstellbar, das in sich selber die Transposition vom Urbild zum Nachbild zu leisten vermöchte, ohne das erste zu verfälschen? Ist also ein «Gottmensch»*

[2] *Dazu J. Pieper, Philosophia Negativa (Kösel, München 1953).*

nicht (wie Judentum und Islam einmütig erklären) ein in sich widersprechender Begriff? Dieser zweite Band der Theologik wird die zentralste und dornigste Frage aller christlichen Glaubenslehre von allen Seiten zu umkreisen haben. Sie wird dadurch noch verschärft, daß die johanneische Formel ‹verbum-Caro› (wobei Caro den gottfremden, der ‹Eitelkeit› verfallenen Menschen meint) die Übersetzung des Erhabensten und Heiligsten in das Niedrigste und Entfremdeste auszusagen scheint, wahrlich die «major dissimilitudo» (DS 806), von der man nicht sieht, wie sie überhaupt noch eine Übersetzbarkeit des Einen ins Andere zu erlauben vermag. Die aufgerollte Problematik ist breit genug, um in ihren vom «Bild» zum Urbild aufsteigenden (ana-logischen) und vom Urbild zum «Bild» absteigenden (kata-logischen) Aspekten entwickelt zu werden, ohne daß dabei eine vollständige Christologie entfaltet zu werden bräuchte (Aspekte einer solchen enthalten schon frühere Bände der vorliegenden Trilogie).

Aber gesetzt, dem menschgewordenen Logos sei eine gültige Übersetzung seiner göttlichen in seine menschliche Logik gelungen, die Frage, ob diese Übersetzung von den Menschen verstanden werden kann, ist damit noch nicht gelöst. Das Evangelium verneint dieses Verständnis, sogar bei Jesu engsten Jüngern: «Sie verstanden dieses Wort nicht, es war vor ihnen verborgen, sie sollten es nicht erfassen» (Lk 9,45). Es bedarf somit einer erneuten Auslegung, die ihnen von Jesus selber verheißen wird: «Was ich tue, verstehst du jetzt nicht, aber später wirst du es begreifen» (Joh 13,7). «Wenn der Geist der Wahrheit kommt, wird er euch in alle Wahrheit einführen» (Joh 16,13). War Jesus der «Ausleger» des göttlichen Vaters (Joh 1,18), so wird der «Geist der Wahrheit» der Einführer in diese Wahrheit Jesu sein, der sich selber als «die Wahrheit», die rechte Auslegung Gottes, bezeichnet hat. Diese Einführung in die gottmenschliche Auslegung wird den menschlichen Geist in die Richtigkeit der Logik des Logos einweihen. Der Schluß des trinitarischen Glaubensbekenntnisses der Kirche wird im Anschluß an den «Glauben an den Heiligen Geist» die zentralen Wahrheiten aufzählen, die von seiner abschließenden Theologik erhellt werden müssen: «die heilige katholische Kirche» als der fortlebende «mystische Leib» des menschgewordenen

Logos, ihre Vorgeschichte im inspirierten Wort der «Propheten», ihr Sich-Ereignen in den «Sakramenten», welche das Wunder der «Sündenvergebung» in Taufe und Buße, der «Gemeinschaft in den heiligen Dingen» (der Eucharistie) vermittelt und damit eine menschlich unbegreifliche Gemeinschaft der Geheiligten bis in das Mysterium der Stellvertretung füreinander hinein in eine Nachfolge des Kreuzes und schließlich eine solche auch in die «Auferstehung der Toten» und «das Ewige Leben» hinein. Alles dies sind Werke, die in Jesus grundgelegt sind, aber für die Menschen ermöglicht werden durch den ihnen vom Vater her gesandten und eingehauchten Heiligen Geist.

Mit diesem Schlußband endet unsere Trilogie, indem sie die Ästhetik – die Herrlichkeit Gottes – und die Dramatik – die Wahrheit seiner Überwindung der widergöttlichen Mächte in Welt und Mensch – rekapituliert.

Bevor wir einsetzen, werfen wir einen letzten Blick auf die Disposition dieser Trilogie zurück. Ist diese Disposition nicht unlogisch und jeder elementaren Ordnung in der Reihenfolge der Transzendentalien wie auch jeder sinnvollen Folge innerhalb einer Theologie widersprechend? Hätte man nicht mit der Wahrheit beginnen müssen, die wir an den Schluß stellen, obschon sie doch die Voraussetzung für jedes wertende, sittliche und religiöse Verhalten, also für das Gute sein muß? Und erst recht: wie kann man vor Gut und Wahr das Schön stellen, dessen Transzendentalität ja umstritten ist und das, wenn überhaupt in die Reihe, so jedenfalls an deren Schluß gehört? Ein ernster theologischer Vorwurf ist uns nicht erspart worden: Gottes Offenbarung an den Menschen ist für den christlich Glaubenden trinitarisch: Gott der Vater, der «Quellgrund der Gottheit» (DS 490, 525, 568), offenbart sich uns nur in zwei göttlichen Hypostasen: dem Sohn, der uns die Wahrheit des Vaters kundtut, und dem Geist, der seine Liebe in uns einflößt. Und in dieser Heilsoffenbarung enthüllt er uns etwas vom Geheimnis seiner immanenten Dreieinigkeit. «Diese transzendentale Gezweitheit (von Erkenntnis und Liebe) ist aber nicht durch weitere Bestimmungen ergänzbar, etwa durch ein gleich ursprüngliches ‹Schöne›... Dies nicht nur deshalb, weil sonst ein wirkliches Verständnis der notwendig nur zwei *innertrinitarischen*

Ausgängen tödlich gefährdet wäre und das Grundaxiom der Selbigkeit von ‹ökonomischer› und ‹immanenter› Trinität nicht mehr durchgehalten werden könnte. Werden vielmehr Wille, Freiheit, ‹bonum› in ihrem wahren und vollen Wesen verstanden, als Liebe gegenüber der Person, die nach der Person nicht nur hinstrebt, sondern in deren vollen Güte und ‹Glanz› ruht, dann *ist* kein *Grund ersichtlich, dieser Gezweitheit ein drittes Vermögen zuzugesellen.»*[3] *Dieser Einwand, der das bonum und pulchrum («Glanz») ineinssetzt, scheint vorauszusetzen, daß unser Entwurf trinitarisch verfaßt sei. Das ist er jedoch nicht; vielmehr ist von der Trinität Gottes in allen drei Teilen die Rede.*

Der Einsatz unter dem Zeichen «Herrlichkeit» kann mit der früheren Apologetik oder auch Fundamentaltheologie verglichen werden; der positivistisch-atheistische, nicht nur für Theologie, sondern sogar für Philosophie blindgewordene Mensch von heute sollte, vor das Phänomen Christi gestellt, wieder «sehen» lernen: im nicht Einzuordnenden, Ganz-Andern Christi das Aufleuchten des Hehren, Herrlichen Gottes erleben, wofür er in seiner menschlichen Verfaßtheit doch ein Vorverständnis hat («Herrlichkeit» III/1).[4] *Aber dessen wahre Gegenwart wird erst in der Heilsgeschichte Alten und Neuen Bundes gesichtet (III/2) und von den großen christlichen Theologien thematisch entfaltet (II). Dieser Einsatz schien um so notwendiger, als er auch in den heutigen, nachkonziliaren katholischen Versuchen einer Reform der Theologie nicht hinreichend zur Geltung kommt und vom Rationalismus mancher exegetischer Annäherungen an das Phänomen Christus – nach dem Rationalismus der Spätscholastik – erneut überdeckt wird.*

[3] *Karl Rahner, Der dreifaltige Gott als transzendenter Urgrund der Heilsgeschichte, in: Mysterium Salutis II (1967) 378. Über Gültigkeit und Grenzen des hier formulierten «Grundaxioms» soll an dieser Stelle kein Urteil abgegeben werden.*

[4] *Wenn auch das historische Ziel dieses Vorverständnisses in der Neuzeit in dem Band aufgezeigt wird, ist die durchgehende Aktualität einer personlosen, atheistischen Religion (Buddhismus) und schließlich (marxistischen und positivistischen) Irreligion zu wenig berücksichtigt; meine neueren Ausführungen zu diesem Aspekt wären ergänzend hinzuzunehmen.*

Es entspricht der immerwährenden Praxis der Kirche, daß der vom Glanz Christi – und in Ihm des dreieinigen Gottes – Getroffene in die daraufhin zu gebende Lebensantwort eingeführt wird: die heute großgeschriebene christliche «Praxis» kann wesenhaft erst erfolgen nach der «Theoria», dem Erkannthaben der in der dreieinigen Liebeshingabe Gottes an uns liegenden Forderung, die ihrerseits nichts anderes ist als Geschenk: Befreiung des Menschen aus seiner Verstrikkung in sich selbst zu einer angemessenen Antwort an Gott in dem von Christus formulierten zweieinigen Hauptgebot. Dementsprechend mußte das «bonum» als das geschichtlich dramatische Zueinander der göttlich-dreieinigen und der sündig-erlösten menschlichen Freiheit bis in die letzten eschatologischen Aspekte durchgedacht werden. Auch diese «Ethik» ist in den Grundzügen trinitarisch strukturiert, da in ihrem Mittelpunkt ein doppeltes christologisches Faktum steht: daß alles echte menschliche Personsein durch Teilnahme an der in Liebesgehorsam erfüllten Sendung Christi bestimmt wird, und daß das einmalige soteriologische «Pro Nobis» des Gottmenschen sich in der geheimnisvollen «Communio Sanctorum», dem Für-einander-einstehen-Können den Glaubenden und Leidenden mitteilt. Aber auch das «tragische Moment» dieser Ethik durfte nicht unerwähnt bleiben, das am Lebensschicksal Christi ablesbar und für das Schicksal seiner Kirche entscheidend bleibt: daß je-größere Liebe auch je-größeren Haß hervortreibt – das letzte Buch der Schrift zeigt es eindringlich –, daß deshalb der Sieg Christi über die «Welt» das Gericht keineswegs ausschließt, dessen Ausgang kein Mensch «ausrechnen» kann, auch wenn er an Jesu Wort festhalten darf: «Seid getrost, ich habe die Welt überwunden» (Joh 16,33).

Wozu nach alldem noch eine «Theologik»? Weil in den beiden ersten Teilen das Faktum als gegeben vorausgesetzt wurde, daß Gott sich selbst dem Menschen verständlich machen und ihn zu seiner Nachfolge befähigen kann, aber nicht darauf reflektiert wurde, wie die unendliche Wahrheit Gottes und seines Logos imstande sein kann, sich in dem engen Gefäß menschlicher Logik nicht nur vage und annähernd, sondern adäquat auszudrücken. Liegt nicht im Wort «Theo-Logie» ein innerster Widerspruch, bedeutet dieses Wort nicht

«Aussage des Unaussprechlichen und Unausdenkbaren»? Der Mensch ist aber nicht nur ein wahrnehmendes und handelndes, sondern auch ein denkendes, sprechendes, formulierendes Wesen. Welchen Wert hat die «quasi-scientia», deren Durchführung er als «Theo-Logie» unternimmt, worin er offenbar die Logik Gottes in seine eigene zu übersetzen unternimmt? Wenn vorhin gesagt wurde, daß es keine christliche Praxis ohne das Licht und die Normgebung einer Theoria gibt, so muß abschließend darauf reflektiert werden, wie diese Praxis sich auch in menschlichen Begriffen und Worten ausdrükken und rechtfertigen läßt. Auch hier wird es nochmals ohne eine trinitarische Grundlegung nicht abgehen. Theologie wird primär nicht eine Leistung des Menschen sein, sondern eine solche des göttlichen Vaters, der sich in seinem menschgewordenen Wort wahrhaft auszulegen und verständlich zu machen vermag, wenn auch nur denen, die er durch seinen in sie gelegten Heiligen Geist zum Verständnis dieser Auslegung befähigt. Und es ereignet sich das Seltsame: daß der Gott, der sich wahrhaft und rückhaltlos auslegt, damit nicht aufhört, Geheimnis zu sein. Daß dies kein Widersinn ist, sondern schon in den Strukturen innerweltlicher Wahrheit sein Vorverständnis hat, wird die Studie, mit der jetzt zunächst eingesetzt wird, «Wahrheit der Welt», erweisen.

EINLEITUNG

Von der Wahrheit reden heißt nicht nur die Frage aufwerfen, ob es Wahrheit gebe, und sie vielleicht bejahen. Damit beschäftigt sich vorzüglich die kritische Erkenntnistheorie, und diese Frage ist gewiß ernst genug, um einer eingehenden Untersuchung würdig zu sein. Mit ihr sollte sich ganz primär auch die Ontologie abgeben; denn Wahrheit ist ja nicht nur eine Eigenschaft der Erkenntnis, sondern vor allem eine transzendentale Bestimmung des Seins als solchen. Aber angenommen, die aufgeworfene Frage wäre, auf welchem Wege auch immer, einer befriedigenden Lösung entgegengeführt worden, gesetzt also, die erkennende Vernunft sei zur Überzeugung gelangt, daß es so etwas wie Wahrheit gebe und daß sie dem Denken und dem Sein eigne und ihre gegenseitige Beziehung regle: wird dann eine solche Vernunft sich mit dieser Feststellung zufrieden geben und nicht vielmehr der Auffassung sein, daß der fruchtbarste Teil ihrer Arbeit nun erst beginne, ihr ein Paß eingehändigt worden sei, der sie berechtige, in das Land der Erkenntnis allererst einzureisen, daß sie sich nicht so sehr als Vernunft denn als Torheit erzeigen würde, wenn sie die eben erst begonnene Untersuchung befriedigt beim ersten Erfolg wieder abbrechen würde? Gewiß, es ist nicht möglich, die Tatsachenfrage nach der Existenz der Wahrheit zu lösen, ohne die Wesensfrage mit aufzuwerfen und bereits ein Stück weit der Lösung entgegenzuführen. Um zu wissen, ob Wahrheit sei, muß man immer schon eine Art Vorwissen darüber haben, was sie sei. Aber solange die Vernunft mit der Tatsachenfrage thematisch beschäftigt ist, stellt sie die Wesensfrage nur indirekt, nur um der Existenzfrage willen, und hat sich noch nicht unmittelbar und mit der ganzen Leidenschaft, die die Wesensfrage erheischt, mit der Erforschung der – nunmehr als gegeben vorausgesetzten – Wahrheit beschäftigt. Auch dies sei zugestanden, daß es in der Philosophie keine Fragen gibt, die man ein für allemal lösen, erledigen, hinter sich lassen kann. Immer kehren, auf einer anderen Ebene, auf einer höheren Windung der Spirale, bei einer tiefern Bohrung der Schraube in den Geheimnis-Abgrund des Seins, dieselben elementaren Fragen wieder, und unter ihnen die Tatsachenfrage nach der Existenz der Wahrheit. Eine letzte Untrennbarkeit von Daß und Was, von Faktizität und Wesen, von Existenz und Essenz, erweist sich, gegenüber allen oberflächlichen methodischen Versuchen, sie sauber zu scheiden, als stärker: wir werden von der Wesensforschung selbst zurückgeworfen auf die Ausgangsstellung: die nackte, ungesicherte Frage nach dem Dasein des Seins und der Wahrheit überhaupt. Und doch: die elementare Verwunderung darüber, daß es überhaupt so etwas gibt wie Dasein, Wesen und Wahrheit, dieses Staunen, das für den echten Denker im Verlauf seiner Forschung nicht abnimmt, sondern stets nur zunimmt, dieses immer ehrfürchtigere, verwunderte Staunen über das Wunder im Gegenstand seiner Erkenntnis und in seiner Erkenntnis selbst, rückt doch immer weiter ab von einem schülerhaften, abstrakten und unfruchtbaren Zweifel an der Existenz von Sein und Wahrheit. Zu tief wurzeln in ihm die Erfahrungen, die er im Leben mit der Wahrheit in sich gesammelt hat, als daß er sie in der gleichen Weise wie einst in Frage zu stellen vermöchte. Jener Ausgangspunkt seines Denkens, da er als Penäler die ersten Denkversuche an Hand seines erkenntnistheoretischen Lehrbuchs unternahm, erscheint ihm rührend und naiv, am Gewicht der Jahre gewogen, während denen er mit der Wahrheit zusammengelebt hat. Jene erste Frage, ob es Wahrheit überhaupt gibt, könnte ihm vergleichbar erscheinen dem ersten, tastenden Gespräch eines Jünglings mit einem Mädchen, dessen Ergebnis die Gewißheit war: sie liebt mich. Aber das wäre ein seltsamer Liebender, der sich mit der Feststellung dieser Tatsache zufrieden gäbe, dem sie nicht vielmehr, wie eine aufspringende

Türe, zum Ausgangspunkt eines beginnenden Lebens der Liebe würde. In diesem Leben wird die ewige Frage zwischen Liebenden, ob sie einander lieben, täglich neu lebendig werden; nie wird Liebe genug befragt, weil sie nie genug hat, die bestätigende Antwort zu hören, und hinter jeder Antwort eine neue Frage, hinter jeder Gewißheit ein neuer, erweiternder Ausblick sich auftut. Aber die immer neue Frage wird einen ganz anderen Charakter haben als jene erste Frage nach der nackten Tatsache der Liebe. Sie bewegt sich jetzt innerhalb des Raumes der Liebe selbst, sie ist ein Teil ihrer Lebendigkeit, ihres Wesens, sie setzt die Existenz der Liebe voraus, nach deren Existenz sie fragt; und diese Voraussetzung dessen, was gefragt wird, drückt offenbar viel tiefere Weisheit aus als die erste, sich annähernde Frage. So behalten denn auch jene Philosophen recht, die dem Adepten, der zögernd und ratlos vor dem Problem der Wahrheit steht, den Rat erteilen, sich erst in den Strom hineinzustürzen, um Leib an Leib mit der Welle zu erfahren, was Wasser ist und wie man darin vorankommt. Wer diesen Sprung nicht wage, werde nie erfahren, was schwimmen heißt, und so werde auch, wer den Sprung in die Wahrheit nicht wage, niemals die Gewißheit ihrer Existenz erlangen. Dieser erste Akt des Glaubens, des sich hingebenden Vertrauens sei keineswegs irrational, sondern die schlichte Vorbedingung dafür, sich der Existenz des Rationalen überhaupt zu vergewissern. So wird auch, um nochmals zum ersten Beispiel zurückzukehren, der Mann, der seit Jahrzehnten mit einer Frau verheiratet ist, Kinder von ihr erhalten und Freude und Leid mit ihr geteilt hat, nicht täglich und stündlich neu die ängstliche Frage aufwerfen, ob diese Frau ihn wirklich liebe. Eine solche Zweifelsucht wäre auf die Dauer das sicherste Mittel, ihre Beziehung unerträglich zu machen, ja, die Liebe selbst zu zerstören. Man kann aber deswegen nicht sagen, er habe sich von dem ersten Ursprung und Anfang seiner liebenden Frage entfernt, sie auf sich beruhen lassen und sich mit der Liebe als einer Tatsache abgefunden, die ihn im weitern nichts mehr angehe. Wie der Schwimmende *immer* schwimmen muß, um nicht unterzugehen, obwohl er es vielleicht zu immer größerer Meisterschaft in der Schwimmkunst gebracht hat, so muß auch der Liebende täglich neu und ursprünglich in der Liebe leben und die Liebe befragen, und so muß schließlich auch der Erkennende täglich neu die Frage nach dem Wesen der Wahrheit stellen, ohne deswegen ein unfruchtbarer und zerstörerischer Zweifler zu sein. So gibt es, wie in der Schwimmkunst und in der Kunst der Liebe, auch in der Erkenntnis der Wahrheit einen wirklichen Fortschritt, aber keinen solchen, der jemals endgültig über den ersten lebendigen Ausgangspunkt hinauskäme und ihm den Rücken kehrte. Der Ausgangspunkt der Metaphysik ist ein so vitaler, daß er nicht überholbar ist, vielmehr die ganze Metaphysik wie ein Samenkorn in sich enthält und aus sich entfalten kann. Jede Ausdehnung und Verbreiterung der Problemstellung kann immer nur zugleich eine Intensivierung der ursprünglichen Frage sein, die sich vom Ursprung nicht weg-, sondern in den Ursprung hineinentfaltet und so immer ursprünglicher wird.

Weit entfernt, die Entfaltung des Lebens in der Wahrheit und mit der Wahrheit zu hindern, fordert die erste Frage nach der Wahrheit sie vielmehr mit aller Macht. Wie die Liebe zwischen den Gatten erst im Laufe ihres gemeinsamen Lebens langsam ihre ganze Fülle, ihren Umfang, ihre Tiefe enthält, die in der ersten Begegnung noch nicht zu ahnen war, so beginnt auch die Wahrheit erst im Umgang mit ihr ihren ganzen unerschöpflichen, immer unerschöpflicher werdenden Reichtum zu entfalten. Es wäre ja auch seltsam, wenn eine transzendentale Eigenschaft des Seins, eine grundlegende Bestimmung und Verfassung alles Seienden, die also an der ganzen Breite und Tiefe des Seins als solchen und der verschiedenen Stufen und Formen seiender Wesen innersten Anteil hat, in wenigen trockenen Sätzen definiert, klassifiziert, übersehen und abgetan wäre. Vielmehr ist von vorneherein klar, daß die Wahrheit als eine solche transzendentale Eigenschaft des Seins, im Grunde ebensowenig wie dieses selbst einer erschöpfenden Definition fähig und zugänglich sein kann. Definition bedeutet immer auch, wie das Wort selbst es sagt, eine Abgrenzung gegenüber anderen, ausgeschlossenen Inhalten, also die Näherbestimmung eines Gattungsbegriffs durch eine spezifische Differenz. Das Sein selbst aber ist kein Gattungsbegriff, denn alle Differenzen des Seins sind selber Sein. Es kann nur dem Nichts entgegengesetzt werden und dieses ist nicht geeignet, das Wesen des Seins in seinem positiven Gehalt zu «definieren». So kann das Sein nur sich selbst bestimmen und nur durch sich selbst verstanden werden, und was von ihm selber gilt, gilt auch von allen ihm als Sein anhaftenden Eigenschaften. Die Universalität der Wahrheit ist so umfassend, daß sie von keiner beschränkenden Definition umfaßt wird, daß vielmehr alles Definieren den umfassenden Raum der Wahrheit voraussetzt, innerhalb dessen es vor sich geht. Es gibt keine begrenzte Geographie des Landes der Wahrheit, da ihr Wesen und ihr Bereich ebenso unbeschränkt ist, wie das Wesen und der Bereich des Seins selbst. Man wird sich daher auch zu hüten haben, von irgendwelchen vorgefaßten und ausschließenden Begriffen und Definitionen der Wahrheit auszugehen, die ihre Geltung von vorneherein begrenzen oder in einer bestimmten Richtung festlegen möchten, vielmehr ihr die ganze Weite einräumen, die sie als eine unbegrenzte Seinsbestimmung beansprucht. Nur so ist sie imstande, uns etwas von ihrer Unendlichkeit zu vermitteln und uns dabei zu beweisen, daß ihr Wesen immer noch größer, noch erhabener ist als war wir bereits von ihr erfaßt haben.

Von dieser Weite und diesem unerschöpflichen Reichtum der Wahrheit waren alle großen Denker überzeugt. Auch und gerade bei jenem Philosophen, der mit Vorliebe als Paradigma und Vorbild schulmäßigen Denkens hingestellt wird, bei Thomas von Aquin, umfaßt der Traktat De Veritate eine ganze Welt von Gegenständen, deren unmittelbarer Zusammenhang mit dem Problem der Wahrheit dem Einsichtigen durchaus evident ist, während Kurzsichtige hier von Abschweifungen und willkürlichen Exkursen sprechen konnten. Viel eher gilt, daß Thomas in seinem so reichen Werk noch immer nur einen kleinen Bruchteil der Fragen aufgeworfen und beantwortet hat, die legitimerweise unter den Titel der Wahrheit gestellt werden können und zum Teil sogar gestellt werden müssen, und Thomas wäre der Letzte, dies bestreiten zu wollen. Auch er konnte nur tun, was eben ein Mensch kann: auf den unermeßlichen Feldern der Wahrheit einen mehr oder weniger zufälligen Strauß von dort blühenden Blumen pflücken, der vielleicht einen Begriff der Flora des Feldes vermitteln kann, niemals aber den Reichtum, die Fülle, die Atmosphäre, die Fruchtbarkeit und Herrlichkeit der ganzen Landschaft wiederzugeben vermag. Ein Gleiches wie von Thomas würde von Aristoteles oder von Augustinus gelten, die nicht minder als Plato von dem fragmentarischen Wesen aller Erkenntnis durchdrungen waren, oder von Hegel, der eine Einsicht in das Wesen der Wahrheit erst am Ende seines alles Seiende umspannenden und nach allen Seiten offenen Ausblick bietenden Systems in Aussicht stellt.

Der sehr bescheidene Versuch, der im Folgenden vorgelegt wird, beansprucht nicht mehr zu sein, als eine weitere, proprio Marte unternommene Entdeckungsfahrt in die Wahrheit, in deren Reich die Sonne nicht untergeht. Er wird sich, da dies schon zur Genüge geschehen ist, nicht lange mit der initialen «Wahrheitssicherung» der Erkenntnis abgeben, sondern, die Existenz der Wahrheit als eine Urtatsache erkennend, sich bald den Fragen nach ihrem Wesen zuwenden. Dabei dürften ganz primäre und elementare Dinge in Erscheinung treten, die zum Wesen der Wahrheit ebenso gehören wie zur Ehe der Haushalt und die Kindererzeugung und von denen doch in den landläufigen Abhandlungen über die Wahrheit gar wenig zu erfahren ist. Dieser Dinge sind so viele und so verschiedenartige, daß wir, wie ein Cicerone im fahrenden Zug, nur links und rechts auf die vorübereilenden Gegenstände hinweisen können, wobei doch das meiste, das der Erwähnung wert wäre, bei der Schnelle der Fahrt gar nicht wirklich gezeigt werden kann. Dieses fast erdrückende Gefühl der nicht zu bewältigenden Fülle befällt nicht erst angesichts der aposteriorischen Mannigfaltigkeit der existierenden Dinge und Sachverhalte, die alle ihren Anteil erhalten möchten an dem Gespräch über die Wahrheit, es überkommt vielmehr schon angesichts der einfachen apriorischen Qualität der Wahrheit selbst, wie sie allem Sein als solchem anhaftet und als ein immer neues Wunder vor dem Denkenden steht. Mit diesem Wunder zusammen versuchen wir eine Zeitlang zu leben.

Wir glauben uns dadurch nicht von der großen Tradition des abendländischen und im besondern des christlichen Denkens über die Wahrheit zu entfernen; im Gegenteil, wir glauben eine gewisse Strömung wieder einzuholen, die in neuerer Zeit, besonders im christlichen Denken, sich verlangsamt und zur Bildung von eigenartig stehenden Gewässern geführt hat. Wie vieles wußten doch noch die Kirchenväter: ein Klemens, ein Origenes, ein Gregor von Nyssa, ein Augustinus über das Wesen der Wahrheit, wie bohrend und ursprünglich hat ein Anselm darüber nachgedacht, wie breit und souverän hat ein Thomas sie beschrieben, verglichen mit den kargen Sätzen, die heutige Lehrbücher christlicher Philosophie darüber zu äußern wissen! Vielleicht ist daran eine gewisse praktisch-apologetische Einstellung schuld, die sich immer mehr auf einige, um jeden Preis zu haltende Grundstellungen zurückgezogen hat, auf eine Art von geistigem Reduit, dessen wohlausgebaute Unerstürmbarkeit zugleich die Preisgabe des ganzen unverteidigten Vorlandes einschließt – eine Einstellung, die eben auf den Beweis der Existenz von Wahrheit überhaupt sich beschränkt und mit deren Festlegung ihre Aufgabe schon als erledigt betrachtet. Vielleicht verrät aber auch diese Gegenstellung gegen den modernen Rationalismus und Skeptizismus unbewußt eine gewisse Beeinflussung von diesen Strömungen her, insofern das Ideal der Wahrheit in deren Sicherung selbst gesehen wird, oder doch in einer Art von wissenschaftlicher Klarheit und Unanfechtbarkeit, die jeweils nur durch die Preisgabe ganzer weiter Gebiete der Wahrheit erkauft werden kann. Die Reduktion der Wahrheitserkenntnis auf eine rein theoretische Evidenz, aus welcher alle lebendigen, persönlichen und ethischen Entscheidungen sorgfältig ausgeschaltet worden sind, bedeutet eine so empfindliche Einengung des Feldes der Wahrheit, daß diese dadurch allein schon ihrer Universalität und so ihres eigentlichen Wesens beraubt wird. Sind wirklich Wahrheit und Gutheit beide transzendentale Eigenschaften des Seins, dann müssen sich beide durchdringen, und jede ausschließende Entgegensetzung ihrer Gebiete kann nur zu einer Verkennung ihres beiderseitigen Wesens führen. Dasselbe gilt entsprechend auch von der letzten transzendentalen Eigenschaft des Seins, der Schönheit: auch sie erhebt Anspruch auf allgemeine Gültigkeit, auch sie ist daher von ihren beiden Schwestern niemals zu trennen. So stellt sich die ganz elementare Forderung einer Ethik und Ästhetik der Wahrheit und der Wahrheitserkenntnis, aus der Einsicht heraus, daß nur die drei transzendentalen Bestimmungen des Seins dessen innern Reichtum offenbaren, wie er ist, das heißt, seine Wahrheit enthüllen, daß folglich auch nur eine dauernde lebendige Einheit der theoretischen, ethischen und ästhetischen Haltung wahre Erkenntnis des Seins vermitteln kann. So sehr die drei Rücksichten und Haltungen sich formal unterscheiden, so sehr sie in jeder ernsten Metaphysik bis zuletzt unterschieden bleiben müssen, so sehr muß doch von Anfang an, und nicht erst nachträglich, ihre gemeinsame Wurzel und ihr beständiges Ineinanderspiel berücksichtigt werden, welches so eng ist, daß von keinem der drei einigermaßen konkret die Rede sein kann, wenn nicht die andern beiden miteinbezogen werden. Wenn man diese Einheit von der Wurzel her faßt und beschreibt, werden im spätern Verlauf der Untersuchung eine Menge perplexer Situationen von vornherein umgangen, die einzig durch allzu vereinfachte Ausgangspunkte verursacht werden. So hat Newman zum Beispiel mit vollem Recht erkannt, daß das theologische Problem von Glauben und Wissen nie mehr in angemessener Weise gelöst werden kann, wenn nicht im philosophischen Ursprung der Fragestellung die Einheit von theoretischer und ethischer Haltung, von Evidenz und Entscheidung erfaßt und beschrieben worden ist. So wird auch jede Ästhetik sich mit dem Problem eines vermeintlichen Irrationalismus herumschlagen müssen, die nicht schon an der Wurzel den Zusammenhängen zwischen Seinsenthüllung und Ausdrucksbewegung, also zwischen Wahrheit und Schönheit nachgegangen ist. Es ist eine Frucht des modernen Rationalismus, der das Feld der Wahrheit auf ein vermeintlich isolierbares rein Theoretisches einzuengen trachtete, daß das Gebiet des Guten und des Schönen dadurch außerhalb des erkenntnismäßig Nachprüfbaren geriet und einer wie immer gearteten subjektiven Willkür oder doch privaten Glaubens- und Geschmackswelt überlassen wurde. Damit ist das Bild des Seins, die einheitliche Anschauung der Welt zerrissen und so jedes wirkliche Gespräch über die Wahrheit verunmöglicht. Gesprochen wird fürderhin nur noch über allgemein zugängliche, im letzten belanglose Inhalte, während die tiefsten Wahrheitsfragen, die ohne Entscheidung und Geschmack nicht berührt werden können, in falscher Scham dem Schweigen überantwortet bleiben. Wenn die Wahrheit entscheidungslos ist, dann ist die persönliche, weltanschauliche Entscheidung wahrheitslos. Eine solche Unterbindung des Gesprächs über die Wahrheit kommt – wie sich später zeigen wird – einer Vernichtung der Wahrheit selbst gleich. Christliche Philosophie wird sich daher hüten müssen, auch nur unbewußt und ungewollt einem solchen Rationalismus Vorschub zu leisten. Um ihm aber das nötige Gegengewicht bieten zu können, muß sie zu jenen Ursprüngen zurückkehren, in welchen, historisch wie sachlich gesehen, die lebendige Verzahnung von Wahrheit, Gutheit und Schönheit und der diesen entsprechenden Wissenschaften das universale Weltbild ermöglicht haben. Rationalismus und Irrationalismus lassen sich nur von einer einheitlichen Grundstellung aus gemeinsam überwinden.

Wir gliedern unsere Untersuchungen in zwei Teile; der erste behandelt die Wahrheit, wie sie uns zunächst in der Welt begegnet, als die Wahrheit der Dinge und des Menschen, eine Wahrheit, die in ihrem letzten Grunde auf Gott, den Schöpfer zurückweist. In dieser Betrachtungsweise erscheint die Wahrheit Gottes als Ursprung und Ende (principium et finis. Vatic. Denz. 1785) der Wahrheit dieser Welt. Der zweite Teil behandelt die Wahrheit, die Gott uns von sich selbst durch Offenbarung kundgetan hat und die nunmehr, in diesem positiven Offenbarsein, zur letzten Norm aller weltlichen Wahrheit wird. So handelt der erste Teil von Wahrheit als einem Gegenstand der Philosophie mit philosophischen Methoden, der zweite Teil von ihr als einem Gegenstand der Theologie mit theologischen Methoden. Dabei sind aber zwei Dinge sehr ernstlich zu betrachten und nie außer acht zu lassen:

Erstlich gilt, daß die Welt, so wie sie konkret existiert, eine Welt ist, die je schon positiv oder negativ in einem Verhältnis zum Gott der Gnade und der übernatürlichen Offenbarung steht, und daß es in diesem Verhältnis keine neutralen Punkte und Flächen gibt. Die Welt, als Gegenstand der Erkenntnis, ist immer schon in diese übernatürliche Sphäre eingebettet, und so steht auch entsprechend das Erkenntnisvermögen des Menschen immer schon unter dem positiven Vorzeichen des Glaubens oder dem negativen des Unglaubens. Es kann zwar die Philosophie, sofern sie sich in einer relativen Abstraktheit bewegt, von dieser übernatürlichen Einbettung der geschöpflichen Natur absehend, gewisse natürliche Grundstrukturen der Welt und der Erkenntnis herausheben, die ja durch jene Einbettung keineswegs aufgehoben oder auch nur in ihrem

Wesen alteriert werden; sie wird aber, je näher sie dem konkreten Gegenstand kommt und je tiefer sie das konkrete Erkenntnisvermögen beansprucht, um so mehr auch, bewußt oder unbewußt, theologische Daten miteinbeziehen. Wurzelt sich doch das Übernatürliche in die innersten Strukturen des Seins ein, um sie wie ein Sauerteig zu durchsäuern, wie ein Hauch und allgegenwärtiger Duft zu durchwehen. Es ist nicht nur unmöglich, es wäre auch Torheit, diesen Duft der übernatürlichen Wahrheit aus der philosophischen Untersuchung mit allen Mitteln verbannen und ausmerzen zu wollen; viel zu stark ist die Übernatur in der Natur imprägniert, als daß sich diese noch völlig in ihrem Reinzustand (natura pura) rekonstruieren ließe. Ein anderes ist es nun, die aller Philosophie einhaftenden theologischen Daten unbewußt übernehmen, wie es etwa die heidnische Philosophie eines Plato und Aristoteles tat, ein anderes, diese Daten bewußt ablehnen und sie säkularisierend auf immanente philosophische Wahrheit zurückführen, wie es die Methode des modernen Rationalismus, aber auch eines gewissen neueren Idealismus, Mystizismus, Existenzialismus, sowie einer rein philosophischen personalistischen Wertlehre kennzeichnet, ein anderes schließlich, die untilgbare Anwesenheit solcher Theologumena inmitten des konkreten philosophischen Denkens christlich anerkennen und als solche bestehen lassen. Der erste Weg ist für uns nicht mehr gangbar, der zweite Weg, der der Säkularisierung der Theologie, enthält ein negatives Vorurteil gegenüber der Möglichkeit oder Wirklichkeit göttlicher Offenbarung und hätte dieses Vorurteil theologisch zu rechtfertigen noch bevor er sich an den Versuch einer sogenannten reinen Philosophie heranwagte, in welcher er sich anmaßt, die Wahrheit der Offenbarung als eine dem Menschen eigene Wahrheit zu behandeln und zu verarbeiten. So bleibt uns vorderhand nur der dritte Weg offen: die Wahrheit der Welt in ihrer prävalenten Welthaftigkeit zu beschreiben, ohne jedoch die Möglichkeit auszuschließen, daß die so beschriebene Wahrheit gewisse

Elemente in sich schließt, die unmittelbar göttlicher, übernatürlicher Herkunft sind. Eine solche Methode ist augenscheinlich vorurteilsloser als jene, die apriori mit der Unmöglichkeit echter göttlicher Offenbarung rechnet. Unsere erste Untersuchung über die Wahrheit in der Welt wird also eine Art Phänomenologie der uns bekannten und begegnenden Wahrheit enthalten, und damit vorwiegend das beschreiben, was als natürliche Wahrheit anzusprechen ist. Erst dann, und methodisch davon getrennt, wird die theologische Untersuchung, ausgehend von der Selbstoffenbarung Gottes, in einem neuen Ansatz die göttliche Wahrheit zu beschreiben suchen, wie sie sich als in Gott seiend mitteilt und in ihrer Mitteilung die weltliche Wahrheit einbeziehend, diese auf die göttliche hinordnet.

Zweitens aber ist zu bemerken, daß die innere Fülle der philosophischen Wahrheit – ganz abgesehen von dem theologischen Licht, das sie immer beleuchtet – doch viel reicher ist als die meisten ihrer Darstellungen es vermuten ließen. Der alte Satz von der Gnade, die die Natur voraussetzt, erfordert gerade um des übernatürlichen Verständnisses der Gnade willen eine viel umfassendere Erforschung und Beschreibung der natürlichen Wahrheit, als sie zu geschehen pflegt. Nur wenn die ganze Breite, Tiefe und Vielfalt des natürlichen Bereiches gebührend aufgezeigt worden ist, läßt sich das Werk der Gnade als einer diese ganze Fülle durchdringenden, sich ihrer bedienenden, sie gestaltenden, erhebenden, vollendenden Macht auch annähernd würdig zeichnen. Versäumt man diese philosophische Vorarbeit, so leidet darunter am meisten die Theologie, die sich dann auf nichts anderes stützen kann als auf einige trockene, abstrakte Begriffe, und dadurch in Gefahr gerät, ihren Eigengehalt aus Mangel an zubereitetem Material nicht allseitig genug entfalten zu können. Wird sie sich dieses Mangels bewußt, so pflegt sie sich in einer eigenen, neben der allzu abstrakten Begrifflichkeit der «Scholastik» errichteten, eigens für ihre theologischen Zwecke ausgesuchten

Terminologie (etwa als «kerygmatische Theologie») niederzulassen und damit erst recht die Kluft zwischen beiden Bereichen zu verewigen. Dieser Weg ist für Philosophie wie Theologie endgültig verderblich, er ist nichts als der Ausdruck einer verzweifelten Resignation der Theologie gegenüber dem Ungenügen der ihr zur Verfügung gestellten philosophischen Begrifflichkeit. Abhilfe kann hier durch eine erneute, ursprünglich schauende Phänomenologie der weltlichen Wahrheit und des weltlichen Seins geboten werden, die der Theologie dadurch die größten Dienste leistet, daß sie nicht schon ängstlich im voraus in der Auswahl und Darstellung ihrer Gegenstände auf die nachkommende Theologie hinzielt.

Der formale Gegenstand der Untersuchung ist die Wahrheit. Es wird daher keine Erkenntnistheorie, aber auch keine Ontologie und keine Theodizee geboten. Daß diese Gebiete gestreift werden, ist unvermeidlich, denn die Wahrheit kann nicht anders denn als Eigenschaft des Seins und der Erkenntnis beschrieben werden. Aber die Auswahl der Fragen und die Form ihrer Darstellung wird ausschließlich durch das Formalobjekt der Wahrheit bestimmt. Ein solcher Traktat ist seit langem nicht mehr in Übung; man wird daher dem vorliegenden Versuch mancherlei Tasten und Unsicherheit zugute halten. Sehr vieles wird fragmentarisch und offen bleiben, anderes nur durch langsame Umkreisung und wiederholte Bemühung sich erhellen. Die Fragen über das Verhältnis von weltlicher und göttlicher Wahrheit am Ende des ersten Bandes werden nur summarisch behandelt werden, weil sie gründlicher nochmals von der theologischen Perspektive aus aufzunehmen sein werden.

I. WAHRHEIT ALS NATUR

A. VORBEGRIFF DER WAHRHEIT

Jeder Mensch, der zum Bewußtsein erwacht ist, kennt nicht nur den Begriff der Wahrheit und versteht ihn, sondern weiß auch, daß diese Wahrheit in Wirklichkeit vorkommt. Wahrheit hat den gleichen Grad der Evidenz wie das Dasein und Sosein selbst, und wie Einheit, Gutheit und Schönheit. Man kann jede dieser Wirklichkeiten, wenigstens scheinbar, in Zweifel ziehen und mit tausend Argumenten an ihnen herumnörgeln, und manche dieser Argumente werden nicht verfehlen, auf schüchterne, denkungewohnte oder irgendwie angekränkelte und anfechtbare Gemüter Eindruck zu machen. Aber ein anderes ist es, die Anfechtung auf sich wirken, sich vielleicht von ihr lähmen zu lassen, ratlos zu sein angesichts eines geschickt gedrehten, die Wahrheit im ganzen in Frage ziehenden Anwurfs, ein anderes, seine ursprüngliche, konkrete Evidenz selbst fahren zu lassen. So mag es Menschen geben, die aus irgendwelchen Gründen sich angewöhnt haben, zu bezweifeln, daß es Güte im eigentlichen Sinne gibt: was man so nennt und was einem im Alltag so erscheint, das führen sie zurück auf Gewohnheit, wechselnde Sitte, heimliche Bequemlichkeit und Egoismus, naturhaften Willen zur Macht, der sich in mannigfache Formen maskiert. Stehen sie dann aber einmal vor der Evidenz einer selbstlosen Tat, die vielleicht ein Freund um ihretwillen getan hat, und wissen sie anderseits aus der eigenen inneren Erfahrung, daß es diese nackte Selbstüberwindung um des reinen Guten willen als Möglichkeit und Angebot gibt, so ist für einen Augenblick ihre ganze Theorie wie vergessen, und sie beugen sich vor der schlichten Faktizität des Guten. Ihre Theorie erhält ein Loch, das sie vielleicht nachträglich wieder ausstopfen werden, durch das hindurch sie aber einmal nackt und unverstellt vor das Gute hingetreten sind. Und wenn sie in ihrem Denken wahrhaftig sind, wenn sie auf Tatsachen zu hören wissen, so wird ihre Theorie, die das Gute durch ein anderes (scheinbar fundamentaleres) Phänomen zu erklären versucht, es doch nicht über sich bringen, jene elementare Begegnung mit der wirklichen Selbstlosigkeit aus der Welt hinwegzudisputieren.

Nicht anders ergeht es dem Menschen mit der Wahrheit. Er mag zweifeln, und in sehr vielen Einzelfällen mit Recht bezweifeln, ob diese einzelne Wahrheit, die sich als solche ausgibt, den Namen der Wahrheit verdient; er kann auch den Versuch unternehmen, aus der Möglichkeit des partikulären Zweifels und aus mancher einzelnen Enttäuschung eine Theorie über die Nichtexistenz oder doch die Nichterkennbarkeit der Wahrheit zu bauen und diese Theorie aufs sorgfältigste und wissenschaftlichste ausfeilen: dieses ganze Tun muß sich und wird sich in ihm paradoxerweise vertragen mit dem Wissen darum, was Wahrheit in Wirklichkeit ist, Wahrheit, der der Mensch sowohl in sich selbst wie um sich her begegnet. Es genügt hier, an den bündigen Satz Augustins gegen die Allesbezweifler zu erinnern, daß der Zweifelnde wenigstens seines Zweifels gewiß sei, und darin eingeschlossen seines Denkens und darin wiederum seines Seins. Dieser ganze zusammenhängende Sachverhalt ist ihm erschlossen, so unwiderleglich, daß jede Infragestellung nur formal, nur in einem leeren, unerfüllten Denkakt ohne irgendeine Evidenz vollzogen werden kann. Der Zweifel an der Existenz der Wahrheit steht im Zweifelnden unmittelbar neben dem primären Wissen um die Wahrheit, das als solches die notwendige Voraussetzung seines Zweifels ist. Wollte aber der Zweifler seinen Zweifel dahin radikalisieren, daß er ihn gar nicht mehr als Behauptung aussprechen wollte, sondern alle seine Sätze mit dem Exponent versähe, daß sie nicht als Wahrheit, sondern als bloße Meinung zu gelten hätten, auch der Satz, der den Zweifel an aller Wahrheit ausspricht, so wäre damit wenig gewonnen. Denn einerseits zwingt ihn das Leben doch, beständig Meinungen und Behauptungen zu äußern, und er muß zu diesen Sätzen wenigstens als zu solchen stehen, die er gesetzt hat, so daß das Problem nur zurückverlegt ist, und anderseits kann er nicht umhin anzuerkennen, daß er die Möglichkeit hat, seine Meinung wirklich auszudrücken und somit das Verhältnis von Gewußtem und Ausgesprochenem als gültig und wahr zu erkennen.

Hier könnte der Zweifler einhaken und behaupten, alle Wahrheit, die wir als solche bezeichnen, beruhe einzig auf solchen willkürlichen und rein formalen Entsprechungen zwischen irgendwelchen Erscheinungen, die wir beispielshalber durch die Sinne erhalten, und ihrem konventionellen Zeichen und Ausdruck, vermittels dessen die Menschen sich praktisch zu verständigen suchen. Wäre dem so, wäre Wahrheit nichts weiter als formale Richtigkeit der Entsprechung, so wäre freilich Wahrheit im eigentlichen Sinne hinfällig geworden. Um den Begriff der Wahrheit, wie alle ihn naiv und unreflektiert in sich tragen, an seiner entscheidenden Stelle zu treffen, darf nicht von bloßen Erscheinungen, sondern muß vom Sein selbst die Rede sein, gleichgültig in welcher Form sich dieses offenbare. Aber gerade dieses Sein ist dem Denkenden, auch dem zweifelnd Denkenden in seinem Bewußtsein je schon bekannt und erschlossen. Und dieses Bekanntsein des Seins ist das innerste Wesen der Wahrheit.

Im Akt des Denkens ist ein Bewußtsein sich selbst enthüllt und gegenwärtig, in einer solchen Unmittelbarkeit, daß die beiden Teile des Wortes «Bewußtsein» in keiner Weise auseinandergenommen werden können. Im Bewußtsein ist nicht nur die abstrakte Eigenschaft der Bewußtheit enthalten, sondern ebenso unmittelbar auch das Sein des Bewußtseins, und gerade dieses Sein ist dem Bewußtsein unmittelbar enthüllt und gegenwärtig. Das Subjekt, das denkt, ist jeweils ein seiendes Subjekt, das sich als solches erkennt. Es weiß also, was Sein ist. Wir können die Frage hier noch ganz außer acht lassen, ob dem denkenden Subjekt in gleicher Unmittelbarkeit auch das Sein des Objekts, das es denkt, gegenwärtig ist. Diese Frage wird später zu beantworten sein; sie ist hier noch gleichgültig, wo es um die erste Berührung mit der Wahrheit überhaupt geht. Genug, wenn an einer Stelle die Sphäre der bloßen, wesenlosen Erscheinung durchbrochen ist, das Sein selbst in Erscheinung tritt und als solches dem Bewußtsein gegenwärtig wird. Damit ist der Beweis erbracht, daß Sein enthüllt und erfaßt werden kann, und zwar gerade in seiner Eigenschaft als Sein. Einschlußweise ist darin bereits die Enthüllbarkeit alles Seins mit ausgesprochen.

Wahrheit kann also in einer ersten Beschreibung als die Enthülltheit, Aufgedecktheit, Erschlossenheit, Unverborgenheit (*ἀ-λήϑεια*) des Seins bezeichnet werden. Diese Unverborgenheit besagt das Doppelte: daß einerseits das *Sein* erscheint, und daß anderseits das Sein *erscheint*. Daß dieses Doppelte dennoch ein Einziges ist, darin besteht die Enthüllung und in ihr die Wahrheit. Weder ist also das Sein in sich selber verborgen, als ein unbekanntes Ding an sich, das nichts von sich wissen läßt und von dem die Erscheinung nichts verrät, noch ist anderseits die Erscheinung eine in sich schwebende Fata Morgana, eine Luftspiegelung des Nichts oder eines unenträtselbaren Abgrunds. Vielmehr kann das Sein als solches erscheinen; mag die Beziehung selbst zwischen ihm und seiner Erscheinung noch so geheimnisvoll und unenträtselt, der Abstand zwischen beiden größer oder geringer, leichter oder schwerer nachprüfbar sein. Enthülltheit bezeichnet zunächst eine dem Sein als solchen anhaftende absolute Eigenschaft. Aber diese schließt sogleich eine weitere, relative Eigenschaft in sich, da sie unmittelbar die Frage aufwerfen läßt, *wem* denn nun das Sein enthüllt sei. Es könnte vielleicht scheinen, daß diese zweite Rücksicht erst nachträglich, synthetisch, zur ersten hinzukommt, sofern man sich ein Seiendes vorstellen kann, das an sich die absolute Eigenschaft besitzt, erkennbar zu sein, ohne daß es deswegen auch wirklich erkannt zu werden bräuchte. Aber was vom einzelnen Seienden in Bezug auf konkrete Erkenntnissubjekte gelten mag, das kann nicht für das Sein als solches und seinen Bezug auf die Erkenntnis gelten. Hier gilt vielmehr, daß, wenn das Sein die Eigenschaft des Enthülltseins nur an sich und nicht auch unmittelbar für ein Bewußtsein hätte, es im Grunde gar nicht enthüllt, sondern in sich verschlossen und verborgen wäre. Daß es enthüllt ist, besagt analytisch, daß es auch für jemanden enthüllt sei, der es in seiner Enthüllung erkennt. Dieser Jemand ist das Subjekt, gleichgültig, ob es mit dem enthüllten Sein identisch ist oder nicht, ob also das Sein sich selbst oder einem andern enthüllt ist. Es gehört nicht zum Begriff der Wahrheit, daß alles Sein auch Selbstbewußtsein sei, wohl aber, daß alles Sein eine Beziehung auf ein Selbstbewußtsein habe.

Ist das Sein in seiner Erscheinung wirklich erschlossen, und kann es sich in seiner Erschlossenheit selbst bezeugen, dann weicht der Verdacht eines bloßen Scheins, einer Täuschung, eines Betruges, und macht einer Gewißheit Platz, die in sich die Festigkeit, Gültigkeit, Zuverlässigkeit des Seins im Bewußtsein widerspiegelt. Die Erkenntnis ist echt, weil das Erkannte selbst echt ist. Man schreitet nicht über Moor, man hat den sichern Grund des Seins unter den Füßen. Die rechte Sicherheit, die das Sein verleiht, besteht darin, daß unmittelbar unter ihm das Nichts ist. Der Erkennende weiß, wenn er das Sein erkennt, daß er das letzte Subjekt aller möglichen Prädikate vor sich hat, daß er also den Umkreis des Erkennbaren abgeschritten hat und grundsätzlich nichts seiner Erkenntnis entgeht – sofern es wenigstens Sein ist. Diese Sicherheit, bis an die Grenzen des Nichts vorgestoßen zu sein, demnach keinen unerkannten Hintergrund hinter dem Sein befürchten zu müssen, von dem her das Erkannte in Frage gestellt oder aufgehoben werden könnte, diese Gewißheit verleiht der Wahrheit eine zweite grundlegende Eigenschaft: sie ist nicht nur ἀλήθεια, Unverborgenheit, sie ist auch Emeth:

Treue, Beständigkeit, Zuverlässigkeit. Wo Emeth ist, dort kann man sich verlassen, sich überlassen. In dieser Eigenschaft tut die Wahrheit ein Doppeltes: sie schließt einerseits ab, indem sie der Ungewißheit und Unendlichkeit des Suchens, der Vermutungen und Verdächtigungen ein Ende setzt, um an Stelle dieser schwankenden Zustände die geformte, in sich gefestigte Evidenz im enthüllten Sachverhalt treten zu lassen. Anderseits ist dieser Abschluß der Ungewißheit und ihrer schlechten Unendlichkeit der Aufschluß und die Entsiegelung einer wahren Unendlichkeit fruchtbarer Möglichkeiten und Situationen: aus der gegenwärtig gewordenen Wahrheit entspringen wie aus einem Keim tausend Folgerungen, tausend neue Erkenntnisse; die Zuverlässigkeit der gewonnenen Evidenz birgt unmittelbar in sich die Verheißung weiterer Wahrheit, sie ist ein Eingangstor, ein Schlüssel zum Leben des Geistes. Diese Eigenschaft der Emeth, Anfang und Ausfallstor zu sein, ist so sehr die überwiegende, daß sie die erste, schließende, nur im Dienste dieser zweiten betätigt: niemals schließt die Wahrheit den Erkennenden verengend ein; Wahrheit ist vielmehr immer eine Öffnung, nicht nur zu sich und in sich, sondern zu weiterer Wahrheit hin. Sie entdeckt das Sein und damit auch die Zusammenhänge des Seins, sie eröffnet Ausblicke in Gebiete hinein, die noch nicht erkannt sind, sie hat in sich selbst die Bewegung auf weitere Wahrheit hin.

Beiden Beschaffenheiten der Wahrheit: der Unverborgenheit und der Vertrauenswürdigkeit, ist dies gemeinsam,daß sie Öffnung, und zwar Öffnung über sich hinaus sind. In der Unverborgenheit öffnet sich das Seiende, um sich der Erkenntnis dazubieten. Aber es öffnet sich nicht nur als ein bestimmtes einzelnes Wesen, sondern ebensosehr als Sein überhaupt. So trägt jede besondere, partikuläre Öffnung eines Seienden in sich die Verheißung der möglichen Offenbarkeit alles Seins in sich. Die Vertrauens- und Glaubwürdigkeit der Wahrheit ladet nur noch ausdrücklich ein, sich dieser Verheißung des

Offenbarseins anzuvertrauen, der Gewißheit, die die Wahrheit vermittelt, zu folgen und der eingeleiteten Bewegung sich hinzugeben. So wird nun verständlich, warum die Wahrheit einerseits völlige Durchsichtigkeit und Faßlichkeit einschließt, anderseits doch auch jeder festlegenden Definition entgeht. Faßlich und in diesem einschränkenden Sinn rational ist die Wahrheit dadurch, daß das einzelne Seiende in seiner Erschließung sich wirklich so gibt, wie es ist, daß also an dieser Stelle ein Stück Welt seinem Sinn und Wesen nach erfaßt und durchschaut wird. Aber wie dieses Stück Welt nur ein winziger Ausschnitt aus dem Sein im ganzen ist, wie in diesem Stück das Sein zwar grundsätzlich enthüllt, aber in seiner Ganzheit doch übersteigend und verhüllt bleibt, so ist auch das Stück Wahrheit, das sich darbietet, doch nur ein verschwindender Ausschnitt aus der Wahrheit im ganzen, die zwar grundsätzlich enthüllt ist (weil alle Wahrheit Wahrheit ist), aber doch als ganze unendlich übersteigend und verhüllt bleibt und gerade dadurch im Erkennenden eine Sehnsucht nach mehr weckt. So verbinden sich in der wahren Erkenntnis zwei scheinbar gegensätzliche Empfindungen: diejenige des Besitzes in der Helle des Geistes, der das Erkannte übersieht, und diejenige des Überschwemmtwerdens durch etwas, was in der Erkenntnis selbst die Erkenntnis überbordet, das Bewußtsein der Teilnahme an etwas, was in sich selbst unendlich größer ist als das, was sich davon kund tut. In der ersten Empfindung schließt sich das Subjekt über dem Objekt, insofern das Begriffene Platz hat innerhalb des Begreifenden, das es umgreift. In der zweiten aber wird das Subjekt eingeführt, eingeweiht in die Geheimnisse des Objekts, von dessen Tiefe und Fülle es explizit nur einen kleinen Teil erfaßt, doch mit der Verheißung weiterer, nachfolgender Einweihung. Das im engeren Sinn Rationale des ersten Moments hat seine unmittelbare Ergänzung in dieser ausweitenden Perspektive auf das nichterkannte Erkennbare hin, ja, es ist rational nur sofern die einzelne Erkenntnis sich abhebt von diesem Hintergrund des grundsätzlich Erkennbaren, wenn auch jetzt nicht Erkannten. Diese beiden Momente setzen sich also nicht wie Rational und Irrational gegeneinander ab, sie bilden vielmehr in ihrer Einheit die unteilbare Struktur der menschlichen Vernunft. Rationalität im engeren Sinn einer irgendwie abschließenden Erschlossenheit eines erkannten einzelnen Seienden verlangt als Bedingung ihrer Möglichkeit die aufschließende Erschlossenheit des bekannten Seins im ganzen. Nur auf dem Hintergrund dieses bekannten, aber in seiner Unendlichkeit nicht mehr definierbaren Seins kann sich der Vordergrund des einzelnen Seienden in seiner Definierbarkeit abheben. Rationalität in ihrem umfassenden Sinn besagt demnach beides zugleich: das Wissen um den wirklichen Besitz eines seienden Sachverhalts innerhalb eines zwar grundsätzlich erschlossenen, aber in seiner Konkretheit immer übersteigenden Ganzen des Seins.

Aus dem eben geschilderten doppelten Umfassungsverhältnis zwischen Subjekt und Objekt, in welchem einerseits das Objekt innerhalb des Subjekts eingefangen und umfaßt wird, anderseits das Subjekt in die umgreifende Welt der objektiven Seinserschlossenheit eingeführt wird, ergibt sich nun die grundlegende, alles weitere schicksalsvoll bestimmende Doppelseitigkeit der Wahrheit überhaupt. Der Begriff der Erschlossenheit des Seins enthielt eine absolute und eine relative Seite in sich: sofern die Seinserschlossenheit eine dem Sein selbst anhaftende, objektive Eigenschaft ist, hat das erkennende Subjekt sich dieser Erschlossenheit anzugleichen; mit anderen Worten, die Wahrheit wird dann erkannt sein, wenn die Erkenntnis in Angleichung an den Sachverhalt (adaequatio intellectus ad rem) sich von diesem messen und bestimmen läßt. In der herzustellenden Proportion zwischen Subjekt und Objekt liegt das entscheidende Maß beim Objekt. Nun aber ist es keinesfalls der Sinn und die Bestimmung des Subjekts, ein bloßer Apparat zur Registrierung objektiver Sachverhalte zu sein. Subjektivität im vollen Sinn schließt Freiheit, Selbstbestimmung und schöpferische Leistung nach außen hin ein. Um der Subjekte willen sind die Objekte da, um ihrer wirklichen Erkenntnis willen sind sie ihnen als mögliche Gegenstände der Erkenntnis angeboten und auf sie hin relativ. Die Subjekte sind es, die die Erkenntnis nicht nur in sich besitzen und abschließen, sondern auch über die Wahrheit als solche richten: erst im Akte des Urteils über die Wahrheit ist Wahrheit im vollen Sinn verwirklicht: als besessene Offenbarheit des Seins in einem Bewußtsein. Damit verlagert sich der Schwerpunkt der Wahrheit: bleibt auch jetzt noch das Objekt das Maß, nach welchem die Wahrheit gemessen wird, so ist doch der Messende jetzt das Subjekt geworden, und dieses Messen ist seine spontane, schöpferische Leistung. Damit aber nicht genug. Sofern die Erschlossenheit des Objekts nur dann einen Sinn hat, wenn sie einem erkennenden Subjekt zugekehrt ist, muß gesagt werden, daß das Objekt seinen erfüllenden Sinn allererst in diesem Subjekt findet, daß dieses also das Maß des Objekts in sich birgt. Es liegt in der Freiheit und Spontaneität des Subjekts die Möglichkeit, Wahrheit nicht nur aufzufassen, sondern auch zu setzen. Das Kunstwerk, das ein Bildhauer oder Komponist hervorbringt, hat einen Wahrheitsgehalt, dessen Maß in der Konzeption seines Schöpfers liegt. Dasselbe wiederholt sich überall dort, wo das Subjekt aus der souveränen Gestaltungskraft seiner Freiheit und Spontaneität bestimmt, was zu sein und was wahr zu sein hat. Hier nimmt das menschliche Subjekt in besonderer Weise teil an der wahrheitssetzenden Macht des göttlichen Verstandes, dessen Urbilder das Maß der ins Dasein gesetzten Dinge und ihrer Wahrheit enthalten. Die Subjektivität des weltlichen Subjekts, die ihm Freiheit und damit das Recht auf freie Bestimmung der umgebenden Welt verleiht, läßt nicht zu, daß es sich in irgendeinem Akt, in welchem seine Spontaneität zum Ausdruck kommt, rein sachhaft registrierend und in keiner Weise schöpferisch mitbestimmend verhalte. Gäbe es eine weltliche Erkenntnis, in welcher das Subjekt ausschließlich das vom

Maß des Objekts Gemessene, und nicht zugleich auch das dem Objekt Maßgebende wäre, so wäre die Analogie zwischen göttlicher und weltlicher Erkenntnis durchbrochen. So läßt sich weltliche Erkenntnis nur dadurch gegenüber der schlechthin schöpferischen göttlichen Erkenntnis abheben, daß in ihr das Maß der Wahrheit auf Objekt und Subjekt verteilt erscheint. Weltliche Erkenntnis ist immer beides: rezeptiv und spontan, gemessen und messend. Beide Faktoren können dabei verschieden betont und verschieden verteilt sein: es kann die Spontaneität der Erkenntnis das eine Mal sich ganz der Rezeptivität zur Verfügung stellen und sich in scheinbar reine Passivität verwandeln, um so unvoreingenommen als möglich das Dargebotene aufzunehmen. Ein anderes Mal kann dieselbe Spontaneität sich in freier schöpferischer Entscheidung äußern, was nun in einer Angelegenheit wahr ist, ja, was in ihr wahr zu sein hat. Aber wie immer die Akzente verteilt sein mögen: Erkenntnis ist stets sowohl maßgebend wie maßnehmend, und in dieser Doppelheit des Messens und Gemessenseins entsteht und besteht die Wahrheit. Sie wird vom erkennenden Verstand sowohl erzeugt (als intellectus agens) wie festgestellt (als intellectus passibilis). In der schwebenden Mitte und im *Ausgleich* zwischen diesen beiden Funktionen der Vernunft: dem hingegebenen Vernehmen und Einvernehmen und dem richtenden Fällen des Urteils, bewegt sich die Wahrheit.

Damit ist ein vorläufiger Begriff der Wahrheit erreicht. Dieser Vorbegriff hat sich uns in drei Stufen abgerundet: Wahrheit erschien zuerst als Unverborgenheit und darin als Glaubwürdigkeit des erscheinenden Seienden. Diese Eigenschaft setzte sogleich voraus, daß mit dem erscheinenden Seienden zusammen das Sein im ganzen bekannt sei, aber nicht wie das jeweils faktisch Erkannte aktuell, sondern potenziell in der Form eines jeweils weiter enthüllbaren Hintergrunds. Daraus ergab sich endlich eine unauflösliche Polarität zwischen Subjekt und Objekt, die sich gegenseitig umfassen, indem das Subjekt einerseits in die jeweils umfassendere Welt der objektiven Wahrheit eingeführt wird, anderseits das jeweils erscheinende Objekt von seiner umfassenderen Warte aus überblickt und beurteilt. Ihre schärfste Form erhält diese Polarität in der Spannung zwischen schauender, feststellender Haltung des Subjekts gegenüber dem Objekt (Wahrheit als *θεωρία*) und spontan-schöpferisch maßgebender Haltung des Subjekts gegenüber dem Objekt (Wahrheit als *ποίησις*).

B. DAS SUBJEKT

Wahrheit ist das enthüllte und in seiner Enthüllung begriffene Sein, oder kürzer gesagt: das Maß des Seins. Dieses Maß kann nichts dem Sein Fremdes, von außen daran Angelegtes sein, denn außerhalb des Seins ist nur das Nichts. Das Sein muß vielmehr sein Maß in sich selber tragen, es an sich selber nehmen, und diese Maßnahme ist eben nichts anderes als die Enthüllung seiner selbst. In dem genauen Maße, als es sich enthüllt, wird es ermeßbar und zugleich selbst fähig, mit dem Maßstab der Wahrheit zu messen. Ein Seiendes nun, das sich selber ermessen kann, weil es für sich selber enthüllt ist, wird Subjekt genannt. Sofern es sich selber enthüllt und nicht länger verborgen ist, ist es ein inwendig lichtes, sich selber erhelltes und durchsichtiges Sein; sein Sein hat die besondere Form des Selbstbewußtseins. Im Schein dieses Lichtes vermag das Subjekt sich selbst zu ermessen, sein eigenes Maß zu nehmen. Indem es sich aber als seiend erkennt, begreift es zugleich, was Sein überhaupt und im ganzen ist; darum ist ihm in der Reflexion nicht nur das Maß des eigenen Seins, sondern grundsätzlich das Maß alles Seins in die Hand gegeben. Das Maß, nach dem es fürderhin alles Seiende messen wird, ist sein eigenes Licht, welches selbst nichts anderes ist als die Deckung in ihm zwischen Sein und Bewußtsein, die volle Durchmessung dessen, was für sich selbst enthüllt ist. In dieser Deckung, dieser Identität des Seins mit sich selbst im Bewußtsein, in der das Subjekt sich als Subjekt konstituiert, ist ihm sowohl der Innenraum seines Selbst wie grundsätzlich auch jeder äußere Seinsraum zugänglich. Beide Erschließungen sind genau gleichzeitig und vollkommen identisch. Wäre die Erschließung des subjektiven Innenraums das Primäre und die des äußeren Raumes der Objekte erst das Nachfolgende, so wäre das ursprüngliche Maß, mit dem das Subjekt die Dinge bemessen und beurteilen würde, ein ausschließlich subjektives Maß: es würde sich selber an alle Dinge anlegen und damit nie zu einer objektiven Erkenntnis gelangen. Wäre ihm umgekehrt der Raum der Welt vor dem eigenen Innenraum erschlossen, so hätte es keinen Maßstab, um die Objekte damit zu bemessen, da dieser Maßstab kein anderer sein kann als die volle Ermessung des Seins, also das Selbstbewußtsein. In dem Zusammenfallen beider Erschließungen, des Selbst und der Welt, ist die Gewähr dafür gegeben, daß sowohl die Selbsterkenntnis wie die Welterkenntnis wahrhaft objektiv zu sein vermag.

Auf Grund des Selbstbewußtseins oder der Reflexion ist also das Seiende offen, sowohl zu sich selbst wie zu Anderem. Sofern nun aber das Andere sein eigenes Wesensgesetz und damit seine eigene Wahrheit hat, die aus einer allgemeinen Kenntnis des Seins im ganzen nicht ableitbar ist, die sich vielmehr ihrerseits kundgeben muß, um bekannt zu werden, stellt sich das Andere dem Subjekt als Objekt gegenüber; das Subjekt aber erhält zu seiner unbestimmten Offenheit hinzu die neue Bestimmung, von diesem Objekt angegangen, affiziert, zur Erkenntnis angeregt werden zu können. Das Subjekt wird in einem allgemeinsten Sinn rezeptiv.

Rezeptivität, in solcher Allgemeinheit gefaßt, besagt eine eindeutige Seinsvollkommenheit, die nur die entsprechende Ergänzung der Selbstbewußtheit ausdrückt. Rezeptivität bedeutet Ansprechbarkeit durch fremdes Sein, Offenstehen für etwas anderes als für den eigenen subjektiven Innenraum, Fenster haben für alles, was seiend und wahr ist. Rezeptivität besagt die Macht und die Möglichkeit, im eigenen Hause Fremdes zu empfangen und gleichsam zu bewirten. Je vollkommener also ein Wesen sich selbst besitzt, je freier es demnach ist, um so aufgeschlossener, um so rezeptiver ist es auch für alles, was es umgibt. Wesen ohne Bewußtsein, wie ein Stein, besitzen keinerlei Rezeptivität. Ihr Wesen ist ihnen selbst verschlossen, und so sind sie auch für alles, was sie umgibt, unempfänglich; weil sie nicht Subjekt sind, gibt es für sie auch kein Objekt. Wesen mit unvollkommener Innerlichkeit, wie Pflanzen, vermögen zwar ein Geringes von ihrer Umwelt in sich einzubeziehen, aber sie tun es, ohne des Fremden als solchen innezuwerden. Dasselbe gilt, auf höherer Stufe, noch von den Tieren: sie sind zwar durch ihre Sinnlichkeit nach außen hin aufgeschlossen, sie fassen Fremdes auf, aber weil sie kein Selbstbewußtsein besitzen, vermögen sie es auch nicht sich selbst als ein Anderes gegenüberzustellen. Erst dem Menschen, der in der Selbsterkenntnis das Maß des Seins erhält, ist die Welt als entgegenstehende aufgeschlossen.

Rezeptivität besagt aber nicht nur die Aufgeschlossenheit gegenüber anderem Seienden, sondern ausdrücklich auch die Fähigkeit, sich von diesem Seienden mit dessen eigener Wahrheit beschenken zu lassen. Die Fähigkeit, Wahrheit zu bekommen, gehört zu den höchsten Werten des Daseins. Nichts geht über die Freude des Austauschs und der gegenseitigen Mitteilung. Demgemäß wäre es kein Zeichen der Vollkommenheit, wenn ein Subjekt in sich selbst mit Wahrheiten aller Art so wohlversehen, so vollgepfropft wäre, daß es fremder Mitteilung gar nicht mehr bedürfte und mit ihr nichts mehr anzufangen wüßte. Wenn ihm die Wahrheit so eingeboren wäre, daß es höchstens außerhalb seiner das wiederfände, was es bereits im voraus in sich selber besaß. Alles so zu wissen, daß keine Mitteilung mehr möglich wäre, wäre der Gipfel der Langeweile, und mit einem Wesen umgehen zu müssen, das ein solches Wissen zur Schau trüge, würde jedes Reizes entbehren. Es würde, um das Verhältnis erträglich zu machen, auch nicht genügen, daß dieses Wesen sich den Anschein gäbe, noch nicht zu wissen, was es in Wahrheit doch schon weiß. So kann man wohl mit Kindern umgehen, ein ernster Austausch von Wahrheit aber kann nicht auf einem solchen Als-Ob beruhen. Um den ganzen Reichtum des Seins erfahren und auskosten zu können, bedarf es einer Art von Armut, einer Empfänglichkeit für Anderes und Weiteres, einer Fähigkeit, fremder Offenbarung zu lauschen, einer Überzeugung, immer wieder lernen zu müssen und zu können. Eine Spontaneität, die nicht zugleich Rezeptivität sein wollte, wäre eine Macht ohne Liebe, ein Schenken ohne Hingabe und verfiele jenem Fluch, mit welchem im «Nachtlied» Zarathustra sich selber verflucht:

Licht bin ich: ach, daß ich Nacht wäre! Aber das ist meine Einsamkeit, daß ich von Licht umgürtet bin...

Das ist meine Armut, daß meine Hand niemals ausruht vom Schenken; das ist mein Neid, daß ich wartende Augen sehe und die erhellten Nächte der Sehnsucht.

O Unseligkeit aller Schenkenden! O Verfinsterung meiner Sonne!

O Begierde nach Begehren! O Heißhunger nach Sättigung!

Darum spricht «Zarathustras Wahrheit» ihm den Rat zu: «Du mußt ärmer werden, weiser Unweiser!» Eine Armut, die wieder zu empfangen vermöchte, würde zur wahren Lebendigkeit der Wahrheit zurückführen, die ohne Austausch nicht bestehen kann. Das Subjekt, das seine ganze Wahrheit in sich selbst eingegossen besäße, wäre mit dem Fluch des Midas geschlagen: es könnte überall nur noch sich selbst und seine eigene Wahrheit finden. Wie Midas nichts essen konnte, weil alle Speisen, die er berührte, zu Gold wurden, so könnte ein solches Subjekt keine Wahrheit empfangen, ohne daß es sie als seine eigene, ihm schon bekannte wiedererkennen würde. Wahre Spontaneität fordert demnach eine ebenso wahre Rezeptivität, wie immer diese näherhin verstanden werden möge.

Man kann noch einen Schritt weitergehen. Die Gleichzeitigkeit der Selbsterkenntnis und der Welterschlossenheit muß als innere Untrennbarkeit verstanden werden. Es ist nicht so, daß das weltliche Subjekt zuerst in einsamer Beschäftigung mit sich selbst in seinem eigenen Licht das Maß seines Seins aufnehmen und dabei vielleicht noch erkennen würde, daß ihm die Möglichkeit eigene, fremde Wahrheiten außerhalb seines Ich zu erfassen. Vielmehr ist die Selbsterkenntnis gleichzeitig mit dem aktuellen Angesprochensein durch die fremde Wahrheit. Nur dann wird dem Subjekt das Maß des Seins in Gestalt des Selbstbewußtseins übergeben, wenn es durch einen fremden Anruf aufgefordert wird, fremde Wahrheit mit diesem Maßstab zu messen. Subjektivität ist in keinem Augenblick ein einsames und selbstgenügsames Verweilen bei sich selbst, sondern ein Immer-je-schon-beschäftigt-sein mit der umgebenden Welt. Die Einheit des Ich als Subjekt ist immer auch die «Einheit der Apperzeption», die sich im Akt der urteilenden Synthesis in der Erkenntnis des Objekts verwirklicht.

Damit schildern wir freilich bereits die besondere Form der menschlichen Rezeptivität, von der man gemeinhin annimmt, daß sie ein Ausdruck seiner unvollkommenen Geistigkeit ist. Man blickt bei dieser Bewertung vorwiegend auf die Gebundenheit der menschlichen Erkenntnis an eine leiblich-organische Sinnlichkeit. Daß diese Bindung die reine Geistigkeit der menschlichen Erkenntnis verhindert und verdunkelt, darüber besteht kein Zweifel. Sie tut es aber nicht schon dadurch, daß sie überhaupt rezeptiv ist, sondern erst durch die besondere Form, welche die Rezeptivität in ihr annimmt. Darum bleibt die Konstruktion einer reinen geistigen Erkenntnis ohne Rezeptivität eine Fehlkonstruktion: sie beraubt den reinen Geist eines wesentlichen Teils seiner angestammten Vollkommenheit. Die spezifisch menschliche Rezeptivität wird erst dadurch als eine unvollkommene gekennzeichnet, daß sie an die untermenschlichen, ungeistigen Erkenntnisformen gebunden bleibt, wie sie dem vegetativen und sensitiven, leibverbundenen Leben der menschlichen Seele entsprechen. Hier erst wird die Erschlossenheit des Subjekts für fremde Wahrheit zu einer nicht mehr spontanen, sondern schicksalshaft verfügten und verhängten Aufgebrochenheit, in welcher durch die untergeistigen Zugänge der Sinne fremdes Leben, fremde Wahrheit in den geistigen Raum des Subjekts einströmt. Nicht *daß* das menschliche Subjekt primär durch eine Rezeptivität in Kommunikation mit der Wahrheit der Welt steht, kennzeichnet ihre Unvollkommenheit, sondern nur das *Wie* dieser primären Beziehung. Aber auch hier ist große Zurückhaltung am Platze, wenn man irgendeinen Aspekt der menschlichen Erkenntnis als unvollkommen bezeichnen möchte. Denn auch die Sinnlichkeit, der man die rezeptive Funktion beizumessen pflegt, ist in ihrer Weise aktiv und spontan, wie umgekehrt die Vernunft, der man die spontane Rolle zuweist, in ihrer Weise als vernehmende Vernunft (intellectus passibilis) rezeptiv ist. Die Spontaneität der Sinnlichkeit ist auf den ersten Blick sogar größer als die der Vernunft, denn sie ist es, die die spezifischen Sinnesenergien hervorbringt, das einfache Objekt in den Reichtum ihres fünffachen Spektrums auseinanderlegt, während die geistige Spontaneität sich darauf zu beschränken scheint, das Objekt so zu reproduzieren, wie es an sich ist. Mag dieser erste Eindruck sich bei näherem Zusehen als eine Täuschung erweisen, sofern die schöpferische Leistung des vernehmenden und urteilenden Denkens erst dem Tieferblickenden klar wird, sicher ist dennoch, daß die Sinnlichkeit weit davon entfernt ist, Passivität zu sein.

Mit steigender Spontaneität steigert und vervollkommnet sich also auch die Rezeptivität. Anders gesagt: mit steigender Selbstbestimmung steigert sich auch die Möglichkeit und Fähigkeit, sich von Anderem bestimmen zu lassen. Die hiezu vorausgesetzte Passivität hängt mit der innersten Freiheit des Geistes zusammen, der sich in der Freiheit der

Liebe entschließt, sich in der Liebe frei bestimmen zu lassen. Hier ist in der Anwendung der Begriffe von Akt und Potenz größte Vorsicht geboten. Die Wirklichkeit der Liebe, und zwar gerade der vollkommenen Liebe, ist jeder selbstherrlichen Antizipation der Wahrheit des Du zuwider, sie ist vielmehr so beschaffen, daß sie in echter und ungeheuchelter Weise alles, was vom Du ihr geschenkt wird, als ein neues, wirklich Bereicherndes entgegenzunehmen wünscht. Die Liebe würde gerne auf manches Gewußte verzichten, wenn sie es dadurch neu vom Geliebten empfangen könnte, ja sie würde sogar das Wunder zustande bringen, Dinge, die sie weiß, nicht mehr zu wissen, nur um fähig zu sein, sie als Geschenk des Geliebten neu entgegenzunehmen. Die Bereitschaft des erkennenden Subjekts, erkennbare Dinge in sich aufzunehmen, kann somit nur durch gleichzeitige Verwendung der Begriffe von Akt und Potenz ausgedrückt werden: sie ist weder reiner Akt, weil sie die Wirklichkeit des Empfangs der Wahrheit nicht antizipiert, sie ist ebensowenig reine Potenz, weil das bereitgestellte Erkenntnismedium mit allen aktiven Fähigkeiten ausgestattet ist, die zur kommenden Erkenntnis benötigt werden. Von der Potenz her eignet diesem Erkenntnisraum die vollkommene Bereitschaft und Indifferenz zu jeder in diesem Raum sich darbietenden Erkenntnisgelegenheit, deren Spezifizierung aber ausschließlich dem Objekt überlassen wird. Jede Vorwegnahme der sich darbietenden Wahrheit in Gestalt von angeborenen Ideen, Schematen oder Kategorien würde diese reine Bereitschaft vermindern, sie würde eine vorauseilende Klassifizierung dessen, was sich neu und ursprünglich dem Subjekt offenbart, bedeuten und damit ein dem horchenden Vernehmen entgegenwirkendes Besserwissertum bekunden. Man wäre im Grunde mit dem, was der Andere einem zu sagen gedachte, schon fertig, bevor er den Mund auftun konnte. Man würde ihm nach dem ersten Wort die Rede abschneiden, weil seine Offenbarung bereits in die im voraus bereiten Rahmen Schemen und Paragraphen eingereiht wäre. Eingeborene Ideen würden jedes wahre Gespräch verhindern, die Höflichkeit verletzen, die Liebe verunmöglichen. Fremde Wahrheit will in der Bereitschaft der vollen Indifferenz empfangen sein, die als solche reine Potenz ist. Diese Potenz ist aber, weil sie das Vermögen zu jeder Erkenntnis in sich birgt, eine durchaus aktive Potenz. Sie hat nichts von der Trägheit des Stoffes, der willenlos aus sich formen läßt, was ein fremder Wille an Gestalt ihm aufzwingt. Ihre Indifferenz ist vielmehr sprungbereit nach jeder Richtung hin, in welche der etwa sich anzeigende Gegenstand sie weisen oder anwenden möchte. Sie harrt wie ein Diener des Befehls seines Herrn: weder im voraus wissend, wohin dieser ihn senden, noch im voraus berechnend, wie er den Befehl ausführen wird. Sie gleicht einem erleuchteten Raum, der aber, weil er vollkommen leer ist, das in ihm vorhandene Licht nicht sichtbar werden läßt. Erst der darin auftauchende Gegenstand, der beleuchtet wird, beweist das Vorhandensein einer wirkenden Energie. Und doch ist die aktive Potenz des Subjekts nicht der Ausdruck und Ausfluß einer reinen Wirklichkeit ohne Potenzialität (actus purus), weil die aktive Bereitschaft zu allem (quodammodo omnia) ebenso unmittelbar eine wirkliche Bestimmbarkeit durch alles bedingt, so daß das Subjekt als eine Art geistige Stofflichkeit (*ὕλη νοητή*) bezeichnet werden kann.

Diese Offenheit zu jeder möglichen sich anzeigenden Wahrheit hin, die eine unveräußerliche Vollkommenheit jedes erkennenden Subjekts ist, die sich also auch nicht mit steigender Erkenntnis verengern, sondern im Gegenteil nur immer erweitern kann, lehnt sich an die im vorigen Kapitel beschriebene Offenheit der Wahrheit selbst an. Sie ist der Ausdruck dafür, daß das grundsätzlich erschlossene Sein im ganzen weder als ein einzelner Gegenstand noch als eine Summe von solchen anzusprechen ist, sondern über alles Begrenzte hinaus unendlich und grenzenlos bleibt. Dem entspricht der schon berührte Charakter der Wahrheit als einer, die öffnet, die

Anfänge setzt und weitere Wahrheit verheißt. Würde sie dies nicht tun, so wäre sie an sich endlich und somit erschöpfbar, es müßte für das Subjekt der Zeitpunkt kommen können, da die Wahrheit begänne, ihren öffnenden Charakter zu verlieren, allmählich und immer mehr einem Abschluß entgegenzugehen. Die Wahrheit würde sich in sich selbst runden und erschöpfen. Der Erkennende hätte gleichsam ihren äußersten Umfang abgesteckt, ihre Sphäre wie Kolumbus umsegelt, und es bliebe dann vielleicht noch übrig, innerhalb des so begrenzten Feldes noch weiter analytisch ins einzelne zu gehen. Steigerung des Wissens wäre allein noch in der Richtung auf größere Exaktheit möglich; das gewonnene Land könnte besser bebaut und ausgenützt werden; neues Land wäre nicht mehr zu entdecken.

Könnte die Wahrheit so beschaffen sein, so hätte sie bereits aufgehört, Wahrheit zu sein. Sie wäre endlich geworden, und damit wäre ein Standpunkt möglich, der sie umfaßte und überblickte, der also jenseits der Wahrheit selbst stünde. Er stünde damit aber offenbar auch außerhalb des Seins, nämlich im Nichts, und könnte von diesem Standort aus keine andere als eine nihilistische, also sich selbst zerstörende und aufhebende Anschauung des Seienden wie der Wahrheit gewinnen. Die Wahrheit insbesondere, die sich nie anders gibt denn als ein Ausschnitt und eine Kostprobe übersteigender Wahrheit, zu der hin sie anreizt und öffnet, hätte den Erkennenden mit diesem Schein von Unendlichkeit betrogen und sich dadurch selbst als Unwahrheit erwiesen.

Aber das Subjekt, das sich der Wahrheit eröffnet, erfährt im Umgang mit ihr das Gegenteil einer solchen progressiven Übersicht und Erschöpfung. Es macht vielmehr die paradoxe Erfahrung, daß es zwar einen echten Fortschritt des Wissens und darin der Gewißheit gibt, daß aber jeder neue Schritt das Feld des Wahren und des Wißbaren in immer größerer, unendlicherer Ausdehnung zeigt. Je mehr das Subjekt von der Wahrheit bewältigt, um so mehr wird es gleichzeitig von ihr überwältigt. Die erwartungsvolle Bereitschaft, die am Ausgangspunkt der Erkenntnis steht und die grundlegende Verfassung des Subjekts bezeichnet, wird durch den öffnenden und verheißungsvollen Charakter jeder sich darbietenden Wahrheit nicht allmählich gelähmt und gesättigt, sondern im Gegenteil immer höher gesteigert. Je mehr einzelne Wahrheit ihm bekannt wird, um so höher und unübersehbarer wölbt sich über ihm das Firmament der Wahrheit im ganzen.

Im Akt der Erkenntnis, in welchem die indifferente Bereitschaft des Subjekts an einem einzelnen erscheinenden Objekt sich betätigt, erfährt das Subjekt jeweils eine doppelte Begrenzung. Das Objekt tritt ihm als ein partikuläres entgegen, es wird vom Subjekt als eine einzelne Möglichkeit und Wirklichkeit jenes Seins erkannt und anerkannt, das ihm im ganzen bekannt ist, ohne jemals in seiner Ganzheit übersehbar zu werden. So hebt sich das begrenzte Objekt von dem unbegrenzten Hintergrund des jeweils größeren Seins ab. Bekannt aber ist die Form des Seins schlechthin dem Subjekt vom eigenen Selbstbewußtsein her, in welchem es das Maß des Seins gewinnt und am Objekt betätigen kann. Aber gerade dort, wo es seiner selbst und damit des Maßes ansichtig wird, trifft es auf die zweite Grenze. Das Sein, das ihm im Selbstbewußtsein erschlossen ist, ist nicht Sein schlechthin. Denn die Lichtung seiner selbst, in der es sich selbst ergreift und darin erfährt, was Sein ist, lichtet ihm nicht das Sein im ganzen, sondern lichtet das Sein nur soweit, daß es begreift, daß alles Sein *an sich selbst* gelichtet sein muß. In der punkthaften Identität von Sein und Bewußtsein, in dessen Licht das Subjekt das Maß sowohl seiner selbst wie des zu messenden Objekts gewinnt, wird ihm klar, daß das absolute Sein ein von sich selbst gemessenes, sich selbst gegenwärtiges und darum ein Selbstbewußtsein sein muß. Denn es erfährt, daß die Wahrheit, in deren Licht es das Objekt mißt, und die nichts anderes ist als die Lichtung des Seins, nicht auf die Punkthaftigkeit seines Selbstbewußtseins eingeschränkt ist. Es weiß, daß es, indem es den eigenen Maßstab zur Erkenntnis des Objekts anlegt, keinen subjektiven Maßstab handhabt, sondern an einem objektiven, letztlich unendlichen und absoluten Maßstab teilnehmen darf. Es weiß also, daß es in seiner messenden Funktion zugleich von einer es selbst umgreifenden Wahrheit des Seins schlechthin gemessen wird. Sein Licht ist begrenzte Teilnahme an einem unendlichen Licht. Sein Denken ist eingebettet in ein unendliches Denken des Seins, und kann nur darum als Maßstab dienen, weil es selbst von einem nicht mehr meßbaren, sondern alles messenden, unendlichen Maß gemessen wird.

Dieses unendliche, unmeßbare Maß ist die Identität des göttlichen Denkens und Seins, deren Gegenwart die notwendige Voraussetzung jeder endlichen Subjektivität und Erkenntnis ist. Ohne je dieses volle Maß selbst handhaben zu können, weil die Fülle des Seins dem endlichen Subjekt weder in sich selbst noch in irgendeinem erscheinenden Gegenstand auch nur annähernd verwirklicht erscheint, kann es doch einzig im Licht dieses Maßes, von dem es gemessen wird, selber messen. Es erkennt darum in jedem Akt des Selbstbewußtseins, wie in jedem Gegenstand einschlußweise Gott (omnia cognoscentia cognoscunt implicite Deum in quolibet cognito. De Ver. q 22 a 2 ad 1), so wie es sich selbst und die Dinge nur durch Gott erkennen kann. Aber es erkennt ebensosehr, daß weder sein Erkennen noch das Sein des Gegenstandes selbst das göttliche Sein ist, das sich zum Selbstbewußtsein nicht wie dessen Steigerung verhält, sondern wie das Maß zum Gemessenen, und zum Gegenstand nicht wie dessen Erweiterung, sondern wie dessen transzendente Voraussetzung. So ist dem Subjekt zwar die Wahrheit erschlossen, die als Wahrheit immer die Sphäre des Absoluten, Unendlichen, also Göttlichen berührt. Aber sie ist ihm nicht so erschlossen, daß das Maß der Wahrheit, das ihm anvertraut ist, selbst die göttliche unendliche Wahrheit wäre. Sofern dieses Maß ein von der unendlichen Wahrheit selbst gemessenes

Maß ist, hat es teil an der göttlichen Wahrheit, sofern es aber nicht selbst das unendlich messende Maß ist, bleibt ihm die Sphäre der göttlichen Wahrheit transzendent.

Von einer unmittelbaren Gotteserkenntnis oder einer unmittelbaren Intuition der göttlichen Wahrheit kann daher keine Rede sein. Unmittelbar ist nur die Einsicht des endlichen Subjekts in die eigene Kontingenz, aber an dieser Kontingenz, die ihm sein Nicht-Gott-Sein mit jeder wünschbaren Klarheit unmittelbar zu Bewußtsein bringt, kann – ohne noch so verhüllte Intuition des Göttlichen – doch einschlußweise die Existenz einer Sphäre absoluter Identität als Voraussetzung aller weltlichen Wirklichkeit und Wahrheit erschlossen, durch einen (impliziten) Kausalschluß abgelesen werden. Es gibt keine andere Gotteserkenntnis als die durch die Kontingenz der Welt hindurch vermittelte, aber es gibt auch keine, die unmittelbarer zu Gott führen würde, als diese. Wäre die Transzendenz Gottes uns nicht als das ursprünglichste Fundament unseres Daseins bekannt, so würden wir den Schluß von der Welt auf Gott niemals zu ziehen vermögen.

Diese Transzendenz wird an keiner Tatsache so dringlich fühlbar wie an der Notwendigkeit für das Subjekt, auf ein fremdes Objekt warten zu müssen, um überhaupt in den Akt der Erkenntnis treten zu können. Um zu jener Gottähnlichkeit des Selbstbewußtseins zu gelangen, wird es elementar von sich selber weggewiesen in das Fremde hinein. Es wird dieser Gottähnlichkeit genau in dem Maße bewußt, als es seiner Angewiesenheit auf anderes, also seiner Geschöpflichkeit geständig wird. Die reine potenzielle, indifferente Bereitschaft, in der es vor der Erkenntnis dasteht, kann sich nicht anders aktuieren als in einem Akte der Dienstleistung an einem Objekt, das sich jeweils durch seine Endlichkeit und Gemessenheit selbst als ein geschöpfliches ausweist.

So wird im Akt des Subjekts eine notwendige Analogie zum unendlichen Subjekt sichtbar, aber so, daß seine Analogie niemals zu einer Identität werden kann. Die steigende

Erkenntnis der Welt und der in ihr vorhandenen Wahrheit steigert auch die Erkenntnis der Nicht-göttlichkeit des erkennenden Subjekts. Es kann den Ausgangspunkt seiner Wahrheitserkenntnis, die aktiv-indifferente Potenzialität zu jeder Wahrheit hin, nicht überschreiten. Es kann sich dem Ideal der göttlichen Identität nur dadurch nähern, daß es sich zugleich immer mehr von ihr unterscheidet. Nun wird der öffnende und verheißungsvolle Charakter der Wahrheit erst innerlich verständlich als der Ausdruck der unüberholbaren Analogie zwischen Gott und Geschöpf: je mehr das geschöpfliche Subjekt durch Erkenntnis in die Gewißheit der Wahrheit hineinwächst, um so größer muß ihm der Abstand zwischen seinem eigenen gemessenen Maß und dem göttlichen messenden Maß erscheinen. Die dem Geschöpf eigene Wahrheit ist viel weniger der Besitz der absoluten Wahrheit als die Bereitschaft zu deren jeweils neuem Empfang. Sein Selbstbewußtsein empfängt es jeweils dort, wo es aus der Indifferenz des Horchens auf mögliche Wahrheit ausgeht in den Dienst an der weltlichen Wahrheit. Alle Nähe zur göttlichen Wahrheit wird ihm bewußt im Abstand zu ihr. Die völlig unendliche Offenheit der Wahrheit, deren Wesen es ist, sich jeweils zu Größerem hin zu öffnen, wird dem Geschöpf nur klar aus dem letzten Grund der Wahrheit seines geschaffenen Seins heraus, aus seinem gehorchenden Zur-Verfügung-Stehen (potentia oboedientialis) gegenüber der göttlichen Wahrheit. Aber auch diese Offenheit, und gerade sie, besitzt es nicht aus sich selbst: auch das, was in ihm der göttlichen Form der Wahrheit und des Seins am stärksten entgegengesetzt scheint, ist nur verständlich aus einer Analogie zur göttlichen Wahrheit selbst: auch diese Offenheit ist ein Werk und ein Geschenk der alles öffnenden Wahrheit Gottes. So wird denn das endliche Subjekt durch seinen Umgang mit der Wahrheit durch diese selbst immer mehr zur göttlichen Wahrheit hin aufgesprengt, indem es in jeder endlichen Begegnung mit den Objekten der Welt die jeweils größere Weite der göttlichen Wahrheit erkennt.

In der primären Unterscheidung innerhalb der Identität des Selbstbewußtseins zwischen der Wahrheit des Ich und der sie unendlich umgreifenden Wahrheit des göttlichen Subjekts (cogitor ergo sum als die Grundform des cogito ergo sum) liegt schließlich auch die Möglichkeit der Objizierbarkeit fremder Objekte überhaupt, also die Intentionalität der Erkenntnis begründet. Bestünde jene primäre Distanz zwischen dem Ich und Gott nicht, so wäre es nicht verständlich, warum die im Raume des Subjekts sich anzeigenden Gegenstände nicht als Formen, Äußerungen, Erscheinungsweisen des Ich gedeutet und aufgefaßt werden, warum also die Menschen nicht auch in ihrem Alltag überzeugte Idealisten sein könnten. Daß sie es nicht sind, daß sie vielmehr den in sich erkannten Dingen außer sich Bestand und Geltung zusprechen und durch keine Argumente davon zu überzeugen sind, daß diese Setzung nur eine praktische, von irgendeiner spekulativen Warte aus zu überholende sei, daß sie also die Intentionalität der Erkenntnis in ihrer ursprünglichen Richtung aus dem Subjekt hinaus bejahen und als richtig anerkennen, das hat seinen letzten Grund darin, daß sie im Urakt, in welchem sie sich als Subjekte begreifen, sich von einem Anderen gesetzt und ergriffen, ihm gegenübergesetzt und von ihm abgesetzt wissen. Genau in diesem zwischen Gott und Geschöpf sich öffnenden Raum der ehrfürchtigen Distanz erscheinen die Mitgeschöpfe in ihrem selbständigen Sein. Indem das endliche Subjekt sich dazu entschließen muß, seine Endlichkeit dem unendlichen Gott gegenüber anzuerkennen, muß es sich auch entschließen, seinen Mitgeschöpfen ihre Selbständigkeit zuzugestehen. Gott gegenüber erkennt es, daß ihm zwar das Sein im ganzen nicht unbekannt, aber in seiner Ganzheit doch unerschlossen ist. Dadurch ist es instand gesetzt, das Demut erheischende Eingeständnis abzulegen, daß ihm auch ein endliches Objekt nicht unbekannt sein kann, ohne daß es ihm deshalb in seiner Intimität erschlossen zu sein braucht. Der pantheistische Idealist, der eine wie immer geartete Identität zwischen dem endlichen und dem unendlichen Subjekt setzt (weil Gott langmütig genug ist, ihm nicht zu widersprechen), scheitert doch stets an dem unerklärlichen Phänomen der «Intersubjektivität», der Nichtreduzierbarkeit der Mehrzahl der endlichen Subjekte. Nur die Anerkennung der Analogie zwischen Gott und Geschöpf läßt die weitere innerweltliche Analogie zwischen den verschiedenen Zentren von Selbstbewußtsein und Wahrheitsbesitz erträglich erscheinen. Wahrheit erscheint nunmehr in der Welt als verteilt auf unzählige Subjekte, die in der ursprünglichen Bereitschafthaltung zueinander geöffnet sind und voneinander die Mitteilung jenes Teils der Wahrheit erwarten, der ihnen von Gott als Teilnahme an seiner unendlichen Wahrheit gewährt worden ist. In dieser gegenseitigen Offenheit und diesem sich-zur-Verfügung-Stehen spiegeln so die endlichen Subjekte das Höchstmaß dessen wider, was in der endlichen Welt von der unendlichen Offenheit der göttlichen Wahrheit aufgefangen werden kann.

C. DAS OBJEKT

Es möchte zunächst scheinen, als sei über das Objekt der Erkenntnis wenig zu sagen. Die einzige, vom Subjekt her gestellte Bedingung für den Eintritt des Objekts in die Erkenntnis scheint die zu sein, daß es sich irgendwie, direkt oder indirekt, innerhalb der Sphäre des Seins befinde. Denn da das Subjekt unter der Rücksicht von Sein überhaupt erkennt, und dieses seine einzige apriorische Erkenntnisform ist, scheint mit dem Sein des Objekts seiner Erkennbarkeit Genüge getan zu sein. Dennoch bedarf diese einfache Bestimmung einer genaueren Untersuchung. Sie hat sich mit den Bedingungen der Erkennbarkeit des Objekts zu befassen, die durchaus nicht von vornherein mit den Bedingungen der Erkenntnis zusammenzufallen brauchen. Es ist in der Geschichte der Erkenntnistheorie oft vorgekommen, daß die Bedingungen der Erkennbarkeit entweder aus denen der Erkenntnis abgeleitet oder ihnen schlechthin gleichgesetzt wurden, daß also die Ontologie nichts anderes mehr war als eine Projektion der Erkenntnisstruktur in das Sein. Eine solche Übertragung ist unzulässig. Das Sein hat seine eigene Gesetzlichkeit, die mit der der Erkenntnis nicht identisch zu sein braucht; diese Gesetzlichkeit muß in einer eigenen, ursprünglichen Analyse erforscht werden.

In der vorgreifenden Beschreibung wurde die Wahrheit als Unverhülltheit des Seins beschrieben, wobei hinzugefügt wurde, daß diese Unverhülltheit nicht nur als eine dem Sein anhaftende absolute Eigenschaft aufgefaßt werden darf, sondern eine Beziehung auf das Subjekt in sich schließt, dem es tatsächlich enthüllt ist. Erst wenn die Enthüllung nicht nur eine mögliche, sondern eine faktische ist, ist das Sein in sich selber erhellt und als solches gemessen. Maß und Licht aber sind die beiden untrennbaren Eigenschaften der Wahrheit. Es kann daher nicht angenommen werden, daß ein Seiendes Maß und damit Erkennbarkeit besitze, wenn es nicht zugleich im Licht des wirklichen Gemessenwerdens steht.

Die Forderung ist leicht erfüllt, wo immer ein Seiendes sein eigenes Maß nimmt und darin für sich selber licht wird, überall also, wo das Objekt unmittelbar auch Subjekt ist. Aber erstens ist nicht jedes Objekt auch Subjekt, sondern manches Seiende ist nur für andere, nicht für sich selber licht. Und zweitens wird, wie sich zeigte, auch das Subjekt nur in der Beschäftigung mit einem Objekt sich selber licht und bewußt, mit einem Objekt, das in sich zwar Subjekt sein *kann*, es aber, *insofern* es objiziert ist, nicht ist. Es kann ja ein Selbstbewußtsein Gegenstand eines anderen Selbstbewußtseins sein, und dabei das, was von jenem für dieses gegenständlich wird, sich nicht unmittelbar decken mit dem, was ihm selber gegenständlich ist. So stellt sich die Frage nach der Gemessenheit des Objekts unabhängig von dem des messenden Subjekts.

Wenn ein Objekt erkennbar sein soll, so muß es nicht nur meßbar, sondern bereits gemessen sein. Da es aber nicht von sich selber, sofern es Objekt ist, gemessen wird, und das endliche Subjekt seine Gemessenheit bereits voraussetzt, muß das Maß des Objekts beim unendlichen Subjekt, bei Gott liegen. Ein Seiendes, das von Gott nicht erkannt wäre, könnte auch von keinem endlichen Subjekt erkannt werden, letztlich darum, weil es als Seiendes gar nicht existieren würde. Es würde aber darum nicht existieren, weil es von Gott nicht erkannt wäre, also kein Maß seines Seins und darum keine Wahrheit besäße. Vor dem göttlichen Erkennen sind daher alle Dinge restlos enthüllt und von ihm gemessen. Bei Gott liegt ihre Wahrheit, und wer sie erkennen will, der muß sie in der Angleichung an den göttlichen Geist erkennen. Das heißt nicht, daß keine unmittelbare Beziehung zwischen weltlichem Subjekt und Objekt bestünde, das Objekt nur auf dem Weg über Gott erkennbar wäre. Wohl aber besagt es, daß die Erkennbarkeit des Objekts von seiner Erkanntheit durch Gott herrührt und daß seine volle Wahrheit nur Gott bekannt ist.

Denn Gottes Erkenntnis ist keine nachbildende, sondern eine urbildliche, die das Seiende selbst grundlegt und in allen seinen Beziehungen feststellt. Gott nimmt nicht das Maß des Objekts an seinem bereits vorhandenen Sein, sondern dieses hat sein Maß an der Idee, die Gott von ihm hat. Soweit es mit dieser Idee übereinstimmt, hat sein Sein an der Wahrheit teil. Diese göttliche Idee nun ist dem Seienden zu einem Teil selbst ins Dasein mitgegeben und eingesenkt; sie ist ihm immanent als sein innerer Plan, sein Wesen, sein Sinn. Sie hat ihre Mitte in dem lebendigen Zentrum, aus dem heraus das Wirkende, das Lebendige, das Fühlende sich entwickelt, sich mannigfaltig darstellt und in einer Geschichte entfaltet. So zeigt etwa das Lebensprinzip einer Pflanze eine sinnvolle Ganzheit, die nach einem geistigen Plan angelegt ist, wiewohl die Pflanze selbst nicht geistig ist und nicht planen kann, und die unmittelbar die Idee des unendlichen Intellekts verkörpert, sofern sie dem einzelnen Geschöpf als innewohnende Entelechie eingesenkt ist. Es gehört zu ihrem Wesen, sich als untergeistiges Geschöpf so planvoll zu benehmen, als ob sie selbst mit Geist begabt wäre. Es ist, als wäre das Maß, das ihr zugemessen ist, größer als der Umfang ihres Seins. Ihre Wahrheit überragt gleichsam den Bestand des faktisch Vorhandenen; und dies bereits, sofern die Pflanze als eine lebendige, vitale Morphe betrachtet wird. Aber diese Transzendenz der Wahrheit über das Sein hinaus nimmt noch zu, wenn das einzelne Objekt in seinem Zusammenhang mit allen übrigen es umgebenden Wesen betrachtet wird. Es erscheint nun eingefügt in einen Zusammenhang von Beziehungen und Gesetzen, die in ihrer Gesamtheit nicht mehr aus den einzelnen Entelechien ableitbar sind. Die Wesen erfüllen Zwecke, die nicht unmittelbar in ihrem für sich betrachteten Wesen gelegen sind, so daß sich der Gedanke an eine die Wesen einander zuordnende Potenz nahelegt, die mit ihnen wie mit Figuren eines Schachspiels (deren jede zwar ihre Spielregel hat, ohne daß doch der Gang eines konkreten Spieles je aus den Figuren selbst ableitbar wäre) operiert, sie über sich selbst hinaus mit einem höheren Sinn ausstattet. Es mag nun wohl sein, daß dieser höhere Sinn, der zur totalen Wahrheit und Erkenntnis der Wesen mindestens ebenso wichtig ist wie der ihrer Entelechie unmittelbar einwohnende und aus ihr abzulesende, irgendwelchen bekannten oder unbekannten weltlichen Intelligenzen wenigstens teilweise zur Verwaltung anheimgestellt ist. Aber auch diese Intelligenzen selbst wären doch wieder in einer ihnen nicht durchschaubaren Weise in das große Spiel der Welt eingespannt, und so hätten auch sie einen Teil ihrer Wahrheit nicht in sich selbst, sondern bei Gott. Diese durchgehende Transzendenz der objektiven Wahrheit der Dinge wird endlich dort besonders fühlbar, wo ein Geschöpf sich selbst in Freiheit bestimmen kann. Denn auch diese Selbstbestimmung untersteht gewissen Normen, und zwar nicht nur den allgemeinen und abstrakten Normen der Sittlichkeit, sondern völlig konkreten Normen eines individuellen, persönlichen Gesetzes, das nichts anderes ist, als der für jeden Augenblick dem freien Geschöpf vorgezeichnete Wille des Schöpfers. Dieser ihm jeweils genügend offenbarte Wille Gottes enthält das jeweilige Maß seines Seins und damit auch seiner Wahrheit. Entspricht es diesem Willen, so entspricht es seinem eigenen Wesen, dessen letztes Maß jeweils bei Gott liegt.

So ergibt sich eine allmähliche, sprunglose Transzendenz der Wahrheit des Objekts, von einer seinem Sein einwohnenden, das Maß seiner Existenz habenden Wahrheit, die nichts anderes ausdrückt als seine jeweilige Faktizität, über eine dieses Faktische übersteigende Planeinheit als lebendige Entelechie, die weiter transzendiert in eine das Einzelwesen übergreifende Planung, wie sie nur einer die Wesen zueinander ordnenden Vorsehung bekannt sein kann, deren letzter geheimnisvoller Kern und Gipfel die totale Idee ist, die Gott in seiner souveränen Freiheit von einem Wesen hat, nach der er dieses Wesen betrachtet und bemißt und die er keinem andern in ihrer Totalität verrät. An dieser Transzendenz wird nun aber klar, daß das Sein der weltlichen Geschöpfe gar kein in sich selbst abgeschlossenes ist, sondern ein über sich hinaus zu Gott hin geöffnetes Sein. Unmöglich ist es, die bloße Existenz der Dinge im Gegensatz zu ihrem Wesen als ihr Sein zu bezeichnen; ebenso unmöglich aber, ihr Wesen als etwas in sich Fertiges von der Idee abzuschließen, die Gott von ihnen hat, und die er, als der Schöpfer, jeweils im Verlauf der Geschichte eines Daseins nach seinem Belieben modifizieren kann. Diese Möglichkeit der Umprädizierung und Neudisposition eines Wesens betrifft freilich nicht die Individualität und das Artwesen, denn diesen wohnt, vom Schöpfer selbst verliehen, die Garantie der Beständigkeit inne, wohl aber kann sie den letzten Daseinssinn, die entscheidende Orientierung eines Lebens, das letzte Heil oder Unheil, Erwählung oder Verwerfung, Überhäufung mit Gnaden oder Verschließung in geistige Öde und Dürre betreffen. Es wäre darum sehr naiv zu glauben, die Wahrheit über ein Ding sei jemals wie eine fixe Größe an seinem Sein oder gar an seiner Erscheinung abzulesen. Was so begriffen werden kann, ist höchstens ein Teil seiner Wahrheit und sicher nicht das letztlich entscheidende Maß, mit dem dieses Sein im Angesicht der Ewigkeit gemessen werden wird.

Nie ist ein Ding eine bloße Tatsache. Schon als Seiendes hat es teil an einem Wesen, das teils kraft seiner individuellen Einheit den vergänglichen Augenblick überragt, teils auf Grund des in ihm wie in Andern verkörperten Artwesens seine Individualität übergreift. Wo nun die Immanenz dieses Wesens (als Morphe) im Dasein aufhört, um in einer steigenden Transzendenz (als Eidos) schließlich zur göttlichen Idee sich zu erheben und mit ihr zusammenfallen –: wer wollte das feststellen? So sind die Dinge jeweils mehr als sie selbst sind, und diese sich stets überwachsende Transzendenz ist zuletzt offen zu einer Idee, die nicht sie selber sind, sondern die Gott ist und ihr Maß in Gott. Zu dieser Idee hin sind sie gewendet von dort her empfangen sie, und zwar jeweils neu, ihre letzte Wahrheit. Dadurch erhält die Enthülltheit des Seins als Wahrheit ein neues Gesicht. Sie wird zu einer Teilnahme an der Sphäre der göttlichen Wahrheit selbst in einer je-neuen Zumessung der weltlichen Wahrheit von Gott her. Zu diesem Akt hin stehen die Dinge erwartend offen, und ihr erwartendes Offenstehen der erfüllenden Wahrheit Gottes gegenüber ist wiederum die Form, in der sie an dieser Wahrheit teilhaben.

So ergänzt sich auf der Seite des Objekts, was auf der Seite des Subjekts als Nähe in der betonten Distanz zu Gott sich gab. Auch die ontologische Wahrheit des Objekts hat die Form einer Rezeptivität, da ihm nicht nur sein zeitliches Dasein immer neu von Gott zufließt, sondern insbesondere auch seine Idee ihm jeweils ursprünglich von Gott her zugesprochen und vorgestellt wird. Es hat die Norm seiner selbst nie so sehr in sich, daß es sie nicht jeweils mehr von Gott her sich geben lassen müßte. Das Objekt ist damit als ein zuinnerst werdendes gekennzeichnet. Werden heißt nicht nur, daß seine Existenz die Form der Zeit besitzt, während sein Wesen, unangefochten von dem Fluß des zeitlichen Entstehens und Vergehens, seine überzeitliche Wahrheit darstellen würde. Denn gerade sein Wesen ist das, *was* existiert, was infolgedessen von der Veränderung nicht unberührt bleibt. Wenn auch Individualität und Artwesen in diesem Wandel identisch bleiben und dadurch eine dauernde und gültige, allgemeine und notwendige Erkenntnis erlauben, so wandelt sich doch der Sinnzusammenhang, in dem ein Wesen eingebettet ist, und zwar ebensowohl durch die veränderte Lage, die es im Weltzusammenhang einnimmt, wie unmittelbar von Gott her, der jedem Wesen, wann es immer ihn gutdünkt, neue Aufgaben und Ziele, neue Bestimmungen und die dazu erforderlichen Ausstattungen verleihen kann.

Dies bedingt nun eine eigentümlich schwebende Haltung des Subjekts dem so gearteten Objekt gegenüber. Sofern das letzte bis zu einem gewissen Grade sein Maß in sich selbst hat, als bestimmtes Artwesen in einmaliger, individueller Ausprägung, kann das Subjekt auf Grund seiner besonderen Erkenntnisstruktur sich dieses Maßes bemächtigen und, indem es sich davon messen läßt, es erkennend ermessen. Was es aber so erkennt, ist nicht die ganze Wahrheit des Objekts. Um in diese einzudringen, muß das Subjekt, soweit ihm dieses möglich gemacht wird, auch Einblick zu erhalten versuchen in die Beziehung der in der Morphe immanent verwirklichten Wahrheit zu der ihm von außen durch den Weltzusammenhang wie die allgemeine und die besondere Vorsehung zugesprochenen transzendenten Wahrheit. Diese Wahrheit ist ebenso objektiv und vom Denken des Subjekts unabhängig wie die immanente Wesensstruktur des Objekts. Sie wird aber nicht anders erkennbar, als indem das endliche Subjekt in der Weise, die ihm vergönnt ist, teilbekommt an der von Gott her geschenkten und verfügten Wahrheit über die Dinge. Es muß, um die Dinge objektiv zu sehen, wie sie in Wahrheit sind, lernen und versuchen, sie so zu sehen, wie sie vor Gott, für Gott, in Gott sind. Das Subjekt erhält damit in einer beschränkten Weise Teil an dem schöpferischen Blick, mit dem Gott die Dinge betrachtet, und der ihr Maß in sich hat. Das will nicht sagen, daß das endliche Subjekt damit unmittelbar schon mitschöpferisch würde, es läßt seine Erkenntnis in dieser Sicht vielmehr, statt vom immanenten Wahrheitsmaß in den Dingen, von dem in der Idee Gottes bestehenden, transzendenten Wahrheitsmaß bemessen. Und wie auf seiten des Objekts die Grenze zwischen dem immanenten Maß der Morphe und dem transzendenten der Idee nie scharf zu ziehen ist, so wird auch auf seiten des Subjekts keine endgültige Scheidung zwischen beiden Weisen des Schauens möglich sein. Dasselbe Licht, in dem das Subjekt seine Erkenntnis vollzieht, und das das einzige Apriori der Erkenntnis darstellt, ist untrennbar beides: das immanente Vermögen, die Dinge zu messen, wie sie in ihrem immanenten Wesen sind, und, als intellectus principiorum, die von der Sphäre Gottes eingestrahlte, am Erkenntnislicht Gottes teilnehmende Fähigkeit, die Dinge in der Perspektive des Absoluten zu sehen. In dieser Perspektive liegt nicht nur die letzte Sinngebung der Realität als solcher, sondern darüber hinaus die sinngebende Idealität, das Sein-*sollen*, als das letzte Maß der Wahrheit der Realität (inquantum intuemur inviolabilem veritatem, ex qua perfecte, in quantum possumus, definimus, non qualis sit ... [res], sed qualis esse sempiternis rationibus debeat. De Ver. q 10 a 8 c). In dieser Erkenntnis der Idealität aber, in der das Subjekt sich von der Idee, die Gott vom Objekt hat, messen läßt, wird es, in der analogen Weise, die ihm verstattet ist, zu einer Teilnahme an dem göttlichen richtenden Zumessen der Wahrheit zugelassen. Diese erstaunliche Spontaneität des endlichen

Subjekts gegenüber dem Objekt wird genau in dem Maße objektiv und erlaubt sein, als sie eine vollkommene Rezeptivität gegenüber der göttlichen Wahrheit zur Voraussetzung hat. Nur wer auf eigene und selbsterfundene Urteile und Maßstäbe verzichten gelernt hat, um in der inneren Verbundenheit mit Gott gleichsam durch Gottes Augen hindurch die Welt zu betrachten, darf, soweit er von Gott dazu beauftragt und ausgestattet wird, den Objekten ihre Wahrheit zusprechen: ihnen sagen, was sie in der Sicht des Absoluten sowohl sind, wie sein sollen.

D. SUBJEKT UND OBJEKT

Bisher wurden die beiden Pole der Erkenntnis für sich betrachtet, in ihren Voraussetzungen und ihrer Bereitschaft zum Akt der Erkenntnis. Diese Untersuchung glich einer solchen über das Männliche und das Weibliche an sich, ihre Funktionen und Anlagen, die sie zur Vereinigung vorausbestimmen. Die Vereinigung selbst ist ein Drittes, Neues, in welchen der Sinn der Anlagen sich erst wahrhaft enthüllt. Das Subjekt ist bereit, in seinem Raum den Gegenstand zu empfangen; was sich aber in diesem Empfang ergeben wird, ist im voraus nicht zu berechnen. Ebenso ist das Objekt bereit, sich in dem zur Verfügung stehenden Raum zu offenbaren; was für eine Entfaltung es aber dabei erfahren wird, ist an ihm selber nicht zu erraten und abzulesen. Es liegt nicht im Wesen des Stoffes, daß er, aufgenommen in einer Sinnesfähigkeit, gerade die Gestalt der Farbe oder des Tones annehmen muß, so wenig es in der allgemeinen Bereitschaft der Erkenntnisfähigkeit liegt, auf diese oder jene konkrete Weise bestimmt zu werden. Die Erkenntnis, sofern sie das Ineinander und die Ergänzung von Subjekt und Objekt ist, bleibt ein für beide unerwartetes und in keiner Weise aus ihnen selbst abzuleitendes Ereignis. So wenig ein Mensch, der in die weite Welt hinauszieht, weiß, was ihm begegnen wird und wie gewandelt er nach Jahren heimkehren wird, so wenig weiß das Subjekt, was ihm das Abenteuer der Erkenntnis bringen wird. Und so wenig ein Gast, der in ein fremdes Haus kommt, weiß, wie er empfangen und bewirtet werden wird, so wenig weiß das Objekt im voraus, wie es ihm im fremden Raum des Subjekts ergehen wird. Beide werden sich durch ihr Zusammentreffen erfüllen, aber die Erfüllung wird für beide den Charakter eines Wunders, eines Geschenkes tragen. Ihre Begegnung wird sie einander offenbaren, aber in der Offenbarung des Andern wird für beide zugleich die Offenbarung ihrer selbst liegen, die jeweils nur im Andern sich verwirklichen kann.

Die Offenbarung des Objekts kann nirgends anders geschehen als im Raum des Subjekts. Denn dort allein liegt das schöpferische Licht bereit, das aus dem Objekt Möglichkeiten heraufholt, die es durch sich selber so wenig entfalten kann, wie ein Pflanzenkeim sich ohne das Licht der Sonne zu entwickeln vermag. Die Offenbarung des Subjekts aber kann nicht anders geschehen als in der Begegnung mit dem Objekt; nur durch den Widerstand des Objekts wird es veranlaßt, sein mögliches Licht in ein wirkliches zu verwandeln, so wie das Licht der Sonne erst Helligkeit wird, wenn es in das Medium der Luft eintritt. Die Selbsterkenntnis des Subjekts bedarf zu ihrer Verwirklichung des Umwegs über die Fremderkenntnis; erst in seinem Ausgehen aus sich selbst, in seiner schöpferischen Dienstleistung an der Welt, erfährt das Subjekt seinen Sinn und damit sein Wesen.

1. DAS OBJEKT IM SUBJEKT

Nichts wäre bei der Erforschung des Wesens der Wahrheit verhängnisvoller als die Voraussetzung, daß die Welt der Objekte ein in sich geschlossener Kosmos sei, der der Welt der Subjekte nicht wesenhaft, sondern höchstens akzidentell bedürfte. Man stellt sich in der Tat nicht selten den Erkenntnisgegenstand wie etwas Fertiges, für sich Bestehendes und in sich Ruhendes vor, das durch das Erkanntwerden nicht berührt wird, so wie etwa eine Landschaft dieselbe bleibt, ob sie nun von einem Maler oder Photographen im Bilde festgehalten wird oder nicht. Die ganze Bewegung und Leistung wird in das Subjekt verlegt, das sich dem Gegenstand angleicht, sein Bild in sich aufnimmt und dieses so lange verarbeitet, bis die objektive Erkenntnis erreicht ist. In einer solchen Auffassung wäre die Welt der Subjekte eine bewegte, bedürftige und damit als kreatürlich gekennzeichnete Welt; die Welt der Objekte dagegen hätte in ihrer Unbewegtheit und Unbedürftigkeit gleichsam göttliche Züge.

Aber die Gegenstände dieser Welt bedürfen, um sie selber zu sein, des subjektiven Raumes. Sie entsenden in diesen Raum hinein nicht nur eine ferne Anzeige ihrer selbst, Boten, die von ihrer selbstherrlichen Existenz Zeugnis ablegen, sie beanspruchen vielmehr höchstselbst diesen Raum zu ihren eigensten Zwecken. Ein Baum ist ohne seine grüne Farbe, seine herbstliche Buntheit, den rosaweißen Prunk seiner Blüten im Frühjahr, seinen Duft, seine Härte und Zähigkeit, seine Größe, seine Beziehung zu der umgebenden Landschaft, ohne die tausend andern Eigenschaften, die ihn für uns zu dem machen, als was wir ihn kennen, kein Baum. Er braucht den Sinnesraum, um sich selbst darin zu entfalten. Er enthüllt seine Farbigkeit innerhalb eines farbensehenden Auges, er rauscht in einem tönehörenden Ohr, er bildet den einzigartigen Geschmack seiner Früchte innerhalb eines ihm fremden schmeckenden Mundes aus. Er bedient sich selber des angebotenen Raumes ebensosehr als er sich der Erde und der ihn umgebenden Luft zu seiner Entwicklung bedient. Ohne die subjektiven Räume der Sinnlichkeit wäre er nicht, was er ist; er könnte den Sinn, die Idee, die er darstellen soll, nicht erfüllen. Er gewinnt seinen wesentlichen Abschluß nur außerhalb seiner selbst in der Welt der Subjekte, in die hinein er wächst. Diese Vollendung ist kein bloß nebensächlicher, nachträglicher Schmuck, den der Gegenstand auch entbehren könnte; sie ist ihm ebenso notwendig wie die Elemente der äußeren Natur. Ja, vom letzten Sinn seines Wesens aus betrachtet ist sie ihm noch unentbehrlicher, denn sie bietet ihm die Möglichkeit, sich in einer ihm überlegenen Welt, für die er offenbar da ist, zu vollenden. Der Raum des subjektiven, erleuchteten und geöffneten Seins stellt ihm höhere Möglichkeiten des Selbstseins zur Verfügung als der ihm unterlegene Raum der toten Elemente. Erde, Luft und Licht zieht die Pflanze in ihre lebendige Ganzheit hinein und gibt ihnen damit eine organische Existenzform, die ihrer anorganischen überlegen ist. Indem sie ihrerseits in die Räume der sinnlichen Wahrnehmung emporgehoben wird, gewinnt sie die Möglichkeit, sich selbst in einem ihr überlegenen Medium zu vollenden, in dieser Erhebung ihr ganzes Wesen auszusprechen. Wer wollte die Behauptung wagen, daß jener Baum, entblößt von allen Sinnesqualitäten und reduziert auf das unbekannte «Lebensprinzip», daß er außerhalb der Erkenntnis ist, noch das Wesen voller Schönheit, Sinn und Nützlichkeit wäre, als welches er doch offenbar von seinem Schöpfer erdacht worden ist. Das, was er in Absehung vom subjektiven Raum noch sein kann, ist nicht mehr als ein Material, ein Substrat, das trotz seiner Unentbehrlichkeit für die volle Idee des Baumes von diesem selbst doch keinen Begriff zu geben vermag. Der Begriff, der das volle Wesen des Baumes ausspricht, bedarf zu seiner Bildung außer jenem Substrat auch noch eines Begreifenden, in dessen heterogenem, wenn auch analogem Raum die ergänzenden Merkmale bereitliegen, die erforderlich sind, um mit denen des vorhandenen Lebensprinzips zusammen den ganzen, organisch-einheitlichen Wesensbegriff zu bilden. Erst dieser Begriff spricht aus, was der Baum in Wahrheit ist, also die Wahrheit des Baumes. Diese Wahrheit ist die Unverhülltheit seines Seins; zur Enthüllung aber, in der die Wahrheit sich konstituiert, ist das Zusammenwirken von Subjekt und Objekt notwendig. Sie ist keine dem Objekt allein anhaftende Eigenschaft, die vom Subjekt nur entdeckt zu werden brauchte, sondern die Entdeckung, die die Leistung des Subjekts darstellt, ist selbst ein Wesensbestandteil der Enthüllung des Objekts. Dieses hat seine *objektive* Wahrheit zu einem Teil in sich selbst, zum andern im Raum des Subjekts, das ihm durch seine Tätigkeit dazu verhilft, zu werden, wozu es bestimmt ist. Damit ist keineswegs gesagt, daß die Wahrheit der Dinge in eine rein subjektive, gar in eine willkürliche verwandelt würde. Denn auch der Sinnesraum des Subjekts ist in seiner Spontaneität Natur, und auch die höhere Spontaneität der geistigen Begriffsbildung, in welcher die Synthese der beiden Sphären sich vollzieht, gehorcht einer naturhaften, wenn auch geistigen Gesetzlichkeit. Es spricht nicht gegen die Objektivität der Wahrheit, daß das Erkenntnis-Subjekt an ihrer Ermöglichung beteiligt ist, solange die Haltung des Subjekts keine andere ist, als eine solche der dienenden Hilfeleistung. Die Wahrheit der Dinge muß in der Erkenntnis gefunden und zu Tage gefördert werden; sie kann aber nicht ohne Mithilfe der erfinderischen Kraft des erkennenden Subjekts so hergestellt werden, wie sie der Idee des Schöpfers von den Dingen entspricht. Diese Idee ist eine unteilbare, wenn sie auch des erkennbaren Objekts wie des erkennenden Subjekts bedarf, um sich in ihrer Einheit offenbaren zu können. Die spontane Wahrheitserfindung des Subjekts bleibt somit untergeordnet einer auf die objektive Wahrheitsfindung gerichteten Tätigkeit der wahren Erkenntnis.

Im Weltbild des naiven Realismus, der die Sinnesqualitäten ohne weiteres als dem Objekt auch außerhalb des Sinnesraumes anhaftend ansieht, bedarf das Objekt nun freilich nicht dieser Entfaltung im subjektiven Raum. Es steht in sich selber gegründet und sendet höchstens, um die Subjekte zu bereichern, Bilder seiner selbst von sich aus, die ihnen eine Anschauung von seinem Wesen mitteilen. Diese Bilder sind eine bloße Verdoppelung des Objekts, keineswegs dessen Wesensentfaltung. Die Sinnessphäre ist nicht ein Raum, in dem die Dinge sich ausdrücken und Sprache gewinnen; denn sie haben ihren Ausdruck und ihr Wesenswort schon in sich selbst. Sie sind sich zu ihrer Wahrheit genug. Einem solchen Weltbild mangelt das wundersame Geheimnis des Ineinanderwachsens von Subjekt und Objekt, ihrer gegenseitigen Hilfe bei der Bildung und Findung der Wahrheit. Der Gegenstand trägt seine ontologische Wahrheit vollendet in sich, und die Erkenntniswahrheit besteht allein in der Angleichung des Subjekts an diesen vorgegebenen Tatbestand. Es kommt daher zu keiner positiven Bewertung und Deutung des Phänomens der *Erscheinung*, die dem Ding-an-sich erst seine Ganzheit und Fülle, seine geschlossene, sinnvolle Wesenheit, seine ausstrahlende Herrlichkeit gibt. Erst wenn verstanden ist, daß die Erscheinung, wie wir sie kennen, als Auftauchen des Objekts innerhalb des bereitgestellten Raumes des Subjekts, etwas Ursprüngliches, Originäres und für das Objekt selbst Unentbehrliches ist, erhält die Erscheinung ihr ganzes ontologisches Gewicht. Denn jetzt wird die Sphäre der Erscheinungen innerhalb des fremden Subjekts zum Ausdrucksfeld des Wesens des Objekts, ebenso wesentlich, als der Leib das Ausdrucksfeld der Seele ist. Das Lächeln eines Gesichtes ist nicht nur ein matter Nachglanz der inneren Freude; es ist ihre Darstellung, ihre Mitteilung, ihre Gestaltung, ihre Befreiung. So ist auch die Erscheinung des Objekts keine blasse Verdoppelung seines in sich ruhenden Wesens, sondern die notwendige Entfaltung, in der die innere Fülle sich allererst kundgibt.

Wenn der naive Realismus die wahre Bedeutung der Erscheinung unterschätzt, so droht diese Bedeutung von der kritischen Gegenposition erst recht übersehen zu werden. Der naive Realismus besaß insofern ein gewisses Bewußtsein von der Fülle der weltlichen Wahrheit, als er die Sinnesqualitäten, die den bunten Reichtum der Welt ausmachen, zur Wahrheit der Dinge, zu ihrem Wesensbestand, wie er an sich ist, hinzurechnet. Die kritische Erkenntnistheorie, vor welcher die naive Position in sich zusammensinkt, beginnt damit, den subjektiven und den objektiven Anteil am Aufbau des Erkenntnisobjekts voneinander zu sondern. Diese Tätigkeit entbehrt nicht der Berechtigung, aber sie stellt den Begriff der weltlichen Wahrheit vor eine folgenschwere Entscheidung. Denn es erhebt sich nunmehr die Frage, ob der subjektive Anteil von der Wahrheit abgezogen und dem Wesen des Objekts abgesprochen werden soll, oder ob dem Objekt die Möglichkeit zugestanden werden darf, seine eigene, objektive Wahrheit innerhalb des Erkenntnisraumes zu entfalten. Der erste Weg führt zu einer ungeheueren Verarmung des Wahrheitsbestandes der Welt. Folgerichtig wird man dann die Dinge ihrer ganzen Erscheinungsfülle berauben: der sogenannten sekundären Sinnesqualitäten, die die spezifischen Energien der einzelnen Sinne sind – Farbe, Ton, Geschmack, Geruch usw. –, um ihnen nur die primären: Zeitlichkeit und Ausdehnung zu belassen. Aber auch diese werden vielleicht der Kritik nicht standhalten, als subjektives Apriori der sinnlichen Anschauung entlarvt werden, so daß den Dingen schließlich als Wahrheit nur noch ein paar abstrakte und unanschauliche Begriffe des An-sich-seins, der Substanz usw. verbleiben. Im Mitvollziehen dieses durch die Kritik scheinbar gebotenen Rückzugs hat eine Richtung des modernen Realismus, aus einem Sicherungsbedürfnis gegenüber dem drohenden Subjektivismus, sich dazu verleiten lassen, die Wahrheit der Dinge wie die der Erkenntnis auf ein Mindestmaß einzuschränken und damit das ganze Ausdrucksfeld der Sinne für die Wahrheit verloren zu geben.

Man wird besser daran tun, in der Subjektivität des Sinnesraumes keinen Einwand gegen seinen Beitrag zur Wahrheit des Gegenstandes zu erblicken. Noch immer hat auch hier das Objekt sein Zentrum in sich selbst. Von diesem an sich seienden Zentrum aus strahlt es in den Erkenntnisraum hinein, um sich darin vollendet darzustellen. Dadurch erhält nicht nur das Objekt eine neue Möglichkeit: sich in einem höheren

Raum zu entfalten, ohne dadurch seine Objektivität einzubüßen. Auch das Subjekt wird mit einer neuen Aufgabe bedacht: der Raum zu sein, in dem die Wahrheit der Dinge zu sich selbst kommt. Ein Teil des Objekts kann sich nur im Subjekt entfalten, und das Subjekt ist so beschaffen, daß es als Ort seiner Entfaltung zu dienen hat. Seine Rolle erschöpft sich demnach nicht darin, den Gegenstand in sich selber zu besitzen, sondern erst darin, ihm dienend zu seiner Vollendung zur Verfügung zu stehen.

2. DAS SUBJEKT IM OBJEKT

Weniger bestritten als die eben entwickelte Sicht ist die ergänzende, daß das Subjekt des Objekts bedarf, um sich zu entfalten und zu seiner eigenen Wahrheit zu gelangen. Ohne ein im Raum seiner Rezeptivität sich anzeigendes Objekt bleibt das Subjekt unfähig, seine Erkenntnismöglichkeiten in wirkliche Erkenntnis überzuführen. Die aufgeschlagene Bühne bleibt leer; das Drama der Erkenntnis wird nicht gespielt. Erst wenn das Fremde in den Raum des Subjekts eintritt, erwacht es aus dem Dornröschenschlaf: zugleich zur Welt und zu sich selbst.

Diese Selbsterkenntnis ist nicht nur äußerlich angeregt durch die Erscheinung des Objekts. Die Subjektivität des Subjekts ist keine fertige Größe, die je schon latent vorhanden wäre und durch die Ankunft des Objekts nur in Erscheinung träte. Wie das Objekt im Subjekt zu sich selber kommt, so kommt das Subjekt erst durch die sich in ihm aufbauende und vollendende Welt zu sich selber. Es findet sich nicht nur im Spiegel der Dinge, es erkennt sich nicht nur in dem, was es nicht ist, sondern es wird in der erkennenden Leistung selbst allererst gebildet. Ohne die Welt bleibt es ein ungebildetes Ich. Es hat keine Form, keinen Umriß, keine Prägung, keinen Charakter. Bildung erhält es im Maße, als es Welt in sich aufnimmt und gestalten hilft. Das geschieht aber nicht so, daß das Ich, um zu sich zu kommen, auf einen freien Beschluß hin aus sich ausziehen würde in das Abenteuer der Welt. Es ist keine Rede davon, daß das Ich sich selber aus irgendeiner Überlegung heraus ein Nicht-Ich entgegensetzen würde. Ebensowenig verhält es sich so, daß die Objekte sich vor dem Ich als einem bloßen Zuschauer einstellen würden, wie etwa ein Filmstreifen einem Beschauer vorgeführt wird, damit dieser sein Urteil darüber abgebe. Die Welt ist nicht das Material, das sich dem Subjekt zur Verfügung stellt, um von ihm beurteilt und klassifiziert zu werden. Vielmehr stellen sich die Dinge im Raum des Subjekts ohne vorherige Anfrage ein. Sie stellen das Subjekt vor die vollendete Tatsache ihres Daseins, und das Subjekt erwacht zu sich selbst mitten aus der Beschäftigung mit den Dingen. Es kommt zu sich als eines, das je schon darin versunken ist, einer Welt von Gegenständen Raum und Gestalt zu bieten. Seine Türen sind je schon eingerannt und es selber je schon in der Arbeit der Weltformung begriffen. Unbenachrichtigt und ungefragt wurde es in das Unternehmen der Erkenntnis geworfen. Es wurde für die Bildung der Welt immer schon in Beschlag genommen, und sein Apparat ist bereits am Werk, wenn es dessen gewahr wird. Die Dinge haben also je schon über das Subjekt verfügt. Es führt in der Welt keine private, zurückgezogene, aristokratische Existenz, die sich aus freien Stücken entschließt, mit den Dingen in Fühlung zu treten, soweit es ihr selbst beliebt. Es muß vielmehr unten an der Stufenleiter beginnen: in der harten proletarischen Rechtlosigkeit, die sich der Dinge und der Arbeit an ihnen nicht erwehren kann. Es muß diese Arbeit leisten, um als Subjekt überhaupt leben zu können. Seine Rezeptivität, bei der der Prozeß der Erkenntnis einsetzt, verurteilt es zur Zwangsarbeit. Es muß zuerst gehorchen lernen, bevor es in der Welt herrschen und sich durchsetzen kann. Wissen ist im ersten Akt seiner Entstehung *Dienst*, weil es in der ungefragten Inanspruchnahme durch die Welt beginnt und im Urteil erst endet. Es beginnt mit dem Gegenteil dessen, was die Haupteigenschaft der Erkenntnis zu sein scheint: richtendes Ordnen, denn an seinem Anfang steht die unangemeldete Invasion eines kunterbunten Haufens von Gegenständen, die in die freistehenden Räume des Subjekts hineingeworfen werden. Und wie sie selbst unerwartet sind, so ist auch ihre Anordnung und Reihenfolge keine logische, sondern im Gegenteil eine höchst unvernünftige; und erst in der Arbeit der mühsamen Sichtung und Zerlegung, der Ausscheidung und Zusammensetzung verdient sich das Subjekt allmählich seine Freiheit wieder. Es ist zunächst durch die Welt vollkommen expropriiert, und erst durch seine Tätigkeit als Subjekt erhält es den Lohn seiner Arbeit: seinen Charakter als geschlossenes, gebildetes, beherrschendes Ich. Dieser Lohn ist ein unverhofft reicher. Denn in seiner Arbeit wird das Subjekt sich bewußt, daß das Chaos, aus dem es sich mühsam herausarbeitet, die Fülle der Welt ist, und daß diese Fülle ihm in seinen inneren Raum hinein geschenkt wurde. Es glaubte zunächst in der Welt verloren zu sein; aber in dem Maße es sichtend zu sich selber erwacht, begreift es, daß die Welt ebensosehr in ihm selbst ist. Es hat nicht nur «Abbilder» der Dinge in sich, sondern etwas von den Dingen selbst; und zwar etwas, was sie gerade nicht in sich haben: ihre Auslegung, ihre innere Entfaltung in den Formen der sinnlichen Erscheinung. Und durch diesen dem Subjekt besonders zugeeigneten Teil der objektiven Wahrheit gewinnt es weiterhin Anteil an der Wesenswahrheit, die die Dinge in sich selbst und in ihrer Idee besitzen. Weit entfernt davon, sich etwa erst langsam aus dem Kerker einer in sich verschlossenen Subjektivität durch schwierige Schlußfolgerungen herauszutasten, um eine jenseits seiner liegende, immer gefährdete und fragwürdige «Wahrheit an sich» zu erobern, findet sich das Subjekt immer schon mitten in der reichsten Fülle der «Wahrheit an sich» vor und hat diese Wahrheit nur zu ergreifen und in der verarbeitenden Leistung dabei sich selbst zu gestalten, um sie auch in eine «Wahrheit für sich» – für das Subjekt nämlich – zu verwandeln. Es ist zu Beginn seiner Erkenntnistätigkeit sowenig einsam in sich, daß es sich vielmehr mitten in einem Stimmengewirr von sich äußernden und ihre Wahrheit anbietenden Objekten vorfindet, und die Mühe der Erkenntnis nur darin besteht, diese Stimmen zu verstehen und ihre verschiedenen Sprachen zu deuten. Es lernt die sinnlichen Worte als Ausdruck eines geistigen Inhalts verstehen, sie als Bedeutung und als die Offenbarung eines dem Zeichen innewohnenden Sinnes zu lesen, und indem es auf diese (noch näher zu schildernde) Weise den Abstand und die Beziehung zwischen Ausdruck und Ausgedrücktheit überblickt, gewinnt es das Maß des Objekts und damit seine Wahrheit. Diese Maße sind ihm durch seine Rezeptivität je schon in seinen inneren Raum eingedrückt (species impressa) und werden durch seine Spontaneität (als intellectus agens) in bewußte, an seinem eigenen Maß des Selbstbewußtseins meßbare Maße verwandelt (species expressa). In diesem primären Gemessensein des Subjekts durch die Dinge und dem nachfolgenden Messen des Subjekts seines eigenen Maßes und des Maßes der Dinge bilden sich gleichzeitig die Welt und das Ich. Indem das Ich die ihm eingestalteten Maßstäbe der Dinge sich bewußt angestaltet und anmißt, gewinnt es sein eigenes Maß, erhält es seine innere Struktur und Proportion, wie eine Statue unter den von außen andringenden Hämmerschlägen, und zugleich wie eine formlose Masse, die sich innerlich kristallisiert und durchstrukturiert. Einerseits werden die Wahrheitsinhalte und Wahrheitsformen von außen her angeboten: aus Erfahrung und Tradition häuft sich allmählich der Wahrheitschatz des Subjekts an. Anderseits ist das Subjekt, sobald es zum Selbstbewußtsein erwacht, befähigt, diesen sich immer bereichernden Schatz an Wahrheitsmaterial an seinem eigenen Maßstab zu sichten, ihm das diesem persönlichen Maßstab entsprechende Gesicht zu geben, durch Vorzug und Ablehnung, durch Stufung der verschiedenen Bedeutungen, durch mannigfachste Akzentgebungen und Bewertungen. Je weiter es in seiner Fertigkeit voranschreitet, um so fähiger wird es, die Dinge einerseits so zu sehen, wie sie an sich sind, und sie anderseits so zu bewerten, wie sie der eigenen Wahrheit entsprechen. Beides deckt sich, je weiter die Bildung fortschreitet, immer mehr. Das Subjekt wird in seiner wachsenden Erfahrung immer weltförmiger, denn immer mehr Wahrheit der Welt wird ihm eingebildet. Gerade darum wird aber umgekehrt auch das Weltbild immer persönlicher, weil der Maßstab des Selbstbewußtseins, der in der Erkenntnis angelegt wird, immer umfassender und ausgebildeter wird. Je mehr das Subjekt sich selbst als einen Teil der Welt versteht und durch wachsende Bildung die Enge seiner jugendlichen, auf sich selbst bedachten Subjektivität sprengt, um sich in den Gesamtsinn der Dinge einzuordnen, um so größeres Recht erhält es auch, sein eigenes, richtendes und schöpferisch gestaltendes Wort in der Bildung der weltlichen Wahrheit mitzusprechen.

Der schöpferische Beitrag des gebildeten Subjekts zur Wahrheit wird nie ein willkürlicher, bloß den Interessen und Zwecken einer engen Subjektivität entstammender sein. Das heißt, daß der Sinn der Erkenntnis nichts zu tun hat mit einem Willen zur Macht. Denn schöpferisch wird der subjektive Auftrag nur dann sein, wenn er ein Ausfluß der primären Erkenntnishaltung bleibt, die dem Subjekt kraft seiner rezeptiven Natur aufgezwungen ist: der dienenden Bereitschaft zur Wahrheit. Nicht Beherrschung, sondern Dienst ist in der Erkenntnis das erste. Auch nicht das Streben nach der eigenen Befriedigung des Erkenntnisdranges (appetitus naturalis); denn dieser erwacht erst, nachdem die aufnehmende Funktion mit der interesselosen Darstellung fremder Wahrheit begonnen hat. Die erste Lektion, die das Dasein dem Subjekt erteilt, ist die der Hingabe, nicht der interessierten Bemächtigung, und die zweite folgt dieser ersten: daß Hingabe dem Subjekt mehr Welt eröffnet und mehr Wahrheit einbringt, als jede interessierte Haltung, in der man doch nur das vernimmt, was man selber gerne hört, und nicht das, was an sich ist und wahr ist.

Der erste Überfall der Welt auf das Subjekt kann fast ebenso brutal wie eine Vergewaltigung erscheinen. Das Subjekt wird gezwungen, sich dem Dinge hinzugeben; erst nachträglich wird ihm die Gelegenheit geboten, das Unfreiwillige auch freiwillig zu ratifizieren. Aber wie Mann und Frau, die ein Kind erhalten wollen, gezwungen sind, sich Naturgesetzen zu unterwerfen, die ihrer Freiheit entzogen sind, so reift auch die geistige Frucht der Erkenntnis nicht anders als in einem ersten naturhaften Zwang zu ihr hin. Es ist also nicht wahr, daß das Ich, um zur Erkenntnis seiner selbst zu gelangen, sich in einer wie immer gearteten Freiheit ein Nicht-Ich gegenübersetzte, um von diesem her sich selbst zurückzugewinnen. Hätte das Ich eine solche Freiheit, so wäre es von Anbeginn an ein göttliches Ich, das dann aber gerade keines Nicht-Ich bedürfte, um zum Selbstbewußtsein zu kommen. Die Kreatürlichkeit des endlichen Subjekts bekundet sich vielmehr am schärfsten darin, daß es schon am Dienst ist, bevor es überhaupt als Subjekt zu sich selber erwacht. Dienend erwacht es und wird immer in dem Maße zu sich erwachen, als es in Selbstvergessenheit dient. So weithinhallend die innern Räume des Subjekts diesem scheinen mögen, sie bleiben leer und unfruchtbar, wenn sie nicht von den Dingen bevölkert werden und durch die Arbeit an ihnen Gestalt gewinnen. Um seine eigene Ausstattung braucht das Subjekt nicht besorgt zu sein: sie erfolgt wie von selbst, nebenbei, wenn es seine dienende Arbeit an der Welt verrichtet. Es hat nur als Geist die Bewegung zu bejahen, mitzuvollziehen, in die es je schon als Natur gesetzt ist.

3. DIE DOPPELGESTALT DER WAHRHEIT

Die Erfassung des Objekts durch das Subjekt geht aus von den in der sinnlichen Sphäre des Subjekts durch das Objekt erzeugten Bildern und ihrer Anschauung. Das sinnliche Bild und seine Anschauung bilden dabei eine vollkommene Einheit, in der sich die rezeptive und die spontane Seite der Einbildungskraft, die Leistung des Objekts innerhalb der Sphäre des Subjekts und die Leistung des Subjekts als schöpferische Reproduktion der Anregung des Objekts die Waage halten. Die Anschauung erschöpft sich darin, daß das Bild innerhalb des Raumes des Subjekts steht, sie ist als solche darum noch keineswegs Erkenntnis. Denn sie ist als Anschauung durchaus unmittelbar; niemand kann in Worten adäquat ausdrücken, wie er rot sieht und süß schmeckt. So ist das sinnliche Bild eine seltsam intime Berührung zwischen Subjekt und Objekt, so intim, daß sie gar nicht weitergesagt werden kann. Das Objekt hat sich innerhalb des Subjekts mit einem Worte bekundet, das zunächst reiner Ausdruck ist und als solcher weder das Wesen des Objekts noch das des Subjekts, wie sie an sich sind, kundtut. Und doch ist dieser Ausdruck des Objekts in der Sprache der sinnlichen Bilder alles, was das Subjekt unmittelbar vom Objekt zu fassen bekommt. Auch wenn es auf Grund der Bilder zum unanschaulichen Wesen und Sein des Objekts vordringen wird, es wird diesem Wesen und Sein nie anderswo als im sinnlichen, ausdrückenden Bild begegnen; es wird den Sinn der Worte nie anders als im Wort selber finden.

Daß es diesen Sinn zu finden vermag, also durch den Ausdruck hindurchstößt zum Sichausdrückenden, hat seinen Grund darin, daß die Sinnlichkeit des Subjekts nicht in sich geschlossen ist, sondern innerhalb des totalen geistigen Erkenntnisraumes steht, von dem sie ein Teil ist. Innerhalb dieses geistigen Raumes, dessen Wesen Selbstbewußtsein ist, also die sich selbst ergreifende Einheit des Seins, wird das Bild als der Ausdruck des nichterscheinenden Objekts deutbar. Von der Einheit des Selbstbewußtseins her versteht das Subjekt ein Dreifaches. Es vermag zuerst das ausgedehnte Bild synthetisch als ein einheitliches zusammenzufassen und stiftet dadurch die *Einheit der Anschauung*. Indem es ferner innerhalb seines subjektiven Raumes eine unmittelbare Kenntnis der Beziehung zwischen innerer Bedeutung und sinnlich geäußertem Ausdruck hat, vermag es dem in der Anschauung geeinten Bild darüber hinaus die Einheit eines inneren, geistigen Sinnes, eines Wesenszusammenhangs, zu verleihen: die *Einheit des Begriffes*. Indem es aber endlich drittens im Selbstbewußtsein die Einheit des existierenden Seins erfährt, und zwar ursprünglich in der Analogie und der inneren Distanz zwischen dem eigenen Sein und dem absoluten Sein, vermag es dem in dem Bild erschauten Wesenszusammenhang auch objektive, denkunabhängige Existenz zuzusprechen: es stiftet die *Einheit des Da-Seins*.

Diese drei Synthesen der Anschauung, des Wesens oder Begriffs und der Existenz entfließen alle drei der gemeinsamen synthetischen, einheitsstiftenden, weil seinstiftenden Kraft des selbstbewußten Geistes. Und doch ist, was hier ganz als eine souveräne, rein schöpferische Leistung der Erkenntnis erscheinen möchte, ebenso auch der Rezeptivität der Erkenntnisfähigkeit zuzuschreiben. Denn einerseits kommt die Einheit des Selbstbewußtseins nicht anders zustande als auf Grund der vom Objekt ausgehenden Anregung der sinnlichen Einbildungskraft, also auf Grund eines naturhaften, von keiner geistigen Entscheidung abhängigen Vorgangs. Anderseits ist das im Selbstbewußtsein enthüllte und ergriffene Sein keineswegs nur das eigene Sein des Geistes, sondern ausdrücklich das Sein im ganzen, also gleich unmittelbar das Selbstsein wie das Sein der außerhalb existierenden Welt. Die spontane Stiftung von Sinn und Sein ist also nicht einseitig als eine Belehnung des fremden Objekts mit dem Eigenbesitz des Subjekts zu deuten, sondern als eine Zusprechung dessen, was dem Objekt auch in der Selbsterkenntnis des Subjekts von jeher und ursprünglich zusteht.

Indem das Subjekt die Einheit der Anschauung als Einheit des Sinnes und damit des Wesens zu deuten vermag, liest es aus dem Bild Bedeutung und geistigen Zusammenhang heraus, der im Sinnlichen als solchen nicht liegt. Das sinnliche Bild ist flach, aber weil das Subjekt Sinntiefe hat und um sie weiß, vermag es das flache Bild in perspektivischer Tiefe zu sehen. Es kann die ungegliederte Mannigfaltigkeit, die sich der Anschauung darbot, durch Hervorhebung der Wesenspunkte und in-den-Hintergrund-Schieben des Unwesentlichen beleben, eine gewisse Figur als die Wirkung einer notwendig dahinterstehenden, nicht erscheinenden Kraft verstehen, das Geschaute durch Einordnung in größere bekannte Zusammenhänge und Begriffe erhellen. In dieser vielfachen Tätigkeit vollzieht sich gleichzeitig die Erhebung der Anschauung in den Begriff (abstractio speciei a phantasmate) und die Einsenkung des geistigen Sinnes in die Anschauung (conversio intellectus ad phantasma). Wiederum geschieht hier beides zugleich: eine Art schöpferische Divination durch das Subjekt, das mit der spontanen Kraft der Erkenntnis das Geistige aus dem Sinnlichen heraus gleichsam *errät* (daß es um ein wirkliches Erraten und um keine unmittelbare Schau des Wesens geht, beweist der in der menschlichen Erkenntnis nur allzuhäufige Irrtum als Fehldeutung des anschaulichen Bildes), aber eine Divination, die durch das Bild selbst angeregt und kategorisch gefordert wird.

Dasselbe wiederholt sich zuletzt, wie schon gezeigt, in der Setzung der Existenz, jener höchsten und gleichsam verwegensten Stiftung der Erkenntnis, da das Bild als solches nichts von solcher Existenz verrät oder in sich hat. Und doch genügt das Bild, um dem Subjekt zugleich mit dem Selbstbewußtsein das Wissen zu geben, daß der Sinnzusammenhang, der sich im Bild angezeigt hat, nicht aus dem Zentrum seiner eigenen Existenz verständlich gemacht werden könne, sondern unmittelbar die Setzung denkunabhängiger Wirklichkeit fordere. So entsteht in der Erkenntnis wohl so etwas wie eine Identität zwischen Subjekt und Objekt, indem durch das sinnliche Wort hindurch das Wesenswort des Objekts hörbar und verständlich wird, und zwar vermittels des vom Subjekt selbst ausgesprochenen Wortes (verbum mentis). Die beiden Worte decken sich, und in dieser Deckung vermag das Subjekt das Maß des Objekts zu nehmen, das Maß seines Wasseins sowohl wie das seines Daseins. Es hat damit die Wahrheit des Objekts in sich selbst, eingeschlossen innerhalb der Einheit des eigenen Maßes, seines Selbstbewußtseins. Aber diese Identität weicht sofort und noch im Augenblick ihrer Entstehung einem endgültigen Gegenübersein von Erkennendem und Erkanntem, da gerade innerhalb des Selbstbewußtseins das Erkannte *als* Erkanntes und nicht als Erkennendes gegenwärtig ist. Erst dadurch hat das Subjekt das ganze Maß der Wahrheit des Objekts in sich, daß es dieses als ein Für-sich-seiendes, ihm Gegenüberstehendes versteht. Durch die Immanenz des Objekts in seinem Bewußtsein wird dessen Transzendenz allererst verständlich.

Durch die unlösliche Verbundenheit des Rezeptiven und des Spontanen in der Erkenntnis bekommt das Verhältnis zwischen Subjekt und Objekt und damit auch die Wahrheit eine seltsame Doppelseitigkeit. Es war von ihr schon mehrfach die Rede, doch erhält sie hier ein neues Gesicht, und die beiden Teilgestalten der Wahrheit können mit neuen und weittragenden Namen bezeichnet werden.

Sofern die Spontaneität der Erkenntnis ganz im Dienste der Rezeptivität steht (intellectus agens als Werkzeug des intellectus passibilis, der einsichtnehmenden Vernunft), ist die Erkenntnis der Wahrheit und die Wahrheit der Erkenntnis gleichbedeutend mit strengster Objektivität. Wahrheit als Maß des Seins ist der Ausdruck dessen, was ist. Jede Abweichung von der genauen Wiedergabe des Sachverhaltes ist auch eine solche von der Wahrheit. Der erkennende Geist hat nicht die Aufgabe, sich eine Welt zu erfinden, die vielleicht schöner und besser wäre als die bestehende. Er hat zu sagen, was ist. Seine primäre Haltung ist also die eines Willens zur vollkommenen Sachlichkeit. Er hat sich dem

Gegenstand so darzubieten, daß dieser sich in möglichster Treue ihm anzeigen kann. Er hat ohne jedes Vorurteil, weder mit einer vorgefaßten Theorie über das Objekt noch mit einer solchen über sich selbst in den Erkenntnisakt einzutreten, um zunächst möglichst genau zu vernehmen, welches die Botschaft des Objekts an ihn ist. Für den Erkennenden soll es zunächst auch gleichgültig sein, in welchem Medium das Objekt sich ausspricht: ob dieses Medium ein subjektives ist oder nicht. Würde er auf Grund der Subjektivität des Mediums, in dem das Objekt erscheint, und das nicht ohne Einfluß auf die *Weise* des Erscheinens bleiben kann, das im Medium Erscheinende selbst als subjektiv betrachten, es zum Beispiel auf subjektive apriorische Formen der Anschauung und der geistigen Gestaltgebung zurückzuführen und darin auflösen, so wäre er mit einem so massiven Vorurteil an die Erscheinung des Objekts herangetreten, daß er ihm damit schon die Möglichkeit abgesprochen hätte, sich selber ursprünglich zu äußern und darzustellen. Solange das Subjekt den Willen zur Objektivität in sich hat, und seinen eigenen Raum – sei es nun der sinnliche oder der geistige Raum – der Erscheinung des Objekts dienend und werkzeuglich zur Verfügung stellt, braucht es sich keinerlei Sorgen darüber zu machen, daß es selber durch seine Subjektivität der Wahrheit den Platz versperre. Die rein mediale Funktion der Sinnlichkeit vermag dieser Wahrheit (wenn sie in ihrer Ganzheit und nicht in einer abstrakten Subjektlosigkeit betrachtet wird) keinen Eintrag zu tun. Die Grundhaltung des erkennenden Subjekts kann demnach keine andere sein als die phänomenologisch geforderte einer vollen, indifferenten Aufnahmebereitschaft, die zunächst nichts anderes wünscht, als das Phänomen so rein wie möglich aufzunehmen und zu reproduzieren. Diese Haltung verdient den Namen der *Gerechtigkeit*, da sie dem Gegenstand unbestechlich das Seine beläßt und zumißt. Würde diese Haltung in irgendeiner Erkenntnis fehlen, so hätte sie aufgehört, wahre Erkenntnis zu sein.

Anderseits aber ist durch die bloße Tatsache der Erkenntnis zwischen Subjekt und Objekt ein ganz neues, eigenartiges Verhältnis entstanden. Die Gerechtigkeit, die das Subjekt dem Gegenstand widerfahren läßt, kann offenbar nicht ohne weiteres auf ein Recht des Gegenstandes zurückgeführt werden. Denn nicht nur hat das Subjekt dem Objekt seine innere Sphäre der Anschauung zur Verfügung gestellt, um sich darin auszubreiten und darzustellen – so darzustellen, wie es das Objekt in sich selber nicht vermocht hätte – es hat ihm weiterhin, um in dieser Darstellung auch verständlich zu werden, seine innerste Geistsphäre, sein Persönlichstes also, werkzeuglich dargeboten. Die strenge Objektivität des Subjekts bedeutet somit dem Objekt gegenüber ein Entgegenkommen, so wie die Eröffnung der sinnlichen Sphäre für das Objekt eine Art Gunst besagte. Daß dem Objekt dieser geistige Raum zu Gebote steht, in dem es seine eigensten Möglichkeiten entfalten kann, darf auf keinen «Anspruch» des Objekts zurückgeführt werden. Ein Subjekt ist, als ein personaler, freier und souveräner Innenraum, weit entfernt, eine bloße «leere Tafel» zu sein, auf der man nach Belieben einschreiben kann, was einem einfällt. Diese Tafel besteht aus dem kostbarsten Material, das die Welt kennt: aus Geist. Jeder Eindruck, den man in ihm hinterläßt, kann unabsehbare Folgen in sein inneres persönliches Leben hinein haben, denn man kann an die Sinnlichkeit eines erkennenden Subjekts nicht rühren, ohne zugleich bis an seinen personalen, geistigen Kern, in dessen Sphäre seine Sinnlichkeit steht, heranzugelangen.

Das Subjekt ist, sofern es Geist ist und Selbstbewußtsein besitzt, frei und sich selbst bestimmend; wenn aber ein freies Wesen sich einem andern zu dessen Zwecken zur Verfügung stellt, wird dieses dadurch verpflichtet. Das vielleicht vergängliche, vielleicht belanglose Bild des Objekts wird «verewigt» im Wissen und im Gedächtnis des geistigen Subjekts. Und die Erkenntnis besagt nicht nur das Nachzeichnen eines umrißhaften Bildes im Subjekt, sondern als Schau des Wesens eine eindringliche, divinatorische Leistung, und als Objektivierung eine Anerkennung und Bestätigung, eine Gültigsprechung und Unanfechtbarerklärung der Existenz des Objekts. Wäre jemals das Objekt versucht, an sich selber als daseiendem und sinnvollem Wesen zu zweifeln, so könnte es sich auf diese Bejahung durch das Subjekt beziehen, um seine Sicherheit wiederzugewinnen. Sein Enthülltsein war nicht umsonst, es fand seine Erfüllung in der Wahrheitsrelation, in die es als Objekt eingegangen ist, und die ihm bestätigt, daß das Maß seines Seins gemessen und als richtig befunden wurde. Dieses Maß hätte das Objekt, sofern es Objekt und nicht selber Subjekt ist, nicht nehmen können, es hätte also auch nicht diese Einheit mit sich selber gewinnen können, die erst durch das Eingehen in das Licht eines geistigen Selbstbewußtseins ermöglicht wird. Denn diese Einheit liegt wesentlich über die Einheit hinaus, die jeweils im Objekt real verwirklicht ist. Sie ist Einheit des Wesens, die im jeweiligen Stand der Morphe nur unvollkommen zum Ausdruck kommt, die im Weltzusammenhang ihre Abrundung findet und zuletzt in der schöpferischen Idee Gottes ihre ursprügliche Vollendung besitzt. Dorther wird die wahre Einheit des Objekts in einer schöpferischen Stiftung gesetzt, und an dieser produktiven Leistung nimmt auch das erkennende Subjekt teil. Das geistige Wort (verbum mentis), in dem dieses Sinn und Sein des Objekts ausspricht, ist mehr als ein bloßer Abklatsch der nackten Faktizität des Objekts. Nur vom Subjekt kann das Objekt seinen abschließenden Sinn erfahren, der sich ja erst im überlegenen geistigen Raum des Subjekts vollendet. Im schöpferischen Spiegel des Subjekts wird ihm das Bild dessen entgegengehalten, was es ist, was es sein kann und sein soll. Diese schöpferische Tat des Subjekts hat mit einer bloßen Haltung der Gerechtigkeit nichts mehr gemeinsam, sie ist vielmehr eine vom Objekt nicht erzwingbare Tat der *Liebe*. Auch wenn das Subjekt in seiner Erkenntnis sich möglichster Objektivität befleißt, so ist doch gerade diese Anstrengung, in der es dem Objekt zu seiner Wahrheit verhilft, etwas, was über die Gerechtigkeit hinausliegt und seine Wurzel in einer naturhaften Liebe besitzt. Nicht als ob diese Liebe schon als die volle, freie und geistige Liebe anzusprechen wäre, denn die Erkenntnis hebt ja gerade nicht in der freien Zuwendung des Subjekts zum Objekt, sondern in dem Hineingeworfensein in das Erkennenmüssen an. Aber sofern das Subjekt vom Ursprung her dieser Hingegebenheit überantwortet ist und sie in jedem Akte der Erkenntnis ausübt und damit gültigspricht, wird die seinshafte Wurzel der Hingabe sichtbar, die im bewußten und freien Nachvollzug zur geistigen Liebe sich veredelt. Sie färbt daher auch schon die Haltung der Gerechtigkeit selbst, die als Wille zum Dienst an der Wahrheit eine Haltung der Selbstlosigkeit einschließt und voraussetzt. Die strenge Gerechtigkeit, die in der Wahrheit erforderlich ist, wäre nicht möglich ohne dieses Moment, das immer schon die Gerechtigkeit überragt, temperiert und in verschiedenen Graden und Weisen in eine höhere Sphäre emporhebt und einbaut.

Die schöpferische Seite der menschlichen Erkenntnis ist somit eine analoge Teilnahme des Geschöpfes an der schöpferischen Zumessung der Wahrheit durch die urbildliche, produktive Erkenntnis Gottes. Sie zieht das zu Erkennende irgendwie gnadenvoll in die eigene Sphäre des Geistes empor, um ihm hier die Möglichkeit zu geben, sich aus der Kraft und im Licht des Subjekts zu entfalten, bevor es in seiner Objektivität zum Gegenstand der Erkenntnis werden soll. Und auch noch seine Objektivität, an der das Subjekt selbst mitgearbeitet hat, wird in der vollen Erkenntnis des Objekts unversehens vollendet und emporgesteigert zu jenem wahren Maß und Bild des Objekts, wie nur die Liebe es erfindend erschauen kann. Der schöpferische Blick der Liebe allein vermag dem Gegenstand jenes Maß anzumessen und jenen Spiegel entgegenzuhalten, der seine endgültige und daher objektive

Wahrheit enthält, weil auch der Blick, mit dem Gott seine Geschöpfe betrachtet, nicht der richtende Blick der Gerechtigkeit, sondern der Liebesblick der Barmherzigkeit ist. Darüber wird später zu handeln sein.

II. WAHRHEIT ALS FREIHEIT

Wahrheit im vollen Sinn gibt es jeweils nur in einem erkennenden Akte des Geistes. Der Geist aber, als Geist, ist frei, weil er Für-sich-sein ist. So ragt die Wahrheit notwendig in die Sphäre der Freiheit hinein. Die Verwirklichung der Wahrheit ist kein bloßer Naturprozeß, sondern ein geistiges Ereignis, das jeweils in der blitzhaften Begegnung und Verschmelzung der beiden Worte von Subjekt und Objekt stattfindet. Außerhalb dieses Ereignisses gibt es keine Wahrheit. Wahrheit des Objekts besteht nur, solange der unendliche oder der endliche Geist sich ihm erkennend zuwendet; Wahrheit des Subjekts nur, solange es im Erkenntnisakt verharrt. Außerhalb dieser Begegnung selbst gibt es naturhafte Vorbedingungen zur Wahrheit: Potenzen und Anlagen in Subjekt und Objekt, die den Akt der Wahrheit vorbereiten, ermöglichen und wesentlich mitbestimmen. Auch in Gott ist die Freiheit der Wahrheit nicht Willkür, sondern besitzt eine seiner Natur gemäße Ordnung. Im Menschen aber kommt hinzu, daß sein Geist sich aus der untergeistigen Natur erhebt und seine geistigen Akte sich in den von seiner Natur vorgelegten Bahnen zu bewegen haben.

Die bisherige Untersuchung hat sich vor allem mit den naturhaften Vorbedingungen des geistigen Wahrheitsaktes befaßt. In diesen trat darum auch die Seite der Unfreiheit in Erscheinung. Sie zeigt sich einmal darin, daß Subjekt und Objekt zu ihrer Selbstaussprache wesentlich aufeinander angewiesen sind. So sehr der Akt der Wahrheit das Zusichkommen, die Selbstergreifung des Geistes bedeutet, so sehr ist der Geist, um zu sich zu gelangen, auf das Gegenüberstehende angewiesen und gezwungen, sich in einem andern als ihm selbst zu verwirklichen. Weder steht es ihm frei, zu entscheiden, *ob* er sich offenbaren will oder nicht, denn er findet sich je schon vor als einer, der in die Offenbarung seiner selbst hineingezwungen ist. Er ist je schon der Welt und die Welt ist ihm je schon erschlossen. Noch steht es in seinem Belieben, *wie* er sich offenbaren will, denn die Struktur des Seins wie der Erkenntnis, die beide naturhaft vorgegeben sind, weisen ihm die Bahnen hierzu an. Die Bedingungen der Möglichkeit seiner Offenbarung liegen nicht nur in ihm selbst, sondern jeweils auch in seinem Gegenüber vorgezeichnet, so daß ihm nichts übrigbleibt, als seine Freiheit so zu verwirklichen, wie er sie verwirklichen muß. Er wird zu seiner eigenen Freiheit hin gezwungen, sofern er je schon von Natur zu ihr hin in Bewegung gesetzt ist. Was von ihm verlangt wird, was ihm als Forderung ins innerste Wesen eingeschrieben ist, ist nur dies, daß er die Bewegung, in der er schon rollt, zu einer Selbstbewegung in Freiwilligkeit gestaltet. Er lebt schon je in der Transzendenz, was nichts anderes heißt, als daß es seine Natur ist, Geist sein zu müssen. Die höchsten, freiesten Akte seiner Geistigkeit sind in ihm angelegt als Natur. Aber diese Anlage enthebt ihn nicht der Möglichkeit und der Pflicht, Geist zu sein und seine Freiheit selbst zu ergreifen. Sein Offenstehen für die Welt zeichnet in ihm die Grundverhaltungsweisen des Empfangens und des Schenkens, des Dienstes und der Schöpfung, der Gerechtigkeit und der Liebe vor, die alle nur verschiedene Ausprägungen der Hingabe sind. Diese naturhafte Transzendenz zu bejahen und in einem freien geistigen Transzendieren zu verwirklichen, ist die Erfüllung der Sendung des menschlichen Daseins.

Indem dieses Dasein aus der Natur zum Geiste auftaucht, erhebt sich auch die Wahrheit aus dem Bereich der Unfreiheit in das Reich der Freiheit.

A. DIE FREIHEIT DES OBJEKTS

Es ist für ein Wesen nicht ohne Bedeutung, ob es Gegenstand einer fremden Erkenntnis ist oder nicht. Dadurch, daß es in einem andern Geiste abgebildet und eingeprägt ist, lebt etwas von ihm, vielleicht etwas sehr Wesentliches und Zentrales, außer ihm selber. Es mag nun diese seltsame, dem Objekt zumeist verborgene Existenz in fremden Geistern etwas sein, was ihm vielleicht gleichgültig, vielleicht sogar erwünscht ist. In diesem Fall gibt es seine stillschweigende Zustimmung zu dieser Vervielfachung seines eigenen Wesens. Mögen andere sich an seinen Bildern erfreuen und bereichern, das Objekt fühlt sich dadurch in seinen Rechten zumeist nicht betroffen und geschmälert. Aber selbstverständlich ist diese Einstellung nicht. Es könnte sein, daß ein Gegenstand Gründe hätte, sich nicht einfach als wehrlose Beute fremder Erkenntnis betrachten zu wollen. Es könnte sein, daß er sich nicht einfach dem ersten Besten, der ihn zu erfassen und einzuverleiben wünschte, hingeben möchte. Die Dinge besitzen ein Selbstsein, und darin liegt ein einmaliger, unvertauschbarer Wert begründet, der Wert des Für-sich-seins, der zunächst ihnen allein geschenkt und anvertraut ist. Wären die Dinge jeweils nichts weiter als ein «Fall von», eine mit andern Wesen ohne jeden Verlust auswechselbare Größe, so besäßen sie als Individualitäten keinerlei Eigenwert und damit auch keinerlei Anspruch auf eine nur ihnen vorbehaltene, eigenrechtliche Sphäre. Hätte ein Erkennender das Artwesen erfaßt, das sie verkörpern, so hätte er ohne weiteres zugleich jedes Einzelwesen, das unter die Art fällt, mitbegriffen; dieses böte ihm keinerlei Geheimnis mehr. Die Erkenntnis des Einzelnen wäre dann nichts weiter als eine beliebige Anwendung der allgemeinen Erkenntnis, so wie man einen mathematischen Lehrsatz beliebig oft anwenden kann oder mit einem Kuchenblech beliebig viele Kuchen formen kann. Das Objekt wäre dann seinem ganzen Wesen nach Objekt für ein Subjekt; von einer Freiheit seiner Offenbarung könnte nicht mehr die Rede sein. Es wäre in seiner je schon vollzogenen Offenbarung vollkommen ungeschützt. Es läge unter dem Blick der Erkenntnis wie ein Schnitt unter dem Mikroskop. Es hätte in dem Vorgang der Erkenntnis kein persönliches Wort mitzureden. Es wäre eine vollkommen rechtlose Sache, über die nach dem Belieben des Erkennenden verfügt wird. In einer Welt, in der es so zuginge, hätte die Existenz jeden Sinn verloren, denn das Sein hätte jene Eigenschaft eingebüßt, die seinen Besitz allein begehrenswert macht: seine jeweilige Einmaligkeit und somit seine Intimität. Es gäbe in einer solchen Welt vielleicht noch ungelöste Probleme, die die Erkenntnis bisher «noch nicht» bewältigt hat. Was es aber nicht mehr gäbe, wäre das wesentliche Geheimnis, das jedes Seiende umgibt, welches für sich ist. Der Vorgang der Erkenntnis würfe ein kaltes grausames Licht ohne Schatten in alle Winkel, und es gäbe keine Möglichkeit, dieser versengenden Sonne zu entkommen. Das geheimnislose Sein wäre wie prostituiert. Daß wir aber die bloße Vorstellung einer solchen Seins-Ordnung nicht nur als unmöglich, sondern geradezu als schändlich empfinden müssen, zeigt deutlich, wie sehr wir durchdrungen sind von dem Gefühl des Adels jedes seienden Wesens. Nur ein radikaler Zynismus, dessen Freude an der Leugnung der Werte ihn selbst als das Böse und Perverse kennzeichnet, hat sich bisweilen einer so zerstörerischen Anschauung nähern können. Möglich wird sie jeweils dort, wo der Mensch kein Gespür mehr hat für das zentrale Geheimnis des Seins, wo er die Ehrfurcht, die Bewunderung und die Anbetung verlernt hat und im Zuge der Verleugnung Gottes, dessen Wesen die Eigenschaft des Wunders immer behält, auch das Wunderbare jedes einzelnen geschaffenen Seins übersieht. Solange er dagegen in Gott das unerforschliche Geheimnis einer Intimität verehrt, solange wird er in den geschöpflichen Abbildern Gottes den Abglanz dieser Eigenschaft nie übersehen. Allen geschaffenen Wesen hat Gott mit dem Eigensein das Eigenwirken gegeben und mit diesem eine Spontaneität, sich zu äußern, einen wenn auch noch so fernen Nachhall seiner unendlichen majestätischen Freiheit. Jedes Wesen, das als Für-sich-seiendes existiert, besitzt ein Innen und ein Außen, eine Sphäre der Intimität und eine Sphäre der Öffentlichkeit. Die Intimität des Seienden kann sehr verschiedene Formen und Stufen annehmen; sie nimmt zu mit dem steigenden Für-sich-sein der Wesen, um auf der Stufe des geistigen Bewußtseins sich zu vollenden. Hier ist die Möglichkeit der Äußerung des Innerlichen dem freien Ermessen des Geistes anheimgestellt und damit vor jedem mechanischen Zugriff fremder Erkenntnis geschützt. Aber auch die untergeistigen Wesen sind dieses Schutzes nicht völlig beraubt. Jede Stufe des Seins besitzt ihren eigenen, von dem der andern verschiedenen Schutz, einen besonderen Mantel, mit dem der Schöpfer sie beschenkt hat. Dieser Schutz verleiht ihrer jeweiligen Enthüllung und Offenbarung den Charakter eines einmaligen, gewissermaßen feierlichen Aktes, in welchem der immer neue Wert der Wahrheit sich überwältigend anzeigt.

Dieser Tatbestand ist so mächtig, daß er stark genug ist, dem Drang der Erkenntnis nach Allmacht ein Gegengewicht zu bieten. Zwar ist es wahr, daß jede geistige Erkenntnis, auch die menschliche, so beschaffen ist, daß ihr kein Seiendes fremd bleiben kann. Sie wird es, falls es sich ihr darbietet, mit ihrem für alles Sein eingerichteten Blick zu erfassen vermögen. Aber eben nur dann, wenn es sich ihr wirklich darbietet. Die Macht der Erkenntnis, Offenbarung der Dinge zu empfangen, ist unbegrenzt. Nicht aber die Macht, diese Offenbarung auch zu erzwingen. Und zwar nicht bloß deshalb nicht, weil die tatsächliche Welterfahrung auf Grund der Endlichkeit unseres Aufnahmevermögens, der Enge unseres Bewußtseins, immer nur ein winziger Ausschnitt des Wißbaren bleibt, sondern ebensosehr und noch mehr darum, weil der Spontaneität des Subjekts die entsprechende Spontaneität des Objekts einschränkend gegenübersteht.

Wenn dem so ist (was noch zu zeigen sein wird), dann ist dadurch eine Auffassung der menschlichen Erkenntnis entkräftet, die diese in zwei gänzlich verschiedene Funktionen zerlegen möchte: eine mechanisch-praktische, die das Sein, vorab das stoffliche Sein, als ein nur dem menschlichen Willen zur Beherrschung unterliegendes, jedes Anspruchs auf Intimität und Geheimnis entbehrendes Substrat bewertet, und eine gleichsam vornehme, interessenlose, die sich der mitfühlenden Intuition des einmaligen geschichtlich-zeitlichen Daseins hingibt. Eine solche Zerspaltung der menschlichen Erkenntnis in zwei beinahe feindlich getrennte Hälften ist der Ausdruck einer Ohnmacht, die moderne Intelligenz aus einem entgötterten, geheimnislos gewordenen Weltbild zurückzurufen und ihr die ursprüngliche Ehrfurcht vor dem Gegenstand wiederzugeben. Indem man so betont zwischen profanem und sakralem Denken unterscheidet, wie Bergson es tut, setzt man den Riß absolut, den zu heilen man keine Mittel mehr sieht. Man reißt endgültig auseinander, was bei Thomas von Aquin eine unlösliche Einheit war: das urteilende (intellectus agens, dividens et componens) und das vernehmende Denken (intellectus passibilis). Man entzieht damit dem «rationalen» Denken seinen Geheimnis-Charakter, dem intuitiven, verstehenden Denken aber die Beweisbarkeit und die logische Struktur und verurteilt es so zur Einsamkeit und zur Irrationalität. Aber die beiden Aspekte des menschlichen Denkens bilden, gewiß unterscheidbar und jeweils stärker betonbar, erst zusammen dessen wahre Kraft und Fülle. Die eine, sowohl logisch-urteilende wie verstehende Erkenntnis steht dem einen, sowohl rational faßbaren wie einmalig-intimen Objekt gegenüber. In diesen beiden Seiten des Seins keinen Widerspruch, nicht einmal einen Gegensatz zu sehen, war stets ein Kennzeichen gesunder Philosophie.

1. DIE STUFEN DER INTIMITÄT

Der Charakter der Intimität des Seins, der sich im bewußten Geiste vollendet, hat seine Vorstufen in der unbewußten Natur. Es gibt kein Seiendes, das nicht über eine wenn noch so angedeutete, rudimentäre Innerlichkeit verfügte. Für das Lebendige mag das allgemein zugestanden werden; es gilt aber nicht minder für die unterste Stufe des Seins: für die leblosen Wesen. Auch sie sind nicht eine bloß passive Beute für die Erkenntnis. Denn auch in ihnen sind Kräfte am Werk, die sich äußern, die also eine Bewegung von innen nach außen vollziehen. Die Erscheinungen dieser Kräfte im Feld der Sinnlichkeit sind keineswegs identisch mit dem, was diese Erscheinungen hervorruft. Wären sie es, so müßten die Naturwissenschaften nicht so mühevoll nach den verborgenen Wesen des Stoffes forschen. Dieses Wesen ist zwar nicht einfach wie ein Unbekanntes hinter seinen Erscheinungen verborgen. Denn die Anwendbarkeit der auf Grund der Erscheinungen gefundenen und formulierten Naturgesetze auf den Kern der Natur, auf das Unanschauliche selbst, beweist genug, daß sich durch die Erscheinungen hindurch das Wesen wirklich anzeigt und sich der Erkenntnis nicht völlig entzieht. Anderseits aber behalten die von der Wissenschaft ausgeformten Gesetze immer einen vorläufigen Charakter. Sie sind Arbeitshypothesen, die sich mehr oder weniger gut bewähren. Sie können von einer andern Hypothese überholt werden, wenn diese nachweislich eine tiefere Schicht zu erreichen, ein ausgedehnteres Feld der Wirklichkeit zu decken vermag. Die Naturgesetze, denen eine wahre Objektivität durchaus nicht abzusprechen ist, zeigen nur zu deutlich die Endlichkeit ihrer Geltung. Einerseits können sie ein bestimmtes Gebiet optimaler Anwendungsmöglichkeit besitzen, innerhalb dessen sie die einzig mögliche, einzig richtige Erklärung der Phänomene zu bieten scheinen. Aber sobald man sie in scheinbar logischer Deduktion auf benachbarte Felder auszudehnen versucht, erweisen sie sich hier nicht selten als weniger geeignet, die Wirklichkeit zu deuten. Andere Hypothesen, die dort das Optimum ihrer Anwendung haben, überschneiden ihren Kreis, ohne daß zunächst ersichtlich wäre, wie die beiden Forschungsmethoden vereinbar wären. Sie können aber anderseits auch auf ihrem eigenen Felde geschlagen werden, indem auch hier unerwartete, neue Phänomene auftreten können, die eine andere Gesamthypothese für das Phänomen erfordern.

So bleibt auch die sogenannte exakte Forschung eine Annäherung an die Wahrheit über das Wesen des Stoffes, eine ständige Umwerbung des unanschaulichen Kernes der materiellen Welt. Und wenn es zunächst den Anschein erweckt, als sei unser «praktischer» Verstand mit seiner Anlage zum Analysieren und Quantifizieren gerade das adäquate Werkzeug zur Erforschung dieser untersten Stufe des Seins, – während die Innerlichkeit des Lebendigen und des Geistigen seinem Zugriff sich in steigendem Maße entzieht und die Anwendung der «exakten» Methoden auf das seelische und geistige Leben offenkundig versagt –, so kann man sich angesichts der Ratlosigkeit der Wissenschaften vom Stoff über dessen letztes Wesen wohl fragen, ob dieser Anschein nicht trügt, und ob uns das Lebendige, zu dessen Reich wir selber gehören, zuletzt nicht vertrauter ist als die tote Natur. Nicht als ob deren Wesen einfach unerkannt bleiben müßte, weil es, als eine Irrationales, der Erkenntnis völlig unproportioniert gegenüberstände. Gegen solchen Agnostizismus spricht die erstaunliche Möglichkeit der Anwendung abstrakter Gesetze auf die Erscheinungen, und sogar, innerhalb gewisser Grenzen, der apriorischen Deduktion; endlich auch die unleugbare Tatsache eines gewissen Fortschritts der Forschung. Aber ebenso deutlich ist, daß die Wirklichkeit nicht nur faktisch und zufällig, sondern wesenhaft und notwendig immer reicher bleiben wird als jedes sie erkennende Wissen und schon auf der niedrigsten Stufe von so unerforschlichem Wahrheitsgehalt ist, daß sie die Forscher aller Zeiten beschäftigen kann, ohne je zu einer Häufung geheimnisloser, völlig übersehbarer Fakten zu werden. Etwas von der Koketterie der Verhüllung, die alles Lebendige beherrscht, scheint bereits den stofflichen Dingen zu eignen, die sich immer, wenn der Erkennende sie endgültig zu fassen glaubt, unter Zurücklassung eines Erscheinungsgewandes entziehen.

Wo sich die Innerlichkeit des Seins zum vegetativen Leben verdichtet, tritt die Spannung zwischen Innen und Außen sogleich stärker in Erscheinung. Das Innen ist in einem fast undurchdringlichen Schleier verhüllt: was das Lebensprinzip in sich selbst ist, wird keine Forschung je wissen. Wir sehen die Tatsachen, die uns wie reine Wunder vorkommen: daß das Lebendige, das jeweils eine planvolle Einheit bildet, in sich die Potenz hat, diese Einheit, wenn sie verletzt wurde, zu ergänzen, fehlende Glieder zu regenerieren, sich nach bleibendem Einheitsplane ganz verschiedenen Lebensbedingungen zu assimilieren, sich selber durch Vereinigung mit einem andern Wesen der gleichen Art oder auch ohne sie zu reproduzieren und sogar eine solche plastische Kraft in sich zu bergen, daß die Teilung des ganzen Wesens zwei Wesen der gleichen Art, mit der gleichen Ganzheit der Architektonik begabt, hervorbringt. Wir sind gewohnt, diese Wunder des Lebendigen als einfache Tatsachen zu verzeichnen, die wir kennen, und haben verlernt, uns Rechenschaft darüber zu geben, in welchem Maße diese Alltäglichkeiten die Manifestationen unbegreiflicher Geheimnisse sind. Schon auf der untersten Stufe des Lebens bekundet das Lebendige eine solche strahlende Fülle und Kraft aus dem geheimen Kern der Innerlichkeit, daß wir vor jeder seiner Äußerungen geblendet zurücktaumeln müßten. Was ist das Geheimnis dieser Ganzheit des Lebens (vor der jede mechanistische Erklärung schon an der Wurzel versagt), die so sehr eins ist, daß sie sich gegen alle äußern Einflüsse und Eindrücke durchsetzt, und doch so wenig eins, daß sie aus ihrer Einheit die Zweiheit entlassen kann? Von welcher geheimnisvollen Eigenschaft zeugt diese Reproduktionskraft? Von einem solchen Überschuß an Macht und an Einheit, daß sie, ohne zu Schaden zu kommen, aus sich selber andere Einheiten gleichen Wesens hervorbringen kann, oder von einem solchen Mangel an Einheit, daß es bei der Teilung getrost als zwei selbständige Einheiten weiterzuleben vermag? Derlei Fragen aufwerfen heißt bekunden, daß wir wohl die Äußerungen des Lebendigen genau und immer genauer zu registrieren vermögen, aber daß keine Wissenschaft je in der Lage sein wird, seine Mysterien zu lüften. Sie sind in sich selber so gut verborgen, sie tragen an der Stirne so eindeutig den Charakter des Wesensgeheimnisses, daß jede Forschung sich lächerlich macht, die vorgibt, sie jetzt oder später erklären zu können. Sie erweist damit nur ihre Blindheit für das letzte, so offenkundige Wesen ihres Gegenstandes selbst. Sie rührt mit unheiligen Fingern an den heiligen Kern des Lebens. Sie belegt das Unbekannte mit Namen und Begriffen und sieht nicht, daß sie damit nur eine Etikette auf ein Gefäß unbekannten Inhalts geklebt hat:

> Encheiresis Naturae nennt's die Chemie,
> spottet ihrer selbst und weiß nicht wie.

Und dennoch haben wir Zugang zum Lebendigen. Wir kennen seine Äußerungen. Es kommt uns in diesen entgegen. Es tritt aus seiner Verborgenheit hervor, indem es sich darstellt. Wenn wir den Keim sich entwickeln sehen, wie er den harten Boden durchbricht, sich entfaltet, Blatt um Blatt ausbreitet und schließlich das unerwartete Wunder der Blüte aus sich entläßt, dieses vielleicht beredteste Wort der stummen Natur, wenn schließlich diese ganze in sich geschlossene Form ihrem Ende sich zuneigt und gerade dort, wo wir das Ende vermuten, uns mit dem Geschenk der Frucht überrascht und deren schöner Zweideutigkeit: Verzehrt werden zu können in der Erde zu neuem Wachstum oder im Munde zur Ernährung höherer Wesen: dann wird kein Erkennender sagen, er hätte nichts erfaßt vom Geheimnis des Lebens. Dieses «heilig-öffentliche Geheimnis» ist in der Tat nicht nur bleibend verborgen, sondern ebenso bleibend kundgetan, und wir wissen im Grunde mehr davon, wenn wir uns an seine Erscheinungen halten, als wenn wir in die geheimen Hintergründe zu spähen versuchen, aus denen diese Erscheinungen sich auf uns zu bewegen. Wahrheit ist Enthüllung des Seienden, und das Lebendige enthüllt sich, indem es sein Leben lebt: es entfaltet diesen Sinn Stufe um Stufe, mit einer fast übertriebenen Deutlichkeit. Es stellt nichts anderes dar, als sich selbst. Keiner sage, er habe «nur» die Erscheinung, nicht das Wesen des Lebens gesehen, wenn er den Lebenslauf einer Pflanze miterlebt hat. Was von diesem Leben mitteilbar war, was zur Veröffentlichung bestimmt war und vom Schöpfer als wert befunden wurde, bekanntzuwerden, das hat sich Wort für Wort ausgesprochen. Aber keiner sage, daß er damit das Wesen des Lebens durchschaut habe, daß er vorgedrungen sei bis zum geheimnisvollen Zentrum, aus dem alle diese Äußerungen entstiegen. Denn er weiß (er kann es an ihnen selbst ablesen): die Möglichkeiten des Lebens sind unendlich reicher als seine Darstellungen; andere Umstände, andere Einflüsse hätten aus diesem Wesen etwas anderes gemacht, und manche seiner Fähigkeiten sind vielleicht überhaupt verborgen geblieben. Zum Wesen des Lebens gehört eine unbegreifliche Verschwendung. Von Millionen Samenzellen kommt nur eine ganz kleine Anzahl zur Entfaltung. Von Millionen Anlagen und Lebensmöglichkeiten, die alle im überfließenden Reichtum des Lebens verborgen liegen, kann nur eine einzige Reihe, die des wirklichen Lebens, zum Ausdruck gelangen.

Nun aber wäre es wiederum falsch, diese Nicht-Entfaltung des Möglichen zu bedauern und die Wirklichkeit als ein Reich der Beschränkung und der Armut anzusehen. Vielmehr ist gerade bezweckt, daß durch diese Fülle im Schoß des Lebens sein Charakter als Reichtum und Überschwang verdeutlicht werde. Es wäre ein Zeichen der Armut des Seins und letztlich der Armut des Schöpfers, wenn alles Mögliche auch Wirklichkeit wäre. Wie es das Merkmal eines großen Künstlers ist, daß seine Werke verraten, mit welcher Souveränität sie geschaffen, wie wenig die Kraft ihres Erfinders durch sie bis zum Rande angestrengt und verbraucht wurde, so ist es das Merkmal der lebendigen Natur, daß ihre Erscheinung selbst den unendlichen Überschuß des noch Möglichen offenbart. Die endliche Erscheinung ist als solche das ans Licht-Treten einer gewissen Unendlichkeit. Sie ist es nicht dadurch, daß ihre Endlichkeit nicht vollkommen wäre, daß ihre

Gestalt irgendwie ins Unbekannte verdämmern würde. Sondern die Vollkommenheit ihrer Endlichkeit ist gerade als solche die Offenbarung ihrer inneren Unendlichkeit. Diese Unendlichkeit wird in ihrer Erscheinung wahrhaft und wirklich sichtbar, aber sichtbar als der Überschuß, der nicht sichtbar wird, enthüllt als das, was bleibend verhüllt ist, bekannt als das unaufhebbare Geheimnis des Seins. Die Wahrheit, sofern sie Enthüllung des Seienden für ein Erkennendes ist, verwirklicht diese Enthüllung nicht in einer genauen Entsprechung zwischen innerem Vorbild und äußerem Abbild, sondern in einer elementaren Bewegung eines unerschöpflichen Innen in ein jeweils gestaltetes Außen. Die Dinge zeigen damit an, daß sie ihr eigenes Leben leben, daß ihr Daseins-Sinn sich keineswegs darin erschöpft, Gegenstand einer Erkenntnis zu sein. Sie verschließen sich dieser Erkenntnis zwar nicht, aber sie spenden von ihrer innern Fülle wie nebenbei: der Erkennende soll davon erhaschen, was er zu fassen vermag. Daß er wirklich etwas faßt, das wird ihm nicht entgehen; wichtiger aber bleibt vielleicht die andere Lehre: daß die Wahrheit des Seienden immer unendlich reicher und größer sein wird, als er zu fassen vermag.

Mit dem Auftreten der animalischen Welt rückt die Intimität des Seins in eine neue Phase. Das fühllose Leben ließ wohl eine Innerlichkeit von überschwenglichem Reichtum ahnen, aber dieses Innen blieb ihm selber verhüllt. Im Tier beginnt sich dieser innere Raum zu lichten, für sich selber hell und zugänglich zu werden. Hier zum erstenmal taucht der vollkommen neue Sachverhalt auf, der die ganze Theorie der Erkenntnis vor eine völlig veränderte Lage stellt: daß das Objekt selbst Subjekt ist. Die Revolution, die damit geschaffen ist, ist unabsehbar folgenreich. Man wird künftig nicht mehr vom Subjekt als einer bestimmten Größe sprechen können, sondern von der Mehrzal von Subjekten, deren jedes zunächst für sich seine Wahrheit besitzt und erkennt, und deren intersubjektive Koordinierung eine Menge neuer schwieriger Fragen aufwirft. Auf den ersten Blick ist es für ein Subjekt vollkommen verwirrend, daß die Objekte, die ihm zur Erkenntnis vorgestellt sind, selbst ihren Innenraum haben und somit selber erkennen. Wird dieser Innenraum, der mit geistigen, subjektiven Erkenntnissen angefüllt ist, für sie nun auch zum Objekt werden? Und wie soll das geschehen, da das Subjektive als solches gerade nicht objektiv ist? Vielleicht wird es möglich sein zu wissen, was auch ein anderer weiß. Wird es aber je möglich sein, es so zu wissen, *wie* er es weiß, in derselben Subjektivität, mit demselben Licht beleuchtet? Man wende nicht ein, daß es sich hier höchstens um «Nuancen der Auffassung», um «subjektive Schattierungen» der einen gemeinsamen Wahrheit handeln kann, die für die Objektivität der Erkenntnis keine entscheidende Rolle spielen. Es geht vielmehr um die ganz elementare Frage, ob denn das Subjektive *als solches* objizierbar sei oder nicht. Ob also nicht, wenn nämlich der zweite Fall sich ereignen sollte, der Satz von der Erkennbarkeit alles Seins eine wenigstens scheinbare erneute Einschränkung erfahre: sofern zwei Subjekte zwar ein gemeinsames Objekt erkennen, ihre Erkenntnis vielleicht auch aus einer subjektiven in eine objektive verwandeln können, um sich darüber zu verständigen, aber gerade die Subjektivität ihrer Erkenntnis nicht mitteilbar ist. Diese im geistigen Bereich und Austausch oft bis zum Vergessen sich auslöschende Frage wird nun gerade im Reich des animalischen und sensitiven Lebens äußerst vordringlich. Was sieht, was hört, was fühlt ein Tier? Wir wissen es nicht und werden es nie wissen. Die Welt der sinnlichen Bilder ist rein subjektiv und als solche nicht objizierbar. Es lassen sich über die Sinnesorgane der Tiere vergleichende Forschungen anstellen, die gewisse Analogieschlüsse auf ihre Perzeptionen erlauben. Daß sie auffassen, und zwar in einer dem forschenden Subjekt analogen Weise auffassen, ist nicht zu bestreiten. Es anzuzweifeln und die Tiere zu Reflex-Mechanismen zu stempeln, ist wiederum einer ernsthaften Naturwissenschaft nicht würdig. Aber wie sie tatsächlich sehen, was sie in Wahrheit fühlen, wenn sie Äußerungen des Schmerzes oder der Freude zeigen, das werden wir mit ihnen nie miterleben. Man könnte sogar soweit gehen, eine Art unmittelbarer Einfühlung in gewisse Zustände anderer fühlender Wesen für möglich zu halten (wie z. B. eine schlafende Mutter bei der leisesten Regung ihres Kindes sogleich erwacht, wie sie seine nach außen nicht erscheinende Krankheit irgendwie instinktiv verspürt, wie überhaupt die Leistungen des Instinkts für das geistige Erkennen verblüffend und unerklärlich sein können): aber alle diese Formen geheimnisvoller Kommunikation vermögen die Schranken der Subjektivität nie völlig niederzulegen.

Subjektivität ist Intimität, und zwar seinshaft garantierte Intimität, die nicht nur nicht erbrochen, die auch nicht als solche mitgeteilt werden kann. Wer ein Für-sich-sein hat, hat zwar die Möglichkeit, sich zu äußern, nicht aber die Möglichkeit, seine wesentliche Einsamkeit aufzuheben. Er muß sich bescheiden, das Bild der Welt, das er hat, für sich selbst zu haben und zu verantworten; er kann diese Verantwortung nie auf einen Andern abschieben. Denn er kennt das Weltbild des Andern nicht. Selbst *wenn* es dasselbe wäre, er hätte nie eine letzte Gewißheit darüber, *daß* es wirklich dasselbe ist. Und der Erkennende, der an diese Schranken des fremden Selbstseins stößt, muß sich ebenso bescheiden, dem andern Subjekt sein Selbst zu lassen. Erst auf der Grundlage dieser elementaren Resignation wird jede wahre Gemeinsamkeit der Wahrheit wieder möglich. Ohne diesen Verzicht keine gegenseitige Beschenkung, ohne diesen Abstand keine geistige Nähe, ohne diese Ehrfurcht vor dem Selbstsein des Andern keine mögliche Liebe. Die Einsamkeit des Subjektes hebt erstmals im Bereich des Sinnlichen an, und dort wird ihre Unaufhebbarkeit sofort evident. Sie wird aber auch im geistigen Bereich bestehen bleiben, trotz der erhöhten Möglichkeiten der Kommunikation. Im Sinnlichen werden die Trennungsmauern zwischen den Subjekten zu deren Heil und Nutzen aufgerichtet. Diese Mauern ragen auch ins Geistige auf. Versucht man sie niederzulegen und damit das Geheimnis des andern Subjektes zu mißachten, so vergeht man sich gegen den Geheimnischarakter des Daseins und gegen die Intimität der Wahrheit. Es scheint zunächst eine Kleinigkeit zu sein, ob ich Farben oder Töne in der gleichen Weise auffasse wie ein Anderer; aber auf der Nuance der Perzeptionen kann sich die des Kunstgeschmacks aufbauen, über den sich nicht immer streiten läßt. In welcher Stimmung ein Mensch ist, kann er dem Andern nur sehr indirekt klarmachen, aber seine allgemeine Gestimmtheit kann von Einfluß sein auf seine gesamte Weltanschauung. Ganz zu schweigen von jenem tiefen Riß, der vom Tier an alles bewußte Leben durchzieht: dem Riß zwischen männlich und weiblich. Wir wissen manches über das Leben und Empfinden des andern Geschlechts. Aber wir werden nie wissen, was es heißt, die Welt aus der Perspektive des andern Geschlechts zu sehen und aufzunehmen.

Im Tierreich entsteht eine bunte Fülle subjektiver Weltbilder, die alle einander verschlossen sind. Jedes dieser Weltbilder ist vollkommen endlich, es besitzt seine eigene Umwelt, die seiner bestimmten Sinnlichkeit zugeordnet ist und entspricht, Umwelten, die wir uns nicht einmal vorstellen können, weil uns gewisse Sinne, die die Tiere besitzen, ganz fehlen, weil wir andere in ganz anderer Konstruktion besitzen (uns fehlt z. B. das Facettenauge des Insekts, und wie die Welt für einen Vogel oder einen Fisch aussieht, dessen zwei Augen sich nicht perspektivisch ergänzen, ist uns ganz unvorstellbar), weil wir uns schließlich am wenigsten vorstellen können, was eine Sinnlichkeit ohne Geist ist. Alle diese Weltbilder leben dicht neben uns und überschneiden zum Teil das unsere: fremde Welten, die wir nie kennen werden, gehen durch die unsere hindurch; Abstände, für die es kaum ein gemeinsames Maß gibt, trennen die empfindenden Wesen voneinander.

Dennoch gründen alle diese Wesen in einem gemeinsamen Medium des Lebens. Sie alle besitzen eine äußere Gestalt, die bedeutungsvoll ist und eine Ausdruckskraft hat, die dem eines geprägten Wortes gleicht. Die Natur hat solcher Worte eine Unzahl geschaffen: so viele als es Gattungen und Arten von lebenden Wesen gibt. Und während die Pflanzen nur gesprochene Worte sind, sind die Tiere ebensosehr auch sprechende Worte. Sie sind nicht nur ein sich selber von innen her gestaltender Ton, wie das Vegetative, sie wissen mitfühlend um diesen Vorgang der Gestaltwerdung. Sie drücken nicht nur etwas aus, sie drücken sich selber aus. Sie haben selbst Teil an der Bewegung von innen nach außen, an der Entäußerung ihrer selbst, an ihrer Wahrheit. Sie stehen in der Mitte zwischen Freiheit und Unfreiheit. Sie haben die Freiheit, sich äußern zu können, in irgendeiner tönenden oder stummen Sprache. Sie haben aber noch nicht die Freiheit, sich zu äußern, wann sie wollen und wie sie wollen: ihre Ausdrucksbewegung erfolgt notwendig und ist an eine vorgegebene, naturhafte Sprache gebunden. Diese Sprache verstehen wir nicht unmittelbar. Wir glauben, sie teilweise deuten zu können: am Gebell eines Hundes erkennen wir seinen Zorn, an seinem Winseln seinen Schmerz. Aber das meiste an diesen Sprachen bleibt uns verborgen. Nur eines erkennen wir daran mit Sicherheit: es ist ausgedrücktes Leben, Leben, das für sich selber sinnvoll redet, da seine Äußerung seiner Innerlichkeit entspricht. Jedes der Worte in der großen Sprache der Natur redet sich selber, ohne den Sinn der andern Worte zu kennen. Daß dennoch ein Satz von ungeheurem Zusammenhang entsteht, beweist, daß diese Sprache einer gemeinsamen Lebenstiefe entsteigt, die sich in tausend Arten Ausdruck verschafft. Über die Einsamkeit des einzelnen Wortes hinaus, das Zeugnis ablegt für eine abgesonderte Innerlichkeit, reicht das Zeugnis des Lebens, das sich durch die Koordinierung aller Stimmen und aller Ausdrucksfelder als eine Ganzheit bezeugt.

So ist das Tier in seiner Wahrheit geheimnisvoller und dennoch zugänglicher als die Pflanze. Vom Innern der Pflanze wissen wir nichts: wir sehen davon nur, was sich gestalthaft äußert, in Formen wie in Manifestationen des Lebens. Aber wir wissen damit doch alles, was vom Sein der Pflanze in ein Bewußtsein treten kann. Vom Tier dagegen entgeht uns alles, was zwar bewußt wird, aber nicht uns, sondern ihm. Wir empfangen aber dafür nicht nur objektive, sondern auch subjektive Äußerungen des Lebens. So steht das Tier uns näher und ferner als die Pflanze: näher, weil es Erlebtes ausdrücken kann in einer Sprache, die, wenn auch nicht arthaft, so doch gattungshaft der unsern gleicht; ferner, weil uns durch die Undeutbarkeit dieser Sprache der Geheimnischarakter des Lebens und des Daseins überhaupt unmittelbar auf den Leib rückt. Die größere Verwandtschaft läßt die gesteigerte Einsamkeit fühlbar werden.

Im Menschen verinnerlicht sich das Bewußtsein zum Selbstbewußtsein. Der innere Raum ist nicht nur, wie beim Tier, licht, sondern Licht für sich selbst. Der Mensch ist das erste Wesen, das sich selber besitzt und somit frei ist. Sein Innenraum trägt nicht nur, wie der tierische, bewußtseinshafte Züge, er ist selber substantiell Geist. Er kann, in dem Maße als er Geist ist, über sich selber verfügen. Er kann also auch über das Daß und das Wie seiner Äußerungen verfügen. Die Freiheit schaltet sich ein zwischen dem geistigen Besitz und dem Ausdruck, zwischen dem innern und dem äußern Wort, sie wird zu einem Wesensbestandteil der Wahrheit. Der freie Mensch verfügt über die Wahrheit, sie ist ihm in die Hände gelegt und zur selbstbewußten Verwaltung übergeben. Er ist das erste Wesen, das frei die Wahrheit sagen, er ist damit auch das erste, das lügen kann.

Bisher bestand die Wahrheit der Dinge nur in der Beziehung zwischen ihrem Wesen und ihrer Erscheinung: in der Bewegung, in der sich ihr Wesen darstellend enthüllte, hatten sie teil an der Wahrheit. Im Menschen gesellt sich dieser objektiven Wahrheit die subjektive Wahrheit hinzu: die Möglichkeit, das Maß zwischen der Sache und ihrem Ausdruck selbst zu besitzen. Das Erkenntnis-Objekt wird Erkenntnis-Subjekt. Es geschieht in dem Augenblick, da im Selbstbewußtsein das Sein zusammenfällt mit dem Bewußtsein, da das Sein sich selber gegenständlich wird. Jede Unterscheidung zwischen Sein und Denken wird in diesem Akt der Selbstergreifung hinfällig. Das ist der wahre Sinn des «cogito ergo sum». Diese Einheit, in der die Wahrheit erkannt wird, hat eine doppelte Form: Sie ist einmal unmittelbare Einheit, intuitiv erfaßter Selbstbesitz. Sie ist sodann auch vermittelte Einheit, sofern der Geist imstande ist, sein Selbstsein begrifflich zu formulieren und in einem evidenten Urteil als Prädikat mit sich selbst als dem Subjekt zu synthetisieren. Dieses erste Urteil schöpft seine Evidenz aus der ursprünglichen, unvermittelten Einheit des Geistes mit sich selbst. Die seinshafte Enthüllung fällt zusammen mit der Möglichkeit,von sich selber einen gültigen Begriff und Ausdruck zu geben. Der Geist erhält im gleichen Augenblick beide Geschenke: die Wahrheit zu wissen und die Wahrheit zu sagen. Es wäre undenkbar, daß er nur die erste Gabe ohne die zweite bekäme. Er würde an der innern Fülle der Wahrheit, die er nicht äußern könnte, verbrennen. Er wäre wie ein Licht, das in sich selber leuchten müßte, ohne ausstrahlen zu können. Es wäre eine Mitteilung, die nicht mitgeteilt, ein Wort, das nicht ausgesprochen werden könnte. Die Intensität des Geistes fordert unmittelbar, um existieren zu können, die Möglichkeit ihrer äußern Extension. Die Offenbarung des Seins vor ihm selbst ist sofort auch die Ermöglichung und damit die Forderung seiner Offenbarung an Andere.

Aber diese Offenbarung ist von nun an frei. Ist der Mensch auch auf Mitteilung überhaupt angelegt, so ist er doch zu keiner einzelnen bewußten Mitteilung durch die Natur gezwungen. Er braucht nicht zu sagen, was er weiß. Er kann über seinen Schatz an Wissen so verfügen, daß er aus jeder besonderen Bekanntmachung ein freies Geschenk machen kann. Niemand kann ihm seine Wahrheit abringen, niemand kann ohne sein Wissen und Wollen darüber verfügen. Wahrheit als Selbstenthüllung wird zu einem freien und damit verantwortungsvollen, ethisch belangvollen Akt. Es mag eine Wissenschaft von der Seele und vom menschlichen Geist im allgemeinen geben; es kann keine Wissenschaft von einem konkreten einzelnen Menschen geben, ohne daß dieser sich aus freien Stücken entschlösse, den Gegenstand und Inhalt dieser Wissenschaft zugänglich zu machen. In demselben Augenblick, da die Intimität des tierischen Bewußtseins mit ihrer wesentlichen Einsamkeit und Unmittelbarkeit aufgehoben erscheint, weil der geistige Innenraum sich im geistigen Wort selbst auszusprechen vermag, wird diese Form der Innerlichkeit durch eine weit höhere, wertvollere ersetzt: durch die der Freiheit der Mitteilung überhaupt. Im Augenblick, da die Wahrheit ganz zu sich selber kommt, weil die Enthüllung des Seienden sich selber besitzt und versteht, hört die Wahrheit auf, eine allgemein zugängliche Sache zu sein, um zu einer freien, personalen Wirklichkeit zu werden. Das bedingt auf seiten des Mitteilenden wie auf seiten des Aufnehmenden eine ganz neue Haltung. Im Mitteilenden, der frei über seine Wahrheit verfügt, beginnt die Mitteilung mit einem freien Entschluß, das, was ihm zu eigen gehört, mit einem Andern zu teilen. Dieser Entschluß ist eine sittliche Tat, deren Rechtfertigung den Gesetzen der Ethik untersteht. Die Mitteilung selbst geschieht so, daß die intim besessene Wahrheit äußeren Ausdruck erlangt. Aber die Beziehung zwischen Inhalt und Ausdruck hat nicht mehr den gleichen Charakter der Notwendigkeit, den er im untergeistigen Leben besaß. Das äußere Zeichen für den innern Gehalt ist kein solches einer naturhaft-verständlichen, symbolischen Sprache. Wäre es das, so wäre im Augenblick des vollzogenen Ausdrucks die Freiheit der geistigen Intimität aufgehoben. Die Freiheit des Geistes bestünde dann einzig darin, sich zu entschließen, ob er sein

Eigengut für sich behalten oder als eigenes preisgeben wolle. Er würde dann gleichsam nur die bisher nach außen hin verschlossene Türe seines Innenraumes öffnen und diesen den Außenstehenden in der gleichen Weise zugänglich machen, wie irgendeinen andern Sachverhalt der Natur. Seine ganze Freiheit würde sich darauf beschränken, zu entscheiden, ob er sich versächlichen wolle oder nicht. Es wäre dies ein im Innersten zwiespältige, tragische, gegen das Wesen des Geistes selbst verstoßende Form der Freiheit. Soll der Geist wirklich frei sein, so muß er nicht nur vor der Mitteilung, sondern auch in ihr und nach ihr frei sein. Es muß ihm also die Möglichkeit zur Verfügung stehen, von sich selber zu reden, sich in wahrer Weise zu offenbaren, ohne deshalb doch seine Intimität, sein Für-sich-sein preisgeben zu müssen. Er muß die Möglichkeit haben, sich dem Andern zu geben, ohne daß der Andere die Möglichkeit hat, ihn zu nehmen. Er muß die seltsame Fähigkeit haben, in sich selber Einblick zu gewähren, ohne daß der andere unmittelbar in seine Seele hineinschauen kann. Dies wird dadurch möglich, daß die Beziehung zwischen Inhalt und Ausdruck selbst der Freiheit überlassen bleibt. Das Wort, das der freie Geist des Menschen ausspricht, ist ein frei gestaltetes, kein naturhaft festgelegtes Wort. Daß dem so ist, beruht keineswegs allein auf der Unvollkommenheit menschlicher, diskursiver Erkenntnis, die sich mangelhafter, willkürlicher Zeichen bedienen muß, um sich mit andern zu verständigen, um «hinter das Geheimnis» anderer Geister zu kommen, während Wesen mit vollkommener Erkenntnis dieses Umwegs entraten könnten, weil sie einander unmittelbar intuitiv und ohne Diskurs in den Geist hineinzuschauen vermöchten. Es beruht vielmehr ganz entscheidend auf der Würde des persönlichen Geistes, dessen Für-sich-sein unmöglich gegen seinen freien Entschluß einem andern Wesen erschlossen sein kann. Der Anspruch des Geistes auf eine ihm gehörige, nur mit seiner Zustimmung weiter verfügbare Wahrheit könnte vermessen erscheinen, wenn er nicht durch die aufgewiesene steigende Intimität der Wahrheit auf allen Seinsstufen gestützt würde. Ist er auch gegenüber allen Naturwesen etwas qualitativ Neues, so ist er doch gleichzeitig die Vollendung einer immer deutlicher sich bekundenden Richtung der Natur.

Die auch im Akt der Offenbarung nicht aufgehobene Freiheit des sich mitteilenden Geistes bedingt nun aber auch im aufnehmenden Geist eine neue, besondere Haltung. Gegenüber einer ohne geistige Freiheit mitgeteilten Wahrheit bleibt der Vernehmende Richter über das Verhältnis im Seienden zwischen Inhalt und Ausdruck. Ein solches Verhältnis ist zwar immer vorhanden, und insofern ist keine mitgeteilte Wahrheit ohne Geheimnis, denn niemals liegt die Wahrheit so unverborgen zu Tage, daß das sich Offenbarende restlos in seiner Offenbarung aufginge. In dieser Hinsicht gibt es keine rein sachliche, rein gegenständliche Wahrheit. Aber sofern die Eröffnung ein naturhaft gebundener Vorgang ist, unterliegt sie doch dem erkennenden Subjekt zur Prüfung. Dies ändert sich, sobald die Mitteilung eine freie wird. Denn nun ist die Prüfung der Beziehung zwischen Inhalt und Ausdruck dem Gericht des Erkennenden nicht mehr ohne weiteres zugänglich. Ein Moment der Freiheit im Offenbarenden hat sich dazwischen geschoben. Das ausgesprochene Wort ist nicht mehr ein bloßer Ausdruck des innern Wortes, sondern ein *Zeugnis.* Der Redende stellt eine von außen nicht überprüfbare Gleichung zwischen Aussageinhalt und Aussageform her und steht dafür ein, daß seine Gleichung richtig sei. Indem er als Person dafür einsteht, schafft er dem Aufnehmenden einen Ersatz für die entzogene Möglichkeit der Nachprüfung. Erhält so die Aussprache der Wahrheit den Charakter einer Zeugnisablage, somit den ethischen Charakter der Wahrhaftigkeit, so entspricht dem auf seiten des Empfangenden ein Charakter des vertrauenden *Glaubens.* Ohne dieses Moment ist kein Wahrheitsaustausch zwischen freien Wesen denkbar. Wollte man die Bestimmung des Zeugnisgebens und des Glaubens aus der Mitteilungsweise zwischen Geistern ausschalten, so würde man ihre Freiheit aus dem Zentrum ihrer Intelligenz verdrängen, um ihr bestenfalls noch eine Art Winkeldasein in vereinzelten sittlichen Akten einzuräumen. Man hätte damit ihren Umgang mit der Wahrheit, und sogar, weil Besitz der Wahrheit und Mitteilung der Wahrheit im Geiste untrennbar sind, ihre Wahrheit selbst aus dem Mittelpunkt ihres Für-sich-seins hinausgerückt und den Geist zu einer unterpersönlichen Daseinsweise herabgewürdigt.

Sobald das Wort des Geistes ein freies Wort ist – und die Willkür der Zeichen in der menschlichen Sprache erweist diese Freiheit deutlich genug – tritt seine Freiheit auch in der Äußerung selbst in Erscheinung. Sie tut es, indem der freie Geist mit seiner Freiheit für die Wahrheit seiner Schöpfung einsteht. In dieser Weise und in dieser allein tritt sein innerstes Wesen, sein Für-sich-sein in Erscheinung. Anders kann die Freiheit sich nicht offenbaren und Ausdruck gewinnen, als indem sie die Verantwortung für ihre Offenbarung selbst übernimmt und damit ihr Gewicht und ihre Würde als Freiheit kundtut. Sofern nun aber die Freiheit selbst zum geäußerten Wort als der Wahrheit des Geistes gehört, gibt es für den aufnehmenden Geist keine andere Möglichkeit, zu bekunden, daß er dieses Wort in seiner Freiheit erkannt hat, als daß er auch dessen Freiheit mitanerkennt. Anerkennung fremder Freiheit kann aber nur durch den Verzicht auf ein schrankenloses Richten und Beurteilen mit dem eigenen Geist und somit durch eine vertrauensvolle Hingabe an das in der Freiheit Gezeigte ausgedrückt werden. Das will nicht heißen, daß der erkennende Geist sich damit jedes Rechtes auf Prüfung und Untersuchung der dargebotenen Wahrheit begibt, sondern nur, daß er bei dieser Prüfung niemals eines vorausgehenden und mitfolgenden Elementes des Glaubens entraten kann.

Aber wir haben den Menschen bisher gekennzeichnet als sei er nichts anderes als freier, reiner Geist. Das ist er nicht.

Der besondere Charakter der geistigen Intimität ist bei ihm unlöslich verbunden mit allen Gestalten der untergeistigen Innerlichkeit, vorab mit der sinnlichen Intimität. Erst dadurch erhält der menschliche Innenraum der Wahrheit seinen besonderen, in seiner Komplexheit fast unübersehbaren Reichtum. Einerseits ist seine Innerlichkeit weit davon entfernt, reines Für-sich-sein zu verwirklichen. Nicht nur ist sein Geist sich jeweils nur dann gegenwärtig und enthüllt, wenn er aus der Selbstentfremdung der gegenständlichen Erkenntnis auf sich selber zukommt, sondern dieser Selbstbesitz ist auch nie vollendete Wesenserkenntnis. Der Geist ist sich selber enthüllt in seiner Existenz und in gewissen Grundmerkmalen seines Was-Seins; sein innerstes Wesen durchschaut er nicht, die ganze Tiefe seiner Herkunft, seines Aufbaus, seiner Möglichkeiten, seiner Freiheit bleibt vor ihm verhüllt. Es kann hier dahingestellt bleiben, ob die Beschränkung seiner Selbstenthüllung, also der Freiheit seiner Wahrheit allein auf seiner Verbundenheit mit dem Körper beruht, oder ob sie nicht vielmehr in seiner Geschaffenheit selbst verankert ist, die ihm die Möglichkeit eines vollendeten Selbstbesitzes, einer Unbedürftigkeit in jeder Hinsicht nicht erlauben kann. Er wäre dann sich selber verhüllt, um sich nicht in sich selbst, sondern im unendlichen Geist, der ihn schuf und der allein vollkommener Selbstbesitz ist, zu suchen und zu finden. Er würde also diese Eigenschaft einer letzten Selbstentzogenheit auch mit den körperlosen geschaffenen Geistern teilen. Anderseits bleibt der menschliche Geist an die Rezeptivität einer körperlichen Sinnlichkeit gebunden. Das bedeutet wiederum zweierlei: Sein Selbstbesitz ist untrennbar von jener primären Selbstenteignung, wie sie in der Angewiesenheit auf fremde Objekte gegeben ist. In den geschlossenen Kreis seines Für-sich-seins ist die tiefe, unschließbare Bresche der Rezeptivität geschlagen. Nur Fremdes aufnehmend und für Fremdes sich offenhaltend, nur Fremdem hingegeben und Fremdem dienend kann der menschliche Geist Anspruch auf Eigensein erheben.

Und nur der faktisch vollzogene Dienst an der Welt verspricht ihm das Maß an Selbstständigkeit, die ihm auf Grund seines Geistseins zusteht. Sodann bleibt seine Selbstaussprache an die symbolisch naturhafte Sprache der Sinnlichkeit gebunden. Sie hat in ihr sowohl eine Schranke wie eine Hilfe. Schranke bedeutet es, daß der Geist seine Sinnesinhalte zwar besitzt, aber sie als solche nicht mitteilen kann. Die Einsamkeit des sinnlichen Bereiches wird in ihm nicht überwunden. Sie bleibt in ihm als das Unmitteilbare verewigt und bildet einen Teil seines eigentümlichen Schicksals. Sie gibt ihm den dunklen Klang, den die untergeistige Natur besitzt, sie läßt ihn teilhaben an der Not wie an der Beschütztheit des Seins, das des vollen geistigen Lichts nicht teilhaftig ist. Aber die Beherrschung der symbolischen Ausdruckssprache bringt ihm auch Hilfe und Bereicherung. Seine geistige Sprache ist keine freischwebende Erfindung, sie kleidet sich in die Natursprache, in die Gesetze des naturhaften Ausdrucks ein. Wie sich im menschlichen Antlitz, in der ganzen menschlichen Gestalt sowohl seine Naturhaftigkeit als Seele wie seine Freiheit als Geist untrennbar ausdrückt, wie der Geist fähig ist, seine freien Schöpfungen in der Ausdruckssprache der sinnlichen erscheinenden Materien zu verwirklichen, so ist auch der Erkenntnisgegenstand, den ein Geist einem andern darbietet, eingekleidet in das Gewand der Sinne und ihrer Symbolik. Die Grenzen zwischen Seele und Geist, zwischen sinnlichem und geistigem Ausdruck der einen Seele anzugeben bleibt ein unmögliches Unterfangen. Denn einmal schreibt sich die Sprache des Geistes unverkennbar in die Züge des leib-seelischen Ausdrucksfeldes ein, anderseits wird doch keine Physiognomik und keine ihr verwandte Kunst die Freiheit des Geistes ganz in ihre Ausdrucksgesetze zu bannen vermögen. So verbleibt die menschliche Intimität in einem geheimnisvollen, übergänglichen Zustand teilnehmend an zwei Formen der Innerlichkeit, an zwei Systemen der Enthüllung und Verhüllung, die in ihrer Kombination ein unabsehbar reiches Spiel von Licht und Schatten erlauben.

In der Hierarchie der Wesen steht über dem Menschen der körperlose geschaffene Geist. Wir wissen von ihm nur durch Offenbarung; auf Grund dieses Wissens aber stellen sich doch eine Menge bedeutsamer philosophischer Fragen über dessen Wesen und Struktur. Da wir aber keinerlei Erfahrungsdaten über das geistige Leben der Engel besitzen, sind wir auf apriorische Ableitungen aus der Idee dieser Wesen angewiesen, die einerseits als körperlose die materielle Rezeptivität der menschlichen Erkenntnis nicht besitzen können, anderseits aber als geschaffene Wesen nicht den Anspruch auf eine reine schöpferische Intelligenz erheben dürfen. Um den leeren Raum zwischen diese beiden apriori aufstellbaren Tatsachen auszufüllen, wird man gut daran tun, auf die Hinweise zu achten, die aus der aufsteigenden Hierarchie der Schöpfung sich entnehmen lassen. Allerdings erwies sich diese steigende Kurve als eine durchaus sprunghafte, keineswegs quantitative: Jede Seinsstufe besaß jeweils eine ganz neue Form der Innerlichkeit, die sich wesenhaft von den früheren unterschied und aus ihnen nicht durch Steigerung ableitbar war. So wird auch die Intimität der reinen geistigen Persönlichkeit etwas ganz anderes sein als eine bloße Fortsetzung oder neue Zusammensetzung von Zügen, die bereits in der Welt der Menschen vorhanden waren. Eines nur ist nicht zu bezweifeln: Diese an keinen Stoff mehr gebundene Geistigkeit bezeichnet auf jeden Fall die höchste innerhalb dieser Welt erreichbare Stufe an Freiheit.

Es steht fest, daß die allmähliche Annäherung der Seinsstufen an die geistige Daseinsform gleichbedeutend ist mit einer inneren «Lichtung», Durchleuchtung, Erhellung des Seins. Das geistige Wesen ist in sich selber Licht, es hat die Möglichkeit der Reflexion, in der es sich selber durchsichtig und gegenständlich wird. Wahr ist ferner, daß mit diesem steigenden Für-sich-sein eine steigende Möglichkeit, sich zu äußern und mitzuteilen, einhergeht. Man hat dies auch so ausgedrückt, daß man die Stufen vom Stoff zum Geist als Stufen der Intelligibilität des Seins darstellte. Nach allem Gesagten aber ist es klar, daß diese steigende Intelligibilität weder bedeutet, daß die geistigen Dinge in ihrem Wesen erkennbarer, rationaler sind als die materiellen, noch auch, daß sie faktisch erkannter sind als diese. Das erste ist nicht der Fall, weil Erkennbarkeit eine allen seienden Dingen gleichmäßig zukommende Eigenschaft ist. Keinesfalls stellt der Stoff der Erkenntnis einen inneren Widerstand entgegen, den der Geist nicht stellen würde. Über die Anpassung der verschiedenen Erkenntnisvermögen an die Erkennbarkeit der verschiedenen Klassen existierender Wesen ist damit nichts vorausentschieden, ebensowenig über die Stufen der Intimität, die den Gegenstand dieser Untersuchung ausmachen, denn beide Fragen berühren nicht die Tatsache der Intelligibilität als einer allem Seienden gleichmäßig zukommenden Eigenschaft. Wichtiger noch als diese Feststellung aber ist die andere, daß die höhere Intelligibilität des Geistes keinesfalls ein vollkommeneres Bekanntwerden bedeuten kann. Eine solche Auffassung widerspräche unmittelbar der dargestellten Freiheit und Intimität des Geistes. Hier vor allem wird sich die philosophische Lehre vom reinen geschaffenen Geist vor Fehlkonstruktionen in Acht zu nehmen haben. Von der Überlegung ausgehend, daß dem Engel keine passive Rezeptivität eignen kann, daß er infolgedessen den Reichtum seiner möglichen Erkenntnisse in sich selber birgt, in Form von irgendwie eingebornen Ideen und Vorstellungen, könnte man geneigt sein, daraus zu schließen, er kenne apriori auch den inneren geistigen Gehalt der andern ihm gleichgeordneten Wesen und erst recht des ihm untergeordneten Menschen. Wäre dem so, so wäre in der Welt der Geister, wo die personelle Intimität ihre höchste Vollendung erhalten sollte, jede Möglichkeit einer solchen Intimität hinfällig. Es gäbe im Reich dieser Wesen keinerlei Geheimnis, keine spontane gegenseitige Eröffnung, die wirklich ein personales Ereignis wäre. Jede Rede, jeder Austausch zwischen diesen freiesten Wesen würde sich auf eine Mitteilung von bereits Bekanntem und Besessenem beschränken; sie wäre damit überflüssig.

Es war ein guter Ansatz, als Thomas von Aquin die reinen geistigen Wesen sich rein qualitativ (als «species») voneinander unterscheiden ließ. Damit war ihre jeweilige Einmaligkeit und Unwiederholbarkeit kraftvoll unterstrichen, wenn auch zum Teil auf Kosten des Menschen, dessen rein quantitative materielle Individualisierung nunmehr von der der untergeistigen Wesen sich kaum mehr innerlich unterschied. Weniger glücklich war es, wenn diese arthaft sich unterscheidenden geistigen Wesen mit subsistierenden Ideen gleichgesetzt oder zumindest verglichen wurden. Denn dadurch gerieten sie in die höchste Gefahr, zu geheimnislosen intelligibeln Inhalten (Noemata) herabzusinken, bar jeder innern Gefülltheit und Spontaneität. Demgegenüber kann die angelische Welt nicht anders vorgestellt werden, denn als höchste Verwirklichung geschöpflicher Freiheit auch in der Wahrheit. Spricht ein Engel, so ist sein Wort, weit mehr noch als das des Menschen, ein schöpferisches Ereignis. Etwas Elementares geschieht, das nicht nur den Menschen, sondern auch den artgleichen Bruder im innersten Wesen erschüttert. Ein Anfang wird gesetzt, der nicht bereits im apriorischen Wissen anderer Geister vorausbestand. Viel weniger noch als ein Mensch die Gedanken eines Mitmenschen lesen kann, kann ein Engel in den erhabenen Innenraum eines andern Engels eintreten, wenn ihm dieser Raum nicht in Freiheit erschlossen wird. Denn auch die oft verräterische Sprache des naturhaften Leibes, der vieles vom Geiste durchscheinen läßt, fällt bei den Engeln weg. Reden sie, dann ist ihr Wort eine freie Tat, frei nicht nur im Entschluß, sich zu äußern, sondern ebenso auch in der Form, wie die Gestaltung geschieht. Das Wort eines Engels muß dem Kunstwerk eines irdischen Künstlers gleichen: es erhebt sich über alle Konvention der Ausdruckssprache, es trägt an der Stirn das Zeichen schöpferischer Einmaligkeit. Wie *diese* Symphonie nur von Haydn oder

Mahler sein kann, so kann das Wort eines Engels nur von *diesem* gesprochen sein. Die Wahrheit hört damit nicht auf, eine allgemein verständliche zu sein, bleibt doch die Äußerung immer Enthüllung geistigen Seins, das als solches allen verstehbar bleibt, die sich selber enthüllt sind. Aber sie ist endgültig dem Raum der durchschnittlichen, unpersönlichen Lauheit enthoben, in der sie unter den Menschen zumeist lebt, um sich ganz in den Raum der Freiheit und der Personhaftigkeit zu erheben. Entsprechend der Freiheit der Rede muß mit einer Freiheit der Aufnahme gerechnet werden: die Haltung der Selbsthingabe im Sprechenden setzt die korrespondierende Haltung der Selbsthingabe im Aufnehmenden voraus. Ohne ein Moment des die Wahrheit voraussetzenden vertrauenden Glaubens kann das Hören auch des reinen Geistes nicht gedacht werden.

Nun erst, da wir diese Stufenfolge geistiger Intimität durchlaufen haben, wird der letzte Aufblick zum unendlichen Geist des Schöpfers auch bei ihm die absolute Freiheit und Intimität voraussetzen können. Gott ist das reine Für-sich-sein, das keines anderen Wesens bedarf. Sein unendliches Licht ist sich selber vollkommen, es verliert sich nicht naturhaft nach außen, sondern wird, wenn es mitgeteilt werden soll, nur durch freie Zuwendung geoffenbart. Das schöpferische Wort «Es werde», das die Ursache alles außergöttlichen Daseins ist, kann nur ein in der absoluten Freiheit gesprochenes Wort sein. So ist auch die in der Schöpfung enthaltene Offenbarung Gottes, so sehr sie sich in der geschaffenen Natur vollzieht, dennoch bleibend ein Werk der Freiheit. Von dieser Freiheit spricht jede Blume, jeder Berg, jeder Mensch. Als Geschöpf offenbart jedes weltliche Wesen freilich *notwendig* den Schöpfer, aber es offenbart dabei die Nichtnotwendigkeit der geschöpflichen Existenz und somit die *Freiheit* des Schöpfers. Sofern das Geschöpf seinem innersten Wesen entsprechend nicht anders kann als von seinem Schöpfer reden, ist seine Kontingenz eine gültige Spur für den geschaffenen Verstand, um die Existenz des Schöpfers mit Notwendigkeit einzusehen. Aber diese im Geschöpflichen notwendige Offenbarkeit des Schöpfers führt den geschaffenen Geist doch nur hin zum unergründlichen Geheimnis seines innern Wesens. Vor der Intimität des persönlichen Lebens Gottes macht die natürliche Gotteserkenntnis aus der Schöpfung unerbittlich halt. Und es bedarf einer neuen Offenbarung der Gnade, um dem im Glauben geöffneten Menschen im bleibenden Geheimnis mitzuteilen, was Gott in seinem innern Wesen ist.

2. DAS GEHEIMNIS DES SEINS

Aus alldem ergibt sich mit Deutlichkeit: je wertvoller, je gewichtiger die daseienden Wesen werden, um so mehr werden sie von einer Schutzhülle umgeben, die sie wie etwas Heiliges dem Zugriff des Uneingeweihten entzieht. Nur ein für das Edle und seine Schutzbedürftigkeit unempfänglicher Geist wird sich über diese Verborgenheit alles Besten beklagen. Er wird sie vielleicht verwechseln mit einem Mangel an Rationalität, er wird von der Irrationalität aller jener Gegenstände sprechen, die nicht der anonymen, öffentlichen Allerwelts-Erkenntnis zugänglich sind. Aber ein Königsschloß ist nicht darum unsichtbar, weil es nur für wenige zu besichtigen ist. Alle Wahrheit ist rational, aber nicht jeder Verstand ist befugt, jede Wahrheit auch zu erkennen. Wie es Geheimnisse zwischen den Menschen gibt, die, an Unbefugte verraten, in ihrem Innersten entweiht und in ihrer wahren Bestimmung vereitelt werden, so gibt es auch ein Wesensgeheimnis in jedem Sein und in jeder Erkenntnis, das der Schonung bedarf.

Dieser Geheimnischarakter alles Seins ist gegeben mit seiner Innerlichkeit, wie sie eben beschrieben worden ist. Die Dimension der Innerlichkeit ist es, die es verhindert, daß es bloße Fakten und Tatsachen gibt, die als solche in ihrer Faktizität sich erschöpften, keine Beziehung zu einem tiefern, dahinterliegenden Sinn verrieten, keine andere «Bedeutung» hätten, als eine oberflächlich einsehbare, überhaupt in ihrer reinen, flachen Tatsächlichkeit für sich und abgelöst überblickbar wären. Alles Seiende und alles Geschehende hat Bedeutung, ist sinngeladen, ist Ausdruck und Hinweis. Diese Beziehung zwischen dem zutage liegenden Faktum und seinem Hintergrund, in den es verweist und aus dem her es auftaucht, duldet keine Zerspaltung, aber auch keine Gleichsetzung der Pole. Das Bedeutende läßt sich mit dem Bedeuteten weder völlig vereinigen noch wirklich von ihm trennen. Das ist die wichtige Einsicht, die aus der Erkenntnis der Intimität des Seins erwächst.

Diese Einsicht genügt, um jede Trennung von «Wert» und «Sein» in zwei verschiedene Reiche als unhaltbar, ja als für das Geheimnis des Seins geradezu tödlich zurückzuweisen. Richtig ist einerseits, daß das geschaffene Dasein nicht notwendig ist, daß seine Existenz also seinem Wesen äußerlich bleibt. Aber diese Unterscheidung von Wesen und Existenz ist mit der von Wert und Sein keineswegs gleichbedeutend, da ja die Existenz als Dasein *des* Wesens dessen Züge tragen und demnach auch an dessen Werten teilnehmen muß. Richtig ist anderseits, daß nicht alle Werte verwirklicht werden, daß es Forderungen gibt, die ewig über der Realität zu «schweben» scheinen, ohne sich je in ihr zu verleiblichen. Aber damit ist weder gesagt, daß es nicht auch verwirklichte Werte geben kann, noch gar, daß die Wirklichkeit als solche des Wertcharakters entbehre. Die Trennung von Wert und Sein gehört vielmehr zur gleichen Gruppe moderner Ideologien, die bereits früher in Gestalt der Trennung von praktischer und intuitiver Intelligenz gekennzeichnet wurde, und die ein Ausdruck der Resignation gegenüber dem wesentlichen Seinsproblem ist. Modernes technisches Denken glaubt mit einem ganzen Bereich des Seins fertig geworden zu sein, es meint diese Sphäre so zu beherrschen, daß sie vor ihm kein Geheimnis mehr bärge. Nun ist wohl wahr, daß ein bis zum Grunde erkanntes und durchschautes Sein für den Erkennenden kein Geheimnis, keinen Anreiz zu weiterer Beschäftigung, keinen «Wert» mehr enthält. Je mehr also die Überzeugung sich verbreitet, daß man mit irgendeiner Sphäre des Daseins wirklich fertig werden kann, um so ferner rückt die Sphäre der Werte, die von nun an irgendwie das Höhere, Transzendente, nicht einfach rational zu Bewältigende bildet. Gegenüber der geheimnislosen Erkenntnis des «Faktischen» erheischt die Wertsphäre eine besondere Form der Erkenntnis: das «Wertfühlen».

Aber diese ganze Trennung der beiden Sphären beruht auf einer geradezu primitiven Vereinfachung der Dinge. Die Betrachtung über die Intimität des Seins, die zu seiner Wesensstruktur auf alle Stufen gehört, ergibt, daß die Erkennbarkeit der Dinge sich mit deren Geheimnis-Charakter nicht nur verträgt, sondern von ihm sogar untrennbar ist. Wahrheit ist Enthüllung des Seins; aber auch wenn das Enthüllende *sich* enthüllt, bleibt es doch immer mehr als seine Enthüllung. Die Dinge sind nie so offenbar, daß sie sich nicht weiter offenbaren können. Vollkommen durchschaubar kann ein Sachverhalt sein, aber ein Sachverhalt ist kein existierendes Ding, sondern nur einer seiner Aspekte, der mit hundert andern nicht erkannten Aspekten zusammenhängt. Die Intimität der Dinge aber ist es, die ihren «Wert» ausmacht. Hier entgehen sie der bloßen Quantität, hier werden sie einmalig, geheimnisreich und liebenswürdig. Hier sind sie *mehr* als bloße Faktizität. Anderseits aber läßt sich ihre äußere Erscheinung in keiner Weise von diesem Wesenskern trennen; anders als in Erscheinungen kann dieser sich gar nicht offenbaren. So nimmt die Erscheinung wesentlichen Anteil am Wert der intimen Sphäre, sie hat für den Erkennenden den ganz unentbehrlichen Wert des Zugangs zum Wesen, ja der Offenbarung des Wesens selbst.

Aber so wenig die äußere Erscheinung sich vom inneren Wesen als ein «bloß Faktisches» abtrennen läßt, ebensowenig läßt sich das ganze existierende Wesen als das «Faktische» gegenüber einem nichtexistierenden Reich der Werte oder des Sollens abheben. Denn schon dem Wesen der Dinge als solchem kommt eine Seinsart zu, die sich nicht einfach deckt mit der Seinsart der Existenz im Sinne feststellbarer Faktizität. «Wesen» ist jeweils mehr, als was faktisch verwirklicht ist. Ein Mensch bleibt sich «im Wesen» von der Wiege zur Bahre gleich, auch wenn er sich als existierender «faktisch» beständig verändert. Und doch nimmt auch sein Wesen an seiner Wandlung teil. Die Wesenssphäre reicht ohne feststellbaren Bruch von der Realität hinüber zur Idealität, von der im Dasein eingeformten, zeit-räumlich wandelbaren Gestalt bis hin zu der über aller realen Wandlung stehenden und sie normierenden Idee. Jeder Versuch, hier reinlich zu scheiden, scheitert an der unauflöslichen Wechselbeziehung der Sphären. So sehr man zur Deutung des endlichen Seins immer wieder das Phänomen der Polarität beiziehen muß, so ungeeignet ist zu seiner Deutung das gedankliche Schema einer Zusammensetzung, einer metaphysischen «Komposition» aus verschiedenen Teilen und Elementen.

Polarität heißt strenges Durcheinandersein der Spannungspole. Nirgends dürfte dies eindeutiger sein als in der Polarität des endlichen Seins zwischen Wesen und Existenz. Der Zusammenhang ist hier so eng, daß er in seiner Einheit das unlösliche Geheimnis des geschaffenen Seins ausmacht, und daß jeder Versuch, den einen Pol als den Sitz des Geheimnisses zu erklären, um sich des andern als der Sphäre des Geheimnislosen zu bemächtigen, fehlschlägt. Es läge nahe, die Sphäre der Innerlichkeit der Dinge als ihre geheimnisvolle Wesenssphäre zu erklären, die wir nie ganz durchschauen können, – etwa darum, weil unser Verstand diskursiv ist und keine «Wesensschau» besitzt – während die Sphäre des faktischen Daseins in ihrer Einfachheit und Unteilbarkeit keine Frage aufkommen zu lassen scheint. Wir alle wissen, was Dasein ist. Dasein ist im Grunde ein so einfacher, so elementarer Begriff, daß er in seiner Offenbarkeit jeder Erklärung und Zerlegung entraten kann. Dasein kann (wie Husserl dachte) zu Beginn des philosophischen Denkens einfach ausgeklammert werden, um diesem zu erlauben, sich ganz der Wesensforschung, seinem angestammten Gebiet, zu widmen. Vielleicht ergibt sich dabei am Ende, daß die Daseins-Setzung selbst eine «Stiftung» der Wesenswelt war. Dasein kann aber auch, wie andere Denker meinen, als das Ewig-bekannte vorausgesetzt und in der Forschung beiseite gelassen werden, – wenn es nicht umgekehrt als der jeder logischen Zergliederung spottende, für jedes begriffliche Denken peinliche und irrationale Rest liegengelassen wird. Die Existenzialphilosophie hat sich mit Recht gegen eine solche Vereinfachung der Lage gewehrt. Die Existenz ist von der Wesenssphäre letztlich gar nicht zu trennen. Den Intimitätscharakter eines einzelnen Wesens erforschen, die Frage seiner Einmaligkeit, seiner Personalität aufwerfen heißt zugleich nach seiner Essenz und Existenz fragen. Im innersten Kern der Wesensfrage, dort, wo das Denken vor den Abgrund des partikulären Seins gestellt ist, taucht das Problem der Existenz, das man glaubte draußen gelassen zu haben, unvermutet von neuem auf. Wäre alles an einem Wesen begriffen: unbegreiflich bleibt und wie eine blendende, jede zudringliche Frage mit feurigem Schwert zurückweisende Majestät noch immer die *Wirklichkeit* dieses Wesens. Mag das Denken sich so klug gebärden wie es will, mag es die höchsten Türme der Spekulation über Wesen und Sein, Freiheit und Notwendigkeit und ihre Synthesen errichtet haben, immer wird es durch die schlichte Tatsache, daß überhaupt etwas ist, daß ein Ding auftaucht aus dem Nichts, daß es Dasein dem Nichtsein vorzieht, daß es die unfaßliche Gnade hat, vorhanden zu sein und sich als unerschöpflicher Gegenstand einer Erkenntnis darzubieten, wie von höchster Offenbarung zu Boden geschleudert werden. Und zwar nicht als von einem zweiten, fremden Geheimnis neben dem des Wesens, das ihm vertraut ist, sondern als von dem brennenden Kern des Seinsgeheimnisses selbst, das zugleich das Wesensgeheimnis der Intimität in sich schließt. Wie sehr sich beide

Pole bedingen und einschließen, hat der Versuch der Existenzphilosophie gezeigt, die Sphäre der Existenz für sich selbst zu erforschen. Was ihr dabei widerfahren mußte und ihr auch tatsächlich widerfuhr, war dies, daß sie in der Abhebung der einzelnen Kategorien der Existenz nichts anderes geben konnte als deren Wesensbeschreibung. Auch wer das nackteste Daß zu fassen versucht, kann es nicht anders tun, als indem er aussagt, *was* es ist.

So ergibt sich das Seltsame, daß Wesen wie Dasein, sobald eines von ihnen beginnt, als das Begriffene zu gelten, jeweils sofort auf den andern Pol als auf den Sitz des Geheimnisses hinweisen. Dort, wo die Wesenssphäre als das Erforschliche gilt, macht sie selbst darauf aufmerksam, daß sie unbegriffen bleibt, wenn nicht auch das Rätsel des Daseins einbezogen und mitgelöst wird. Wo aber das Dasein als bekannt vorausgesetzt wird, weist es hin auf die Intimität des Seins, als des ewigen Überschusses über alles Begriffene hinaus. Jeder Pol hat in sich selbst ein Moment der Begreifbarkeit, das aber sogleich über sich hinaus auf den anderen als das Unbegriffene hinweist. In dieser gegenseitigen Voraussetzung von Wesen und Dasein verdeutlicht sich immer mehr das Mysterium des einen Seins, das sich soseiend und daseiend immer neu enthüllt, um sich in dieser Offenbarung auch immer neu als das Verhüllte zu erweisen, das mehr ist als jede seiner Offenbarungen. Ein Denken, das vor dem bleibenden Mysterium des Seins nicht erschaudert, vor diesem Meer der Wahrheit, das sich wesenhaft nicht ausschöpfen läßt, hat weder sich selbst noch seinen Gegenstand jemals verstanden. Das Sein im ganzen hat die bleibende Eigenschaft, jeweils mehr zu sein als was man von ihm begriffen hat. Es hat diese Eigenschaft darum, weil es die noch geheimnisvollere Eigenschaft hat, jeweils mehr zu sein als es selbst. Obwohl es nicht irrational ist, ist es dennoch immer mehr, als was ein Verstand an ihm übersehen kann. Es ist als geschaffenes Sein nicht unendlich und ist doch auch als endliches Sein nie so faßbar, daß an ihm nichts weiter mehr zu begreifen wäre. Es hat vom unendlichen Schöpfer diese Gnade mit auf den Weg erhalten, teilzunehmen an der Unerschöpflichkeit seines Ursprungs. Es hat in sich einen Reichtum, der nicht aufgezehrt werden kann wie eine endliche Summe Geldes. Mit keinem Seienden wird man fertig, und wäre es die kleinste Mücke, der unscheinbarste Stein. Es hat eine geheime Öffnung, durch die ihm immer neue Vorräte an Sinn und Bedeutung vom Ewigen her zufließen.

So ist auch die Sphäre des Daseins in die Freiheit der Wahrheit miteinbezogen. Es ist nicht so, daß nur die Wesenssphäre der Dinge, als die Sphäre der Intimität, ihr schützendes Geheimnis gegenüber der Zudringlichkeit der Erkenntnis besäße, während das Dasein der Dinge ihr gleichsam wehrlos preisgegeben wäre. Auch da zu sein gehört zum Adel und zur Unbegreiflichkeit eines Wesens, und es dürfte, wenn es auf kein anderes Geheimnis mehr zu verweisen hätte, immer noch auf dieses hinzeigen als das, das sich aller Auflösung widersetzt. Da zu sein ist wohl die unwiderleglichste Offenbarung des Seins, aber gleichzeitig auch, weil Dasein so wunderbar ist, seine undurchdringlichste Hülle. Mit dem Wunder eines Daseins wird kein Erkennender fertig, und wenn ein Liebender einmal vermeinte, das Sosein seines Geliebten wahrhaft zu kennen, er würde es dennoch nicht lassen, ihm täglich neu für das unbegreifliche Wunder seines Daseins zu danken.

B. DIE FREIHEIT DES SUBJEKTS

Im Seienden als dem Gegenstand der Erkenntnis nahm die Wahrheit als Selbstenthüllung steigend die Form der Freiheit an. Die Offenbarung seiner selbst wurde zu einer dem Seienden selber überlassenen, seiner Verantwortung anheimgestellten Tat. Damit scheint sich das Verhältnis von Subjekt und Objekt gegenüber der gewohnten Auffassung fast in sein Gegenteil verkehrt zu haben. Das Objekt ist nicht mehr das unbeteiligte Material der Erkenntnis, deren tätiger, schöpferischer Träger das alleinige Subjekt ist, es verwandelt sich beinahe in den aktiven Partner, während das Subjekt mit seiner primären Rezeptivität fast in die Rolle der wehrlosen Passivität gedrängt scheint. Diese Eigenschaft des Subjekts wurde zu Beginn sehr deutlich hervorgehoben, sofern Subjektivität einen jeweils schon nach außen hin offenen Raum besagt, der auch immer bereits von Gegenständen in Beschlag genommen ist, dessen spontane Erschließung oder auch Verschließung gegenüber seiner primären Erschlossenheit je schon zu spät käme. Diese Ausgangsstellung der Erkenntnis, die das Subjekt zu einer Art Herberge und Entfaltungsstätte der Dinge macht, bleibt denn auch in allem Folgenden bestehen. Wenn trotzdem nun von der Freiheit des Subjekts in der Erkenntnis die Rede sein soll, so kann das nur in einem relativen, die primäre Rezeptivität nicht antastenden Sinn geschehen. Und selbst die Spontaneität des geistigen Denkens wird sich in keiner Sphäre vollkommen von dieser Rezeptivität ablösen lassen. Begriffe ohne Anschauungen sind leer; jeder Erkenntnisinhalt hat, auch wenn er die Sinne übersteigt, bei den Sinnen begonnen. Endlich ist das Subjekt nicht frei zu denken, wie es will. Es hat nicht die Freiheit des Objekts, das sich offenbaren oder in Schweigen hüllen kann. Das Subjekt hat sich in seiner Auffassung nach dem Gesetz des Geoffenbarten zu richten. Das wesentliche Geschenk, das dem Subjekt in der Erkenntnis zuteil wird, ist dieses, daß es die Dinge so in sich auffassen darf, wie sie sind. Es kann seine eigene beschränkte Vollkommenheit erweitern und bereichern durch die fremde Vollkommenheit der mitseienden Wesen und dadurch zu einem Abbild des Universums sich erweitern. Um dieses Gutes willen hat der Erkennende zunächst den Dingen zu dienen.

Und doch bedeutet Erkenntnis auch Spontaneität, und diese ist ein Ausdruck der Intimität des Subjekts. Bestünde keinerlei Freiheit im Akt der geistigen Erkenntnis, so wäre sie keine geistige Tätigkeit. So stellt sich nun auch beim Subjekt die entsprechende Frage wie bei der Erschließung des Objekts.

Zunächst hat das Subjekt als Person die Freiheit, sich jenen Dingen erkennend zuzuwenden, die es in sich aufnehmen will. Es kann betrachten, lesen, zum Gegenstand der Forschung sich auswählen, was seinem eigenen Erkenntnistrieb entspricht. Es kann sich aus dem unendlichen Bereich des Erkennbaren jenen Teil herausschneiden, der ihm angemessen erscheint, der sich zu dem Kreis zusammenschließt, den es «sein Weltbild» nennen möchte. Und da es diese Freiheit der Zuwendung hat, besitzt es gleichzeitig auch eine Freiheit der Abwendung von Dingen, die ihm nicht entsprechen, die es im Aufbau seiner geistigen Welt als störend oder überflüssig empfindet. Wenn auch vieles sich in das Feld der Sinne eindrängt, ohne gerufen zu sein, es bleibt dem Subjekt doch die Möglichkeit, dieses Viele zu sieben und zu sichten, das meiste davon in einer Art Vorhof zurückzulassen und sich innerlich nur dem zuzuwenden, was gerade seinem Interesse entspricht. Diese Verschließung gegen das meiste, was uns bedrängt, diese strenge Zensur des Geistes gegenüber dem von den Sinnen gelieferten Material der Erkenntnis weist zwar auf eine Unvollkommenheit unseres Erkenntnisvermögens hin, das in der Enge seines Bewußtseins nur eine geringe Auswahl des Gebotenen zu fassen vermag; es ist aber gleichzeitig ein Beweis für die ordnende und konstruktive Freiheit des Geistes, der aus der Menge des angebotenen Stoffes nur das auswählt, was ihm zu seinem geistigen Gebäude paßt. Diese Freiheit der Wahl besteht nicht allein im Vorziehen gewisser Elemente, im Verwerfen anderer, sie enthält das noch bemerkenswertere Element eines freien Übersehen-könnens dessen, was in die Konstruktion sich nicht einfügt. Man kann geistig vollkommen übersehen, was man sinnlich zu sehen gezwungen ist, ja es gibt keine einzige Apperzeption, die nicht bereits eine solche Sichtung und Auswahl in sich hätte. Es gehört zum Adel des Geistes, daß er sich nicht wahllos mit allem abgeben muß. Er kann im Dienste einer höheren Aufgabe an der Wahrheit den Umgang mit einer Unzahl unwesentlicher Tatsachen ablehnen. Es ist ein Kennzeichen des wahren Erkennenden, daß er ein für alle Male beschließt, viele Dinge nicht wissen zu wollen und somit auch gar nicht zu wissen. Es steht ihm ein produktives Vergessen zur Verfügung, das durch sein Zurückweisen das Hervortreten der wesentlichen Erkenntnisse mitbedingt und so die Wahrheitswelt zu einem lebendigen Relief gestaltet. An der negativen Möglichkeit des vergessenden Übersehens wird die entsprechende positive Möglichkeit des freien Empfangs erst vollkommen sichtbar.

Der freiwilligen Verschlossenheit gegenüber einer unzeitgemäßen Wahrheit entspricht die freiwillige Erschlossenheit gegenüber jeder gesuchten, willkommenen Wahrheit. Diese Aufgeschlossenheit, diese entgegenkommende Zuwendung ist eine wesentliche Bedingung für das Zustandekommen und das volle Gelingen der Erkenntnis. Sie ist also durchaus ein intellektuelles, erkenntnisbedingendes und erkenntnisförderndes Moment. Das hindert sie nicht, gleichzeitig ein Moment der Freiheit und des Willens zu sein und damit in die Sphäre des Ethischen hineinzureichen. So ist schon die reine Auswahl dessen, was einer erkennt und woraus er sein Weltbild gestaltet, mitbedingt durch seine freie, ethische Einstellung zur Welt und zu den letzten Fragen des Daseins. Er hat die Weltanschauung, die er haben will, sofern schon die Sichtung dessen, was sich seinem Geist vorstellt, nicht ohne seine Freiheit zustande kam. Nie bemächtigt sich der Wille erst nachträglich der gewonnenen Erkenntnisse, um sie zu bewerten und auszuwählen, er ist vielmehr immer schon auch beim Akt der Erkenntnis selber dabei, der als solcher bereits ein sichtender und heraushebender Akt ist. Es gibt immer eine Unzahl von Möglichkeiten, einen einzelnen Gegenstand zu betrachten. Welche davon ich wähle, hängt davon ab, zu welcher meine Vorliebe mich hindrängt.

Dies führt nun zu der noch weitertragenden Einsicht in die Freiheit, die im geistigen Raum der Erkenntnis überhaupt liegt. Nicht nur die Auswahl der einzelnen Erkenntnis ist mitbedingt durch den Willen; die Aufgeschlossenheit des Subjekts selbst ist ohne ein Willensmoment nicht denkbar. Es versteht sich von selbst, daß diese Aufgeschlossenheit noch nicht als eine Tat freier persönlicher Wahl anzusehen ist; sie ist vielmehr die naturhafte Vorzeichnung im Willen (voluntas ut natura) dessen, was persönliche Freiheit (voluntas elicita) sein wird. Wenn ein Subjekt nichts wollte, so würde es nie etwas erkennen. Ein Teil seines Willens geht selbst auf Erkenntnis und erschöpft sich in ihr, wenn sie erreicht ist, aber ein anderer Teil geht neben der Erkenntnis einher und über sie hinaus und gebraucht sie als ein Mittel, um seine Zwecke zu verfolgen. Nur auf der Bahn des bereits in Bewegung gesetzten Wollens wird das Werk der Erkenntnis vollbracht. Hier nun begegnen sich die beiden Fragen nach dem Sinn des Subjekts und dem des Objekts. Im Objekt bestand die Wahrheit in einer steigenden Offenbarung seiner selbst, bei welcher das sich Offenbarende jeweils mehr war und reicher blieb als seine Offenbarung. Diese Bewegung ist nun aber keine andere als die innere Lichtung des Seins, in welcher das Objekt zum Subjekt wird. Wir können daher, aus der Perspektive des Subjekts, ergänzend feststellen, daß sich hinter der Tatsache seines Offenstehens die Bewegung seines Sich-öffnens findet, daß also hinter seinem geistigen Lichtsein als Intelligenz sein bleibender Wille zur Selbsterschließung und zur Erschlossenheit steht. Wiederum liegt in dieser Sicht kein Irrationalismus, der das Feld des Denkens als ein endliches und bedingtes, das Feld des Willens als ein unendliches und bedingendes ansähe. Die willentliche Erschließung ist als solche nicht irrational, sie ist vielmehr der höchste und abschließende Sinn aller ratio selbst: die letzte Rechtfertigung alles Seins in seinem Wesen und Dasein, die Voraus-Setzung, auf die jede Setzung sich zuletzt zurückführen läßt und ohne welche alles

Sein und Geschehen unverständlich und sinnlos bliebe. Sinn hat das Seiende nur, wenn es ein Für-sich-sein hat, aber Sinn hat das Für-sich-seiende nur, wenn es die Bewegung der Mitteilung hat. Ja, Für-sich-sein und Mitteilung sind sogar ein und dasselbe; sie bilden zusammen die eine, untrennbare Lichtung des Seins. Das aber bedeutet, daß der Sinn des Seins in der Liebe liegt und daß also Erkenntnis auch nur durch die Liebe und für die Liebe erklärbar ist. Der Wille im seienden Objekt, sich zu erschließen, und der Wille im erkennenden Subjekt, sich vernehmend zu öffnen sind nur die doppelte Form der einen Hingabe, die sich in diesen zwei Arten kundtut. Damit ist die Einsicht gewonnen, daß die Liebe von der Wahrheit nicht trennbar ist. So wenig es eine Erkenntnis geben könnte ohne den Willen, so wenig ist eine Wahrheit denkbar ohne die Liebe. Die Liebe ist kein Jenseits der Wahrheit; sie ist das in der Wahrheit, was ihr über alle Enthüllung hinaus ein immer neues Geheimnis sichert, sie ist das ewige Mehr-als-was-man-schon-weiß, ohne das es weder ein Wissen noch ein Wißbares geben würde; sie ist das im Seienden, was es nie zum bloßen Faktum werden läßt, und das in der Erkenntnis, was sie nicht in sich selber zu ruhen erlaubt, sondern einem höheren dienstbar macht. Der Begriff der Liebe gehört zum vollen Begriff der Wahrheit, wie der des Willens zum vollen Begriff der Erkenntnis gehört. Es ist zwar möglich, daß auch ein Nichtliebender richtige Sachverhalte erkennt. Aber sein Verstand gleicht dem Blick des Kurzsichtigen: scharf, sogar überscharf für das Einzelne, ist er unfähig, weite Perspektiven der Wahrheit zu überblicken. Nicht umsonst sagt man vom Teufel, daß er schlau und dumm zugleich sei. Weil die volle Wahrheit nur in der Liebe erreicht wird, kann auch nur der Liebende den wahren Blick für die Wahrheit haben. Er allein ist bereit, sich selbst wahrhaft zu erschließen und damit die Bewegung zu vollziehen, in der Wahrheit des Seins entsteht. Er allein ist auch imstande, selbstlos auf die Frage und den Anruf eines

Andern einzugehen, der sich ihm anvertraut, sich ihm eröffnet, vielleicht bei ihm Hilfe sucht. Er vollzieht damit wiederum die Bewegung, in der die Wahrheit der Erkenntnis entsteht. Man kann also wohl sagen, daß die Wahrheit aus der Liebe entspringt, daß die Liebe ursprünglicher, umfassender ist als die Wahrheit. Sie ist der Grund der Wahrheit, der sie erklärt und ermöglicht. Und dennoch kann man nicht sagen, daß die Liebe vor der Wahrheit da war, und daß sie denkbar wäre ohne die Wahrheit. Denn die Selbsterschließung des Seins und des Erkennens, die den ursprünglichen Namen der Liebe trägt, trägt sofort und unmittelbar auch den Namen der Wahrheit.

Indes beschäftigt uns hier zunächst nur die Freiheit des Subjekts, als seine Möglichkeit, sich dem Gegenstand personal zuzuwenden, ihm gleichsam durch besondere Aufmerksamkeit entgegenzukommen. Diese Aufmerksamkeit gehört zu einem vollen Glücken der Wahrheitsbeziehung, obwohl sie ausdrücklich der freien Entscheidung des Erkennenden anheimgestellt ist. Und zwar kann diese Aufmerksamkeit, entsprechend dem früher beschriebenen Doppelcharakter der Wahrheit, eine doppelte Form annehmen.

Die bewußte und freie Zuwendung zum Gegenstand der Erkenntnis hat zunächst den Charakter eines wahren und ernsten zur-Verfügung-Stehens. Das Subjekt legt gleichsam seine ganze Subjektivität beiseite, um nichts anderes mehr zu sein als reine vernehmende Öffnung für das Objekt. In diesem Verzicht auf das Eigene, um das Fremde besser auffassen zu können, liegt der Abbau alles dessen, was man Vorurteil nennt, und was die reine Auffassung des Objekts behindert. Es bedarf keiner geringen Anstrengung der Spontaneität des Subjekts, um es dazu zu bringen, nichts anderes mehr sein zu wollen als Aufnahmefähigkeit, Rezeptivität. Das Subjekt verzichtet auf das eigene Wort, um nur das Wort der Sache zu hören. Es ist gewillt, die Rede der Dinge, die sich aussprechen wollen, nicht zu unterbrechen. Es hat sich vorgenommen, den Dingen

Gerechtigkeit widerfahren zu lassen. Dieser Wille zur Gerechtigkeit ist bereits eine Tat der Liebe, weil sie das fremde Gut und die fremde Wahrheit dem eigenen Gut und der eigenen Wahrheit vorzieht. Diese Haltung des wirklichen Hörenwollens ist in der Wahrheitsbeziehung nicht überholbar. Sie bleibt, auch wenn eine andere Haltung sie überformt, die unverrückbare Basis, auf der alles andere sich aufbaut und die immer wieder nachgeprüft werden muß, weil sich an ihr die Richtigkeit und die Gesundheit der Liebe anzeigt.

Sofern aber diese Haltung der Gerechtigkeit bereits eine Äußerung der ursprünglichen Liebe ist, geht sie sofort in eine andere über, in der der Ursprung der Liebe sich deutlicher äußert. Die erste Möglichkeit freier Zuwendung zum Objekt könnte, wenn die zweite nicht hinzukäme, sich jederzeit verkehren in eine kalte Objektivität, eine Art furchtgebietendes Schweigen, in dem die Stimme des Objekts gleichsam schutzlos und verloren erschallte. Die Dinge stünden von dieser Erkenntnis wie ein Angeklagter vor den Schranken des Gerichts, von dem er nur dieses eine Positive weiß, daß es unparteiisch ist. Eine solche Gerechtigkeit wäre kein wirkliches Entgegenkommen von seiten des Subjekts, keine Bewegung der Erkenntnis dem Gegenstande entgegen. Nun aber wurde früher gezeigt, wie die Dinge sich selbst innerhalb der Sphäre der Subjektivität zu vollenden haben. Dieser Raum ist ihnen angewiesen und zur Verfügung gestellt, um entscheidende Möglichkeiten ihrer selbst zu entfalten, die sie anderswo nicht darstellen können. Diese Öffnung des Subjekts für die Dinge wurde damals auf der Stufe der Natur und der Unfreiwilligkeit geschildert. Hier ragt sie nun in die Sphäre der Freiheit empor. Die Dinge, die sich im Subjekt auszusprechen haben, sollen sich in ihm gleichsam heimisch fühlen. Es könnte eine Art Scheu der Dinge vor ihrer Enthüllung geben, und es wäre Sache des Subjekts, durch sein einladendes Entgegenkommen diese Schüchternheit des Objekts zu überwinden. Nicht selten kommen Pönitenten zum Beichtvater, welche die Aussprache nicht wagen und den Priester bitten: «Fragen Sie mich aus.» So kann auch im Erkenntnisakt das Subjekt die Aufgabe haben, dem Objekt zu seiner Wahrheit zu verhelfen. Denn oft erwartet ein Ding vom Erkennenden so erkannt zu werden, wie es sich selber nicht kennt. Es tritt mit einer hohen Vorstellung von der Macht der Erkenntnis an den Erkennenden heran. Es möchte mit einem geistigen Blick angesehen werden, der ihm sein Innerstes enthüllen würde, vor dem es sich ohne Schaden nackt zeigen könnte, so wie sich ein Patient vor seinem Arzt entblößt. Diese Enthüllung ist nicht Selbstzweck; vielmehr soll der Arzt am nackten Leib etwas erkennen können, was der Kranke vielleicht fühlt, aber nicht festzulegen vermag. Der Arzt hat den fachmännischen Blick, der Dinge sieht, die wirklich vorhanden sind, die aber niemand außer ihm aus der Verborgenheit ans Tageslicht bringen kann. Es enthüllt sich auch ein Modell vor dem Künstler, in der Erwartung, von seinem Auge so angeblickt zu werden, wie kein anderer als er zu schauen vermag, wie auch das Modell selbst, wenn es sich zufällig im Spiegel erblickte, sich nicht zu sehen vermöchte. Dieser besondere Blick, von dem das Objekt soviel erwartet, führt in das Heiligtum der Erkenntnis hinein. Um ihn richtig zu beschreiben, müssen zwei Aussagen gleichzeitig gemacht werden, und keine darf vor der andern weichen: Dieser besondere Blick, der nur in der liebenden Zuwendung des Subjekts möglich ist, ist ebensowohl ein objektiver wie ein idealisierender Blick. Daß diese beiden Eigenschaften vereinbar seien, ist die große Hoffnung des Erkannten. Die Idealität, die es in sich selber nicht verwirklichen kann, hofft es im Raum eines anderen Wesens zu erreichen. Es weiß oder ahnt, was es sein könnte, welch herrliche Möglichkeiten in ihm lägen. Aber um sie zu entfalten, braucht es einen, der an sie glaubt, nein, der sie sieht, in ihrer Verborgenheit bereits daseiend, objektiv, aber sichtbar nur jenem, der ihre Verwirklichung für möglich hält, jenem also, der glaubt und der liebt. Manch einer wartet nur auf den Liebenden, um der zu werden, der er schon immer sein könnte. Es ist auch möglich, daß erst der Liebende mit seinem geheimnisvollen, schöpferischen Blick im Geliebten Möglichkeiten entdeckte, die dem, der sie besaß, ganz unbekannt waren und unglaubhaft erschienen wären. Er gleicht einer Spalierpflanze, die ihre Früchte erst tragen kann, wenn sie sich an fremden Stäben und Drähten emporranken kann.

Das ist das eigentliche Mysterium der Freiheit in der Erkenntnis. Es ist durchaus, wie alle wahren Mysterien, ein Mysterium der Liebe. Das Idealbild, das der in Liebe Erkennende vom Erkannten in sich birgt, ist ebenso subjektiv wie objektiv. Es ist nicht darum subjektiv, weil es der Wahrheit nicht entspräche; es ist subjektiv, weil seine Wahrheit allein durch ein Subjekt zu wirklicher, objektiver Wahrheit gelangt, so wie eine Frucht nur in einem bestimmten Klima zur Reife gelangen kann. Ohne die Vorzeigung des Ideals durch den Erkennenden wäre der Erkannte nie auf den Gedanken gekommen, ihm nachzustreben, oder er wäre, weil ihm der Versuch zu phantastisch erschienen wäre, unterwegs erlahmt. Es bedarf des Glaubens und der Zuversicht des Erkennenden, der von der Liebe beseelt ist, um dem Erkannten den Glauben und die Zuversicht an die Wahrheit des Vorgezeigten zu geben. Auf das Geheiß der Liebe hin wagt er es, das zu sein, was er sein könnte, was er aber aus sich allein nie zu sein sich getraute. Immer aber wird der Liebende das Bild, das er vorzeigt, als ein Objektives betrachten. Er weiß: die Möglichkeit, die er sieht, ist eine leibhaftige Möglichkeit des Geliebten, sie ist vom Liebenden nicht erfunden, sondern lediglich festgestellt. Sie verlöre in seinen Augen jeden Wert, wenn sie bloß ein Produkt seiner subjektiven Einbildungskraft wäre. Nur war das Bild im Geliebten verhüllt, und der Blick der Liebe mußte kommen und es aus der Tiefe emporheben. So wird der Liebende die Verwirklichung des Ideals immer als eine Tat des Geliebten ansehen. Wenn sie gelingt, wird er sich freuen, immer schon gewußt zu haben, «daß der Geliebte es kann», daß er sich in ihm nicht getäuscht hat.

Der Geliebte dagegen wird wissen, daß die Verwirklichung seiner besten Möglichkeiten nicht sein Verdienst ist, sondern das schöpferische Werk der Liebe, die ihm dazu den Anstoß gab, den Spiegel und das Idealbild vorhielt und die Kräfte verlieh. In diesem schöpferischen Geschehen ist jede Unterscheidung von Subjektiv und Objektiv hinfällig geworden. Das Bild, das die Liebe sah und emporhielt, ist zweifellos ein Bild des Objekts. Aber nicht des Objekts, wie es ist, sondern wie es sein könnte. Es ist die ideale, nicht die reale Wirklichkeit des Objekts. Diese ideale Wirklichkeit existiert nirgends anders als in der Liebe eines Subjekts. Nur in diesem Raum kann das Ideal sich entfalten. Es gibt keine freischwebende «ideale Wirklichkeit» in irgendeinem unpersönlichen, abstrakten «Reich der reinen Geltungen». Der eigentliche Ort dieser Idealbilder ist die persönliche Liebe eines andern Wesens.

Die Errichtung eines solchen Bildes und seine langsame oder rasche Realisierung hat nun als eine wirklich schöpferische Tat angesehen zu werden, in welcher der Liebende mit dem Geliebten zusammenwirkt und beide die Realität nach der vorgezeigten Idealität zu gestalten trachten. Kommt es dabei zu einer wirklichen oder auch nur annähernden Deckung, so ist dadurch das Objekt zu seiner eigenen Wahrheit gelangt, das in ihm Verborgene ist enthüllt, das Mögliche verwirklicht, und zwar im Sinne seiner ursprünglichen Idee. Aber die Idee wurde dennoch vom Liebenden erschaut und schöpferisch ausgeprägt; dessen Ideal ist es, das dem Geliebten real eingeformt wird, so sehr, daß er von nun an das, was er ist, dem Liebenden verdankt, der ihm das wahre Bild seiner selbst geschenkt hat.

Die Angleichung des realen Abbilds an das ideale Urbild geschieht nicht eigentlich stufenweise. Sie vollzieht sich nicht so, daß man von Periode zu Periode feststellen könnte, wie weit der Angleichungsvorgang vorangeschritten ist, etwa gemäß den Leistungen und Anstrengungen des Objekts, das sich bemüht, dem vorgesteckten Ideal nachzueifern. Eine solche

Vorstellung von der schöpferischen Tat der liebenden Erkenntnis bliebe ganz der ersten geschilderten Möglichkeit der freien Erkenntnis verhaftet. Der Erkennende würde sich dann begnügen, dem Erkannten ein Bild vorzuhalten, in einer Art unbeteiligter «Gerechtigkeit», und er überließe die Angleichung ganz dem Andern. Das Produktive seiner freien Erkenntnis läge nur im Erkenntnisbild, es würde sich darin erschöpfen und die Tat der Verwirklichung dem Erkannten überlassen. Aber das wäre nicht liebende Erkenntnis im vollen Sinn des Wortes. Vielmehr enthält in der Liebe das vorgestellte Bild in sich selbst eine Kraft der Realität und der Realisierung. Der Liebende hält das Idealbild des Geliebten für dessen wahre Realität und er richtet sich in seinem Handeln danach. Er blickt auf das «wahre» Bild des Geliebten, er spricht ihn auf dieses Bild hin an, er geht mit ihm um, als wäre er dieses Bild. Er übersieht also das andere, das «reale», das unvollkommene Bild. Nicht so, daß er in einer schwärmerischen Blindheit, wie das Verliebtsein sie gibt, sich über diese unvollkommene Realität hinwegtäuschen würde, im Geliebten die Deckung des Idealen und Realen als real verwirklicht ansähe. Er sieht zwar den Abstand, aber er übersieht ihn zugleich. Er interessiert sich nicht für die Fehler des Geliebten. Und durch solches Übersehen überwindet er sie.

Er läßt das reale, unvollkommene Bild des Geliebten einfach ins Nichtsein versinken. Im Auge des Liebenden hat dieses Bild keine Geltung, kein Gewicht, keine Daseinsberechtigung. Es ist wie durchgestrichen, aus dem Kosmos der existierenden Dinge verbannt. Es wird ihm nicht die Ehre der Erkenntnis erwiesen. Es wird ihm nicht soviel Wichtigkeit beigemessen, daß es sich selbst enthüllen sollte, also eine eigene, betonte und ernst genommene Wahrheit besäße. Dadurch, daß es nicht beachtet wird, daß ihm die Gelegenheit der Selbstenthüllung gar nicht geboten wird, wird an seiner Vernichtung tatkräftig gearbeitet. Ein Seiendes, dem man das Recht auf Enthüllung, das heißt auf Wahrheit, abspricht, geht auf die Dauer aus Mangel an Luft und Licht zugrunde. Das Nicht-sein-sollende wird von der Liebe als solches behandelt, als etwas, dem das Sein von rechtswegen gar nicht zusteht, und das man am besten dadurch straft, daß man es einfach übersieht. Die schöpferische Vorstellung des idealen Bildes hat also zu ihrer Kehrseite eine Art schöpferische Tilgung des realen Bildes. An diesen doppelten Schöpfungsvorgang der liebenden Erkenntnis hat der Geliebte sich zu halten. Er hat, um das Ideal, das als das Reale behandelt wird, zu erreichen, nichts anderes zu tun, als zu handeln, *wie wenn* es bereits das Reale wäre; er hat, um das Reale, das getilgt werden soll, verschwinden zu lassen, nichts anderes zu tun, als zu handeln, *als ob* es bereits nicht mehr existierte. Der Geliebte soll in den schöpferischen Vorgang im Erkennen des Liebenden vollen Einblick haben. Er soll wissen, daß dieser die mangelhafte Realität gekannt hat, daß er in dieser Beziehung ein objektiv Wissender war und kein Schönfärber oder naiver Verliebter. Er soll wissen, daß die Bewegung der Liebe von diesem sachlichen, objektiven Punkt der «gerechten» Kenntnis des Realen ausgeht, daß sie aber diesen Ausgangspunkt verläßt, ihm den Rücken zukehrt, um bewußt die andere Realität des Idealen als die wahre und gültige hinzustellen. Er soll wissen: für diesen in der Liebe Erkennenden bin ich künftighin ein Anderer. In der Kraft dieser Setzung wird der Geliebte selbst die Kraft finden, den Übergang nun auch seinerseits mitzuvollziehen.

Damit ist die folgenreiche Erkenntnis gewonnen, daß es nicht nur enthüllende, sondern auch verhüllende, zudeckende Erkenntnis und Wahrheit gibt. Nichts ist verkehrter als die Meinung, man könne dem Nicht-sein-sollenden dadurch beikommen, daß man es in seiner scheinbaren Wahrheit enthüllt. Keinen Fehlenden heilt man dadurch, daß man seinen Blick auf seine Fehler hinlenkt. Nur in der Schau des Idealen wird er überhaupt fähig sein, Reue über das Reale zu empfinden. Und nur im Wissen, daß das ihm unerreichbar scheinende Ideal von einem andern Erkennenden als die wahre Realität antizipiert wird, wird er den Mut finden, ihm nachzustreben. Er wird mit Verwunderung feststellen, daß das Eine möglich ist, an das zu glauben er nie gewagt hätte: die Vernichtung der nicht-sein-sollenden Realität durch die schöpferische Erkenntnis. Er wird sich daran gewöhnen, bei Rückfällen in seine alten Fehler zu verstehen, daß er im Grunde eine bereits überholte, nicht mehr wirkliche Wirklichkeit lebt. Nur so, durch verhüllende Erkenntnis, ist dem Geliebten zu helfen. Dies nicht einsehen zu wollen ist einer der unverzeihlichen Mängel der Psychoanalyse und der meisten praktischen Schulen der Psychologie. Durch Analyse allein gelangt man zu keiner Wahrheit, auch wenn das Aufgedeckte sich noch so «realistisch» ausnehmen mag. Durch Zerlegung des Lebendigen in seine Teile zerstört man das Leben. Durch Aufdecken dessen, was die Götter «gnädig bedecken mit Nacht und Grauen» schafft man keine Lebensbedingungen. Nur wenn die Wurzeln der Pflanze im Boden verborgen sind, kann die Krone sich in Gesundheit entfalten. So gehört es zur Wahrheit des Lebendigen, daß ein Teil seiner selbst verhüllt bleiben muß. Und es gehört zur Wahrheit des freien und geistigen Wesens, daß ein Teil seiner selbst dem Vergessen anheimgegeben werden muß. Nicht jede Wahrheit – das wurde schon früher gesagt – hat Anspruch auf Verewigung. Ein geordneter Kosmos der Wahrheit kommt nur durch Auswahl und Bevorzugung zustande: viel Verborgenes muß hervorgeholt, viel Enthülltes in den Verborgenheitszustand zurückversetzt werden.

Nun ist aber klar, daß ein solcher schöpferischer Umgang mit der Wahrheit den Menschen vor eine sehr ernste Verantwortung stellt. Er soll nicht nur erkennen, was ist, sondern auch was sein soll, und er soll durch seine Erkenntnis dem Sein-sollenden Geltung und Wirklichkeit verschaffen. Er soll den Objekten, die sich ihm vertrauensvoll eröffnen, ein Leitbild vorhalten. Wird er geeignet sein, diese schöpferische Tat auch wirklich zu vollbringen? Wird er nicht Gefahr laufen, den Objekten falsche Ideale, reine subjektive Einbildungen entgegenzustellen und ihnen so ein Anlaß des Irrwegs und der Verführung werden? Braucht das Subjekt in seiner Wahrheitserzeugung nicht seinerseits ein Leitbild, nach dem es das Ideal der Erkenntnis gestaltet?

Erkenntnis, die nicht Abbild, sondern Urbild der Realität ist, nicht von den Dingen gemessene, sondern die Dinge selbst messende Wahrheit enthält, kommt primär nur Gott zu. Gottes Erkennen ist wahrheitserzeugend; es ist reine Spontaneität ohne Beimengung irgendeiner Rezeptivität von seiten der erkannten Dinge. Die Wahrheit, die seine Erkenntnis setzt, ist das Maß der Wahrheit der Dinge. Menschliche Erkenntnis kann niemals im absoluten Sinn urbildliche Wahrheit setzen. Aber es liegt doch im Gesetz der Seinsanalogie und der Zweitursächlichkeit, daß Gott dem Geschöpf etwas von seiner schöpferischen Kraft auch im Bereich der Wahrheit zuteilt. Besäße der Mensch eine rein durch die Wahrheit der Dinge gemessene Erkenntnisfunktion, so wäre er in dieser Hinsicht nicht mehr Ursache, sondern reine Wirkung. Seine Mitwirkung würde sich auf die Ermöglichung der reinen Reproduktion schon bestehender Wahrheit beschränken. Er würde zwar durch die Einsicht in das um ihn her Bestehende bereichert, er hätte aber in seiner Erkenntnis keine Möglichkeit, gestaltend in die Wahrheit der Dinge selbst einzugreifen. Er hätte die Macht der Zweitursache nur als praktisch handelndes, nicht auch, wie Gott, als erkennendes Subjekt. Es sei denn, man räume ihm diese Macht für gewisse beschränkte Erkenntnisse zu, die künstlerische zum Beispiel, in der er ein Stück Wirklichkeit nach seiner frei entworfenen Idee zu gestalten vermöchte. Damit aber scheint dem Gesetz der Seinsanalogie nicht Genüge getan zu sein. Die aktive Potenz, die Gott seinen Geschöpfen verliehen hat, kann sich im Bereich der Wahrheit nicht nur nebenbei auswirken; sie muß eine zentralere Bedeutung haben, als man ihr gemeinhin zugesteht.

Es muß eine Analogie der schöpferischen Erkenntnis geben, und in dieser liegt auch die Lösung der aufgeworfenen Frage nach dem Leitbild für die Erzeugung des Idealen. Gottes Erkenntnis von den Dingen ist die schlechthin urbildliche und vorbildliche Erkenntnis. Er hat in sich selbst die Idee der Dinge. Dieses Bild ist das richtige, nicht darum, weil Gott die Dinge objektiver sieht als wir, sondern darum, weil das von ihm entworfene Bild als solches das eine wahre, subjektive und objektive zugleich ist. *Weil* Gott die Dinge so sieht, sollen sie so sein, wie er sie sieht. Auf diese bei Gott hinterlegte Idee der Dinge hat alle schöpferische Erkenntnis der Menschen zu blicken. Nur in Gott kann ein Mensch einen anderen Menschen so sehen, wie er sein soll. Nur von Gott her kann er ihm das ideale Bild vorstellen. Nur im Hinweis auf Gott kann er ihn ermuntern, diesem Bilde zu entsprechen. Täte er das alles ohne Gott, so wäre seine vermeintliche Hilfeleistung nur Anmaßung und Eitelkeit; er würde es sich herausnehmen, besser und klüger zu sein als sein Nächster; er würde von diesem eine Bindung an ein Ideal fordern, die ihn ganz diesem Bilde verschriebe, und er hätte als endlicher Mensch die Kraft und die Autorität nicht, so Absolutes von einem andern Menschen zu verlangen. Ohne Gott bleibt diese höchste Leistung menschlicher Erkenntnis eine nie zu verantwortende prometheische Tat. Nur wenn man den Menschen auf Gott hinweisen kann, wenn man ihm das in der Liebe erkannte Bild als das bei Gott für ihn aufbewahrte glaubhaft machen kann, wird man es unternehmen dürfen, die Wahrheit der Welt mitzugestalten. Dazu muß man gelernt haben oder, besser, von Gott die Gnade erhalten haben, die Menschen in Gott selber zu lieben und zu betrachten, wo das Bild der Erkenntnis und das Bild der Liebe ursprünglich zusammenfallen.

C. DIE VERWALTUNG DER WAHRHEIT

Sowohl das Objekt wie das Subjekt besitzen die Wahrheit nicht nur an sich, als Natur, sondern für sich, als Freiheit.

Sofern sie Natur sind, sind sie je schon zur Wahrheit hin in Bewegung gesetzt: das Objekt in die Bewegung der Selbsterschließung, das Subjekt in die Bewegung der Erschlossenheit für die Dinge. Sofern sie aber Freiheit besitzen, können beide über den Vollzug dieser Bewegungen mitverfügen. Sie können nach freiem Ermessen sich an der Gestaltung der Wahrheit mitbeteiligen; und so ist die Wahrheit in ihre Hände gelegt. Gott will die Wahrheit nicht allein verwalten, er setzt die Menschen zu Mitverwaltern ein.

Am Kreuzungspunkt zwischen Natur und Freiheit steht das Zeugnis. Der Mensch ist berufen, von der Wahrheit Zeugnis abzulegen. Es steht nicht in seinem Belieben, ob er eine wahre Darstellung seines Wissens geben wolle oder nicht. Sofern er auf die mögliche Selbsterschließung und Erschlossenheit für Andere hin angelegt ist, ist ihm das willkürliche Verfügen über die Wahrheit entzogen. Sich in Wahrheit erschließend und in Wahrheit für Andere erschlossen vollzieht er kein fremdes Gebot über ihm, sondern das Gesetz seines eigenen Seins. Er muß, weil er Geist ist, von der Wahrheit Zeugnis ablegen. Er muß diesem Imperativ, der in sein innerstes Wesen eingeschrieben ist, gehorchen. Er muß diese Last, die doch nur sein Glück ist, auf sich nehmen, wenn er seinen Geist nicht zugrunde richten will. Und er muß diese Last so übernehmen, daß er in Freiheit sich der Aufgabe widmet, der er sich nicht entziehen kann. Denn anders als in Freiheit kann menschliche Wahrheit nicht verwaltet werden. Die Intimität beider Räume, des objektiven wie des subjektiven, bringt es mit sich, daß ihre Wahrheit in Freiheit kundgetan werden muß, um nach außen bekannt zu sein. Niemand kann sich darauf verlassen, daß die Wahrheit auch ohne ihn an den Tag kommen werde, daß die Wahrheit für ihre eigene Offenbarung zu sorgen habe. Sie bleibt auf der Stufe der Menschheit angewiesen auf die freie gegenseitige Offenbarung der Menschen, die voreinander Zeugnis ablegen von der Wahrheit. Weil die Wahrheit nicht naturhaft offen daliegt, muß sie geistig eröffnet werden, und weil sie auch als Geoffenbarte, soweit es sich um die Wahrheit eines Subjekts handelt, nicht nachgeprüft werden kann, muß das offenbarende Subjekt mit seiner ganzen Verantwortung für die Wahrheit seines Zeugnisses einstehen.

Sofern nun die Verwaltung der Wahrheit der menschlichen Freiheit anheimgestellt ist, erheben sich mehrere Fragen, die die Regelung und das rechte Maß dieser Verwaltung betreffen. Für den sich Erschließenden, seine Wahrheit Mitteilenden entsteht das Problem, welche Norm seine Selbsterschließung bestimmt. Wann soll er sich offenbaren, wem und wie weit und in welcher Weise? Von seiten des für die fremde Wahrheit Erschlossenen stellt sich die gleiche Frage, nach welcher Norm er seine Wahrheitsaufnahme zu regeln habe, da es ihm offenbar unmöglich ist, wahllos aller Wahrheit, die ihm über den Weg läuft, zur Verfügung zu stehen. Nun wird die rechte Auswahl sowohl in der Erschließung wie in der Erschlossenheit zweifellos durch die Tugend der Klugheit geregelt. Sie stellt in jeder Situation die Richtigkeit oder Unrichtigkeit einer Handlung vor Augen, indem sie die allgemeinen Richtlinien, die ohne sie abstrakt und unanwendbar bleiben, auf die konkreten Umstände anzuwenden versteht. So kann man zwar allgemein sagen, daß man sich dem erschließen soll, der ein Recht darauf hat, der vertrauenswürdig ist, der die Wahrheit braucht und sie nicht mißbraucht. Wer aber jeweils dieser Betreffende ist, das muß die Klugheit uns sagen. In wenigen menschlichen Gebieten ist dieser Tugend so viel Spielraum gelassen, so viel Vertrauen geschenkt, so viel Verantwortung aufgeladen. Sie besitzt als Mitgift im Grunde nur zwei Gesetze: daß die Wahrheit gesagt werden muß, und daß sie in Freiheit, also mit Auswahl gesagt werden muß. An ihr ist es, den weiten Zwischenraum zwischen diesen allgemeinen Sätzen und ihrer besonderen Anwendung zu überbrücken. Sie müßte aber bei dieser Aufgabe scheitern, wenn ihr nicht eine höhere Richtschnur gegeben wäre. Denn auch die Tugend der Klugheit, der die spontane, produktive Anwendung des Abstrakten auf das Konkrete zusteht, kann diese erfinderische Tat, die immer eine echt schöpferische Leistung bleibt, nicht allein aus sich selbst rechtfertigen. Sie muß jeweils aussagen können, *warum* es klug war, so zu entscheiden. Sie muß also auf eine letzte Norm hinblicken, nach der sie ihre Entscheidung trifft. Diese Norm kann aber zuletzt nur entweder der Egoismus oder die Liebe sein. Alle andern Normen sind vorläufig und richten sich nach dieser letzten Entscheidung. So kann ein Mensch in seiner Selbsterschließung sehr klug sein, aber Grund und Norm seiner Klugheit ist, die Wahrheit nur insoweit zu sagen, als für ihn selbst dabei ein Vorteil entsteht. Oder es kann ein Mensch sich zur Regel gemacht haben, nur jene Wahrheit in sich einzulassen, die er selbst gerne hört, die in seine vorgefaßte Idee hineinpaßt und seine in sich befriedigte Ruhe nicht stört. Und er kann diese Auswahl ebenfalls mit großer Klugheit durchführen. Beide gehen frei mit der Wahrheit um, beide besitzen ein Gesetz der Auswahl, das von Klugheit diktiert ist. Aber dieses Gesetz ist der Egoismus, und dieser widerspricht dem Gesetz der Liebe. Nun aber ist die Liebe, wie gezeigt worden ist, von der Wahrheit nicht trennbar. Sie steht sogar am Ursprung der Wahrheitsbewegung, sowohl im Objekt wie im Subjekt. Sie ist der Sinn der Seinserschließung wie seiner Erschlossenheit, und so kann auch kein Zweifel darüber bestehen, daß sie das Maß der jeweiligen Anwendung der Wahrheit in sich selbst hat. Der Egoismus dagegen, der die Liebe nicht kennt, kann auch um die Wahrheit im vollen Sinne nicht wissen. Er kann wohl mit einzelnen Wahrheiten umgehen, sie als materielle Sätze auffassen und weitergeben, er kann sie aber nicht als die eigene Wahrheit besitzen. Denn die Bewegung, die er in seinem Egoismus vollzieht, widerstreitet unmittelbar der Bewegung der Wahrheit, die von der Liebe geleitet ist. Wer Wahrheit nur darum mitteilt, um auf seine eigene Rechnung zu kommen, der kann wohl den Anschein erwecken, sich zu eröffnen und hinzugeben, er tut es im letzten doch nicht. Er benützt vielmehr die Bewegung der Selbsthingabe nur als Mittel, um sich besser in sich selbst zu verschließen. Er widerspricht sich selbst in seinem Tun und steht darum gar nicht in der Wahrheit. Seine Selbsterschließung ist nur ein Schein, nur die Vortäuschung einer Bewegung der Liebe und hat darum viel mehr von Lüge als von Wahrheit an sich.

Wenn also der echte Egoismus keiner Wahrheit fähig ist, so ist anderseits die echte Liebe keiner Unwahrheit fähig. Denn sie steht an der Quelle der Wahrheit, und wenn sie als Liebe zu strömen beginnt, so kann sie nicht anders, als Wahrheit erzeugen. Liebe ist die selbstlose Mitteilung des eigenen, wie sie die selbstlose Aufnahme des Andern in sich selbst ist. So ist sie das vorbestimmte Maß aller Wahrheit. Die Selbstmitteilung wird dann echte Offenbarung des eigenen sein, wenn sie zu ihrem letzten Sinn die Hingabe selbst hat, und der Empfang fremder Offenbarung wird dann zu echter Einsicht führen, wenn sie wiederum von der Hingabe an das sich Darbietende getragen ist. Sofern die Liebe die wahrheitserzeugende Bewegung selber ist, hat sie allein auch den letzten Schlüssel der Wahrheitsanwendung in der Hand. Sie ist das wahre Maß aller Mitteilung und alles Empfanges.

Es kann also außerhalb der Liebe zwar eine Nachahmung der Wahrheit geben; es kann mit Sätzen umgegangen werden, die, formal gesehen, Wahrheit enthalten, vielleicht sogar unwiderleglich sind, es kann aber dort nicht jene Wahrheit geben, die alle Einzelsätze erst wirklich wahr macht: die Wahrheit der Selbsterschließung des Seins. Es kann der Mund der Lüge von Einzelwahrheiten triefen, sie kann Systeme erbauen, deren innere Logik verblüffend und fehlerlos ist. Aber abgelöst von der Grundbewegung der Liebe bleiben alle diese formal richtigen Sätze im Dienst der Lüge und helfen durch ihre «Wahrheit» mit zur Vermehrung der Lüge. Umgekehrt kann es wohl sein, daß die Liebe sich im einzelnen irrt. Aber dieser Irrtum ist harmlos und unschädlich, solange er eingebettet bleibt in die umfassende Bewegung der Liebe, die als solche sich niemals täuscht. Innerhalb der Liebe kann ein formaler Irrtum nicht schaden, während jede Wahrheit, die außerhalb der Liebe verwendet wird, nur zerstörerisch wirken kann. Dadurch ist nicht ausgeschlossen, daß einer, der die Liebe nicht hat, Wahrheit in fruchtbarer Weise vermitteln kann. Er wirkt dann als ein bloßer Durchgang; die Quelle der Wahrheit, die er vermittelt, ist nicht er selbst. So kann die Wahrheit eines Platon oder Augustinus auch durch solche weitergegeben werden, die innerlich nicht von dieser Wahrheit leben; sie strahlt aber in ähnlicher Weise durch sie hindurch, wie die sakramentalen Gnaden Christi sich unbeschadet der Würdigkeit des spendenden Priesters in den Empfangenden auswirkt. Dennoch wird es selbst hier nicht ohne eine gewisse Beeinträchtigung der Wahrheitsfülle abgehen; ein Teil der Strahlen, die durch das Medium hindurchgehen sollten, werden von diesem absorbiert, während ein angepaßtes Medium die Lichtkraft dessen, was es vermittelt, noch steigern würde.

Wer nach dem Gesetz der Wahrheitsverwaltung sucht, braucht sich nur an die Liebe zu halten, um niemals zu fehlen. Jede in der Liebe mitgeteilte und in ihr aufgenommene Wahrheit ist richtig verwaltet, auch wenn noch so viele Gründe dagegen zu sprechen scheinen. Es kann eine Wahrheit noch so unangenehm zu sagen und zu hören sein; ist sie in der Liebe mitgeteilt und aufgenommen, so konnte nichts Besseres als diese Mitteilung geschehen. Das Kennzeichen der wahren Liebe wird dabei immer sein, daß die Gerechtigkeit, auf der sie beruht, vollkommen erfüllt und erst in dieser Erfüllung überholt und überstiegen wird. Eine Liebe, die die Gerechtigkeit mißachten zu dürfen glaubte, wäre eben dadurch als eine schwärmerische Illusion entlarvt. Darum kann die Liebe in der Verwaltung der Wahrheit scheinbar hart und unerbittlich sein; sie kann auf schonungslose Enthüllung drängen, weil sie nicht anders aufbauen kann als auf der

Grundlage der Wahrheit. Die Liebe weiß, *wann* diese Enthüllung der Wahrheit notwendig ist, damit sich ihr Werk fruchtbar entfalten kann. Denn nicht immer ist sie notwendig. Manches kann für ewig in Vergessen begraben werden, ohne daß der Geliebte jemals erfährt, daß der Liebende darum wußte. Manches hingegen muß geoffenbart werden, wenn das Verhältnis der Liebe klar und durchsichtig sein soll. Alles aber, was geoffenbart werden muß, um erst dann verziehen und vergessen zu werden, darf nur um der Liebe willen geoffenbart werden. Niemals ist das bloße Wissen um etwas ein hinreichender Grund, es auch zu enthüllen. Eine solche Enthüllung diente nichts anderem als einer Kundgabe der eigenen Überlegenheit. Man will durch die Offenbarung von Wahrheit den Beweis erbringen, daß man mehr weiß als der Andere, man will ihn vielleicht sogar unter der Maske harmloser Äußerungen verletzen. Gesellschaftliche Gespräche, die scheinbar im besten Einvernehmen verlaufen, sind oft nichts als eine Kette feiner Grausamkeiten, deren Kunst darin besteht, den Partner aus der Deckung der eigenen Unangreifbarkeit so empfindlich wie möglich zu treffen. Offen überreicht man Rosen, aber man meint die versteckten Dornen.

In alldem ist nicht von der Lüge als der Verkehrung der Wahrheit die Rede, sondern von dem Mißbrauch der Wahrheit selbst durch den Mangel an Liebe. Es zeigt sich aber, daß beide Verstöße gegen die Wahrheit sich letztlich doch treffen. Denn auch der Mißbrauch der Wahrheit verstößt gegen die Wahrheit und steht somit im Bund mit der Lüge. Jede Enthüllung, die nicht im Dienst der Liebe steht, ist einem Exhibitionismus vergleichbar, der als solcher gegen die intimen Gesetze der Liebe verstößt. Nicht alles darf zu jeder Zeit offenbar werden. Im Schweigen der Liebe, die sich selbst und die Wahrheit verhüllt, liegt mehr Wahrheit als in jeder lieblosen Preisgabe. Hieran wird sehr deutlich, wie die Wahrheit ganz im Dienste der sie umfassenden und übersteigenden Liebe steht. Die Wahrheit als Enthüllung von Sein hat Maß und

Grenzen an den Gesetzen der Liebe; die Liebe dagegen hat kein Maß und keine Grenze an etwas anderem als an ihr selbst.

Die Liebe begrenzt nicht nur die eigenen Offenbarungen, sie achtet auch das Geheimnis der fremden Person. Sie wird sich aus dem Raum der Intimität eines andern keine Wahrheit erschleichen, von ihm kein Geständnis erpressen, es sei denn, gerechte Liebe verlange ein solches Geständnis, vielleicht um des höheren Gutes der Gemeinschaft willen, vielleicht aber auch um des Heiles des Gestehenden willen. Bei solchem Einbruch in die innere Sphäre der fremden Person wird der Liebende noch behutsamer vorgehen müssen als ein Chirurg, der sich mit seinem Messer Eingang in einen fremden Körper verschafft: einzig ein unzweifelhaftes größeres Gut kann den Eingriff rechtfertigen. Er wird vor allem auch dann die Schlüssel zu einem fremden Geheimnis ablehnen, wenn ihm diese von seinem Besitzer, aber nicht zu dessen geistigem Nutzen, angeboten wurden. Er wird sich eines fremden exhibitionistischen Mißbrauchs der Wahrheit nicht mitschuldig machen, dazu seine Ohren nicht leihen. Er wird mit äußerster Vorsicht, ja Mißtrauen von jenen Möglichkeiten Gebrauch machen, die ihm ein fremdes Seelenleben ohne Geheimnis erschließen, wie der Hypnose, und stets bedenken, wie nahe diese Preisgabe der Freiheit und Intimität der Prostitution steht. Es ist bezeichnend genug, daß die hypnotische Macht über eine fremde Seele nicht ohne deren Einwilligung ausgeübt werden kann. Denn es ist innerlich unmöglich, daß der intime Raum der Person von außen betreten werden kann, wenn er nicht von innen her aufgeschlossen worden ist. Geschieht in der Hypnose ein Übergriff in die Sphäre der unverletzlichen Rechte der fremden Person, so lag dieser als Möglichkeit in der vorgängigen Erlaubnis des Hypnotisierten beschlossen. Diese Machtübergabe fordert also zu ihrer Rechtfertigung eine volle Vertrauenswürdigkeit in der Liebe, und ihre Entgegennahme ein höchstes Maß an Verantwortung in der Liebe. Ihr eigentliches Vorbild haben diese natürlichen

Möglichkeiten im übernatürlichen Phänomen der Kardiognosie, in welchem Gott aus freiem Ermessen einem Menschen Einblick gewährt in die Intimität fremder Seelen. Niemals geschehen solche Offenbarungen anders als in der Liebe und für die Liebe. Niemals werden dadurch die Gesetze der Diskretion und der geistigen Scham verletzt. Nichts anderes wird gezeigt, als was der betreffende Mensch in seinem Amt der christlichen Liebe und für dessen fruchtbare Verwaltung notwendig wissen muß. Indem Gott selbst über den Raum der Freiheit eines seiner Geschöpfe verfügt, zeigt er, wie diese selbst darüber verfügen sollten: nach dem alleinigen Gesetz und der ausschließlichen Rücksicht der Liebe. Denn auch die Freiheit steht nicht höher als die Liebe; ihre Erfüllung besteht ja darin, sich freiwillig der Liebe zur Verfügung zu stellen und in die Liebe hinein sich aufzugeben.

Wenn die gerechte Liebe das Maß der Offenbarung der Wahrheit besitzt, dann besitzt sie notwendig auch das Maß ihrer Nicht-Offenbarung. Es kann die Liebe gezwungen sein, die Wahrheit nur teilweise, nur mit Vorbehalten bekanntzugeben. In solchen Fällen liegt die Regel der Wahrheitsverwaltung darin, daß die Liebe selbst nicht geteilt, nicht mit Vorbehalt mitgeteilt werden darf. Alles ist erlaubt, wenn es notwendig ist, um der Liebe ihre Ganzheit zu bewahren. Nicht daß es der Liebe gestattet wäre, in einer Art von Sorglosigkeit mit der Wahrheit umzuspringen, wie es ihr beliebt. Sie achtet ja, wenn sie das volle Gesetz der Wahrheit achtet, damit nur sich selbst und ihr eigenstes Lebensgesetz. Aber sie muß sich letztlich auch in diesem Gesetz frei bewegen und sich nicht zum Sklaven ihres eigenen Gesetzes der Freiheit machen. Nichts ist letztlich freier als die Liebe, die sich grundlos offenbart und verschenkt, und es wäre widersinnig, wenn dieses freieste Tun der Liebe sie selbst in die Bande formalistischer Gesetze schlagen würde. Die Liebe muß wissen, daß es zu ihrem Gesetze gehört, in der Bewegung der Hingabe freier zu sein als alles, was sonst zu verpflichten vermag.

So ist auch das Gesetz der Wahrheit in ihre Hände gelegt, damit sie es ihrem eigenen Wesen entsprechend verwalte. Sie wird in jedem Falle die Wahrheit so bemessen und dosieren, daß die Liebe selbst nicht bemessen und dosiert zu werden braucht. Wo es um der Liebe und ihrer Ganzheit willen erforderlich ist, wird sie die Wahrheit nur bruchstückhaft und verschleiert wiedergeben. Denn die Wahrheit verträgt eine Teilung, die Liebe verträgt sie nicht. Die Wahrheit, wie wir sie in der Welt kennen, besteht immer aus einzelnen Offenbarungen, Sätzen, Urteilen, die eine bestimmte Perspektive enthüllen. Aber jede dieser Perspektiven behält ihre Endlichkeit und muß von anderen ergänzt werden. Keine weltliche Wahrheit ist absolut, auch wenn sie echte, wirkliche Wahrheit ist. Sie ist aber Wahrheit nur, wenn sie den Zusammenhang mit der gesamten Wahrheit besitzt, wenn sie wirklich ein Ausdruck (ob auch ein beschränkter, bemessener) einer nicht bedingten, nicht bemessenen Offenbarung und Hingabe ist. So muß in der menschlichen Verwaltung der Wahrheit jede endliche Zumessung von Wahrheit der Ausdruck eines nicht bemessenen Willens zur Hingabe sein. Es geht nicht an, daß ein Mensch sich in dieser Lage so, in jener Lage anders gibt, die Wahrheit einmal so, einmal anders darstellt, nur weil es ihm behaglich ist, sich in die jeweilige partielle Situation hineinzupassen, das zu bieten, was gerne gehört wird, was nicht auffällt, nicht absticht, und seine Charakterlosigkeit mit entsprechender Mimikry zu bemänteln. Wenn er sich gezwungen sieht, die Wahrheit, die er auszusprechen hat, nach der gegebenen Situation auszuwählen und darzustellen, dann kann es nur so geschehen, daß er selbst, mit seiner vollen Hingabe und seiner vollen Verantwortung, hinter jeder seiner Äußerungen steht. Alles Partielle, was seiner Darstellung anhaftet, und jeder bewußte Vorbehalt (reservatio mentalis), den er dabei machen kann, muß jederzeit von seinem totalen Standpunkt aus übersehbar, vereinbar und so zu rechtfertigen sein. Aus den unterschiedlichen Darstellungen der Wahrheit, die ein Mensch in verschiedenen Lagen zu geben verpflichtet sein kann, müßte bei ihrer gegenseitigen Ergänzung das einheitliche Bild des totalen Lebensauftrages dieses Menschen ablesbar sein. Aus dieser Ganzheit heraus, die in jeder Teildarstellung als Haltung sichtbar und fühlbar bleiben muß, wird die partielle Wahrheit zu einem möglichen Ausdruck der uneingeschränkten Wahrheit. Ist sie das wirklich, dann bedarf sie zu ihrer Rechtfertigung keiner formalistischen Kasuistik mehr.

Im Verhältnis zwischen der partiellen Wahrheit, die allein jeweils dargestellt und ausgesprochen werden kann, und der totalen Wahrheitshaltung, die hinter ihr steht, liegt der Zugang zu allen wesentlichen Gesetzen der Wahrheitsverwaltung. Jeder Mißbrauch der Wahrheit liegt in einer Verselbstständigung des Bruchstückhaften zu Ungunsten der Ganzheit. In der Möglichkeit dieses Mißbrauchs liegt die Wurzel des Ärgernisses. Das Ärgernis wird überall dort genommen, wo man sich auf Grund eines partiellen Wahrheitsstandpunktes gegenüber der absoluten, umgreifenden Wahrheit verschließt. Der partielle Standpunkt kann eine einzelne, vorgefaßte Meinung sein, deren Beschränktheit man nicht durchschaut oder nicht durchschauen will, er kann aber auch ein ganzes System von Meinungen sein, eine «Weltanschauung», in die hinein man sich geflüchtet oder verschanzt hat, und die nun den Ausblick auf größere Zusammenhänge nicht mehr gestattet. Immer aber liegt das Ärgernis in einer Grenzziehung gegenüber einer weiteren Wahrheit, im Festhalten und Verabsolutieren einer endlichen Perspektive, die man nicht mehr als einen Teil und Ausdruck der übersteigenden, unendlichen Wahrheit ansehen will. Nicht darin, daß der Mensch nur einen Ausschnitt aus der unendlichen Wahrheit kennt, liegt seine Schuld, sondern darin, daß er sich bei diesem Ausschnitt beruhigt, sich gegen erweiternde und ergänzende Ausblicke abriegelt und sich so von der lebendigen Quelle der Wahrheit trennt. Er nimmt diese Ärgernis im Grunde jedesmal, wenn er sich von der Liebe trennt. Denn die Liebe ist es, die ihm den übergreifenden Standpunkt, den er erkennend nicht einzunehmen vermag, zusichert. In der Liebe öffnet er sich selbst ohne Bedingung und ist darum auch für alle Wahrheit offen, die ihn und seinen personellen Standpunkt übersteigt. In der Liebe ist er gewillt, mehr gelten zu lassen, als was er selbst zu überblicken und zu beurteilen vermag. Die Liebe ist jene Rezeptivität, die jeder fremden Wahrheit Kredit gibt, sich als solche zu offenbaren. Sie ist das weiteste Apriori, das es gibt, weil sie nichts anderes voraussetzt als sich selbst.

In der Auseinandersetzung der partiellen Standpunkte und Perspektiven, die ja der Anlaß der meisten Gespräche unter Menschen ist, angefangen von den alltäglichsten Meinungsverschiedenheiten bis zu den entscheidungsvollsten Gesprächen zwischen Weltanschauungen und Konfessionen, kann es keine höhere Regel der Wahrheitsverwaltung geben als die der Totalität. Jede partielle Perspektive wird um so mehr Anspruch auf Wahrheit erheben dürfen, je mehr Wahrheit sie in sich zu integrieren vermag. Partielle Wahrheit, die in der Haltung der Abwehr gegenüber fremder Wahrheit verharrt, ist eben dadurch schon ihrer Unterlegenheit im Wettlauf der Wahrheiten überführt. Partielle Wahrheit, die sich einen Teil der Wahrheit herausnimmt und sich damit abseits der Totalität ansiedelt, kennzeichnet das Wesen der Häresie und der Sekte. Nur Naivität und persönliche Unwissenheit über die Negativität der Grenzsetzung, die im Wesen der Sekte liegt, kann ihren Anhängern trotz allem den Zusammenhang mit der totalen Wahrheit und damit das Heil zusichern. Denn gerettet wird nur, wer die Liebe besitzt, das heißt im Ursprung der Wahrheitsbewegung selbst steht. Keine partielle Wahrheit kann als solche die gültige Selbstaussprache einer geistigen, unsterblichen Person sein. Ohne Zusammenhang mit der absoluten Wahrheit kann sie nicht zu ihrer Darstellung und Offenbarung gelangen. Dieser Zusammenhang aber wird nur möglich, wenn sie ihr partielles Wissen in der Liebe potentiell grenzenlos werden läßt.

Die Liebe ist das Gegenteil der sektiererischen Rechthaberei. Sie ist geneigt, eher die fremde Wahrheit als die eigene gelten zu lassen. Sie hat die Freiheit, alle Wahrheit zu bejahen, auch jene, die sie selbst nicht unmittelbar übersieht und zu richten vermag, wenn sie nur aus der Liebe stammt. Sie ist aber auch hellsichtig genug, den jeweiligen Abstand einer partiellen Wahrheit von der totalen Wahrheit irgendwie zu überblicken, und so imstande, die Wahrheiten hierarchisch zu ordnen. Sie weiß, welche Wahrheiten die umfassenden, welche die umfaßten sind. Sie kann sich daher den jeweils weiteren und höheren Standpunkt zu eigen machen, und diese Fähigkeit wird ihre stärkste Waffe im Gespräch der Weltanschauungen sein. Sie besiegt ihren Gegner weniger durch Schärfe als durch Fülle. Sie zeigt ihm, daß das, was er zu sagen hat, in ihrem Standpunkt bereits einbegriffen, vielleicht schon überholt ist. Sie urteilt nicht, sie weist nur auf und überläßt das Urteil der Evidenz ihrer strahlenderen Offenbarung.

Sie ist schließlich so sehr von der Totalität der Wahrheit überzeugt, im Akt der Hingabe ihrer selbst so sicher, daß sie sogar bereit ist, um dieser Totalität willen auf ihren eigenen partiellen Standpunkt zu verzichten. Sie sieht die Notwendigkeit der totalen Wahrheit so klar und mit solcher Gewißheit, daß ihr diese Notwendigkeit viel wichtiger ist als die Durchfechtung irgendeiner partiellen Evidenz, hätte sie sich diese auch in langem persönlichem Ringen erkämpft. Die Echtheit der Wahrheit zeigt sich darin, daß die partielle Wahrheit immer bereit ist, auf sich selbst zu verzichten, wenn die Gesamtheit der Wahrheit auf dem Spiel steht. Dieser Verzicht ist für die Liebe kein absurdes Opfer, da sie immer bereit ist, um der Andern willen auf das Eigene zu verzichten. Dieses Eigene kann auch einmal die persönliche Perspektive sein, an der man naturgemäß mehr hängt als an äußerem Hab und Gut. Aber keine persönliche Perspektive drückt die ganze Wahrheit aus; diese wird vielmehr in der Welt nur durch die Liebe verkörpert. So ist der Verzicht der Liebe auf die partielle

Wahrheit um der Liebe willen eine höchste Form der Offenbarung der Wahrheit.

Liebe macht hellsichtig, sie schafft den Blick in die Tiefe wie in die Höhe. Sie ordnet und kristallisiert die endliche Wahrheit um den Pol der absoluten Wahrheit. Sie wird durch ihre Bewegung der Selbsthingabe mit einer Flut von Wahrheit beschenkt, deren Hauptmerkmal eine Fülle ist, die in kein menschliches Schema eingeht. Darum erhält die Liebe, je mehr sie sich offenbart, um so mehr neue, zu offenbarende Wahrheit. Ihr innerer Reichtum nimmt in dem Maße zu, als sie ihn ausspendet. Ihr Geheimnis steigert sich, je mehr sie es kundtut. Keine Wahrheit, die aus dem Zentrum des sich offenbarenden Seins ausgeht, ist je erschöpfbar; sie enthält in sich den Hinweis auf jeweils neue, tiefere Wahrheit. So weiß, wer liebend in der Bewegung der Wahrheit steht, immer mehr als er sagen kann. Wissen macht einsam, gerade wenn es ein Wissen der Liebe ist. Diese häuft im Liebenden eine Last von Geheimnissen an, unter der er erliegen müßte, wenn sie nicht an die unendliche Wahrheit, an Gott, als den Mitwisser aller Geheimnisse, zurückgegeben werden könnte. Der nichtauflösbare Rest des Unmitteilbaren in aller Hingabe und Enthüllung, der sich steigert mit steigender Mitteilung, läßt hinter der freien Enthüllung als Kennzeichen der Wahrheit diese weitere Eigenschaft aller Wahrheit aufscheinen: daß sie in sich selbst ein bleibendes Geheimnis birgt.

III. WAHRHEIT ALS GEHEIMNIS

Jetzt erst, da wir die Wahrheit in ihrer alle Natur-Vorzeichnung übersteigenden Freiheit kennengelernt haben, ist ein Zugang geschaffen zum Verständnis ihres Geheimnischarakters. Es war bereits mehrfach die Rede vom Geheimnis des Seins. Vom Objekt her wurde das Sein als eine Stufenreihe von Verinnerlichungen sichtbar, die immer mehr dem bloßen Zugriff der Erkenntnis entgingen, um steigend der freien Offenbarung überlassen zu werden. Und von dieser letzten Unfaßbarkeit von außen war selbst die Tatsache des Daseins (gegenüber dem Wesen) nicht ausgenommen. Vielmehr wies jede tiefere Einsicht in das Wesen immer wieder auf die primäre, durch kein Wissen aufzuarbeitende Tatsache des Daseins als eines geheimnisvollen Wunders zurück, dessen nacktes Da nicht Armut, sondern eine Fülle von Sein in sich schließt. Damit ist bereits deutlich, daß so wenig das Sein jemals in voller Überblickbarkeit enthüllt sein kann, weil es zu seinem Wesen gehört, jeweils reicher zu sein als was man von ihm sieht und erfaßt, ebensowenig auch die Wahrheit des Seins ohne ein ihr einwohnendes Geheimnis sein kann. Und zwar ist, was nunmehr zu zeigen sein wird, dieses Geheimnis nicht etwa ein Jenseits der Wahrheit, sondern ihre bleibende immanente Eigenschaft. Es ist nicht so, daß jeweils ein Stück der Wahrheit für den Erkennenden so durchsichtig wäre, daß an diesem Stück nichts weiter mehr zu erkennen verbliebe, daß es ganz und gar vom Licht der Erkenntnis durchleuchtet, von ihm gleichsam vollkommen aufgearbeitet wäre, und daß nur die Endlichkeit dieses Wahrheitsfeldes anzeigte, daß jenseits seiner noch weitere, nicht erkannte Gegenstände möglicher Erkenntnis verbleiben. Ein solches Geheimnis wäre ein rein vorläufiges, durch fortschreitende Forschung progressiv überwindbares, das die Hoffnung bestehen ließe, eines Tages alle Geheimnisse der Welt in geheimnislose, aufgeklärte Tatsachen umwandeln zu können. Ganz anders verhält es sich, wenn das Geheimnis im Verhältnis zur Wahrheit nicht transzendent, sondern immanent ist. Dann wird die Erkenntnis einer Wahrheit ihren Geheimnis-Charakter so wenig aufheben, daß sie ihn vielmehr gerade ans Licht bringen wird. Es wird sich dann zeigen, daß, was ich erkannte – und zwar wirklich und nicht nur scheinbar erkannte – ein Geheimnis war. Bevor ich es erkannte, wußte ich nicht um dieses Geheimnis. Jetzt, da ich es erkannt habe, bin ich zugleich um ein (bleibendes) Geheimnis reicher geworden. Daß der Geheimnischarakter nicht nur dem Sein, sondern auch der Wahrheit als solcher anhaften könnte, läßt sich im voraus dem entnehmen, was über die Freiheit des Subjekts gesagt worden ist. Hier zeigte sich, daß die Wahrheit selber keine bloß hinzunehmende Tatsache ist, daß sie vielmehr miterzeugt wird in der liebenden Hingabe eines Subjekts, das sich freilich nichts weniger als bewußt ist, wie sehr das so Entstandene von ihm mitbedingt ist. So steht hinter dem Gesetz des Offenbar-seins das Gesetz der freien Offenbarung, das gerade in seiner Freiheit geheimnisvoll bleibt.

Um den Geheimnischarakter der Wahrheit deutlich herausheben zu können, wird es notwendig sein, manches schon Gestreifte noch einmal vertiefend zu wiederholen, um auf neuem Bogen zu den gleichen, aber gründlicher verstandenen Ergebnissen zurückzugelangen. Was bisher in einer abstrakten, ungefüllten Form aus dem Wesen von Objekt und Subjekt erkannt worden ist, muß in der weiteren Untersuchung mit dem Leben des konkreten Daseins gefüllt und durchblutet werden. Der Ansatz ist dort zu nehmen, wo Objekt und Subjekt einander primär erschlossen sind, in der Welt der Bilder, um von ihrer Mitte aus den Weg in die Hintergründe beider Erkenntnispole zu gehen.

A. DIE WELT DER BILDER

Der erste Berührungspunkt zwischen Objekt und Subjekt sind die erscheinenden Bilder. In ihnen zeigt das Objekt sich an. Sie selber stellen sich ungerufen dem Subjekt vor. Aus dem Stoff dieser Bilder baut die Welt sich auf. Die Bilder sind das schlechthin Offenbare. Sie zu leugnen, ist unmöglich. Aber sie sind so offenbar und erschlossen, daß gerade diese Öffentlichkeit den Verdacht eines Geheimnisses erweckt. So einfach wie die Bilder können die Dinge nicht sein. Dieser Verdacht bestätigt sich, sobald man die Bilder nach ihrem Sinn befragt.

1. DAS WESENLOSE

Die Bilder täuschen etwas vor, was sie nicht sind: sie täuschen eine Welt vor. Sie legen den Gedanken an Wesen und Dasein nahe, aber sie enthalten keines von beiden. Sie haben kein Wesen, weil sie reine Oberfläche ohne jede Tiefe sind. Sie sind nur Erscheinung, unfähig, irgendeine Innerlichkeit zu zeigen. Sie besitzen an sich weder Abstand noch Nähe. Sie schweben in sich selbst, ohne eindeutige Beziehung zu einem Objekt oder zu einem Subjekt. Wenn ein Objekt oder ein Subjekt in Beziehung zu den Bildern steht, durch eine die Bilder hervorbringende Ein-bildungs-Kraft, so wissen die Bilder selbst davon nichts. Sie sind, was sie sind, nichts weiter: dieses Helle, dieses Süße, dieses Laute, dieses Schnelle, dieses Bunte.. Ihre reine Oberfläche läßt nichts durchscheinen von einer dahinterliegenden Dimension. Ihre Realität ist kaum zu beschreiben: Sie sind nicht nichts, da sie ja als Bilder vorhanden sind. Sie sind aber auch keinesfalls das, was das Subjekt, das sie auffaßt, von sich her als Sein oder Dasein bezeichnet. Vielleicht setzt sie das erkennende Subjekt in einer Art Zerstreutheit zunächst als das Seiende, bis es eines Tages bemerkt, daß diese Eigenschaft in der gemeinten Weise den Bildern selbst nicht zukommt, sondern eine Stiftung und

Setzung des Subjekts war. So schweben die Bilder unfeststellbar zwischen Sein und Nichts, so wie sie unfeststellbar in einem Niemandsland zwischen Objekt und Subjekt schweben.

Weil die Bilder keine Tiefe, kein Wesen haben, darum haben sie auch kein Gesetz. Wären nur die Bilder allein, so wäre die Welt das völlig Regellose. Zwar kehren sie in gewissen Reihen und Abfolgen wieder, aber nichts garantiert im voraus die Einhaltung dieser Reihen. Solange sie in sich selbst, ohne einen Bezugspunkt außer ihnen betrachtet werden, sind sie darum auch das schlechthin Sinnlose. Vielleicht ergibt dieser Zusammenklang von Grün, Weiß und Blau eine gewisse Harmonie, löst er ein gewisses Wohlgefühl aus. Einen Sinn aber hätte er erst, wenn er nicht mehr als ein Bild, sondern als eine Landschaft betrachtet würde, als ein Bedeutungsganzes, das seinen Schwerpunkt ganz anderswo besitzt als im reinen erscheinenden Bild. Um den Bildern einen Sinn zu verleihen, muß ihnen Wesen und Dasein geliehen werden, die sie selbst nicht besitzen. Wesen verleiht man ihnen, indem man sie als die Erscheinung eines nicht-erscheinenden Sinnzusammenhangs deutet; Dasein, indem man sie als die Anzeige an sich seiender Dinge auslegt. Die Bilder verlangen, um verständlich zu sein, nach dieser doppelten Deutung. Sie können sich selber nicht deuten, ihren Sinn nicht offenbaren, so wenig Buchstaben eines Buches selber sagen können, was die Worte bedeuten, die sie zusammen bilden. Aber gerade ihre Unverständlichkeit deutet auf einen Sinn hin. Gerade ihre allzu große Offenbarkeit deutet auf ein verborgenes Geheimnis hin. Die Bilder treten in Reihen und Ketten auf, die sich auseinander entwickeln. Als Oberfläche betrachtet haben diese Ketten nicht mehr Sinn als das einzelne Bild. In der Hypothese aber, daß alle Bilder dieser Kette von einem gemeinsamen nicht erscheinenden Mittelpunkt ausgehen, wie die sich folgenden Punkte eines Kreises, erhält die Verwandlung der Bilder plötzlich eine Bedeutung: sie wird nun zur Darstellung eines identischen Dinges von verschiedenen Seiten oder in verschiedenen Phasen, z. B. einer Statue, die ich langsam umschreite, einer Landschaft, die ich durchwandere, eines Planetenlaufs, den ich erforsche. Die an sich sinnlose Regelmäßigkeit der Erscheinungen legt den Gedanken an eine sinnvolle Regelmäßigkeit des Nicht-erscheinenden nahe, – für einen Geist, der nach Sinn zu streben gewohnt ist. Weil unser Geist so angelegt ist, daß er nie umhin kann, die Sinnfrage zu stellen, darum hat er die Bilderwelt immer schon im Sinn eines Bedeutungszusammenhanges gedeutet. Er sieht in die Bilder immer schon eine perspektivische Tiefe hinein, die sie an sich nicht besitzen, er sieht aus ihnen eine Ganzheit der Gestalt heraus, die mehr ist als der bloße Umriß der nackten Erscheinung. Und die wesen- und daseinslose Bilderwelt, wie sie eben beschrieben wurde, gibt es demnach im natürlichen Bewußtsein gar nicht. Sie ist eine künstliche Abstraktion, die den bloßen Stoff aus der je schon geformten Welt heraus isoliert. Und wie das auffassende Subjekt den Bildern je schon die Tiefendimension des Wesens verliehen hat, so hat es ihnen je schon die Würde des Daseins gegeben. Denn sobald die Dinge zur Oberfläche eines Innenraumes werden, der als solcher nicht erscheint, erhält dieser Innenraum eine selbständige Wirklichkeit, die ihm Anspruch verleiht auf den Titel des Daseins. Auch dieses Dasein erscheint in den Bildern nicht selbst. Ihre Seinsweise ist nicht jene Existenz, die das Subjekt ihnen zuspricht, wenn es aussagt: der Baum *ist* grün, der Abend *ist* schön. Die Erfahrung von beiden, von Wesen und Dasein, schöpft das Subjekt nicht unmittelbar aus den Bildern, und da ihm die Dinge nicht außerhalb der Bilder offenbar sind, kann es sie nirgendwo hernehmen als aus sich selbst. Aus sich selbst, aus der eigenen Substanz ernährt es die Bilder und verleiht ihnen den Rang einer Darstellung der Welt. Es tut dies nicht ohne Grund; seine Tat ist kein vermessenes, abenteuerliches Wagnis; es folgt damit nur seinem eigenen Gesetz: allem Begegnenden Sinn zu verleihen. Seine Setzung ist so spontan, daß sie als Natur jeder freien

Überlegung vorausgeht. Sie erfolgt aus der Tiefe des erkennenden Subjekts heraus. Aber ihre Richtung geht durch das Bild hindurch in die Tiefe des zu erkennenden Objekts hinein. Sie benützt das Bild als die mittlere Achse, um sich aus der Innerlichkeit des Subjekts in die Innerlichkeit des Objekts hineinzubegeben. Daß diese beiden Einheiten nicht zusammenfallen, daß das Erkannte durchaus nicht das Erkennende ist, sondern seinen eigenen Wesens- und Daseinsraum besitzt und beansprucht, das gehört zur ersten und unaufhebbaren Voraussetzung der Sinndeutung selbst. Diese Voraussetzung wäre für das Subjekt auch dann keineswegs aufgehoben oder in Frage gestellt, wenn man ihm nachweisen könnte, daß alle Materialien, aus denen es die objektive Welt in der Erkenntnis aufbaut, tatsächlich aus seiner eigenen Vorratskammer stammen. Die subjektive Herkunft spricht nicht gegen die Rechtmäßigkeit einer objektiven Anwendung. Sie fordert sie vielmehr sofort, weil der Innenraum des Subjekts die Erfahrung der notwendigen Einheit von Sinn und Sein erbringt, und das Subjekt, dort wo es Sinn entdeckt, im Hinweis der Bilder, unmittelbar auch Sein setzen muß.

Indem das Subjekt den Bildern Wesen und Dasein verleiht, löst es das geheimnisvolle Rätsel ihrer Offenbarkeit. Die Flachheit ihrer bloßen Bildhaftigkeit wirkt auf das Subjekt in ihrer Geheimnislosigkeit so sinnlos und darum so quälend, daß es nicht anders kann als ihnen sofort einen Sinn und damit eine Tiefe und ein Geheimnis zu verleihen. Erst wenn sich die nackte Offenbarkeit der Bilder in die nicht offenbare Tiefe eines daseienden Wesens verhüllt, wird es für die Erkenntnis verständlich. Aber in diesem ersten Stadium der Erkenntnis, die das sinnlose Rätsel der Bilderwelt vertauscht mit dem sinnvollen Geheimnis der an sich seienden Welt, gerät das Subjekt in mannigfache Gefahren hinein. Es sieht vorerst nur die abstrakte Beziehung zwischen der offenbaren, aber wesenlosen Bilderwelt und der nicht offenbaren wesentlichen Welt hinter den Bildern. Es sieht weder die Notwendigkeit noch das

Gesetz ihrer Beziehung. So wird es unsicher über die Rechtmäßigkeit der Setzung, die es als erkennendes Subjekt vollzogen hat. Es wird zum skeptischen Subjekt.

Das Erlebnis der Irrealität der Bilder, ihrer Wesen- und Daseinslosigkeit, ihrer vollkommenen Vergänglichkeit und Hinfälligkeit kann im Subjekt so stark sein, daß dieses zunächst keine tragende Brücke zwischen den Bildern und der an sich seienden Welt zu schlagen vermag. Es wird dann vorerst den Weg einschlagen, allen Sinn aus der Bilderwelt überhaupt hinauszuverlegen und ihn auf die nichterscheinende Wirklichkeit hinter den Bildern zu konzentrieren. Die Welt der Bilder wird es als belanglose, weil unverständliche beiseite legen und ihr jeden Gehalt an Wahrheit absprechen. Wahrheit kann allein im Sinn- und Wesenvollen zu Hause sein; das Wesensreich aber beginnt erst jenseits der Erscheinung. Es ist das Reich der geistigen Gehalte, der Ideen und Begriffe, in welchen die Innerlichkeit und die Reflexion des Subjekts sich unmittelbar mit der Innerlichkeit des Objekts verständigt. In diesem Verkehr allein ist Wahrheit, ist wirkliches «Verstehen», während das Reich der Bilder nur «Meinung» ohne letzten Wahrheitsgehalt erzeugt. Man muß die Tore der Sinne verschließen, um innen in sich die Stimme der Vernunft zu hören, das Licht des Geistes zu sehen, die allein aus dem Reich der Täuschung befreien und die Welt der Wahrheit erschließen. Es ist der Weg des Rationalismus und der idealistischen Mystik. Beide sehen in den Bildern entweder ein Reich ohne Wahrheit oder ein so blasses Abbild der Wahrheit, daß es für die Erkenntnis belanglos, wenn nicht hinderlich ist. Beide versuchen, über die Bilder hinweg zum «Wesen» durchzudringen. Beide erklären die Bilder dadurch, daß sie sie auflösen ins Geistig-Begriffliche oder ins Geistig-Unmittelbare hinein, als wären die Erscheinungen nur ein Nebelgewölk, das in die steigende Sonne hinein zerstiebt. Die Wesenhaftigkeit der an sich seienden Welt triumphiert über die Wesenlosigkeit der bloßen Erscheinung. Und so ist schließlich nicht mehr einzusehen, warum es Erscheinung überhaupt gibt.

Aber nur in einem ersten Überschwang war es möglich, ein Offenbarsein der an sich seienden Welt ohne die Offenbarung der Bilder, gleichsam an ihr vorbei, anzunehmen. Diese Annahme hält vor der nachfolgenden Einsicht nicht stand, daß schließlich alles Geistige uns nicht anders offenbar wird als nur durch die Sinne hindurch. So wird das Subjekt abermals an die schon als wesenlos abgelehnten Bilder zurückgewiesen. Es muß versuchen, das Wesen nun doch in diesem Wesenlosen zu finden. Es beschreitet den Weg des Empirismus und der unmittelbaren Erlebnismystik. Es verzichtet auf eine Wahrheit hinter den Erscheinungen, um sie unmittelbar in der Fülle und im Fluß der Erscheinungen zu suchen. Der Strom der Bilder in seiner Unwiederholbarkeit und Einmaligkeit wird ihm nun zur Wahrheit des Seins: die reine Veränderlichkeit ist ihr bleibendes Wesen, die reine Irrealität ist ihre Daseinsform. Erscheinung und Wahrheit sind eins; wer sich von der reinen Erfahrung der Bilder entfernt, entfernt sich auch von der Wahrheit. Das Subjekt ist solange in der Wahrheit, als es im Aufnehmen der Bilder verharrt und sich dieser Aufnahme vollkommen hingibt. Wenn vorher die Wesenlosigkeit der Bilder dazu führte, die Wahrheit ganz außerhalb ihrer zu verankern, so führt sie jetzt dazu, der Wahrheit selbst die Merkmale der Wesenlosigkeit zu geben.

Beide Versuche müssen notwendig mißlingen, denn beide verkennen im letzten das Wesen der Wahrheit als der erscheinenden Offenbarung des nichterscheinenden Seienden selbst. Beide Systeme vermögen die Beziehung zwischen Erscheinung und Erscheinendem nicht herzustellen; beide sind Spielformen eines gleichen grundlegenden Mangels. Beide wissen zwar um das Vorhandensein eines Geheimnisses, aber da das eine die Wahrheit im begrifflosen Bild, das andere sie im bildlosen Begriff sucht, gelangen beide nur zu einem *leeren* Geheimnis. Leer ist sowohl der reine Begriff des Rationalismus, wie der Weltgrund der idealistischen Mÿstik, wie das unkennbare Ding an sich des Empirismus, wie die reine Bewegung und Vergänglichkeit der Erlebnis-Mystik. Aus dieser Leere wird das Subjekt zuletzt in sich selber zurückgeworfen. Da die Welt nur das Gestaltlose bietet, sucht das Bewußtsein Rettung in sich selbst und Gestaltung aus sich selbst. Es erkennt sich jetzt als die in der Erkenntnis sinn-stiftende und daseinsetzende Macht, es versteht seine eigene Subjektivität als Urquell alles Objektiven, wenigstens soweit es die Welt der Bilder überragt. Denn diese selbst bleiben das Wesenlose, bei dessen Herkunft und Zugehörigkeit man sich nicht aufzuhalten braucht. Wichtig ist nur, daß alle ordnenden Kräfte, die apriorischen Formen der Anschauung wie die kategorialen Formen des urteilenden Denkens, aus dem inneren Vorrat des Subjekts stammen. Mit dieser Einsicht scheint die ganze Erkenntnis erklärt, das Wesen der Wahrheit dargelegt. Und doch ist auf diesem Weg alles endgültig hoffnungslos geworden. Denn in dieser «kopernikanischen Wendung» vom Objekt zum Subjekt, in welcher die Bilder gar nicht mehr Offenbarung und Erscheinung der Dinge, sondern letztlich nur noch eine Projektion der setzenden Kräfte der Erkenntnis sind, versinkt die ganze objektive Innerlichkeit in die alleinige Innerlichkeit des Subjekts hinein, und die Bilder sind künftighin nichts anderes mehr, als die nun endgültig unbegreiflich gewordenen Äußerungen dieses inneren Raumes. Niemals nämlich wird es gelingen, zwischen den Bildern und dem Subjekt die Beziehung von Erscheinung und Erscheinendem glaubhaft zu machen. Diese Beziehung wird nun zwar endgültig geheimnisvoll (denn sie muß vollkommen ins Unbewußte verlegt werden), aber dieses Geheimnis ist ein leeres, fremdes, künstliches, das nichts erklärt, vielmehr alles verdunkelt. Darum endet dieser Weg im Zweifel an der Wahrheit überhaupt, im Skeptizismus, und damit auch in einem Zweifel am Sein, wie denn alle diese Deutungen und Formen und Schematismen des Denkens etwas völlig Gespensterhaftes an sich tragen und damit der reine Ausdruck der nicht überwundenen Wesenlosigkeit der Bilderwelt sind.

2. DAS BEDEUTENDE

Die Wahrheit liegt nicht in den Erscheinungen als solchen, denn sie sind nur dann sinnvoll deutbar, wenn der Bezugspunkt hinter ihnen gewählt wird. Die Wahrheit liegt aber auch nicht hinter den Erscheinungen, denn der reine Hintergrund erscheint nicht; er ist das Unenthüllte. Sie kann nur in einer schwebenden Mitte zwischen der Erscheinung und dem Erscheinenden selbst gefunden werden. Nur in der Beziehung zwischen beiden wird das leere Geheimnis, das keiner Deutung ruft, zu einem erfüllten und sich immer neu erfüllenden Geheimnis, das sich deuten läßt.

Deutung des Objekts durch das Subjekt setzt Bedeutung des Objekts für das Subjekt voraus. Bedeutung erhält das Objekt, sobald es sich selbst erscheinend auszudeuten beginnt. Das, was deutet, ist das nichterscheinende Wesen des Objekts; das, womit es deutet, ist seine Erscheinung, die Welt der Bilder. Bedeutend aber ist das Ganze: das sich selbst auslegende Sein. Es könnte zunächst wohl scheinen, daß die Bilder als solche, sofern sie etwas bedeuten, selber bedeutend sind. Das aber wird sich als der Irrtum alles ästhetischen Denkens herausstellen. Um wirklich bedeutend zu sein, darf das, was sich im Bilde ausdrückt, nicht mit dem Bilde selbst identisch sein. Wir werden es freilich nicht mehr hinter dem Bilde suchen, als ein für sich Seiendes, das man auch abgelöst vom Bilde fassen und betrachten könnte. Wir hätten ihm damit abermals seine ganze Offenbarkeit entzogen, wir hätten, wie der Affe der Fabel, hinter den Spiegel gegriffen, um das zu fassen, das sich nur im Spiegel darbietet. Aber wir werden ebensowenig das erscheinende Bild als Bedeutung ablösen dürfen von dem, was bedeutet, oder, was das gleiche ist, von dem, was es bedeutet,

Bedeutung ist ein auf nichts anderes zurückführbares Phänomen. Es fordert zu seiner Verwirklichung eine erscheinende Oberfläche, an der sich eine nicht erscheinende Tiefe ausdrückt und anzeigt. Die Oberfläche wird, ohne zu zerreißen, mit dem ganzen Sinngehalt der Tiefe gleichsam geladen, der Gehalt der verborgenen Mitte drängt gewissermaßen nach außen, wie das Wort «Ausdruck» sehr gut zu erkennen gibt. Dabei handelt es sich keineswegs (wie schon früher bemerkt) um eine mechanische Abbildung des Innen im Außen. Es wäre vergebens, wollte man hinter dem Bild, das den Bedeutungsgehalt in sich faßt, nach einem Urbild fahnden, dessen Schau die Bedeutung des Abbilds überholen und entkräften würde. Sowie wir im Gespräch die Worte eines Menschen als den gültigen Ausdruck seines Geistes annehmen und den Sinn seiner Worte nicht hinter, sondern in ihnen suchen, so bietet uns die Bilderwelt überhaupt den Sinn und die Bedeutung des Seins. Nur ist der Vergleich mit dem Wort hier insofern noch nicht völlig am Platz, als das ertönende Wort tatsächlich die Entsprechung eines innern, geistigen Wortes ist, zu dem es in einer vom Sprechenden selbst übersehbaren Beziehung steht. In der ursprünglichen Bedeutung der Bilderwelt lassen sich beide Worte zunächst gerade nicht unterscheiden. Das Bild ist vielmehr die einzige Äußerung des Seienden, das sich damit unmittelbar und gleichzeitig für sich und für andere kundtut.

Das Bild ist also ein ursprünglicher Ausdruck. Es ist eine Schöpfung, kein Abklatsch. Und doch liegt nicht das Seiende selbst im Bilde vor. Sofern es Oberfläche ist, kann es zwar die Tiefe offenbaren, es kann von ihr einen Begriff vermitteln, es kann aber nicht selber die Tiefe sein. Es kann, wie ein Stück Malerei, durch die Kunst der Perspektive die dritte Dimension in sich zur Darstellung bringen, die ihm selber abgeht. Es drückt also durchaus etwas aus, was es selbst nicht ist, weil es selbst nur der Ausdruck von etwas ist. Das, was es nicht ist, hat es doch in der Form des Ausdrucks in sich, ja das, was das Bild nicht ist, ist gerade das, was ihm sein Wesen als Bild ermöglicht: die Macht des Seins, von sich selbst ein Bild zu geben. Daß es diese plastische Kraft hat, macht es bedeutend, gibt ihm Gehalt und Gewicht über alles Bildhafte hinaus. So ist denn das Bedeutende ganz im Bild zu erfassen und dennoch nicht auf die Realität des Bildes beschränkt. In dieser unauflösbaren Doppelheit beginnt sich das Geheimnis der Wahrheit als ein erfülltes Geheimnis zu offenbaren.

Die ganze uns umgebende Bilderwelt ist ein einziges Feld von Bedeutungen. Jede Blume, die wir sehen, ist ein Ausdruck, jede Landschaft hat ihre Bedeutung, jedes tierische und menschliche Antlitz spricht eine wortlose Sprache. Es wäre völlig vergeblich, diese Sprache in Begriffe umsetzen zu wollen. Wir könnten das Ausgedrückte zwar zu umschreiben, auch zu beschreiben versuchen; es adäquat wiederzugeben wird niemals gelingen. Die Ausdruckssprache wendet sich nicht primär an das begriffliche Denken, sondern an das verstehende, das gestaltenlesende Denken. Jenes tritt erst in seine Rechte, wenn diese seine Funktion erfüllt hat. Was bedeutet eine Symphonie von Mozart? Um das zu beantworten, muß man damit beginnen, sie zu hören und wieder zu hören, ihre Bedeutungsfülle verstehend in sich aufzunehmen; erst dann wird es möglich sein, darüber zu reden, und zwar nur mit solchen, die durch das Tonbild die gleiche Fülle auf sich eindringen ließen. Vielleicht wird man ein Bedürfnis verspüren, ihren Sinngehalt in Worten zu umschreiben, aber man weiß dabei, daß dieser Versuch mehr ein Spiel als ein Ernst ist, und daß eine endgültige Umsetzung in Begriffe wesenhaft unmöglich bleibt. Ja, diese Begriffe werden für den, der den Ausdruck unmittelbar verstanden hat, nur wie hilflose Zeichen erscheinen, wie Plattheiten, verglichen mit der unvergleichlichen Einmaligkeit des Kunstwerks. Begriffe passen ja immer auch auf andere Dinge, hier aber hat sich ein Ding in seiner unverwechselbaren, singulären Bedeutung offenbart. Tausend Eigenschaftsworte werden dem, der die Ouvertüre zum Don Juan nicht gehört hat, nie den leisesten Begriff davon vermitteln. Sie ist bis in den letzten Sechzehntel hinein mit Geist geladen, sie sprüht von Sinn und Bedeutung und sie verbirgt ihn nicht hinter den Tönen, sie drückt alles aus, was ausgedrückt werden konnte. Und dennoch: wer wollte aussprechen, was sie nun wirklich bedeutet? Vielleicht wäre es leichter zu sagen, wenn sie nicht so vollkommen wäre. Man würde dann aus dem Versagen des Ausdrucks, aus gewissen Bruchstellen vielleicht erraten, was der Künstler sich vorgenommen hatte zu künden. Man würde Sinn und Ausdruck auseinandernehmen können wie bei schlechter Programmusik. Aber seltsam: je vollkommener beide sich decken, je klarer und eindeutiger das Innen im Außen erscheint, je vollendeter also das Kunstwerk ist, umso unausdeutbarer wird sein Gehalt. Er wird gleichsam, im Augenblick, da die beiden endlichen Größen von Sinn und Bild zur Deckung gelangen, unendlich. Er wird zu einem Sinnbild, das endgültig die Summe seiner Teile übersteigt. Nichts vom Sinn des Werkes ist hinter dem Ausdruck zurückgeblieben, alles, was ausgedrückt werden sollte, hat seine Form gefunden. Das Ergebnis ist, daß gerade die Vollkommenheit des Ausdrucks ein vollkommenes Geheimnis ist. Und zwar ein wesenhaftes, durch keine annähernde und fortschreitende Deutung allmählich aufzuhellendes. Bei jeder neuen Begegnung mit ihm ist es ganz und heil und widersteht jeder Analyse. Hier wird zum erstenmal ahnbar, daß das Geheimnis eine bleibende Eigenschaft der Wahrheit selbst ist. In der leeren Dialektik zwischen Sein und Erscheinung war das Geheimnis nur in der Form der Unverständlichkeit, der Undurchsichtigkeit vorhanden. Jetzt erscheint es als Qualität der durchsichtigsten Offenbarung.

Nicht umsonst hängt diese Seite der Wahrheit besonders eng mit dem Begriff der Schönheit zusammen. Denn der Name dieser ausstrahlenden, durch ihren Glanz, ihre Unteilbarkeit, ihre vollkommene Ausdruckskraft überwältigenden

Eigenschaft der Wahrheit ist eben kein anderer als Schönheit. Sie ist das an der Wahrheit, was in keine Definition eingeht, was nur im unmittelbaren Umgang mit ihr erfaßt werden kann und was jede Begegnung mit ihr zu einem neuen Ereignis werden läßt. Sie ist die unerklärliche aktive Strahlung des Seins-Mittelpunktes in die Ausdrucksfläche des Bildes hinein, eine Strahlung, die im Bilde selber sich abbildet und ihm eine Einheit, eine Fülle und Tiefe verleiht, die mehr ist als das, was das Bild als solches enthält. Sie ist schließlich das, was der Wahrheit den bleibenden Charakter einer Gnade gibt. Etwas von dieser Gnade haftet jeder Wahrheit an, die eine ursprüngliche Seins-Erscheinung ist. Sie mangelt der bloß logischen, vom Sein ausdrücklich abgezogenen Wahrheit, deren Wahrheitsgehalt ein durchaus endlicher, überblickbarer ist, die nur der Ausdruck einer von Menschen hergestellten Beziehung, nicht aber eines ursprünglichen Ausdrucks real existierender Dinge ist. Wo immer dagegen ein Wirkliches begegnet, steht der erkennende Geist vor einem durch keine Reflexion aufzuarbeitenden Geschenk.

Dieser Überschuß über alles, was durch Auflösung in Begriffe, durch Begrenzung und Übersicht erfaßt werden kann, dieses ewige «Mehr», das allem Seienden eignet, ist die grundlegende Voraussetzung dafür, daß die Offenbarung der Dinge und ihre Erkenntnis nicht sofort den Charakter unbezwinglicher Langweile erhält. Alles, was der erkennende Geist restlos durchschaut hat, was vor ihm offen und ohne Geheimnis enthüllt liegt, hat eben dadurch jeden Reiz für ihn verloren. Er fühlt sich darüber erhaben, er blickt auf das Durchschaute herab wie auf etwas unter ihm Liegendes. Er hat keine Veranlassung, sich diesem Ausdruck von Sinn und Bedeutung noch länger zuzuwenden. Er hat die Botschaft zur Kenntnis genommen und wird, wenn man sie ihm trotzdem dauernd wiederholt, ungeduldig. Es ist ihm wie einem Schüler, mit dem der Lehrer täglich dasselbe durchnehmen wollte, das er schon längst verstanden hat: er mag gar nicht mehr zuhören. Daß nun die gleichen Dinge, die uns tagtäglich umgeben, die jeden Morgen mit ihrem Dasein und Sosein wieder vor uns stehen, uns dennoch nicht unerträglich werden, rührt her von dem geheimnisvollen Charakter der Wahrheit, die jeweils reicher ist, als was erfaßt werden konnte. Das nie übersichtliche Wesen des Seins bleibt im Hintergrund aller seiner Offenbarungen, und schon daß es sich überhaupt offenbart, daß es diese Bewegung auf uns zu macht, einen Schleier seines Wesens lüftet, ist ein täglich neues, nie auszuschöpfendes Wunder. Das Dasein der Dinge selbst ist einbezogen in dieses Geheimnis. Die tiefste Reflexion wird mit der einfachen Tatsache nicht fertig, daß das kleinste, unscheinbarste Ding sich vor unseren Augen darstellt, uns die Gunst erweist, dazusein und auch für uns, anscheinend gerade für uns, sein Dasein zu manifestieren. Mit diesem unbegreiflichen Rest wird keine Erkenntnis fertig. Es gelingt ihr nicht, den Gegenstand gleichsam unterzukriegen, sich über ihn aufzuschwingen und auf ihn als eine Beute herabzusehen. Immer bleibt im erkannten Ding jenes Unerklärliche, das uns zwingt, zu ihm aufzuschauen, ehrfürchtig, verehrend, sicher, daß es weiterer Offenbarungen fähig ist, daß sein innerer Reichtum ins Unendliche neue Wahrheit auszustrahlen vermag. Der Drang zur Erkenntnis als Übersicht und Beherrschung verliert dadurch nichts von seiner ursprünglichen Würde und Berechtigung. Er erhält nur ein Gegengewicht, das mit ihm zusammen erst das ganze Ethos der Erkenntnis ausmacht. Es ist gewiß ein Siegesgefühl für einen Alpinisten, wenn er einen schwierigen Gipfel «bezwungen» hat. Aber steht er dadurch wirklich über dem Berg? Hat er ihn gleichsam in der Tasche? Oder wenn es einem Erzieher gelang, einen Zögling nach seinen Grundsätzen zu bilden: kennt er nun wirklich das Wesen dieser Seele, kann er sich über sie erheben, als hätte sie kein Geheimnis mehr für ihn? Oder muss er nicht vielmehr staunend davor stehen, dass das unverhoffte Wunder dieser Erziehung gelang? Dieses geheimnisvolle «Mehr» ist es auch, was allein den Umgang mit Kunstwerken ermöglicht. Die Unerschöpflichkeit ihrer Wahrheit ist es, die sie jeden Tag in unverbrauchter Frische neu erstrahlen läßt. Man kennt sie vielleicht auswendig, aber man kann sich an ihnen doch nicht satt sehen und satt hören. Diese Eigenschaft liegt nicht im Subjekt, in der Unersättlichkeit seines Durstes nach Wahrheit und Schönheit begründet, der immer wieder, aus Mangel an Begehrbarem, mit den gleichen endlichen Dingen und Wahrheiten vorlieb nähme. Sie liegt primär durchaus im Objekt, ohne dessen ihm wirklich anhaftende Geheimnismacht das Subjekt sich nie in der Weise von ihm bezaubern ließe.

So ist es nicht verwunderlich, daß der Erkennende geneigt ist, in der Bilderwelt und ihrer Bedeutung gleichsam zu ruhen. Er braucht sich nur den Erscheinungen hinzugeben, sie verstehend zu lesen, um von einer Fülle von Bedeutung überschwemmt zu werden. Was ihm in dieser Offenbarung zuteil wird, ist mehr, als er je fassen kann, und so sieht er keine Veranlassung, über die Sphäre der Bilder sich weiter zu erheben. Es ist ihm genug, am farbigen Abglanz das Leben zu haben. Was sich offenbart, ist so reich, daß es sein ganzes Bedürfnis nach Wahrheit stillt; was verborgen bleibt, so geheimnisvoll, daß er sich in dessen verhülltem Schoße geborgen weiß. Alles, was ist, ist voller Hinweis, Fingerzeig und Mahnung, und jede Verdeutlichung dieser unendlichen Bedeutungen in Begriff und Vereindeutigung erschiene ihm wie eine Verarmung, vielleicht sogar wie eine Profanation. Er versteht, *daß* alle Dinge «bedeuten»; sie tun es so sehr, daß man gar nicht fragen soll, *was* sie bedeuten. Genug, wenn sie uns mit ihrem tiefen, undurchdringlichen Auge ansehen. Was ihr Lied ohne Worte uns sagt, das auszulegen wäre Vermessenheit, wenn es nicht überhaupt Vergeblichkeit wäre.

Das ist das ästhetische Leben und Weltbild. Die Kategorie der Bedeutung ist darin richtig erfaßt. Aber von neuem wird das erscheinende Bild, subtiler als früher, vom Kern des Seins abgelöst und verselbständigt. Weil die Bilderwelt wirklich in ihrer Oberfläche die ganze Tiefe, die sich ausdrückt, anzeigt, darum glaubt der Ästhet der Tiefe selbst entraten zu können. Er sieht nicht, daß Bedeutung in dem Augenblick aufhört, bedeutend zu sein, in dem nichts mehr da ist, was sie bedeutet. Abermals wird die Welt der Bilder in sich selbst isoliert, und dadurch erhält sie von neuem den Grundzug der Irrealität. Sobald man die lebendige Welt der Bedeutung von ihrer tragenden Seins-Wurzel abschneidet, verdorrt sie und stirbt ab. Darum ist das ästhetische Leben auch ebenso einsam wie das sinnliche Bild, das nicht in den Geist erhoben wird. Irrealität und Einsamkeit der reinen Ästhetik lassen schließlich im isolierten Erlebnis des Schönen sogar dessen beglückenden Charakter verblassen. Schönheit, die man in abstrakter Reinheit zu züchten versucht, erzeugt Überdruß und bitteren Weltschmerz. Und das nicht nur, weil sie äußerlich, der Zeit nach flüchtig ist, sondern auf Grund wesentlicher, innerer Eigenschaften. Wieder wurde die Bilderwelt falsch ausgelegt. Sie bleibt in sich selbst das Unwirkliche, das als solches die Offenbarung, das Ausdrucksfeld der Wirklichkeit ist. Sie darf mit der Wirklichkeit selbst nicht verwechselt werden. Die Bilder sind gewiß nicht unverständliche Chiffren, sondern unmittelbar deutbare Zeichen der Realität. Aber diese Zeichen müssen nicht anders behandelt werden als die Buchstaben in einem Buch: man sieht sie, man liest sie, und doch steht nicht das Schriftbild im Bewußtsein, sondern der in ihm sich ausdrükkende Sinn. So müssen die Zeichen des sich offenbarenden Seins zugleich gelesen und übersehen werden. Sie müssen in einer bestimmten Bewegung und Richtung verstanden werden, die umgekehrt verläuft zur Ausdrucksrichtung des sich offenbarenden Seins. Bewegt sich dieses von innen nach außen, indem es sich «äußert», so bewegt sich das Verstehen von außen nach innen, indem es sich «erinnert». Die Bilder zeigen, obwohl sie selbst nicht ohne Wahrheitsgehalt sind, dennoch über sich selbst hinaus auf das Geheimnis, das sie bergen. Sie laden zu einer suchenden Bewegung des Geistes ein, sie erlauben auf die Dauer kein bloßes Ruhen in ihrem Bedeutungsgehalt, sondern bergen in sich eine Unruhe und eine Forderung. Das Geheimnis, das sich in ihnen ausspricht, darf nicht einfach als solches hingenommen und stehengelassen werden, auch nicht in der Weise eines ästhetischen Schauders vor dem unnahbaren Geheimnis der Dinge. An diesem bewegten, zum Geist hin drängenden, das Gewissen aufrufenden Charakter der Wahrheit zerschellt die Berechtigung des rein symbolischen Weltbilds welcher Prägung auch immer: Mag es für das Reich der Seele und ihrer archetypischen Bilder werben in Ablehnung des in seiner Schärfe und Kälte für die reine Seele tödlichen «Widersachers» Geist, oder mag die Metaphysik des Geistes selbst in ein reines Anerkennen der bedeutungsgeladenen «Chiffren des Seins» münden, deren letzte Deutbarkeit für den menschlichen Geist unzugänglich ist oder nur im «Scheitern» erreicht wird.

Dieser falschen Resignation gegenüber reden die Bilder eine klare Sprache: sie weisen selbst auf die Sphäre des Geistes hin. Sie tun es durch die äußere Beweglichkeit und Vergänglichkeit, in der sie, nach dem Gedanken Augustinus', den einzelnen Worten eines Satzes oder den Tönen eines Musikstücks gleichen, die nacheinander verklingen und ins Nichts gehen müssen, um den geistigen Zusammenklang überhaupt hervortreten zu lassen. So zeigt sich die Realität der Wahrheit und des Seins nicht nur in dem an, was die Bilder davon widerzuspiegeln vermögen, sondern nicht minder auch in ihrer Irrealität und Vergänglichkeit. Der von Hegel bemerkte Tiefsinn im Worte Zu-Grunde-Gehen kann hier nicht unerwähnt bleiben: indem die Erscheinungen infolge ihrer Wesenlosigkeit verderben und zugrunde gehen, gehen sie in den Grund zurück, aus dem sie stammen und weisen durch diese Bewegung hin auf die Tiefe, der sie entstiegen. Die Enthüllung des Wesens in der Erscheinung erhält dadurch eine gleichsam rückläufige Bewegung. Es ist nicht mehr das Wesen, das sich in der Erscheinung aktiv offenbart, es ist jetzt auch die Erscheinung, die durch ihr Zugrundegehen passiv das Wesen als Grund sichtbar werden läßt. Spielt sich in der ersten Bewegung das Wesen positiv in die Erscheinung hinaus und hinein (als «Illusion» im aufbauenden Sinn des Wortes), so spielt sich in der zweiten Bewegung die Erscheinung negativ in den Grund des Wesens zurück (als «Desillusion» im gleichfalls aufbauenden Sinn des Wortes). Erst in dieser zweiten Bewegung, in der die Bilderwelt sich als solche kundgibt und damit von der Wesenswelt absetzt, wird endgültig klar, daß das Wesen jeweils mehr ist als die Erscheinung. Ohne die Desillusion, in der die Bilder in sich welken und fallen, um der wesentlichen Frucht des Seins Platz zu machen, würde der erkennende Geist niemals zwischen Erscheinung und Wesen zu unterscheiden vermögen. Diese zweite, negative Bewegung ist nicht, wie früher, ein Wegrücken der Bilder, um den Blick ins Wesen unmittelbar frei werden zu lassen. Wäre dieser Blick möglich, so wäre die ganze Offenbarung des Seins in den Bildern überflüssig gewesen, für das Subjekt sowohl wie für das Objekt. Vielmehr hat nur die Funktion des Bildes sich geändert. Wenn in der ersten Bewegung das Sein seine anmutige Kraft der Entfaltung zeigte, etwas von seinem innern Reichtum in den hervorgebrachten Gestalten spielen ließ, so zeigt es in der zweiten Bewegung seine würdige Macht, seine Selbstständigkeit, seine stille Erhabenheit, die im Verwelken der Bilder nur noch bleibender aufleuchtet. In der ersten drängt es gleichsam von innen heraus, um sein Geheimnis zu *offenbaren*. In der zweiten ist die Erkenntnis gereift, daß jede Offenbarung eine solche des *Geheimnisses* bleibt. Nie hat dieses sich überzeugender geoffenbart als gerade in dem Augenblick, da die Bilder, unfähig, *mehr* zu offenbaren als was sie gezeigt, in den Grund des Seins zurückkehren. Nie ist die Bilderwand dünner und durchsichtiger als im Augenblick, da die Bilder verblassen, um durch sich hindurch das Wesen sich fast unmittelbar aussprechen und ausschweigen zu lassen.

In dieser Rückläufigkeit des Bildes in den Grund, der Erscheinung in das Wesen vollzieht sich der Übergang von der unvermittelten Sinnlichkeit in den reflektierenden Geist. Es liegt viel daran, daß dieser Übergang nicht mißdeutet wird. Es läge nahe, in diesem Vorgang eine Überwindung des Bildes durch das reine Wesen oder, noetisch gesprochen, der Sinnlichkeit durch den reinen Begriff zu sehen. Allein eine solche Auffassung würde uns abermals in die Dialektik des Wesenlosen zurücktreiben und alle Wahrheit verunmöglichen. Vielmehr vollendet sich gerade in dieser rückläufigen Phase das ganze Verhältnis von Wesen und Erscheinung. So wenig in der ersten Bewegung des Seins, das aus sich selbst in die Erscheinung hervortrat, die Erscheinung als solche jemals überflüssig war, weil sie wirklich zur Offenbarung des Wesens erforderlich war, sein Licht wurde, seine Wahrheit, sein Hervortreten aus der Nacht der Verborgenheit ermöglichte, so wenig ist jetzt in der Rückwendung des Bildes zum Wesen das Bild überflüssig geworden. Nur hat sein Dienst am zu offenbarenden Wesen jetzt eine andere Form angenommen. Die Erscheinung hat nicht mehr dadurch zu offenbaren, daß sie selbst erscheint und gleichsam in Stellvertretung des Wesens die Blicke auf sich lenkt und für sich einnimmt, sie hat vielmehr jetzt dadurch zu offenbaren, daß sie zurücktritt, sich selber überflüssig macht, sich auswischt, um die Aufmerksamkeit nicht mehr auf sich, sondern nur noch auf das Wesen selbst zu lenken.

In dieser neuen Funktion des Bildes liegt also ein wesentlicher Verzicht eingeschlossen, und nur dieser Verzicht ermöglicht die höchste Offenbarung des Wesens. Es ist der Verzicht des Bildes auf sich selbst als einer für-sich-seienden, für sich wichtigen Realität. Es ist das Eingeständnis der eigenen Irrealität. Es ist die Einsicht in das bloß dienende Verhältnis des Bildes gegenüber der Wirklichkeit. Sobald diese Einsicht des Bildes erreicht ist, kann das Wesen als das erscheinen, was es ist: als die von der Unwesentlichkeit des Bildes sich abhebende Wesentlichkeit.

Doch wurde bisher der Prozeß einseitig als Bewegung der Bilder beschrieben, die aus dem Grund des Wesens auftauchen und zu ihm zurückweisen. Aber es wäre unrichtig, wollte man diese Bewegung im Sein nur als die eines äußeren Elementes deuten, der gegenüber der innere Kern, das, *was* ausgedrückt wird, in einer starren Unbeweglichkeit im Hintergrund verharren würde. Ein derartiger Dualismus im Sein zwischen beweglicher Außenseite und unbewegtem Kern, flüchtiger Erscheinung und feststehendem Wesen käme nochmals einem Rückfall in die überwundene Ontologie der Wesenlosigkeit gleich. Diese Lösung des Seinsproblems wäre zu einfach, als daß sie der Wahrheit entsprechen könnte. Vielmehr gilt: wenn das Seiende sich in der Welt der Bilder offenbart, so sind diese zwar nicht das Seiende selbst, sie sind aber auch auch nichts Zweites, Fremdes neben dem Seienden, sondern eben nichts anderes als dessen Selbstoffenbarung und Kundgabe. Das Seiende, das sich in ihnen auslegt, besitzt keine andere Sprache als die der Bilder. Es ist auf sie so sehr angewiesen, daß es ohne sie gar nicht sein könnte, was es ist, nämlich Sein. Hätte es seine Auslegung nicht, so wäre es ein in sich Verschlossenes, Unenthüllbares und somit ein Sein ohne Wahrheit, ein sinnloses, ja schließlich nichtseiendes Sein. Gewiß braucht nicht jedes einzelne Seiende, um seinen Sinn zu haben und zu erfüllen, von einem menschlichen Wesen erkannt zu werden; genug, wenn es innerhalb der Gesamtheit der weltlichen Dinge seinen Platz unter den ausgelegten und der möglichen Erkenntnis angebotenen Wesen einnimmt. Es bildet dann einen Teil der an sich erkennbaren Welt, deren Fülle auch extensiv immer reicher bleibt als was die ihr zugeordneten Subjekte zu erfassen vermögen. An ihm selbst, ontologisch gesehen, ist es ausgedrückt und besitzt damit, soweit es an ihm liegt, seine ontologische Wahrheit, gleichgültig, ob diese sich nun in einem subjektiven Ausdrucksraum zu seiner letzten teleologischen Fülle entfaltet oder nicht. So wie manche Tiere einer Gattung gewisse Funktionen, die in ihrer Natur liegen, nicht ausüben und deswegen doch nicht weniger vollgültige Exemplare ihrer Gattung sind, so braucht auch nicht jedes einzelne Ding in der Welt seine volle Darstelllung in einem Erkenntnissubjekt zu finden, um der Wahrheit teilhaft zu sein. Es genügt, daß in ihm das Wesen eingegangen ist in die Bewegung des Ausdrucks. Um eine solche handelt es sich aber durchaus. Wenn sich die Bilder aus dem Grunde hervor bewegen, dann bewegt sich in ihnen der Grund selbst. Er bewegt sich zwar nicht in sich selbst – sonst würde das Sein in ein reines Werden aufgelöst und die Substanz würde zusammenfallen mit den Akzidenzien – er bewegt sich aber in den Bildern wirklich, wenn diese von ihm ausgehen und zu ihm zurückkehren. Es ist das Seiende, was da wird, das substantielle Wesen, was da erscheint. Beide Pole lassen sich wohl unterscheiden, aber nicht scheiden. Die Erscheinung steht so sehr im Dienst des Erscheinenden, daß dieses ihr in einer Art von Machtübergabe die Befugnisse des Wesens selbst überträgt, um es zu äußern und so die Macht des Wesens bekanntzugeben. Je mehr also die Erscheinung ihre Funktion ganz in den Dienst des Wesens stellt, um so mehr wird sie vor diesem zurücktreten und resignieren, um in ihrer Bewegung ganz die Bewegung des Wesens offenbar werden zu lassen.

Darin, daß das Wesen sich in Erscheinungen äußern kann, liegt seine Macht. Daß es sich nicht anders als erscheinend offenbaren kann, zeigt seine Gebundenheit, wobei zunächst dahingestellt bleiben kann, ob diese Bindung ihrerseits als ein Zeichen der Seinsmächtigkeit oder -ohnmacht zu deuten ist. Ausdruck einer Seinsmacht wäre diese Übergabe der Funktionen des Wesens an die Erscheinung in dem Maße, als das Wesen sich selbst – in Liebe und Freiwilligkeit – entschlösse, in der Erscheinung sich zu reproduzieren und damit auf seine einsame Selbstherrlichkeit zu verzichten. Ausdruck der Ohnmacht wäre diese Übergabe insofern, als je schon von Natur über das Wesen verfügt wäre, das Wesen schon von der Schöpfung her unter das auferlegte Gesetz des Sich-offenbaren-müssens gestellt wäre. Aber wie dem nun auch sein mag: auf jeden Fall entspricht dem Verzicht der Erscheinung in das Wesen ein ursprünglicher Verzicht des Wesens auf sein selbstherrliches, nichtmitgeteiltes Für-sich-sein. Die offenbarende Bewegung der Bilder ist keine autonome Tat der Bilder, sondern eine zuletzt vom Wesen ausgehende, weil das Wesen in seinem Selbstsein offenbarende Bewegung. Die Wahrheit, die in der Enthüllung des Seins besteht, in seiner Preisgabe zugunsten des erkennenden Subjekts, ja in einer Art von Erniedrigung seiner Souveränität, um zu einer Materie fremden Wissens zu werden, diese Wahrheit hat die genaue Form eines gegenseitigen Verzichts von Wesen und Bild, Grund und Erscheinung, wobei sich das Wesen herabläßt, in die Erscheinung zu treten, sich als ein Offenbares in der Welt der Bilder darzubieten, die Erscheinung dagegen nichts anderes sein will als Funktion der Offenbarung des Wesens. So zeigt sich im Innern des Seins eine geheimnisvolle Bewegung an, die weder als Monismus noch als Dualismus dargestellt werden kann, in der aber die Struktur der Wahrheit im tiefsten beruht. Wenn dabei auch das Wesen gegenüber der Erscheinung der deutlich übergeordnete Pol bleibt, so bleiben doch beide Pole in einer wechselseitigen Beziehung der Abhängigkeit.

Wir haben aber bisher die Bewegung der Wahrheit nur im Sein selbst, als dem Objekt der Erkenntnis beschrieben. Sie muß nun auch im Subjekt ihre Entsprechung haben. Diese Entsprechung ist der Verzicht auf die Unmittelbarkeit der sinnlichen Wahrnehmung, auf die Geschlossenheit der bedeutungsvollen Zeichen (deren Sinn aber nicht als gedeuteter Sinn verstanden wird), um der Rückwendung in die Tiefe des erfassenden geistigen Subjekts willen, das nur in dieser Reflexion zur vollendeten Wahrheit kommt. Reflexion bedeutet Verzicht auf die Breite und Fülle der bunten Wahrnehmung, um einer scheinbar armen und leeren Begrifflichkeit willen. Wie das Wesen gegenüber der Erscheinung abstrakt scheint, so der Begriff gegenüber der Anschauung. Beide scheinen, in ihrem An-sich genommen, ein Verlust gegenüber dem Reichtum der Welt der Bilder zu sein. Aber während das Wesen des Objekts der Grund der Erscheinungswelt ist, diese also ihre ganze Fülle dem Wesen verdankt und schließlich an das Wesen zurückgibt, muß das Verhältnis der beiden Funktionen im aufnehmenden Subjekt zunächst ein anderes sein. Denn sofern die Sinnlichkeit primär rezeptiv ist, kann sie nicht die spontane Erscheinung des Begriffsvermögens sein. Daher steht der Begriff nicht im gleichen Verhältnis zur Wahrnehmung wie das Wesen zum Bild. Der Begriff hat die Möglichkeit, sich vom Wahrnehmungsbild zu entfernen, sich in seiner Abstraktheit zu verselbständigen und damit einer ähnlichen Irrealität zu verfallen wie das anschauliche Bild. Er entfernt sich dadurch in einer Weise von der Lebendigkeit der Wahrheit, wie das Wesen es nicht vermag, – es sei denn sofern es eine geistige Offenbarung seiner selbst, die ihm im Sinnlichen aufgegeben wäre, bewußt hintanhält. Dann würde auch das Wesen eine dem leeren Begriff vergleichbare objektive Abstraktheit erhalten.

Von dieser Verschiedenheit abgesehen, wird aber dennoch das Denken des Subjekts sich an der Struktur des Objekts sein Vorbild zu nehmen haben. Es wird verstehen, daß ihm in der Gestalt des Seins eine doppelte Regel vorgezeichnet ist: die Buntheit und Fülle der Sinnlichkeit verzichtend preiszugeben in die Eintönigkeit des allgemeinen Begriffs, diesen aber nicht anders zu gebrauchen, als in einer immer neuen Hinwendung zur Irrealität der Bilderwelt (conversio ad phantasma), mit welcher verbunden allein der abstrakte Begriff Wahrheit und Leben erhält. Das gilt auch für die transzendenten Gegenstände, deren Erscheinung keine sinnliche ist. Auch sie werden, soweit sie menschlich erfaßt werden können, am adäquatesten nicht durch einen reinen Begriff, sondern durch eine echte Synthese und Ineinanderspiegelung von Anschauung und Begriff wiedergegeben. Die Doppelregel des Denkens zeigt eine wahre Bewegung im Subjekt an: ein «Zugrundegehen» der Anschauung in die Innerlichkeit des Allgemeinbegriffs hinein, ein Ausgehen des leeren Begriffs in die konkrete Fülle der Anschauung hinaus.

Es könnte nun zunächst scheinen, daß die Phasen des Vorgangs im Objekt und im Subjekt einander entgegengesetzt sind. Im Objekt war das Erste das Ausgehen in die Erscheinung, und dem folgte erst die Rückkehr der Erscheinung in das Wesen. Im Subjekt dagegen ist das Erste die Abstraktion von der Erscheinung, als Begriffsbildung, und erst das Zweite die Rückwendung des gewonnenen Begriffs auf die Anschauung und seine Verifizierung in ihr. Aber gründlicher betrachtet fallen beide Phasen doch wieder zusammen. Im Objekt gibt es keine Erscheinung, die nicht unmittelbar Erscheinung *des* Wesens wäre, die also nicht ebenso unmittelbar auch vor dem Wesen zurücktreten würde, insofern sie eben substantiell das Wesenlose bleibt, das als solches die Substanz des Wesens offenbart. Und in der Erkenntnis fällt noch deutlicher der Vorgang der Abstraktion vom Sinnlichen zusammen mit der Zuwendung des Geistes zum Sinnlichen: eben der Akt, in dem sich die spontane Kraft des Geistes (intellectus agens) dem Sinnlichen zuwendet, um es mit seinem Licht zu treffen und es in seine Sphäre zu heben, also der Akt der Abstraktion, ist zugleich auch der Akt, in dem der Geist sich zum Sinnlichen neigt, um in dessen Vielfalt seine eigene leere Einheit zu erfüllen und erfüllt zu finden. Wenn also früher von dem radikalen Verzicht des Geistes die Rede war, der an der Wurzel jeder Erkenntnis liegt: dem Verzicht auf sich selbst und der Notwendigkeit, dienend sich im Fremden wiederzufinden, so ergänzt sich jetzt dieses Opfer des Geistes durch das damit analytisch verbundene, komplementäre Opfer auf die so gewonnene Welt, um erst durch diesen zweiten Verzicht wirklich wissend geworden und um den Gehalt der Welt bereichert in das eigene Ich zurückzukehren.

In dieser Bewegung nun, in der das Bedeutende, dessen Bedeuten überhaupt zwar schon sichtbar ist, dessen konkrete

Bedeutung aber so lange verborgen bleiben muß, als die Bewegung von der Erscheinung zum Wesen noch unterbleibt, sich scheinbar seines Geheimnisses entkleidet, um als reiner, aufgeklärter Begriff zu erscheinen, in dieser Bewegung vertieft sich nochmals der Geheimnischarakter der Wahrheit. Es mochte gegenüber dem leeren Geheimnis des Agnostizismus und Skeptizimus auf der ersten Stufe schon als eine Steigerung des Geheimnisses angesehen werden, daß auf der zweiten Stufe die Erscheinung als stumme, gleichsam undeutbare Bedeutung erschien. So sinngeladen zeigte sich nun die Welt, daß ihr Wahrheitsgehalt jede mögliche Deutung durch einen menschlichen Verstand immer ins Unendliche übertraf. Das reine Phänomen der Erscheinung selbst enthielt dieses unerschöpfliche Mehr. Und doch ist diese Stufe der Wahrheit weniger geheimniserfüllt als die, zu der wir jetzt übergehen: die Rückwendung der Erscheinung in das nichterscheinende Wesen. Oder, wenn man will: das Erscheinen des Wesens im Nicht-mehr-erscheinen der Erscheinung. Dieser Punkt, zu dem jede Erkenntnistheorie, die nicht in seichtem Empirismus stranden will, notwendig vorstoßen muß, ist immer auch der Punkt, an welchem sie an ein nicht mehr deutbares Mysterium stößt. Es gelingt vielleicht noch, das Geheimnis des Erscheinens einer Seins-Fülle in einem Seins-Bild, einer Tiefe in einer Oberfläche durch Gleichnisse näherzubringen, so, daß die Tiefe zwar in der Fläche erscheint, und dabei doch das Überschwengliche der Tiefe als Geheimnis zurückbleibt. Kaum möglich aber ist es, die unmittelbare Auflösung der Oberfläche in die Tiefe begreiflich zu machen, um die Tiefe erscheinen zu lassen, aber so, daß die Tiefe als solche nicht unmittelbar erscheint (da wir keine intuitive, sondern nur diskursive Erkenntnis besitzen), und somit auch der Schleier der verschwindenden Erscheinung nicht zerreißt. Thomistisch gesprochen wird also gefragt, wie die Akzidenzien, die nichts von der Substanz durchscheinen lassen, doch ein wirkliches Wissen von ihr vermitteln können, kantisch, wie die

Erscheinung, die an sich nichts von Allgemeinheit und Notwendigkeit enthält, dennoch allgemeines und notwendiges Wissen grundlegen kann. Die Antwort kann nicht allein darin liegen, daß das über die Sinnlichkeit hinausgehende Wissen vom Wesen des Objekts allein durch die Spontaneität des Subjekts bzw. durch dessen apriorisches Kategorialsystem gestiftet wird, ohne daß die Beziehung zwischen Erscheinung und Wesen an diesem Vorgang irgendwie beteiligt wäre. Sonst müßte die Erkenntnis als eine Art Zauber-Leistung erscheinen, die ohne jeden Anhaltspunkt in der Erscheinung die Verhältnisse des *nicht* Erscheinenden erahnen, erraten, in sich selbst erschauen oder noch besser aus sich selber erschaffen würde. Das würde die Erkenntnis abermals in einen unverständlichen Vorgang verwandeln. Erkenntnis der Wahrheit ist daher nicht anders möglich, als dadurch, daß das Subjekt zunächst in der inneren Verbundenheit in ihm zwischen Sinnlichkeit und Geist die Spiegelung des Wesens in der Erscheinung seinerseits unmittelbar abzuspiegeln vermag, welche Spiegelung – nämlich das Stehen alles Rezeptiven in einem unmittelbar mehr-als-sinnlichen, eben geistigen Raume – den weiteren Schritt erlaubt, daß, wie die Erscheinung in ihrer Bewegung auf das Wesen zurückgeht, um es als solches erscheinen zu lassen, so auch die Anschauung sich in den Begriff auflöst, um diesem die Einsicht in das Wesen des Seienden zu ermöglichen.

Es ist klar, daß wir damit auf das Geheimnis des allgemeinen und des besonderen Seins gestoßen sind, welches Geheimnis hinter dem der «Bedeutung überhaupt» verborgen liegt. Gegeben ist in der Sinnlichkeit ein Besonderes, Individuelles, Partikuläres. Es weist aber durch sein «Bedeuten» über sich selbst hinaus auf ein Mehr-als-es-selbst, das doch wiederum nicht außerhalb seiner selbst liegt. Dieses Mehr enthüllt sich, da der Begriff in Erscheinung tritt, als das Allgemeine. Was der Begriff zunächst erfaßt, was ihm primär zugeordnet ist, ist das Wesen, sofern es allgemein ist. Das Allgemeine enthält nun aber das

Besondere ebenso in sich wie das Besondere das Allgemeine. Kein einzelner Mensch, der nicht das Mensch-Sein in sich verkörperte und besäße, die volle, abstrichlose Menschennatur. Nichts von dem, was er ist oder hat, besitzt er außerhalb dieser Natur. Seine ganze Einmaligkeit verwirklicht er ausschließlich innerhalb der allgemeinen Möglichkeit, deren einzelner Fall er ist. Anderseits aber ist es unmöglich, den Begriff des Mensch-Seins so zu abstrahieren, daß das individuelle Person-Sein außerhalb seines Begriffsinhaltes zu liegen käme. Keinesfalls ist der einzelne Mensch eine Synthese aus allgemeiner Menschennatur und individueller Persönlichkeit. Denn es liegt gerade *innerhalb* des Allgemeinbegriffs der Menschennatur, jeweils nur als individuelle Person verwirklicht zu sein. Ein abstrakter Begriff des Mensch-Seins, der nicht je schon konkrete Verwirklichungen, ein konkretes Person-Sein in sich schlösse, wäre höchstens eine unvollkommene, rudimentäre, gleichsam verschwommene Erkenntnis, etwas, was zwar einem Stadium menschlichen Denkens entsprechen kann, niemals aber einem göttlichen Gedanken von der Menschheit. Eine vollkommene Erkenntnis vom Wesen des Menschen kann diesen nur je schon personalisiert (als je diesen und jenen unverwechselbaren Einzelnen) sehen, auch wenn sie alle Einzelnen nicht anders sehen kann denn als Verkörperungen der einen Menschennatur. Wie die Menschheit nur als Mensch vorkommt, so der Mensch nur als Menschheit. Beide setzen sich gegenseitig voraus. Gäbe es keine Menschheit, das heißt, keine Wirklichkeit des Geschlechtszusammenhangs, der den Wesens- und Seinszusammenhang ausdrückt und garantiert, so wäre kein Individuum möglich. Aber wiederum: gäbe die Person sich nicht ebenso unmittelbar in das Abstrakte der Menschheit auf, so wäre kein Allgemeines möglich. Die Durchschnittlichkeit des Universalen kommt durch einen Verzicht des Persönlichen auf seine absolute Einmaligkeit und Unwiederholbarkeit zustande. Die Anonymität des Allgemeinbegriffs ist weder eine Art mathematischer Durchschnitt durch die Eigenschaften aller Individuen einer Gattung, noch eine gegenüber den Individuen innerlich gleichgültige, irgendwie übergeordnete Form des Seins, sondern ebenso unmittelbar die Voraussetzung für alle Individuen wie ihr Produkt, indem jedes einzelne Individuum darauf verzichtet, seine Individualität anders geltend zu machen denn als Ausdruck des Allgemeinen, das da «Mensch» heißt. Hierin liegt für die Einmaligkeit der geistigen Person eine Demütigung. So einmalig sie sich auch gebärden mag, so schöpferisch ihre Leistungen, so unnachahmlich ihre Äußerungen werden mögen: sie werden nie etwas anderes sein als was eben «ein Mensch» kann. Alles Besondere bleibt im Rahmen der Gattung begriffen. Jede noch so partikuläre Form, die der Einzelne darstellen kann, bleibt doch immer aus dieser einen Materie «Menschheit» gestaltet. So geht die Person als das Singuläre zurück in die Anonymität des Allgemeinen; und sowohl hervortretend wie sich auflösend weist sie hin auf das Wesen, das sie verkörpert: das Wesen Mensch. Was immer sie tut, ob sie sich absondert durch Erscheinung, oder verbindet durch Rücktreten in den Rang: immer erscheint in ihrem Tun oder Leiden das Wesen Mensch. Aber es kann auch garnicht anders erscheinen als in der Einmaligkeit dieses Einzelnen. Die Person allein ist das Feld seines Ausdrucks. Auf dieses Feld bleibt es wesentlich angewiesen, um sich zu offenbaren, seine Wahrheit an den Tag zu bringen. Was Mensch im Wesen ist, was er im Umfang vermag, was seine Tiefe und Breite ist, das kann allein der Einzelne zeigen. Und so enthält er jeweils das Ganze in sich (denn es fehlt ihm nichts an der Menschennatur), obwohl das Ganze ihn unendlich übersteigt (da es sich in einer unendlichen Anzahl anderer Erscheinungen manifestiert). In dieses Geheimnis des Allgemeinen und Besonderen weist uns somit das Problem von Wesen und Erscheinung zurück.

Das Allgemeine ist keine bloße Abstraktion aus einer Ähnlichkeit der Individuen; denn eine solche Ähnlichkeit würde niemals die absolute Einheit der Art oder Gattung in allen

Individuen verbürgen. Es entspricht einer Realität, die sich als solche in jedem Individuum identisch wiederfindet. Das Allgemeine existiert aber ebensowenig außerhalb der Individuen, es manifestiert seine Ganzheit ausschließlich innerhalb ihrer jeweiligen Besonderheit. Das bedingt ein gegenseitiges Verhältnis des Allgemeinen und Besonderen, das dem früher beschriebenen zwischen Wesen und Dasein analog ist: es besteht zwischen beiden eine Unterscheidung ohne mögliche Trennung, ein gegenseitiges sich-Einschließen, bei dem das jeweils Andere einen Überschuß darstellt, einen Rest, der nicht aufgeht. Im Einzelnen ist zwar ersichtlich, was Mensch-Sein heißt, aber im Hintergrund seiner Einzelheit steht das unübersehbare, aus ihm nicht ableitbare Leben der Gattung. Die Möglichkeiten, die er herzeigt, sind nur ein verschwindender Bruchteil dessen, was in seinem Wesen, nämlich dem Menschenwesen, an Möglichkeit liegt. Man würde das ganze Problem völlig verkennen und verharmlosen, wenn man sich hier durch eine glatte Unterscheidung des «physischen» und des «metaphysischen» Wesens aus der Schwierigkeit zu ziehen versuchte. Man würde damit die reale Kommunikation aller Individuen im gemeinsamen Wesen unterschlagen und nie wieder den Schlüssel finden zu dem Problem der ontischen Solidarität, die sie auf Grund des einzigen Wesens verbindet. Auf der andern Seite ist jede Lösung der Frage, die einer Realsetzung des Universalen als solchen zuneigen würde, ungangbar. Das Allgemeine ist im Individuellen allein verwirklicht, und zwar so, daß dieses jeweils einen unerklärlichen Überschuß über das Allgemeine bedeutet. Was Mensch sein heißt, erfährt man nur, wenn man einen einzelnen Menschen zu Gesicht bekommt, mit seinem einzelnen Charakter, seinem einmaligen, unverwechselbaren Schicksal. Aber immer wird dieses Besondere ein Mehr sein gegenüber dem Allgemeinen, das in diesem nicht vorgesehen war, aus diesem nicht einfach ableitbar ist wie eine mögliche Anwendung aus einer allgemeinen Regel. Dieser Mensch sein heißt nie *nur* ein Fall von

Mensch sein. Die Einmaligkeit der Person läßt sich mit der Eins der Zahlenreihe nicht ausdrücken. Zählen kann man die Individuen einer Gattung, aber Personen, sofern sie wirklich einmalig sind und in ihrer Einzigkeit einen Schimmer der göttlichen Einzigkeit abbilden, lassen sich nicht numerieren. Jede von ihnen ist eine Welt für sich. Indem nun jeder Mensch sowohl Individuum seiner Gattung wie unverwechselbare Person ist, wird er in der geheimnisvollsten Weise nach zwei Zentren hin polarisiert. Er ist die Einheit, die er ist, auf eine völlig unerklärliche Weise. Denn wird er als Individuum betrachtet, so bildet sein Wesen seine Einheit, also das, was ihn mit den andern Individuen seiner Gattung verbindet. Seine individuellen Merkmale nehmen sich diesem Wesen gegenüber nur wie akzidentelle Unterscheidungen aus. Wird er aber als Person betrachtet, so bildet diese seine Einheit, also gerade das, was ihn gegenüber allen andern Wesen nicht nur quantitativ, sondern durchaus auch qualitativ unterscheidet, und die gemeinsamen Wesensmerkmale, die ihn mit andern verbinden, erscheinen dieser unauflöslichen Einheit des Selbst-Seins gegenüber als akzidentelle Ähnlichkeiten.

Damit wird klar, daß der Begriff der Einheit, den jedermann als bekannt und als durchsichtig voraussetzt, im Grunde ebenso geheimnisvoll ist wie alle andern Grundbegriffe des Seins. Was Einheit in Wahrheit ist, wissen wir nicht; wir kennen die Einheit nur in der unrückführbaren Zweiheit von Einheit des Allgemeinen und Einheit des Besonderen, ohne daß wir beide Aspekte jemals zur Deckung zu bringen vermöchten. Was Einheit jenseits dieser Zweiheit ist, wird uns nie faßbar. So ist der Begriff der Einheit trotz seiner Offenbarkeit ein nie durchdringliches Geheimnis. Wir glauben wohl zu wissen, was «ein Mensch», «ein Vogel», «ein Buch» ist, aber sobald wir die Frage dringender stellen, sobald wir uns fragen, ob wir damit «irgendeinen» meinen, der unter die Einheit der Gattung Mensch, Vogel, Buch fällt, wobei es gleichgültig ist, welches Exemplar der Art nun gemeint ist, oder ob wir mit diesem «einen» dieses bestimmte einmalige Wesen meinen, das durch die ganze Fülle der übrigen Artgenossen niemals ersetzt werden kann, dann wird deutlich, wie sehr die Einheit der Einheit selbst uns entgleitet. Sie ist nur in einer Bewegung zu fassen: vom Allgemeinen, das leer ist, ausgehend, zum Besonderen, und mit dessen Fülle wieder zurückkehrend zum Allgemeinen. Und umgekehrt: vom Besonderen, das beschränkt ist, ausgehend zum Allgemeinen, und mit dessen Weite zurückkehrend zum Besonderen. Die Bewegung, die hier zu vollziehen ist, ist die gleiche Bewegung, die im Kreislauf von Wesen und Erscheinung auf früherer Stufe zu vollziehen war, und die sich noetisch im Kreislauf von Anschauung und Begriff widerspiegelte.

Die kreisende Bewegung, die das Denken hier zu vollziehen gezwungen ist, ist weit entfernt davon, eine allmähliche geradlinige Bewältigung des Geheimnisses in sich zu schließen. Das Geheimnis widersteht jeder glatten Aufarbeitung durch eine progressive Dialektik ebensosehr wie einem alle Polarität der wahren Differenzen naiv oder auch raffiniert überkleisternden Monismus der Begriffe und Definitionen. So wenig die Kluft zwischen Wesen und Dasein sich jemals durch ein Denken schließen läßt, so wenig lassen sich die Klüfte zwischen Wesen und Erscheinung, Allgemeinheit und Besonderheit jemals wirklich überbrücken. Feststellen muß sie jedes Denken und in ewiger Bewegung um das Geheimnis kreisen, das sie offenbaren. Dieses Geheimnis ist nicht unverständlich; es ist sinngeladen, harmonisch, jede Begierde nach Einsicht immer neu befriedigend, eine unerschöpfliche Quelle des Wissens und der Kontemplation. Denn die Polarität von Wesen und Erscheinung, von Allgemeinheit und Besonderheit, zeigt vom Seienden *jeweils mehr* als was der Erkennende erwartet. Man kann wohl um beide Bewegungen *wissen:* um die vom Wesen zur Erscheinung und um die von der Erscheinung zum Wesen; um die vom Allgemeinen zum Besonderen und um die vom Besonderen zum Allgemeinen. Unmöglich aber ist es, beide gleichzeitig real zu vollziehen. So entgeht einem wesentlich immer der eine Pol, und die Bewegung des Denkens kommt an kein Ende. Das Seiende erweist in seiner Offenbarung seine je-größere Fülle, und damit sein unaufhebbares Geheimnis.

3. DAS WORT

Die Erscheinung des Wesens stellte sich zunächst als das Wesenlose der Bilderwelt vor, hinter deren bunter Fülle das Wesen unerkennbar lag. Aber dann erwies es sich, daß die Bilder nicht anders verstehbar waren denn als Ausdruck und Bedeutung. Das Wesen war nicht selbst seine Erscheinung. Dennoch erschien es darin, soweit es seine Tiefe in die Oberfläche der Bilder umzusetzen vermochte. Das Phänomen des Ausdrucks aber war kein statisches; vielmehr lag im Bild die Aufforderung, in beweglichem Denken durch das Bild hindurch nach dem Wesen zu forschen. Die Irrealität des Bildes lud selbst dazu ein, indem sie durch Offenbarung ihrer eigenen Wesenlosigkeit und Vergänglichkeit sich in das Wesen aufzulösen strebte, das sich seinerseits im Bilde darstellen wollte. Das Denken folgte dieser Bewegung durch die Bildung des Begriffs in der Abstraktion oder, was dasselbe ist, durch die Hinwendung der leeren Denkfähigkeit auf die konkrete Fülle der Anschauung.

Dies vollendet sich endlich dort, wo das Bild seine höchste Funktion erhält: im Wort. Schon die sinnliche Erscheinung als solche war Offenbarung des Wesens und somit eine Art Sprache. Im sinnlichen Zeichen lag eine Fülle von Sinn, der sich aber nicht als Sinn des Zeichens selbst gab, sondern als ein Hervortreten eines Inneren, Verborgenen. Blatt, Blume und Frucht sind gewiß auch als Erscheinungen schön und gefällig, aber sie wollen als die Offenbarungen des in ihnen wirksamen Lebensprinzips, das als solches unsichtbar ist, gedeutet sein. Erst im Mitverstehen der Tiefe wird die Oberfläche deutbar. Dort, wo die Erscheinung des Wesens zur abgelösten, freien

Schöpfung einer subjektiven Intimität wird, wo also der naturhafte Ausdruck zum geistigen Wort wird, dort kommt auch die Bewegung der Äußerung als Darstellung eines Innen zu seiner Vollendung. Jedes Wesen, das Natur hat (im Gegensatz zum Geist), hat auch eine naturhafte Sprache und ist je schon geäußert. Je reiner die geistige Freiheit aber wird, umsomehr wird die Äußerung zu einer freien, schöpferischen Tat, durch welche sowohl das Daß wie das Was eines geistigen Innenraumes erst kundgetan wird. Das sinnliche Zeichen ist nun in Wahrheit vom Wesen abgelöst, sofern die Verbindung der unmittelbaren Ausdrucksrelation durch die willkürliche der Sprachschöpfung ersetzt ist. Die Laute eines Wortes verraten nichts über das Wesen des Sprechenden, so wie etwa seine Tonstärke, das seine Rede begleitende Lächeln etwas von seiner inneren Verfassung ausdrückt. Die Willkürlichkeit der Erscheinung im freien Sprechen spannt den Bogen zwischen Innen und Außen viel stärker. Denn wenn einerseits die Freiheit der Zeichenwahl jeden Einblick in das Wesen, das sich ausspricht, streng verwehrt, die Möglichkeit der bewußten Täuschung also auf den Plan tritt, so ist doch anderseits dieselbe Freiheit der Äußerung die Ermöglichung über jeden Ausdruck hinaus einer direkten Anzeige des innersten Wesens. Die Ausdrucksbeziehungen sind zwar als solche nicht aufgehoben, da in menschlicher Sprache die ganze sinnliche Sphäre mitschwingt, Vokale und Konsonanten, Klangbilder und syntaktische Formen ihre unmittelbaren Ausdruckswerte behalten. Aber das alles ist nun dem geistigen Sinn vollkommen untergeordnet. Das Wort wird noch über die Belastung der Ausdrucksbeziehung hinaus mit Gehalt überfrachtet, so daß es weit mehr durch dienende Selbstaufhebung als durch herrschende Selbsthervorhebung das Werk der Offenbarung vollbringen kann. Die geistige Sprache ist infolgedessen viel ärmer an sinnlichem Ausdruck als die unmittelbare, symbolische Sprache. Sie tut ein Maximum an geistigem Gehalt kund durch ein Minimum an sinnlichem Material. In ihr vollendet sich die verzichtende Rückkehr des Bildes, das sich als inadäquat erkannt hat, in die Fülle des sich offenbarenden Grundes. (Gemeint ist hier stets die menschliche Sprache, in der die sinnliche Ausdrucksrelation einem übersinnlichen, geistigen Zweck zur Verfügung gestellt wird. Aus dieser Sprachform kann daher nicht unmittelbar auf die mögliche Sprachform der reinen Geister geschlossen werden, weil bei ihnen die Bilderwelt gar nicht als Material der Sprache dazwischentritt.) In der sinnlichen Sprache der Menschen erhält also das Bild seine größtmögliche Transparenz auf das Wesen, sofern es gerade kein Ausdruck, sondern nur ein Zeichen des auszusprechenden Inhaltes ist. Gerade an der Unscheinbarkeit des Wortes wird die übermäßige Größe des geistigen Inhalts ermeßbar.

Das sprachliche, tönende Wort ist hier nur eine, wenn auch die paradigmatische Form des geistigen Sprechens. Andere Formen des Wortes, die von der sprachlichen nicht wesentlich unterschieden sind, sind die Gebärde-Sprache, die Sprache durch stumme Zeichen, schließlich jede Ausdrucksform geistiger Gehalte durch sinnliche Bilder. Auch die Sprachen der verschiedenen Künste gehören hierher; denn sie alle überragen die Sphäre des bloßen naturhaften Ausdrucks. Auch in ihnen, die zwar naturnaher und -gebundener sind als die freie Sprache aus Worten, tritt ein weites Feld freier Übereinkunft und Konvention entgegen, die sich als «Stilformen» ähnlich unterscheiden wie die Sprachen der verschiedenen Völker. Der Reiz der Kunstsprache, zum Beispiel der Architektur und der Musik, besteht in der Freiheit, in der die naturgebundenen Ausdrucksformen zur Äußerung geistiger Inhalte verwendet werden können. Eine notwendige Beziehung zwischen Wesen und Erscheinung, also eine naturgegebene Form der Wahrheit wird jeweils überformt von einer freien Beziehung, so daß Notwendiges selbst zum Ausdruck der Freiheit wird.

Zum sprachlichen Wort gehören weiterhin alle freien, konventionellen Zusammenfassungen und Gruppierungen geistiger Inhalte, wie sie zum Gebrauch der Verständigung in «Allgemeinbegriffen» bereitliegen. Darunter ist jetzt nicht die originäre Kraft der geistigen Abstraktion und Begriffsbildung zu verstehen, sondern all das, was, an die offizielle Sprache gebunden, als offizielles Begriffsmaterial dem Sprechenden zur Verfügung steht und unbesehen von ihm übernommen wird. Millionen von Sprechenden haben in Vergangenheit und Gegenwart sich dieser Werkzeuge bedient, mehr oder weniger an ihnen gefeilt und sie geschliffen. Sie sind das herrenlose Gut aller derer, die sich ausdrücken wollen. Sie gehören viel mehr zum Stoff als zur Form der Sprache. Sie sind fast noch mehr als die sinnlichen tönenden Worte fertige Gefäße, die den Inhalt des einzelnen Denkvorgangs aufnehmen, wenn sie ihn nicht schon von vornherein durch ihre Form bestimmen und modeln. Sie gefährden darum auch in weit höherem Maße die Freiheit und Persönlichkeit einer Aussprache, indem sie teils den Redenden der Anstrengung der Ausdrucksfindung entheben und zu einer Art Trägheit im geistigen Reden einladen, teils im Hörenden den Eindruck erwecken, das Gehörte bereits zu wissen, weil sich die Formen, in denen das Neue sich darbietet, als schon bekannte erweisen. Die freie Offenbarung der einmaligen Persönlichkeit wird durch diese Formen des Denkens vollkommen überzogen von einer anonymen, unpersönlichen Schicht, ja einem ganzen System übereinander geschobener Hüllen, Kleider und Masken, die sich jedem, der sich zu äußern wünscht, als die allgemein gebräuchlichen, jedermann bereitgestellten, bequemen und ein Mindestmaß an Kraft erfordernden Ausdrucksmittel anbieten. So zahlreich und jeder Lage angepaßt sind diese Gewänder, die das nackte persönliche Wort empfangen und umhüllen, daß es zumeist schwerer ist, es als persönliches darin wiederzuerkennen, als überhaupt einen Ausdruck für die persönliche Meinung zu finden; schwerer, sich durch den Wust von Konventionen hindurch ein gültiges Ausdrucksfeld zu schaffen, als mit dem erstbesten Gewand nach jedermanns Mode vermummt einherzugehen.

Durch diesen Überreichtum an Ausdrucksformen, die sich ohne genau ersichtliche Grenzen und Abschnitte gleichsam ineinander verfilzen, vom Geistig-Personalen über das Geistig-Naturhafte bis zum nur-Materiellen, von der innern Wortwerdung und Begriffsbildung über die allgemeinen Schemata der Äußerung bis zum geprägten Wort übereinander schieben und auseinander hervorgehen, entsteht nun zunächst ein scheinbar dem Früheren entgegengesetztes Bild. Während zu Beginn das geistige Wort als eine freie, abgelöste Schöpfung der freien Selbstoffenbarung erschien, durch seine Willkür geeignet, der transzendenten Würde des Geistes Ausdruck zu geben, scheint nun die ganze geistige Sphäre ohnmächtig zu sein, sich von der sinnlichen und stofflichen wirklich souverän abzuheben, sie scheint vielmehr ganz der Welt der Bilder und ihrer Wesenlosigkeit zu verfallen. Was freie Äußerung des Geistes sein sollte, scheint nun dessen hoffnungslose Veräußerlichung als würdeloses Geschwätz geworden zu sein; was ihm hätte dienend zur Verfügung stehen sollen, um sich immer neue, freie Formen der Rede zu bilden, scheint über ihn eine solche Macht gewonnen zu haben, daß er von allen Seiten umgarnt und in Fesseln geschlagen einhergeht.

Aber dieser Aspekt der geistigen Äußerung, der den freien Geist so gefährdet, deckt in seinen drastischen Versuchungen und Zerfallsformen nun doch gerade jene Kontinuität zwischen Geist und Sinnlichkeit, Seele und Leib, Inhalt und Ausdruck, zwischen dem verborgensten Innen und dem zugänglichsten Außen so unwiderleglich auf, daß von ihm aus entscheidendes Licht auf das ganze Problem der Erkenntnis fällt. Es wäre, angesichts dieser Sachlage, eine müßige Abstraktion, sich zu fragen, wie es dem Geist überhaupt gelingen kann, sich in den ihm fremden Bildern sprachlich auszudrücken. Finden wir doch den Geist immer schon in solchen Bildern ausgedrückt und die Bilder immer schon beladen mit solchen geistigen Aufträgen. Die Brücken sind ja schon geschlagen, der Geist verbildlicht und die Bilder vergeistigt. Das Kind, das zum Bewußtsein erwacht, tritt nicht als reiner Geist in die Welt, um sich ganz neu mit dem Problem des Ausdrucks auseinanderzusetzen. Es erwacht vielmehr aus dem untergeistigen Leben heraus, wo bereits ein naturhaftes Ausdrucksverhältnis zwischen Innen und Außen geherrscht hat, und wo diese naturhaften Entsprechungen von Bedeuten und Bedeutetem zugleich immer schon durchtränkt waren von menschlich-geistigen Ausdrucksbeziehungen. Die Sinnlichkeit, aus der hervor sein geistiges Leben sich entfaltet, ist immer schon die besondere Sinnlichkeit eines geistigen Wesens, und ihre spontanen Ausdrucksbeziehungen gehen um so natürlicher über in solche des Geistes, als sie in der Umwelt des Kindes je schon in solche eingebettet waren. Nichts ist sanfter und bruchloser als dieses Auftauchen des menschlichen Geistes aus dem Reich der unbewußten Natur: ebenso unmerklich, wie der körperliche Organismus heranwächst, entfaltet sich auch aus einem Keim die lebendige Form der menschlichen Wahrheit. Aus einer in sich schwebenden und ruhenden Mitte der Unbewußtheit zwischen Innen und Außen, zwischen Seele und Leib, der Mitte des naturhaften Ausdrucks und Ausgedrücktseins entwickelt sich, sowohl durch die Kräfte des Subjekts, die von innen her wirken, wie durch die Einflüsse der objektiven Außen- und Umwelt, die das neue Wesen unvermerkt in die Traditionen und allgemein-gültigen Ausdrucksformen der Menschheit einführen, harmonisch aus dem Sinnlichen empor der Raum der geistigen Seele,– einerseits nach Innen reflektiert in die Tiefe eines freien Subjekts, anderseits nach außen geweitet in die Breite eines Welthorizontes. Von der scheinbar indifferenten Mitte der Bilderwelt aus, die als solche weder subjektiv noch objektiv ist, aus der Quelle dieser sinnlichen Einbildungskraft differenziert sich im Laufe der Entwicklung die Polarität von Subjekt und Objekt bis zur äußersten Spannung, wie sie im freien Sprechen des Wortes sich ausdrückt. Jene Mitte der Einbildungskraft enthielt im Keime bereits die ganze Differenzierung in sich: sie liegt in der geheimnisvollen Zweieinheit der Ausdrucksbeziehung, wie sie geschildert wurde, in der immer neuen Absetzung und Wiedervereinigung der Bedeutung mit dem Bedeuteten. Im Herzen der ursprünglichen Bilderwelt erwacht die Unruhe, der Pulsschlag der Ausdrucksbeziehung, deren Bewegung in immer größeren Pendelschlägen sich zur Spannweite von Subjekt und Objekt auseinanderdehnt. In dieser Bewegung verhält sich die ursprüngliche Einbildungskraft ebensosehr produktiv wie rezeptiv: die Bilder differenzieren sich in solche, die Ausdruck von innen, und solche, die Ausdruck von außen sind; in der zunehmenden Subjektwerdung nimmt das erwachende Bewußtsein ebensoviel außer ihm liegende, schon bestehende Ausdrucksformen in sich hinein, als es neue spontane von innen her erfindet. So wächst in vollkommener Gleichzeitigkeit sein Ich- und sein Weltbewußtsein. Von der Mitte der Bilder ausgehend, hebt es sich immer mehr in Freiheit von ihnen ab und wächst durch fortschreitende Bildung in die Welt und ihre geprägten und traditionellen Ausdrucksformen hinein.

Von dieser wurzelhaften Einheit her muß das Verhältnis des menschlichen Bewußtseins und seines Wortes gesehen werden. Nur so ist man davor gefeit, nachträglich in ein Gewirr von unfruchtbaren Scheinproblemen hineinzugeraten. Nun, da diese Einheit in der Wurzel festgestellt ist, lassen sich die beiden Hauptzweige der Frage sinnvoll unterscheiden: Wort als Ausdruck der freien Person und Wort als Funktion des Stehens in der Welt und in der Gemeinschaft.

1. Sobald das in der Einbildungskraft dämmernde Bewußtsein zum klaren Selbstbewußtsein des Geistes sich vertieft, ist auch die Möglichkeit der geistigen Sprache geboren. In dem einen Akte der Selbstergreifung des Ich liegt, wie schon früher gezeigt wurde (vgl. S. 96), ebenso unmittelbar die Einheit mit sich selbst wie das sich selber Gegenständlichsein. In der Einheit mit sich selbst weiß der Geist um die Einheit

von Denken und Sein, er weiß also, was enthülltes Sein, was Wahrheit ist. Sofern er Sein ist, ist er zugleich auch Wahrheit. Aber er ist diese Einheit nicht nur in einer unmittelbaren, gleichsam monistischen Form. Lebendig und geistig wird sein Selbstbesitz erst, wenn er sich selber begreifen kann, was ohne eine Unterscheidung nicht geht. Er muß sich gleichsam dualistisch für einen Augenblick in zwei Formen zerlegen, um in der Wiedervereinigung beider seine eigene Identität experimentell zu erfassen. Er muß sich ein Bild von sich selber entwerfen können und einsehen, daß dieses Bild sich mit ihm selber deckt. Dieses Bild, das sich der Geist von sich selber entwirft, das ihn ausdrückt und in dem er sich wiedererkennt, ist sein ursprüngliches geistiges Wort. Erst in ihm wird er wahrhaft frei, weil er dadurch die Möglichkeit erhält, aus sich selber und seiner unmittelbaren Einheit hervorzugehen, ohne dadurch seine Einheit zu verlieren. Wäre der Geist nur eine monistische Identität mit sich selbst, so besäße er keinerlei Möglichkeit, als bleibender Geist aus sich selber herauszugehen, er müßte, als fensterlose Monade, sich ewig nur mit seiner eigenen Selbstheit beschäftigen. Der Umfang seines Wissens fiele notwendig zusammen mit dem seines Seins. Erst dadurch, daß sich der Geist innerhalb seiner Identität sich selbst gegenübersetzen und wiederergreifen kann, wird er fähig, unbeschadet seiner geistigen Freiheit und Geschlossenheit, Anderes als sich selbst zu erkennen. Er muß dazu in einer ursprünglichen freien Ausdrucksbewegung sich selber für sich selber äußern, um in diesem ersten Wort, das er unmittelbar in sich zurücknimmt und als identisch mit seinem Selbstverständnis erkennt, seine Befähigung zu erproben, nun auch andere wahre Worte zu sprechen. In diese erste Gegenübersetzung innerhalb der eigenen Identität wird er alle späteren Objektivierungen der Fremderkenntnis hineinstellen können. Obwohl diese vermittelte Einheit, die an der unmittelbaren Einheit auch unmittelbar in ihrer Wahrheit verifiziert werden kann, zum Geist als solchem gehört und somit noch nicht eigentlich als Diskurs bezeichnet werden kann, knüpft doch hier die Möglichkeit der diskursiven Erkenntnis an und erhält von hier aus ihre Rechtfertigung. Die ganze sichtende, sondernde und einende Tätigkeit des menschlichen Geistes (intellectus dividens et componens), in der er sich zumeist aufhält und die seine vorzüglichste Form der Wahrheitsbildung ist, hängt zuletzt an einer ersten Vermittlung, das heißt Unterscheidung und Wiedervereinigung innerhalb des Unmittelbaren, und diese erste Vermittlung ist gleichzeitig der Ursprung aller Mitteilung. Wissen und Sagen bilden eine untrennbare Einheit.

Vorerst aber muß noch genauer die Rolle des innern, geistigen Wortes (verbum mentis) deutlich gemacht werden. Dieses ursprüngliche Wort, in welchem der Geist sich selber ausdrückt und gegenübersetzt, um sich als Selbst zu ergreifen, bildet gleichzeitig die Schließung in sich und die Öffnung nach außen des inneren Raumes des Subjekts. Beide Funktionen können nur in strenger Gleichzeitigkeit ausgeübt werden: denn nur insofern der geistige Raum in sich selbst reflektiert ist, ist er auch fähig, objektive äußere Erkenntnis in sich zu reproduzieren. Das geistige Wort ermöglicht beides: die Absetzung des Ich gegenüber der Welt und seine Angliederung an sie. Es setzt das Ich gegen die Welt ab, indem es ihm die geistige Freiheit gibt, sich in sich selbst zu unterscheiden und zurückzuholen, ohne dazu eines andern Wesens bedürftig zu sein. Es gibt damit dem Ich die Wahrheitsbeziehung in die Hand und – in der bleibenden Identität – zugleich den Maßstab, diese Beziehung zu messen. Dadurch ist das Ich in seinen Äußerungen grundsätzlich frei und an keine naturhafte Form des Ausdrucks mehr gebunden. Der notwendige Ausdruck dieser Freiheit ist also die Unterscheidung zwischen dem innern und dem äußern Wort. Weil das Ich sein inneres Wort für sich selber besitzt, kann es sein äußeres Wort nach seinem Belieben gestalten. Und weil es die Beziehung zwischen sich selbst und seinem Wort und Ausdruck überblickt, darum kann es auch die Beziehung zwischen seinem innern und seinem äußern Wort beurteilen. Und wie ihm das geistige Wort die Freiheit gibt, ein Selbst zu sein, so gibt es ihm auch die Freiheit, sich frei zur Welt hin zu öffnen. Denn die Freiheit, die im Wort grundgelegt ist, besagt in sich schon diese Öffnung. Indem das Bewußtsein sich selbst als seiend versteht, hat es grundsätzlich das Sein verstanden, in einer so ursprünglichen Intuition, mit einer so unüberholbaren Evidenz, daß nichts gewisser sein kann als dieses Verständnis. Sein und Bewußtsein fallen so unmittelbar zusammen, daß jede Unterscheidung vollkommen sinnlos wäre. In dieser Einsicht wird das Sein nicht als Prädikat eines nicht näher bekannten, über die Erkenntnis hinausliegenden Subjekts verstanden, sondern als das Subjekt selbst, ja als das Subjekt der Subjekte, dem alle möglichen Prädikate zugeteilt werden, hinter dem es nichts weiter mehr geben kann als das Nichts. Hat das Bewußtsein irgendein Sein verstanden, so hat es grundsätzlich alles Sein verstanden. Nichts Seiendes kann ihm fremd bleiben, nichts Seiendes kann wesentlich irrational sein. Darum ist das Bewußtsein, das sich selber als seiend ergriffen hat, grundsätzlich fähig, sich zu allem Seienden zu öffnen und kraft des geistigen Wortes auch faktisch zu allem Seienden hin geöffnet zu sein. Die unmittelbare Selbsterkenntnis bedeutet potentielle Erkenntnis alles Seienden, sofern dieses im Sein eine Einheit ist. Die im geistigen Wort vermittelte Selbsterkenntnis schafft die Möglichkeit, daß diese potentielle Erkenntnis jeweils in eine aktuelle übergehen kann: sie erschließt das Bewußtsein, indem sie es mit dem apriorischen Vermögen der Sprache, des Redens und Hörens, ausstattet.

Diese erste Analyse und Synthese, noch jenseits aller diskursiven Erkenntnis, in der noch unbeschränkten Offenheit des Seinshorizontes, bleibt die Voraussetzung jedes besonderen, beschränkten, dem menschlichen Erkenntnisvermögen entsprechend zwischen Sinnlichkeit und Begriff sich bewegenden

Denkverfahrens. Kraft ihrer umfassenden, alles Sein umspannenden Weite schließt jene erste Operation des Geistes alle andern geistigen wie untergeistigen Funktionen des Denkens wesentlich in sich. Hier liegt der Schlüssel für das so dunkle Problem der Abstraktion. Der Geist, der in sich selbst die Gleichung von Sein und Bild begriffen hat, der auf Grund dieser Einsicht auch die Gleichung zwischen dem geistigen Wort, das er besitzt, und dem sinnlichen, in dem er ihm Ausdruck verleiht, übersieht, dieser Geist vermag nun auch andere sinnliche Ausdrücke so zu erfassen, daß er sie als geistigen Ausdruck zu lesen weiß. Er hat in einer unüberholbaren Grunderfahrung die Sinnhaftigkeit des Seins begriffen; er handelt darum dem Wesen des Seins wie seinem eigenen Wesen entsprechend, wenn er in allem, was ihm begegnet, den Sinn sucht. Und da er in seinem eigenen Selbstausdruck erfahren hat, daß die Sinngebung des Sinnlichen vom Geist her erfolgt, wird er nicht anders können, als das fremde Sinnliche, das ihm begegnet, nun wieder rückwärts auf ein darin sich ausdrückendes Geistiges hin zu befragen.

So sehr zu Anfang die Sinnlichkeit in ihrer Gestalt als Einbildungskraft als der Quellpunkt des Geistes erschien und somit als das scheinbar ihn Umgreifende, ihn aus sich Entlassende, so deutlich kehrt, wenn der Geist zum Selbstbewußtsein gelangt ist, dieses Verhältnis sich um. Die zeitliche Priorität der Sinnlichkeit und der Bilder weicht vor der sachlichen Priorität des Geistes, der in seinem größeren Raum den kleineren der Sinnlichkeit einschließt. Er kann sich des sinnlichen Raumes als eines Ausdrucksfeldes in Freiheit bedienen und kann ihn daher auch grundsätzlich als Ausdrucksraum deuten. Das soll nicht besagen, daß er jedes einzelne Phänomen, das ihm als Ausdruck entgegentritt, jede Sprache der Natur oder des Geistes ohne weiteres zu verstehen vermag. Es kann in der Welt auch verborgenen Sinn, Unverständliches, ja Unsinniges geben. Aber dieses Einzelne bleibt eingefangen innerhalb des Seins im ganzen, dessen Sinnhaftigkeit und darum Deutbarkeit im ganzen feststeht. Auch wo der Geist die besondere Deutung nicht zu geben vermag, weiß er doch um die Bedeutsamkeit dessen, was sich ihm anzeigt.

Indem die Sinnlichkeit als Ausdrucksfeld vom Bereich des Geistes umgriffen wird, hat sie für ihn je schon die Enge der Subjektivität überstiegen und ist zu einem intersubjektiven Ausdrucksmittel geworden. Um dies zu begreifen, genügt es nicht, auf die Indifferenz der Bilderwelt zu verweisen, als ob diese Indifferenz bereits den Ausbruch aus der Enge der Subjektivität verbürgte. Denn die Bilder sind ja zunächst gerade das Unmitteilbare, das die Geschlossenheit des subjektiven Innenraums naturhaft begründet. Soll also die Bilderwelt dennoch zu einem intersubjektiven Raum der Sprache und der Verständigung werden, so kann dies nur innerhalb des umfassenderen geistigen Raumes geschehen. Hier gilt es nun, sich das über Allgemeinheit und Besonderheit Gewonnene nochmals vor Augen zu stellen. Das Universale existiert als solches nie außerhalb des Partikulären, was das Partikuläre nicht hindert, die jeweilige Darstellung eines Universalen zu sein. Alles, was ein einzelner Mensch ist und tut, das ist und tut er in Ausprägung einer Möglichkeit des Wesens Mensch, das er mit allen andern Menschen identisch teilt; und dennoch ist alles, was er ist und tut, nie ein Abstraktes, sondern immer Ausdruck seines konkreten, persönlichen, unwiederholbaren Wesens. Darin zeigte sich die Unübersehbarkeit des Begriffes der Einheit, der das Einzelwesen sowohl nach der Seite der Gattung wie nach der der Individualität hin zu zentrieren sucht. Es kann nun aber nicht ausbleiben, daß auch das Selbstbewußtsein des sich ergreifenden Geistes auf diese Frage der Einheit stößt. Denn sobald er in der ursprünglichen Identität von Denken und Sein sich selbst als seiendes Eigenwesen erfaßt und dabei gleichzeitig die Universalität des Begriffes des Seins erfährt, stellt sich ihm diese Frage in ihrer härtesten Form: im ungelösten Verhältnis seines einmaligen geistigen Wesens zu seiner Offenheit für alles außer ihm erkennbare Sein. Diese Offenheit gehört innerlich zu seiner Konstitution als Geist: dadurch, daß er universal ist (quodammodo omnia), ist er allererst befähigt, dieser einzelne Geist zu sein. Im Geist wird so das Problem des Allgemeinen und Besonderen und damit das Problem der Einheit, das in der untergeistigen Natur ein Seinsproblem war, nun auch zu einem Erkenntnisproblem. Darin ist nun aber weiterhin eingeschlossen, daß das Selbstbewußtsein des einzelnen Geistes ebenso unmittelbar ein Bewußtsein vom andern, ein soziales Bewußtsein sein muß. Denn es ist unmöglich, daß der Einzelne sich als Einzelner, als in sich geschlossener Geist weiß, ohne gleichzeitig – und dies auf Grund seines Wissens um seine potentielle Universalität – um die Existenz anderer Geister zu wissen. Beide Sichten der Einheit sind so ineinander verflochten, daß die individuelle Einheit nicht ansichtig werden kann, ohne daß die arthafte gleichzeitig ins Bewußtsein träte. Denn auch die arthafte Einheit ist reale, ontologische Form der Einheit (und keineswegs bloß ein abstrakter Begriff, der nur auf Grund irgendwelcher Ähnlichkeiten der Individuen zustande kommt). Diese Seite der Einheit, kraft welcher alle Einzelwesen am identischen Artwesen teilhaben und darin kommunizieren, schafft eine so innige Wesens- und Schicksalsgemeinschaft, ein so primäres Zusammen-Stehen und Zusammen-Fallen, daß das Bewußtsein von dieser Gemeinschaft an Stärke und Evidenz keinesfalls hinter dem Bewußtsein der individuellen Einheit zurückstehen kann. Ebenso ursprünglich, wie ein Mensch weiß, daß er Mensch ist, weiß er auch, daß er ein Mensch unter Menschen ist. Ebenso ursprünglich, wie er weiß, daß er in geistiger und sinnlicher Sprache sich aussprechen kann, weiß er auch, daß er von seinesgleichen ansprechbar und je schon angesprochen ist. Die Transzendenz der Erkenntnis, die in der Universalität des Seinshorizontes apriori gegeben ist, schließt eine reale Immanenz der übrigen Subjekte, die von Natur an der gleichen, identischen Universalität teilhaben, in sich. Die

Transzendenz des einzelnen Erkenntnissubjekts ist eine solche nur dadurch, daß dieses Subjekt eine Ausprägung der ontologischen Einheit der Menschennatur ist, der es immanent ist. Wenn auch aus dieser Tatsache keineswegs folgt, daß das einzelne Subjekt in seinem geistigen Raum die Inhalte anderer Subjekte im Sinne eingeborener Ideen tragen muß, (weil keines der Subjekte solche Ideen besitzt), so hat doch die Monadenlehre von Leibniz darin recht, daß sie eine reale Kommunikation, eine gegenseitige Immanenz aller geistigen Räume der einzelnen Subjekte ansetzt, die mehr ist als eine bloße potentielle Öffnung zueinander hin. Die letztere könnte auch dann bestehen, wenn man sich die Geister als lauter einzelne, erst nachträglich einander zugeordnete Wesen dächte. Jedes von ihnen hätte dann zunächst ein geschlossenes Selbstbewußtsein, und erst in zweiter Linie erhöbe sich die Frage, wie diese geschlossenen Räume gesprengt und zueinander in Beziehung gesetzt werden könnten. Aber diese Vorstellung, die mancher Erkenntnistheorie stillschweigend zugrunde gelegt zu sein scheint, schafft sich selbst mühevolle Probleme, wo in Wahrheit keine sind. Der Mensch, der zu sich selber erwacht, erwacht ebenso unmittelbar auch zum Du, und dies nicht nur psychologisch, sondern durchaus gnoseologisch, weil ontologisch. Insofern erübrigt sich auch die Frage, ob ihm das Dasein des Du durch ein indirektes Schlußverfahren oder durch eine unmittelbare vitale Einfühlung zur Gewißheit wird. Beide Wege mögen ihm bei dieser Erkenntnis behilflich sein; aber der entscheidende Zugang zum Du liegt weder im einen noch im andern, sondern in der ursprünglichen Erschlossenheit der realen Einheit des Artwesens, als der Bedingung der Möglichkeit eines Daseins als Einzelperson. Damit ist der Kontakt zwischen Ich und Du je schon gegeben, und darin eingeschlossen die Möglichkeit, ja, die Bereitschaft des Austausches durch das gesprochene und das aufgenommene Wort.

2. Mit dieser letzten Einsicht ist schon ein erstes Gegengewicht gegen eine Überbetonung der in sich geschlossenen Freiheit des einzelnen Geistes gesetzt. Wie bei der Beschreibung des Bedeutungsphänomens gezeigt werden mußte, daß in der Dualität von Wesen und Bild, von Ausgedrücktem und Ausdruck sich beides nicht wie Akt und Potenz, ruhende Fülle und bewegliche Leere verhält, daß vielmehr auch das Wesen auf das Ausdrucksfeld angewiesen ist, ja, die Vergänglichkeit der Bilder geradezu die Potentialität des sich darin kundgebenden Seins zur Darstellung bringt, so darf nun auch bei der Beschreibung des selbstbewußten geistigen Ausdrucks als Wort nicht der Anschein entstehen, als bilde die Geburt des inneren Wortes eine erste, sich selbst genügende Phase, die erst nachträglich in die zweite des äußern Ausdrucks in der Sprache der Bilder übergehe. Schon von der genetischen Betrachtung des Bewußtseins her ist klar geworden, daß sich die geistige Mitte des Bewußtseins aus der sinnlichen Mitte der Einbildungskraft herausentwickelt. Von dieser Herkunft löst der Geist sich auch später nie. Seine wesentliche Tätigkeit bleibt es, sinnliche Gegenstände zu ordnen, zu beschreiben, deutend zu verstehen, und nur soweit vermag er sich über das Sinnliche zu erheben, als dieses ihm selbst die Wegleitung dazu gibt (tantum se nostra naturalis cognitio extendere potest, in quantum manuduci potest per sensibilia. S. Th. 1 q 12 a 12 c). In dieser Hinwendung allein erkennt und erfährt er sich selbst. Im Spiegelbild der Materie erkennt er den Geist, im Spiegelbild des Außen erblickt er das Innen. So ist das Wort, das er spricht, nicht nur der Ausdruck einer innern, schon festgelegten und unverrückbaren Einsicht, sondern ebenso auch ein Teil der Festlegung dieser Einsicht selbst. In der Äußerung liegt für den, der sich äußert, immer auch eine Bereicherung: indem er sich darstellt, wird er sich selber verständlich, übersieht er seine Fähigkeiten, seine Vorzüge und Mängel. Oft genug ist das ausgesprochene Wort eine Überraschung für den, der es ausspricht. Wenn vorher, im

ersten Aspekt, das geistige und das sinnliche Wort ausdrücklich getrennt und auseinandergehalten sein mußten, um die geistige Rede von der bloßen Naturbedeutung abzuheben, so gilt es hier, beide wieder in der ungezwungenen Einheit zu sehen, die als ganze die Äußerung des Geistes ist. Diese Einheit ist so stark, daß das innere Wort nur durch einen Anruf von außen hervorgelockt wird und darum auch die Ausrichtung auf eine äußere Antwort an jenen Anruf behält, während umgekehrt der äußere Anruf nur durch das innere Wort als solcher verstanden und durch ein äußeres Wort beantwortet werden kann. Sofern der Geist auf der Sinnlichkeit gründet und selber Natur hat, ist er je schon in die Ausdrucksbewegung hineingestellt, um sich darin zu verwirklichen. Er kann sich selber nicht anders kennenlernen als in der Bewegung von sich weg auf die Welt und auf den andern Geist hin. Als Sinnlichkeit und als Natur ist er immer schon ausgedrückt, und zwar primär nicht für sich selbst, sondern für Andere. Das ist so wahr, daß es dem Menschen nicht möglich ist, sein eigenes Gesicht zu sehen, so wie alle andern es erblicken; benützt er den Notbehelf eines Spiegels, so sieht er sich darin nicht so wie er ist, sondern spiegelverkehrt. Und was von seinem bildlichen Aussehen gilt, das gilt in tieferer Weise auch von seinem geistigen Wesen: er wird dieses Wesen nur dann einigermaßen kennenlernen, wenn es ihm im Spiegel der Umwelt, und seiner objektiven Antworten auf ihren Anruf sichtbar wird. Die Unterscheidung des innern und äußern Wortes im Geist meint nicht eine Ersetzung der äußern Ausdrucksbeziehung durch eine innerliche, subjektive Selbstbeziehung, sondern die Ermöglichung seiner freien und damit vollkommeneren Darstellung nach außen.

So wachsen im geistigen Wesen Fürsichsein und Sichselbstübersteigen gleichzeitig. Kraft der Reflektion hebt es sich von der Welt als ein Fürsichseiendes ab und schließt den Raum seines innern Bewußtseins, um ihn nur in Freiwilligkeit abermals zu öffnen. Doch die innere Welt, die sich so schließt, ist selber gebildet und angefüllt von Dingen der äußern Welt, und das freie Wort, das aus ihr hervorgeht, ist immer schon Antwort auf die dringenden Fragen der äußern Welt. Diese hat ihre Anliegen in den Raum des Subjekts hineingelegt, um von ihm Auskunft über ihren Sinn und ihr Wesen zu erlangen, und indem das Subjekt diese Auskunft gibt, erhält es allererst Auskunft über sich selbst, seinen eigenen Sinn und sein Wesen. Untergeistige Wesen sind durch bloße Natur füreinander ausgedrückt, soweit sie dieses Ausdrucks bedürfen. Sie sind naturhaft füreinander enthüllt und leben, indem sie so voreinander offen liegen und ihr Wesen sich nicht zu erscheinen weigert, in ihrer Wahrheit. Der Mensch hingegen muß, um den gleichen Grad an Wahrheit zu erlangen, die naturhafte Enthüllung durch freie Selbsthingabe ergänzen. Er muß dort, wo die naturhaften Wesen durch ihre bloße Erscheinung ihr Wesen bekennen und beichten, ein freies Bekenntnis seiner selbst ablegen. Täte er es nicht, versuchte er, seine Wahrheit auf sein inneres Wort zu beschränken, so würde er der Welt ein Stück ihrer selbst entziehen: dort wo er stünde, fiele ein Teil der Wahrheit aus, wäre ein Fenster geschlossen, ein Licht erloschen, ein Schatz verscharrt. Aber dieser Selbstsüchtige würde seiner eigenen Wahrheit nicht froh; er hätte die Enthüllung des Seins verweigert und wäre damit seiner eigentlichen Wahrheit verlustig gegangen. Freie Wesen sprechen sich nicht nur voreinander, sondern ineinander aus. Indem sie im freien Wort ihre Wahrheit in den Raum des Du hineinlegen, erfahren sie erst in dieser Tat, wer sie selber sind. Sie finden sich einer im andern. Im gleichen Maße wie mit dem Fürsichsein die Einsamkeit des Geistes wächst, nimmt auch seine Gemeinsamkeit zu. Indem er von sich selbst als Person Besitz nimmt, erfaßt er gleichzeitig das Wesen all derer, die mit ihm zusammen Person sind. So steigert sich mit der Verantwortung für das eigene persönliche Wesen unmittelbar auch die für die ganze Gemeinschaft. Wer sich für sich selber vollendet, muß es sofort auch für die

Andern und in den Andern tun. Wer nach seiner eigenen Wahrheit strebt, strebt unmittelbar auch nach der Wahrheit der Andern: seiner Wahrheit in ihnen und ihrer Wahrheit in ihm. Die Solidarität im Schicksal ist auf Grund der Wesenseinheit so tief, daß unter den Gliedern der Gemeinschaft jede Ausschließlichkeit im Wahrheitsbesitz, unbeschadet aller persönlichen Geheimnisse, verunmöglicht wird. Was dem einen gehört, muß allen zugute kommen; was der eine für sich behält, ist allen entzogen.

Das Wort, das der Ausdruck des freien Wesens ist, wird hier zum *dialogischen* Wort, und damit erhält auch die Wahrheit, als Enthüllung des geistigen Seins, dialogischen, sozialen Charakter. Die Beziehung zwischen Wesen und Bild, in der die Wahrheit primär beheimatet ist, spannt sich jetzt ausdrücklich über den Abgrund zwischen Ich und Du hinweg und läßt das Ich seinen Ausdruck (und damit auch sein volles Wesen) erst im Raume des Du gewinnen. Die Selbstaussprache des Geistes ist immer schon ein Zwiegespräch mit andern Geistern, und die volle Wahrheit kommt erst in diesem übersubjektiven Gespräch zu Tage. Hier erfährt das Subjekt sowohl was die Wahrheit der Welt, wie was seine eigene Wahrheit ist. Der Logos des Seins, der zuerst nur als geheimnisvolle Verdopplung des Seins im Bild, im Ausdruck und im Begriff erschien, schwebend zwischen Einheit und Zweiheit innerhalb des geschlossenen Wesens, öffnet sich jetzt zu einem intersubjektiven Logos, der, schwebend zwischen der Einheit des Wesens und der Vielheit der Personen, die Einheit des Wortes in der Gestalt von Rede und Antwort herstellt.

Dieser Logos hat eine im innersten schwebende, nicht festzulegende Gestalt: er stützt sich, um wirkliche Wechselrede zu sein, auf die bestehenden Pfeiler der Einzelsubjekte. Wären diese nicht in ihrer freien Intimität gesichert, so käme niemals ein Dialog der Wahrheit zustande. Jede radikale Sozialisierung des freien Geistes würde unmittelbar den Geist wie die Freiheit aufheben. Ebensowenig aber würde je das

Gespräch der Wahrheit in Gang gesetzt werden, wenn die Subjekte nicht immer schon in Wechselbeziehung stünden, wenn ihre Wahrheit sich anders als im ineinandergreifenden Dialog verwirklichen könnte. Das innere, einsame und das äußere, gemeinsame Wort bilden eine bewegte, weder zu trennende noch einfach zusammenzulegende Einheit.

Somit ist das Kriterium der Wahrheit teils im Ich und teils im Du beherbergt und als ganzes Kriterium nur in der Bewegung des Dialogs zu gewinnen. Das Kriterium innerhalb des Ich liegt in der Evidenz des «cogito ergo sum», in der erlebten Deckung zwischen Sein und Bewußtsein, auf welche alle mittelbare Evidenz als auf das Prinzip und Maß aller Wahrheit zurückgeführt werden muß. Jedes diskursive Urteil, das durch Analyse und Synthese, durch Abstraktion aus dem Sinnlichen und durch Konkretion des Begrifflichen gefällt wird, leitet seine Berechtigung her aus dieser letzten, unumstößlichen Evidenz im geschlossenen Raum des Geistes. Und doch leuchtet diese Evidenz jeweils nur auf, wenn der Geist aus sich selber ausgeht, um sein persönliches Wort in sachlichem Wirken an der Welt, in sachlichem Gespräch mit dem Du außerhalb seiner selbst niederzulegen. Der Spiegel der innern Evidenz wird ihm nur dann gezeigt, wenn er sich nicht in sich selber, sondern im Nicht-Ich sucht. Dieser Ausgang aus sich selbst, in welchem der Geist sich der Gemeinschaft erschließt und in ihr seine Wahrheit findet, ist so sehr die Bewegung der Wahrheit, daß er zu deren zweitem Kriterium wird. So erweitert sich die Analyse und Synthese des intellectus dividens et componens über die einsame Tätigkeit des Geistes hinaus auf die immer neue Unterscheidung und Einigung zwischen Ich und Gemeinschaft, um in der dialogischen Bewegung ihre Ruhe und ihren (offenbleibenden) Abschluß zu finden.

Zwischen diesen Polen bleibt die Wahrheit dieser Welt in der Mitte schwebend. Sofern sie sich auf die innere Evidenz des einzelnen Geistes stützt, ist sie gefestigt genug, um nicht der Gefahr eines schwankenden Relativismus ausgesetzt zu sein. In jener blitzhaft aufleuchtenden Evidenz vom Wesen des Seins ist dem Geist so viel Licht und Gewißheit geschenkt, daß er in der Kraft dieser Wahrheit, die ihm wie eine Einstrahlung der ewigen Wahrheit geschenkt ist, es sich zutraut, alle ihm begegnenden Beziehungen der geschaffenen Welt danach zu messen, zu ordnen und dahin auszurichten. Aber diese Evidenz gibt sich selbst immer nur als ein Ausgangspunkt neuer Bewegung. Sie ist weniger ein ruhender Inhalt als ein Prinzip, ein Werkzeug des Denkens, ein Ferment, um in unabschließbarer Bewegung innerhalb der Welt und der Gemeinschaft Wahrheit progressiv zu verwirklichen. Die Gewißheit der Wahrheit ist ein Geschenk, das sofort ins Ungewisse hineingetragen und ausgeteilt sein will, eine Sendung, die dort ausgeübt werden muß, wo das Licht der Wahrheit noch nicht hingedrungen ist. So bleibt dem Geist die doppelte Aufgabe: Seine Gewißheit als Licht in die Finsternis leuchten zu lassen, aber sich zugleich selbst als je neue Finsternis zu verstehen, die sich erst in der Bewegung zum Licht hin erhellt. Er hat die Wahrheit, sofern er sie in sich trägt, wie den Funken der Sendung, um sie außer sich zu verkünden. Er hat sie nur, sofern er sich als ein Glied und Teil der Welt in der ewigen dialogischen Bewegung befindet, sich auf die Wahrheit zubewegt, sie durch die Bewegung seiner Existenz jeweils neu zu verwirklichen strebt. So ist die Wahrheit der Welt weder ein bloßes Sein noch ein bloßes Werden. Wäre sie ein bloßes Sein, so wäre sie eins mit der ewigen Wahrheit und bedürfte keiner je-neuen Zurückgewinnung mehr. Wäre sie ein bloßes Werden, ein stetiger Fluß, so wäre sie keine Wahrheit mehr, sondern eins mit der wesenslosen Vergänglichkeit der Bilder. So aber ist sie zugleich Werden und Sein: je neue Versicherung ihres Seins zu je neuem Werden hin; je neue Entzündung am Funken ihres Seins, um diesem Sein in ewigem Werden nachzustreben. Beides, Sein und Werden, gehört in Gleichberechtigung zum vollen Bild der Wahrheit.

Ihr dialogisches Wesen ist nicht etwas, was schließlich zu Gunsten eines bloß ruhenden Besitzes überwunden werden müßte. Das Dialogische bildet vielmehr die bleibende, ja immer nur sich steigernde Lebendigkeit im Wesen der Wahrheit. Eine Vorstellung der ewigen Wahrheit, in der dieses Lebendige, immer neu sich Entzündende, Quellende, Weiterdrängende fehlte, wäre nur ein Zerrbild und eine Fälschung. Wahrheit ohne Leben, ohne Dialog würde sofort aufhören, einen Sinn zu haben: sie wäre Enthüllung, aber für niemanden mehr, sie wäre ein Wort, das nicht mehr gehört und beantwortet würde, ein Licht, das aus Mangel an Luft nicht mehr strahlen könnte. Wieder ist hier zu sagen, daß die Seite der inneren Evidenz nicht als der erfüllte Akt, die Seite der äußeren Verwirklichung nicht als die unerfüllte Potenz betrachtet werden darf, sondern beide Seiten in unlösbarer Einheit das eine aktuell-potenzielle Geheimnis der geschöpflichen Wahrheit in ihrer Lebendigkeit darstellen. Denn auch die innere Evidenz ist ein stets neuer Ausgangspunkt der bewegten Verwirklichung ihrer selbst.

Damit wird abermals der Gesamtsinn der Wahrheit als *Liebe* sichtbar. Denn sobald die Richtung der Seinsenthüllung das Ich übersteigt, um sich im Du zu vollenden, sobald der Logos des Seins zum Dialogos im Sinn einer unabschließbaren Mitteilung wird, tritt auch schon die Liebe als die endgültige Deutung der ganzen Bewegung hervor. Die Liebe allein gibt dem Selbstbewußtsein und dem inneren Wort seine Rechtfertigung: als Bedingung der Möglichkeit vertiefter Hingabe. Sie allein läßt auch das äußere Wort, das jeder im anderen spricht, als sinnvoll erscheinen. Ohne sie müßte eine solche Nähe und Kommunion der Wesen nur als lästig, peinlich und indiskret erscheinen: jeder hätte an seiner eigenen Wahrheit genug und würde höchstens die Wahrheit der anderen dazu benützen, seinen eigenen Schatz und Bedarf an Wissen abzurunden. In einer solchen Welt wäre die Wahrheit sinnlos. Ihre ganze Bewegung der Mitteilung wäre als

Bewegung nicht mehr zu deuten, ihr eigener Vollzug, dessen Sinn die Liebe ist, würde unverständlich, und damit hätte die Wahrheit selbst aufgehört, wahr zu sein. Sie wäre vielleicht noch die formale Norm, an der man die Dinge messen könnte, aber diese Norm wäre leer, ja in sich selbst widersprechend geworden.

Und so wird nochmals die früher dargestellte Einheit von Glauben und Wissen (vgl. S. 99 f.) verdeutlicht, und zwar in der Weise, daß der Glaube nicht nur als eine unvollkommene Vorstufe des Wissens erscheint, sondern das steigende Wissen auch steigenden Glauben bedingt. Überall, wo freie Äußerung eines Geistes stattfindet, dessen Selbstkundgabe nicht sachlich überprüfbar ist, ist der Glaube die einzig sachgemäße Haltung der Wahrheitsaufnahme. Das aber ist überall dort der Fall, wo ein geistiges Wort nach außen gesprochen wird. Derjenige, der es hinaussetzt, stellt sich mit seiner freien Autorität dahinter: er bürgt für die Wahrheit seiner Aussage und kann auf Grund dieses Einsatzes Glauben verlangen. Keinem der Aufnehmenden ist es verwehrt, die Wahrheit dieser Aussage nach Möglichkeit an den inneren Kriterien der Evidenz nachzuprüfen, sie mit anderen Aussagen, Tatsachen, Hinweisen in Beziehung zu setzen, um sich auf diese Weise der Wahrheit zu versichern. Das alles wird aber nicht hindern, daß ein Moment des Glaubens und des Vertrauens jedem Verkehr zwischen freien Geistern anhaften wird. Nur durch das je neue Wagnis des Glaubens an die von den andern kundgetane Wahrheit kann der Geist sich allmählich der objektiven, intersubjektiven Welt der Wahrheit versichern. Sobald der Sinn der Wahrheit in der Liebe gesehen wird, wird diese Forderung nach Glauben nicht mehr als hart oder irrational erscheinen. Denn wie die eigene Kundgabe als freie, schöpferische Darstellung seiner selbst notwendig vom Anderen vertrauenden Glauben fordern muß, so kann auch die Entgegennahme fremder Wahrheit nur innerhalb der gleichen entgegenkommenden Haltung erfolgen. In der Liebe wird unmittelbar verständlich, warum der Glaube notwendig ist zum Wissen.

Der hier gemeinte Glaube hat nichts zu tun mit schwankender Meinung. Meinung und Vermutung (*δόξα*) ist innerhalb der Bilderwelt zu Hause, in der es kein objektiv mitteilbares Wissen gibt. Glaube dagegen ist ein Wesensmoment des geistigen Wissens (*ἐπιστήμη*), sofern sich dieses immer auch von Person zu Person bezeugt und dialogisch bewegt. Und zwar erzeugt das jeweils gewissere Wissen den jeweils stärkeren Glauben, weil die immer neue Erfahrung der Gewißheit der Wahrheit eine immer neue Bereitschaft erzeugt, sich der Bewegung der Wahrheit anzuvertrauen.

Wo immer Freiheit im Spiele ist, dort herrscht Verantwortung; der Glaube in der Wahrheitsaufnahme ist das Korrelat, das der Verantwortung in der Wahrheitsaussage entspricht. In dieser Verantwortung kommt die Transzendenz der Wahrheitsbewegung zum Abschluß. Je größer der Einsatz des Subjekts für eine von ihm verkündete Wahrheit wird, um so weniger genügt hier die bloße Beteuerung, daß dem wirklich so sei, daß die Aussage Glauben verdiene, um so mehr ist erfordert, daß die Aussage selbst durch einen erhöhten Einsatz unter Beweis gestellt werde. Dieser Einsatz kann aber kein anderer sein als die *Tat*. Das Subjekt wird durch sein Leben, sein Handeln und nötigenfalls sein Leiden beweisen, daß es als Totalität hinter seiner Aussage steht. Es wirft sich als Ganzes in die Waagschale. Und gerade dadurch vollendet es selbst seine Äußerung. Es hatte damit begonnen, seine Wahrheit auszusprechen, wie man einen theoretisch richtigen Satz ausspricht. Aber es lud sich damit eine Verantwortung auf, die es über alles Vorgesehene hinaus zu immer neuen, immer gewichtigeren Aussagen zwang, bis es schließlich seine ganze Existenz, sein innerstes Wesen in Taten zu äußern gezwungen wird. Auf diesem Wege wird die Wahrheit seiner Aussage durch sein Leben unter Beweis gestellt. Es zeigt sich, welches Gewicht seine Wahrheit besaß. Und eigentlich wird erst durch dieses Zeugnis des Lebens die ausgesprochene Wahrheit zur vollkommenen Wahrheit. So kann ein Liebender seine Liebe beteuern; aber sei es, daß man ihm seine Schwüre nicht glaubt, oder daß es ihn selber drängt, sie als wahr zu erweisen: er wird fortschreitend sein ganzes Leben und all seine Taten als Beweisstücke für jene Behauptung aufführen, und dadurch, falls jener erste Satz wirklich Wahrheit war, sein Leben nach der Norm der Wahrheit ausrichten. Darum zeigt sich Liebe mehr in den Werken als in den Worten an: weil die Werke das Schwergewicht ihrer Worte sind. Ohne diese Beweisführung durch die Tat wäre nicht nur das Wort der Liebe nicht völlig glaubhaft geworden, der Liebende selbst hätte seine Liebe nicht wirklich dargestellt, nicht wirklich geäußert, er hätte nicht Gelegenheit gehabt, sein eigenes, verborgenes Geheimnis zu enthüllen, und dessen Kraft, Tiefe und Fülle sichtbar werden zu lassen.

Die Antwort auf eine solche Beweisführung durch die Existenz kann nur der gefestigte, zur Gewißheit gediehene Glaube sein. Dieser Glaube ist Wissen, weil er mehr Beweise erhalten hat, als für eine theoretische Gewißheit vonnöten gewesen wäre. Er bleibt aber nicht minder auch als Wissen Glauben, weil er den Akt der Anerkennung für den sittlichen Einsatz des Liebenden und den des Vertrauens in die dargebotene Wahrheit einschließt. Das Moment des Glaubens, das der Geliebte dem Liebenden entgegenbringt, bedeutet keine Schwächung der Gewißheit, sondern ist nichts anderes als die besondere Qualität, die die freie Antwort auf eine frei dargebotene Wahrheit notwendig haben muß. Es ist das Zeichen der ethischen Relevanz der Antwort auf die ethische Relevanz, die dem Wort der Liebe einwohnte. Vertrauende Hingabe bleibt das Apriori jeder wahren Erkenntnis zwischen freien Geistern, und in dieser Haltung vollendet sich sowohl die Objektivierung des Subjekts im Objekt, wie die Objektivität des empfangenden Objekts gegenüber dem Subjekt. Glaube steht also so wenig in Gegensatz oder auch nur in Spannung zum Wissen, daß erst die Einheit von Wissen und Glauben vollkommene Erkenntnis, vollkommene Aufgeschlossenheit für die Wahrheit bedeutet.

Da die Wahrheit als freie Tat hier ganz in das Zeichen des Ethischen rückt, läßt sich ihr doppeltes Kriterium noch einmal vom Kriterium des Ethischen her beleuchten und in seiner Richtigkeit bestärken. Die Bemessung der ethischen Tat als solcher obliegt dem *Gewissen.* Dieses ist jedenfalls eine einheitliche Funktion; es gibt im Menschen nicht zweierlei Gewissen. Aber die Einheit des Gewissens richtet sich dennoch nach zwei verschiedenen Normen, und daran erweist es sich als ein geschöpfliches Maß. Die erste Norm des Gewissens ist seine innere Evidenz, in welcher es das Gute als gut, das Böse als böse erkennt. Nach dieser Evidenz hat der Mensch sich zu richten, wenn er sittlich handelt, so sehr, daß es ihm nicht erlaubt ist, eine Handlung zu setzen, über deren Sittlichkeit sein Gewissen zweifelt. Aber die innere Evidenz des Gewissens ist keine autonome, unanfechtbare; sie hat sich vielmehr nach den objektiven Normen der Sittlichkeit auszurichten. So allein ist es möglich, von einem irrigen Gewissen zu sprechen und diesem die Pflicht aufzuerlegen, sich selbst gemäß den objektiven Normen von Gut und Böse zu korrigieren. Obwohl also derjenige schuldlos und nicht strafbar ist, der zufolge eines irrigen Gewissens etwas objektiv Verbotenes getan hat, so würde er doch in dem Augenblick schuldig werden, da er, pochend auf eine vermeintliche Autonomie, sich weigerte, ein anderes Gesetz anzuerkennen als das seines Gewissens, sich also sträubte, sein Gewissen nach einer überpersönlichen, auch ihn verpflichtenden Norm auszurichten.

Dieselbe Bewegung zwischen Selbstbestimmung und Fremdbestimmung, zwischen innerer und äußerer Norm, wie sie hier im Gebiet des Guten so deutlich auftritt, besteht im Gebiet des Wahren. Daß sie besteht, ist ein echtes Zeichen für die weltliche Güte und Wahrheit; denn nur so entsprechen beide (wie nachgewiesenermaßen auch die weltliche Einheit) dem Charakter des geschöpflichen Seins und seinem wesenhaften Dualismus von Akt und Potenz, von Essenz und Existenz, von Materie und Form. Es wäre nicht denkbar, daß ein von solchen Dualismen durchfurchtes Sein, das darin seine Nichtidentität mit dem göttlichen Sein kundgibt, seine Spannungen nicht auch an seinen grundlegenden, transzendentalen Eigenschaften sichtbar werden ließe. Aber wenn die Geschaffenheit der weltlichen Wahrheit sich in der Uneinheitlichkeit und Unrückführbarkeit ihrer letzten Kriterien anzeigt, so offenbart doch auch diese Unähnlichkeit der weltlichen Wahrheit mit Gott noch etwas von den Eigenschaften der göttlichen Wahrheit: nämlich die Einheit in ihr von Selbstbestimmung und Dialog, wie die auf kein endgültiges System festzulegende ewige Lebendigkeit des Wortes und der Hingabe.

B. WAHRHEIT ALS SITUATION

Was im vorigen Kapitel in der Entfaltung vom Bild über Ausdruck und Bedeutung zum geistigen Wort und zum Dialog sich als die innere Lebendigkeit der Wahrheitsbeziehung erwies, soll nun nochmals ausdrücklicher mit dem konfrontiert werden, was über die Freiheit und die Intimität der Wahrheit gesagt worden war. Intimität gab sich als Gegensatz zu Öffentlichkeit und allgemeiner Zuhandenheit; sie machte die Wahrheit zu einem Besitz des einzelnen, mit Innerlichkeit begabten Wesens; sie unterstrich die Bedeutung des jeweiligen Für-sich-seins, der Einmaligkeit jenes Seinsmittelpunktes, von dem aus Wahrheit sich offenbart. An diesem je-meinigen, je-deinigen, je-seinigen Charakter der Wahrheit hat ihre Allgemeinheit ein nicht aufzuhebendes Gegengewicht. Durch diesen Charakter der jeweiligen Einmaligkeit erhält nun alles über Ausdruck und Wort Gesagte nochmals eine ungeahnte Vertiefung: jeder einzelne Ausdruck, jedes gesprochene und aufgenommene Wort bekommt, auch wenn es äußerlich Millionen von andern Worten gleicht, das Gewicht der Unvertauschbarkeit, der Einmaligkeit. Wahrheit und ihre Verwendung rückt damit in den Aspekt der Situation.

Hier nun könnte die Besorgnis aufsteigen, Wahrheit würde dadurch so sehr verpersönlicht, daß ein allgemeines Verständnis der Wahrheit, ihre überpersönliche Gültigkeit, ihre Totalität und damit schließlich auch ihr rationaler Charakter entscheidend gefährdet werden könnte. So wird es nützlich sein, bevor die Beschreibung der Wahrheit als jeweils persönliche Situation unternommen wird, den Zusammenhang zwischen der Allgemeingültigkeit und der Jemeinigkeit der Wahrheit deutlich zu machen.

1. DIE BEWEGTE IDEE

Alle Freiheit des Geistes, ja, alle Intimität eines Seienden überhaupt ist Wesensteil seiner Natur. Es gibt keine Freiheit an sich – denn eine solche wäre die reine Unbestimmtheit, das Nichts –, sondern nur Freiheit eines nach Sosein und Dasein bestimmten Wesens. Für jedes weltliche Wesen gilt, daß es primär Natur hat und daß erst diese Natur die Eigenschaft der Freiheit besitzt. Natur aber besagt grundlegend ein sinn- und zweckhaft geordnetes und bewegtes Ganzes gemäß einer zugrunde gelegten und die einzelne Bewegung regelnden und somit übersteigenden Idee. Diese Idee ist in der Natur jeweils verkörpert und verwirklicht, wie der bewegte Zusammenhang zwischen Ausdruck und Ausgedrücktem gezeigt hat. Daß das Wesen je schon in der Erscheinung dargestellt ist, daß es sich selbst also nicht in einer absoluten Schöpfung aus der vollkommenen Freiheit, aus der Indifferenz aller Möglichkeiten, letztlich aus dem Nichts in absoluter Willkür erschaffen kann, daß es vielmehr je schon in die Erscheinung geworfen ist, die sein Wesen naturhaft ausdrückt, dies zeigt, daß alle Freiheit sich nur innerhalb eines durch die Idee und den Plan der jeweiligen Natur festgelegten Rahmens bewegen kann. Freiheit innerhalb der Welt bedeutet immer Verwirklichung einer naturgemäßen Idee; sie ist nur dann sinnvoll verwendet, wenn sie im Dienst und Gehorsam gegenüber der Idee den Plan des eigenen oder fremden Seins verwirklichen hilft. Das gilt gerade auch dort, wo der Freiheit die Möglichkeit eingeräumt ist, nicht nur an der Entfaltung, sondern an der Gestaltung der Idee selbst mitzuarbeiten. Auch diese Mitgestaltung des Sinnes und des endgültigen Zwecks eines Wesens ist keine irrationale, willkürliche Funktion, sondern eine Erhebung der geschöpflichen Freiheit zur Mitwirkung mit der Sinnspendung Gottes in der Welt.

Sofern nun der Plan der Welt und der in ihr auftretenden Wesen durch allgemeine Gesetze und gemeinsame Naturen, Gattungen und Arten festgelegt ist, innerhalb deren festen Rahmen die spontanen und freien Äußerungen der Wesen sich bewegen, ist Wahrheit Allgemeingut und überpersönlich erkennbar. Diese Naturen und Strukturen zu erforschen ist Aufgabe der «Natur»-Wissenschaften, wobei zu beachten ist, daß auch der Mensch, nicht nur als teilnehmend an der untergeistigen Natur, sondern auch als Geist, und nicht minder der Engel «Natur» hat. Sofern diese naturhafte Seite des Daseins vor allem das den Wesen einer Gattung oder Art Gemeinsame in Struktur und Gesetz enthält, ist hier die Abstraktion vom Einzelnen in ihrem Recht und kann, ohne der Wahrheit zu schaden (abstractio non mentitur), vom Einzelfall (und damit auch vom zufälligen Erkenntnissubjekt) absehen. Die Rationalität der Erkenntnis hat hier die Eigenschaft einer überpersönlichen Allgemeinheit.

Nun aber wird sich zeigen, daß die Übergänge von dieser Art «Natur»-Wissenschaft zur Wissenschaft der innerhalb der abstrakten naturhaften Rahmen sich bewegenden und verwirklichenden Einzelwesen kein abrupter, sondern ein fließender und allmählicher ist. Das ist schon aus der früheren Schilderung der Stufen der Intimität ohne weiteres zu entnehmen, wo ersichtlich wurde, daß bereits die Wesen der untersten Seinsstufe, und in steigendem Maße die der jeweils höheren eine auf keine Allgemeinheit vollkommen zu reduzierende Innerlichkeit besitzen. So wäre es durchaus möglich (wenn auch vielleicht nicht lohnend), die Geschichte eines bestimmten Moleküls, einer bestimmten Pflanze, eines bestimmten Tieres zu beschreiben; diese Geschichte würde ein Stück Wahrheit enthalten, die sich aus keiner allgemeinen und abstrakten Gesetzlichkeit apriori ableiten ließe. Das wird nun erst recht dort der Fall sein, wo im Reich des menschlichen Geistes die jeweilige Freiheit Wirkungen setzt, die aus keinerlei naturhaften Voraussetzungen errechenbar sind, wo die jeweilige Einmaligkeit einer Person in freier Begegnung mit anderen Personen Situationen schafft, deren wesentlicher Sinn sich gerade in ihrer Einmaligkeit und Unwiederholbarkeit ausdrückt. Nur ist damit keineswegs gesagt, daß die Wahrheit in dieser durch Freiheit bedingten, durch Persönlichkeit und Situation bestimmten Form weniger «rational», weniger erkennbar geworden wäre als in ihrer naturhaften und abstrakten Gestalt. Das Wort vom Individuum ineffabile besagt nur, daß das Einzelne nie restlos in Allgemeines umzusetzen sei, es besagt aber keineswegs, daß es darum nicht auch, in seiner Weise, erkennbar sei. Indem sich das Sein und damit seine Wahrheit allmählich von der Natur zur Freiheit, von der Allgemeinheit zur Einmaligkeit hinüber abschattet, wandelt sich damit auch die *Methode* der Erkenntnis, das adäquate Medium der Wahrheitsaufnahme. Genügt auf der Seite des Abstrakt-Allgemeinen eine unpersönliche, rein sachliche Erkenntnishaltung, so wird die Ratio, die zum Empfang des Einmalig-Personalen geeignet sein soll, selber den Voraussetzungen und Vorbedingungen des Personalen zu genügen haben. Damit aber, daß ein Gegenstand zu seiner Erkenntnis gewisse Vorbedingungen stellt und darum nur für jenen zugänglich ist, der diesen Bedingungen nachkommt, ist offenbar nicht gesagt, daß er in sich selbst weniger erkennbar, weniger rational wäre als irgendein anderer. Seine Rationalität hat *ebenso universale Geltung*, nur ist die Erkenntnis dieser Geltung an gewisse Forderungen geknüpft. die nicht jedermann zu erfüllen imstande ist. So könnte, theoretisch gesprochen, jedes Auge die Aussicht genießen, die man vom Gipfel eines schwer ersteigbaren Berges aus hat; nur stehen den meisten praktische Hindernisse im Wege, diesen Aussichtspunkt zu erreichen. Die so beschaffene Geltung kann im Gegensatz zur abstrakten Universalität der allgemeinen Gesetze und Strukturen als konkrete Universalität bezeichnet werden, sofern hier das Einmalige als solches allgemeine Gültigkeit hat. Dem steht nicht entgegen, daß die konkrete einmalige Form der Wahrheit jeweils nur Wenigen oder nur einem Einzigen zugänglich oder zugedacht ist, ja, daß diese Vereinmaligung gerade auch ein Schutz vor anonymer Öffentlichkeit bedeutet. Sogar die äußerste Zuspitzung dieser Einmaligkeit im Begriff der Situation – die ganz nur der versteht, der sich in ihr befand, der «dabei war» – bedeutet keinerlei Schwächung oder Aufhebung des Sinngehaltes und damit der Rationalität eines Vorgangs. Es bleibt auch nicht zu vergessen, daß jede noch so konkrete Situation stets unter den allgemeinen Begriff Situation fällt, daß also der Schematismus der Natur sich bis in das Feld der persönlichen Äußerungen der Freiheit durchhält, und Freiheit nie zur Naturlosigkeit wird.

Es wurde gesagt, daß der Übergang von den allgemeinen Strukturen zum individuellen Sein und damit der Übergang von der «Natur»-Wissenschaft zur geschichtlichen Wissenschaft ein fließender ist. Das bedarf noch einer Entfaltung. Die Idee eines Wesens, die seine Darstellung in der Existenz beherrscht, hat als solche selbst an den Reichen der «Natur» wie der «Geschichte» teil, sie ist zugleich unbeweglich und beweglich, zugleich als Gesamtidee über der Existenz (*εἶδος, ἰδέα*) endgültig normativ und als real in der Existenz selbst sich ausfaltende Form (*μορφή, ἐντελέχεια*) in jeweils neuer plastischer Anpassung richtunggebend. Beide Seiten des Sinnplans eines Wesens durchdringen sich innig, beide bilden zusammen seinen Wahrheits- und Vernunftsgehalt. Die Erkenntnis dieser Idee wird daher ebenso endgültig-normativ wie geschichtlich-mitfolgend sein müssen. Ein Erzieher kann die Wesens-Struktur seines Zöglings sorgfältig erforscht haben, das entbindet ihn aber nicht der Notwendigkeit, dessen Entwicklung mit gleicher Sorgfalt von Phase zu Phase begleitend zu verfolgen und in der jeweils neuen Situation sich entsprechend zu verhalten. Niemals ist die Idee eines Wesens so ausgedrückt, daß es nicht noch unendlich weitere Möglichkeiten hätte, weil die Idee selbst nie etwas Abgeschlossenes ist, das nicht weiterer Modulationen fähig bliebe. Die Idee eines weltlichen Wesens ist ja immer die Idee einer Entwicklung, eines Weges, der mannigfache Zufälle, Schicksale und Peripetien einschließt. Als normative und lenkende Idee zeichnet sie gewiß diesen Weg im Überblick vor, als immanente Idee beschreibt sie dagegen die Phasen des Weges nachfolgend mit und wandelt sich damit von Situation zu Situation. So ist etwa die Ganzheit einer Pflanze als Strukturplan etwas eindeutig Festgelegtes, aber dennoch zu unendlichen Einzelmöglichkeiten der Verwirklichung potentiell Geöffnetes. Je nach dem Klima, der Witterung, den günstigen oder ungünstigen Zufällen und Einflüssen wird die gleiche Ganzheit sich in völlig verschiedener Weise aktualisieren. Dasselbe gilt in gesteigertem Maße vom freien menschlichen Wesen. Seine Idee ist noch viel weniger festgelegt, weil sie durch seine eigene Freiheit und durch die Freiheit seiner Umwelt mitbedingt wird. Das dialogische Wesen der Wahrheit greift hier vermittelnd ein. Was einer sein soll und sein kann, darüber entscheidet kein abstraktes Schicksal, sondern immer auch die konkrete Gemeinschaft, deren Lebendigkeit sich in der Situation von Frage und Antwort äußert. Alle Lebenspläne sind lebendig ineinander verzahnt; entscheidende Teile der Idee eines Menschen liegen innerhalb der Idee von anderen Menschen; in unvorhersehbaren Begegnungen finden sich Ergänzungen unvermutet zusammen, aus unerfüllten Situationen springen neue Möglichkeiten hervor, scheinbar Unvereinbares verkettet sich zu dauernder Einheit, während scheinbar unlösliche Bindungen durch die Zeit als trügerisch überführt werden. Unübersehbar mannigfaltig sind diese Verflechtungen, aber ihre Verworrenheit und ihr Reichtum spricht nicht gegen ihre prinzipielle Erkennbarkeit. Vielleicht werden nur geringe Bruchstücke des Gesamtplans sichtbar, vielleicht muß man sich dauernd eines wertenden Urteils enthalten, weil man im Gewirr des ganzen Musters den Weg des einzelnen Fadens nicht übersehen kann: das alles bildet keinen Einwand gegen die Rationalität des geschichtlichen Lebens. Theoretisch bleibt eine Übersicht möglich (die uns in der Gesamtschau des Jüngsten Gerichtes verheißen ist). Die Wege und Begegnungen der einmaligen Situationen sind grundsätzlich ebensosehr ein Stoff für den urteilenden Verstand, der Beziehungen setzt und Sinngewebe ordnet, wie die abstrakten Gegenstände der Naturwissenschaften. Dabei ist es nicht einmal notwendig, daß das geschichtliche Denken sich in der Richtung auf die Abstraktion hin bewege, daß sie dem geschichlichen Verlauf um jeden Preis eine allgemeine Gesetzlichkeit, eine Typologie, Morphologie, Periodizität usw. aufdränge oder unterlege; es genügt, daß die einmalige Situation im Gewicht ihrer Einmaligkeit gewogen, die große Persönlichkeit im Licht ihrer Unvergleichlichkeit erkannt wird, damit der Sinn einer Begegnung annähernd begriffen ist.

Sofern also die Ideen der Welt in der mannigfaltigsten Weise sich selber bewegen und von außen her bewegt werden, erfordert ihre Erkenntnis einen ebenso beweglichen, plastischen und geschmeidigen Verstand, der mit dem Wandelnden mitzuwandeln versteht, um erst aus der Fülle der Verwandlungen das eigentliche Gesetz der Einheit herauszulesen. Jene Determinanten des Seins, die den Wandel nicht mitvollziehen, sind so allgemein und so leer, daß ihre Erkenntnis keine gefüllte Einsicht in die Wirklichkeit verbürgt. Das Seiende selbst ist lebendig, darum kann nur ein lebendiges Denken seine Wahrheit erfassen. Wer das Fließende begreifen will, darf nicht nur zuschauend am Ufer stehen, er muß zugleich schwimmend dessen Bewegung vollziehen, Was Leben ist, weiß niemand ein für allemal, er muß es sich immer neu und lebendig sagen lassen. Wollte er einmal diese Erfahrung als überflüssig ablehnen, so hätte er sich innerlich vom Leben entfernt, sich aus der Entwicklung herausgezogen und wäre so der Kenntnis des Lebens verlustig gegangen. Das gilt so sehr, daß sogar die ewige Vorsehung, deren überzeitlicher, unwandelbarer Plan alles Zeitliche übersteigt und somit auch antizipiert, menschlich doch kaum anders vorstellbar ist, denn als eine jeweils auch mitfolgende, die von Situation zu Situation, zusammen mit den das Schicksal mitbestimmenden Freiheiten, in immer neuer schöpferischer Erfindung den Sinn der Welt festlegt und entwirft. Denn von Augenblick zu Augenblick rückt die Welt, durch die unübersehbare Fülle der zeitlich fallenden Entscheidungen, in einen neuen Aspekt der göttlich vorausgesehenen Möglichkeiten (possibilia), so daß, wie die Sonne sich um die Erde zu drehen, auch die göttliche Vorsehung mit der vorrückenden Welt sich zu bewegen scheint.

2. PERSPEKTIVE

Die Individualisierung des Seins und damit auch der Wahrheit läßt sich in zwei verschiedenen Weisen betrachten: vom Sosein wie vom Dasein her, vorausgesetzt, daß man diese beiden Pole des Seins nicht mechanisch trennt (denn sie sind nicht trennbar), sondern nur innerhalb einer bleibenden Ganzheit unterscheidet.

Die erste, leichter verständliche Weise der Vereinzelung entsteht durch eine immer weitergehende Determinierung eines Subjekts durch Soseinsmerkmale, die an sich und abstrakt gesehen auch anderen Subjekten zukommen oder wenigstens zukommen könnten, aber gerade in dieser Mischung die Einmaligkeit eines Wesens und seiner Situation ausmachen. Die besondere Zusammenstellung erzeugt das, was im starken und schicksalsmächtigen Sinne des Wortes Konstellation heißt. Das Sein sowohl wie die Wahrheit treten dadurch in einen bestimmten Zustand, der an sich zwar durch allgemeine Kräfte verursacht ist, durch deren Wirkung aber das Einmalige hervorbringt. Stellt man sich das Subjekt als im Mittelpunkt dieser Konstellation stehend vor, so sieht man, daß die Wahrheit dadurch für es perspektivisch geworden ist. Es hat inmitten seiner Konstellation einen bestimmten Gesichtswinkel, aus dem es die Welt der Dinge und der Geltungen betrachtet. Gewisse Orte stehen ihm nahe, andere ferner, und diese Größenordnungen sind weitgehend durch den perspektivischen Charakter seines Blickes bedingt. Die Wahrheit erscheint, so betrachtet, wie ein weites, ja unübersehbares Land, in welchem man sich an fast unbeschränkten Punkten ansiedeln kann. Der gleiche Berg, der gleiche Fluß kann von unendlich vielen Orten aus betrachtet werden und wird sich daher auch in unendlich vielen Abschattungen und Profilen dem Blick des Beschauers darbieten. So entstehen eine Unzahl persönlich gefärbter Weltbilder und Weltanschauungen, die alle je eine bestimmte perspektivische Ansicht, bestenfalls eine standpunktlich bedingte Rundsicht über das Land der Wahrheit vermitteln, aber auf keinen Fall eine Übersicht, eine Art Vogelschau über seine ganze Lagerung bieten können.

Das ist auch gut so; denn die Übersicht würde die Aufhebung der Standpunktlichkeit voraussetzen, und diese wiederum die Aufhebung der Intimität der Wahrheit. Dort wo die räumlich-geographische Vorstellung den Gedanken einer möglichen Schau von oben nahelegt, dort gerade versagt sie als Bild des perspektivischen Charakters der Wahrheit. Denn für kein Wesen ist es möglich, seine eigene Perspektive endgültig unter sich zurückzulassen. Jeder Erkennende muß sich bescheiden, die Beschränktheit des eigenen Blickfelds anzuerkennen, im gleichen Augenblick, da er sich versucht fühlt, über die Enge fremder Perspektiven sich aufzuhalten. Dennoch braucht er sich nicht bei der Relativität des eigenen Blickfelds zu resignieren, denn es stehen ihm Mittel und Wege genug zur Verfügung, seine eigenen Perspektiven durch die der anderen zu ergänzen und zu bereichern. Er kann sich in Rede und Gegenrede über fremde Blickpunkte aufklären lassen. Er kann denkend und urteilend sie mit den seinen vergleichen und (hier versagt wiederum das topographische Bild) sie zu seinen eigenen machen, immer reichere Beziehungen innerhalb des unendlichen Feldes der Wahrheit entdecken, einen immer umfassenderen Standpunkt sich aneignen. Gerade sofern alle Einzel-Standpunkte an einer einzigen Wahrheit teilhaben, ist es möglich, sie zu vergleichen, zu koordinieren, auf eine freilich nie voll erreichbare Einheit hin zu ordnen. Die ausschlaggebende Methode der Standpunktvergleichung bleibt dabei, wie schon früher (S. 139 f.) bemerkt, die der jeweils größeren Totalität.

Nur positiv, durch Einbau des Partikulären in eine umgreifende Ganzheit, läßt sich die Auseinandersetzung der Weltanschauungen fruchtbar gestalten. Selten wird irgendeiner Perspektive jeder Wahrheitsgehalt abzusprechen sein. Oft aber wird es möglich sein, sie zu einer größeren Höhe, einer weitern Rundsicht empor zu führen. Alle Systeme des Denkens, die sich nur polemisch gegeneinander absetzen, wirken bemühend und erregen den Verdacht der geistigen Enge, während jene, die die jeweilige Enge beschränkter Standpunkte durch positive Öffnung zum umfassenderen Standpunkt hin überwinden, befreiend und aufbauend wirken. Nur bleibt dabei zu beachten, daß dieser Weg der Synthese weder von der eigenen Standpunktlichkeit jemals ganz absehen kann, noch sich einbilden darf, die fremden Perspektiven nun wirklich auch durch die fremden Augen betrachtet zu haben. Die Perspektivität der Wahrheit ist nicht nur eine vorläufige, die durch eine intensive Information, eine Art von gründlicher Bereisung des Landes der Wahrheit (wie sie etwa Hegel in seiner Phänomenologie des Geistes unternommen hat) allmählich in einen totalen Standpunkt aufgehoben und synthetisiert werden kann. Dies würde auf eine subtilere Art als es das abstrakte naturwissenschaftliche Denken tut, das Positive, das in der Perspektivität liegt: die Intimität und Personalität der Wahrheit sich abermals in eine Art allgemeiner Zuhandenheit verflüchtigen lassen. Es würde voraussetzen, daß der Standpunkt des Denkenden schließlich doch mit dem absoluten Standpunkt zusammenfallen könnte, daß der einzelne Denker heimlich mit dem alle Standpunkte durchlaufenden Weltgeist identisch wäre. Ein solcher wäre in der unmittelbaren Gefahr, in unverzeihlicher Zerstreutheit aus seiner persönlichen Situation und damit auch aus seiner eigenen Wahrheit herauszufallen oder bereits herausgefallen zu sein. Es bleibt für den Denker in der Welt (solange wir von der christlichen Offenbarung absehen) kein anderes Mittel, die Wahrheit progressiv zu erfassen, als einerseits das Ernstnehmen der persönlichen Situation, in der er selber steht, und anderseits das unabschließbare Zwiegespräch mit allen anderen ihn umgebenden Perspektiven. Er muß sich bemühen, die zwei widersprechenden Forderungen, die Nietzsche diesbezüglich aufgestellt hat, so gut er es vermag, gleichzeitig zu befriedigen: nämlich die Dinge persönlicher, entscheidungsvoller, verantwortungsbereiter zu betrachten und doch wieder zu versuchen, sie durch die Perspektive verschiedener Personen hindurch anzusehen. Diese Bewegung ist grundsätzlich offen und unabschließbar: sie entspricht abermals der Doppelseitigkeit des Wesens der Einheit, als Einheit der Person und als Einheit der Art. Das Höchste, was in dieser Richtung erreichbar ist, scheint in der Erkenntnisweise der Engel vorgezeichnet, wie Thomas von Aquin sie beschreibt: nach ihm würden die Engel durch einheitlichere Universalbegriffe als unsere leeren und abstrakten es sind, zugleich imstande sein, das jeweils Einzelne und Konkrete, das unter diese Begriffe fällt, auch in seiner Partikularität zu erkennen. Diese Erkenntnisweise entspräche der geistigeren Seinsweise der Engel, die als solche zugleich personaler und universaler als die unsrige ist. Sie würde demnach in sich den Begriff der konkreten Universalität verwirklichen, der für uns ein nie ganz erreichbares Ideal bleibt.

Aber die Individualisierung des Seins und der Wahrheit vom Begriff der Konstellation (soseiender Merkmale) und der Perspektive her bleibt in einer Einseitigkeit befangen. Sie erweckt den bleibenden Eindruck, die Wahrheit sei an sich etwas Allgemeines und in unpersönlicher Weise Objektives, und die Subjektivität entstehe nur durch die Beschränkung der standpunklichen Perspektiven. Dieser falsche Eindruck wird zerstreut, wenn die andere Seite der Individualisierung betrachtet wird: die Vereinzelung des Seins durch das Dasein, wodurch sich erst die Personalität des Seins vollendet.

3. PERSONALITÄT

Wir rühren hier an das eigentliche Mysterium des Seins. Denn wenn wir jetzt vom «Dasein» reden, so ist das ein Notbehelf, um den Gegenpol zum Sosein zu bezeichnen. Dieser aber ist nicht nur das nackte Da der Existenz, sondern ebensosehr auch die ganze Fülle, die unbeschreibbare Dichte, Lebendigkeit und Schwere des Seins, die sich für Thomas im Wort esse zusammendrängt: alles das, was es jeweils reicher erscheinen läßt, als irgendein Soseinsprädikat auszusagen vermag. In diesem Aspekt erscheint das Sosein fast wie das am Seienden jeweils in Erscheinung Tretende, Faßbare und Beschreibliche, während das Da die jeweils größere Fülle und damit auch das Je-mehr an Sosein über alles Erfaßte hinaus in sich enthält. Nach beiden Richtungen also geht das Dasein über das Sosein hinaus: sowohl in der durch kein Denken bezwinglichen ehernen Tatsächlichkeit, mit der es sich gegen das Nichts absetzt und die ihm den Anschein einer unauflösbaren Einheit und Einmaligkeit verleiht, wie in der ebensowenig aufzuarbeitenden Fülle, die jeder denkenden Bewältigung durch Ordnung und Übersicht spottet.

Diese beiden Seiten des (Da-)Seins vollenden zusammen den personalen Charakter des Seins, der vom Sosein her sich als Perspektivität gezeigt hatte, indem das Seiende nunmehr ganz als das jeweils Einmalige erscheint. Die Quelle seines Seins, die es mit dieser Kraft und diesem Reichtum über alles Erfassen hinaus zu speisen scheint, strömt nun gerade aus dem Zentrum der Personalität hervor. Für-sich-sein erscheint nicht mehr als eine Eigenschaft unter anderen, die unzähligen Wesen gemeinsam ist, sondern als dieses Unbeschreibliche, das den einzelnen Geist von allen Anderen absondert, ihn zu einer unvergleichlichen, durch nichts anderes aufzuwiegenden und zu ersetzenden Kostbarkeit macht. Das Seiende erhält einen Innenraum, der als solcher unendlichen Wert hat, dessen Haupteigenschaft es ist, unvergleichbar, unverwechselbar zu sein, jeder Einreihung in das Allgemeine, jeder Unterordnung unter eine Kategorie zu widerstehen. Als Individuen mögen die Einzelwesen wie «Fälle» einer Art oder Gattung erscheinen; als Personen, als für-sich-seiende geistige Räume haben sie jeweils die Einheit des Seins in sich selbst und können nicht mehr als Vielheit unter eine andere Einheit subsumiert werden. Der Kern des Seins selbst wird hier subjektiv, und damit auch die Wahrheit. Es ist in diesem Aspekt nicht mehr möglich, eine den Personen übergeordnete Sphäre allgemeiner, unpersönlicher «Geltungen» anzusetzen, eine Art von Ideenwelt, die die von den Personen gültige Wahrheit in sich fassen würde. Die Welt erscheint als ein Kosmos freier Monaden, deren Wahrheit zusammenfällt mit der jeweiligen Einmaligkeit ihres Seins. Da es außerhalb dieses Seins keine Wahrheit gibt, so folgt die Wahrheit jeweils seinen Bewegungen und Veränderungen und gibt ihnen Ausdruck: Veritas creata est mutabilis (S. Th. 1, q 16 a 8; De Ver q 1 a 6).

Dieser personale Aspekt des Seins und der Wahrheit ist freilich nur einer neben anderen. Es bleibt daneben immer wahr, daß alle Menschen die identische Menschennatur besitzen, daß also auch die Wahrheit, die in dieser Natur liegt, nur *eine* sein kann. Aber genau so, wie die identische Menschennatur in keiner anderen Form real existiert als in durch und durch individualisierten, persönlichen Wesen, genau so existiert auch die eine identische Wahrheit real nur in der

Form von jeweils einmaliger persönlicher Wahrheit. Und so wenig es den unendlichen Wert einer Person beeinträchtigt, daß neben ihr noch unzählige andere Personen von gleichem Wert existieren, so wenig wird durch die Vielheit der Personen der Wert der einzelnen personalen Wahrheiten entwertet und wohlfeil. So kostbar ein einzelner Mensch ist, so kostbar ist auch seine Wahrheit. Jede Erkenntnis einer Wahrheit durch eine Person ist eine Erkenntnis, die mit anderen nicht vertauscht werden kann, jede Mitteilung von persönlicher Wahrheit ist ein Geschenk, das mit nichts aufgewogen werden kann. Persönliche Wahrheit bedeutet hier, im Gegensatz zu nicht assimilierter, nur zufällig aufgelesener, herrenloser, anonymer Wahrheit, jene, die in persönlicher Entscheidung erworben, mit persönlicher Verantwortung getragen und weitergegeben wird. An dieser Wahrheit haftet das geistige Herzblut einer Person, um ihretwillen hat sie gedarbt und gelitten, und diese Frucht ihrer geistigen Wehen ist nicht weniger kostbar als die Frucht eines Leibes. Wird eine solche Wahrheit verschenkt, so wird im Grunde die eigene Person mitverschenkt. In solchem Austausch persönlicher Wahrheiten ernähren die Geister einander wie mit ihrer eigenen Substanz. Zu dieser Wahrheit gehört es, jeweils in Entscheidung reif geworden zu sein, und so fordert sie auch von dem, der sie aufnimmt, erneute Entscheidung. Hier wird jeder ereignis- und entscheidungslosen Synthetisierung verschiedener Standpunkte und Perspektiven der Riegel geschoben. Was dadurch an Extension für den einzelnen Geist verlorengeht – weil er entscheidungsvoll nur in wenigen Situationen stehen kann –, das gewinnt er überreichlich zurück durch die Intensität, die ihm im Umgang mit der personalen Wahrheit zuteil wird. Wie der Mensch, der in geordneter Einehe lebt, mehr von der Liebe zu wissen bekommt als der, der in Ausschweifung jedem Sinnengenusse nachhängt, so wird, wer sich entscheidungsvoll mit der ihm aufgetragenen und zugedachten Wahrheit abgibt, mehr von der Wahrheit erfahren als der,

der sich entscheidungslos in die unbegrenzten Breiten des Wißbaren verliert. Und wenn Tausende vor ihm und neben ihm die scheinbar gleichen Entdeckungen machen, für ihn selbst sind sie einmalig und verlieren dadurch nicht an Wert. Sie sind ihm ebenso spannend und atemraubend, wie wenn das Genie zum erstenmal eine neue Kraft der Natur, einen neuen Planeten, eine neue umstürzende Formel entdeckt.

In dieser Einmaligkeit des persönlichen Seins und der persönlichen Wahrheit tritt der Geheimnischarakter beider mit elementarer Wucht hervor. Keiner, der sich denkend hineinbohrt in den Abgrund des Daseins, kommt ihm auf den Grund: das jeweils Wirklichsein des Seins in seiner Unteilbarkeit und unergründlichen Fülle springt jeden Versuch denkender Bewältigung an und schlägt ihn schon im Ansatz zu Boden. Beziehungen lassen sich denken, es lassen sich Fäden knüpfen und wieder auflösen, die Einblick gewähren in die Strukturen der daseienden Dinge. Aber sobald der Denkende sich der glühenden Mitte des Seinsgeheimnisses nähert, sobald er ins unergründliche Auge des Daseins blickt, stockt ihm der Atem und das Herz setzt ihm aus. Er weiß, daß mit dem Geheimnis des Seins kein Wettlauf, keine Gigantomachie aufzunehmen ist. Auch nicht eine tragische Unruhe, eine bekümmerte «existentialphilosophische» Pose kann die rechte Haltung sein, sondern allein jene Demut, die sich gläubig und liebend dem Geschenk des Daseins vertrauensvoll hingibt, wissend, daß es immer unendlich mehr sein wird, als was ein Verstand erwarten, ein Herz ersehnen könnte; kein irrationales Chaos, sondern so viel Licht, so viel Ordnung, so viel Wahrheit, daß der törichte menschliche Geist diesen Reichtum niemals bewältigen wird. Dasein ist ein Geschenk und kann nur in Dankbarkeit entgegengenommen werden, und das ewige Mehr über alles Erfaßte hinaus, das in der Seins- und Wahrheitstiefe sich anzeigt, fordert, wie schon gesagt, den Glauben als eine immanente Eigenschaft alles Wissens.

Diese innere Dimension alles Seins erschließt sich erst dort, wo das Sein Bewußtsein, Person geworden ist. Wo dieser Einbruch in die Tiefe erfolgt, dort wird alles Seiende «in den Geheimniszustand erhoben» (Novalis): das eigene Sein des Bewußtseins und schließlich jedes Seiende, das durch seine Innerlichkeit teilhat an der allgemeinen Geheimnistiefe des Seins. Wer dieser Tiefe einmal innegeworden ist, der kann sie auch in der Oberflächlichkeit des Alltags nie mehr ganz verkennen. Er wird die andere Seite der Wahrheit, ihre allgegemeine Gültigkeit und Anonymität, wie sie der Unpersönlichkeit der Naturen, Gattungen und Arten entspricht, auch nicht mehr als im Gegensatz stehend zur personalen Tiefe empfinden und erleben. Vielmehr wird ihm diese Anonymität der alltäglichen Wahrheit wie eine Art von Mantel erscheinen, der das allzu nackte, allzu kostbare Geheimnis des Seins umhüllt, wie die Verbergung des Wunders des Seins im Grau der Gewöhnlichkeit, wie das Straßenkleid der Wahrheit, unter welchem das kostbare Gewand der persönlichen Wahrheit nicht ganz zu verstecken ist. Und nicht zuletzt wird dem Einzelnen diese Kostbarkeit darum verhüllt, damit er sich nicht darein verliere, ihm nicht wie einem ästhetischen Zauber erliege, sondern in einem verborgenen, aber grundlegenden *Verzicht* auf die Einzigartigkeit des Persönlichen dieses hinopfere dem Wohl der Gesamtheit. Denn Gemeinschaft wäre nicht möglich ohne eine gewisse ausgeglichene, temperierte und durchschnittliche Wahrheit. Diese Durchschnittlichkeit ist nicht nur naturhaft gegeben dadurch, daß alle Subjekte an einer gemeinsamen Menschennatur teilnehmen und in dieser verständigt sind, sie ist vielmehr immer auch das Produkt eines gemeinsamen Verzichts aller Personen auf die Exklusivität der jeweils persönlichen Wahrheit, um einer durchschnittlichen Wahrheit willen, wie die Gemeinschaft sie fordert. Das große Geheimnis des Daseins wird durch die Einzelnen hineinverhüllt in die Öffentlichkeit und Anonymität, in der der Mensch zunächst und zumeist sich aufhält. Diese kann, vom Standpunkt der personalen Wahrheit aus, als «Uneigentlichkeit», als «Modus der Defizienz», vielleicht sogar als Unwahrheit und Lüge gewertet werden, und ist das vielleicht alles auch; sie ist aber tiefer und wesentlicher die Hülle, deren jedes Geheimnis bedarf, um ein solches zu bleiben. Daß die persönliche Wahrheit so kostbar, so geheimnisvoll ist, läßt sich schließlich nicht anders ausdrücken als durch ihren Gegensatz zur oberflächlichen Wahrheit des Alltags und der Straße. Daß persönliche Wahrheit, obwohl sie wesentlich jedem zugänglich wäre, die unaufhebbare Eigenschaft hat, *selten* zu sein, das wird den Menschen bewußt, wenn sie sie unter dem Wust der nur allzu häufigen, allzu erreichbaren Ware der unpersönlichen Masse finden. Aus dem profanen Bereich eintretend in den Tempel der Wahrheit erfährt der Einzelne erst, was das Heilige ist.

4. SITUATION

Aus all dem ergibt sich nun jene grundlegende Eigenschaft der Wahrheit, die man ihre Bedingtheit und ihre Formung durch die Situation nennen kann. Situation läßt sich wiederum von zwei Seiten her beschreiben: von dem, was über die Perspektive, und von dem, was über die Personalität gesagt worden ist. Die Perspektive ergab sich aus einem durch den Standort bedingten Ausschnitt aus der Gesamtheit der Wahrheit, wobei gewisse Wahrheiten näher, andere ferner stehen, bestimmte Beziehungen zwischen ihnen hergestellt werden, die gerade durch diesen und keinen anderen Blickpunkt hervorgerufen sind, ein bestimmter engerer oder weiterer Horizont das Feld abschließt. So erscheint das Perspektivische, wenn man es aus dem Standort des Erkennenden erklärt und betrachtet. Man kann es aber auch aus gewissen Konstellationen der Wahrheiten heraus verstehen, die in ihrer besonderen Zusammensetzung, Mischung und Färbung eine besondere und einmalige Synthese ergeben, entsprechend etwa dem durch eine bestimmte Konstellation sich ergebenden schicksalshaften Augenblick im Horoskop. In solche Konstellationen von Wahrheiten hinein ist der Mensch fortlaufend gesetzt, in ihnen allein wird ihm Wahrheit kund und mit solchen hat er sich auseinanderzusetzen. Er trifft die Wahrheit nie in ihrem reinen, absoluten An-sich-sein, sondern immer in dieser je schon gesonderten Auswahl, Zuwendung, Profilierung, die ihn zwingt, sie auf ihren Wahrheitsgehalt hin zu prüfen, die Abstände zu messen, den durch die Perspektive bedingten Schein zu durchschauen und nach Möglichkeit auszugleichen, das jetzt Erscheinende mit früher Erschienenem, jetzt Verborgenem, mit möglicherweise Erscheinendem, aber noch nie Erschienenem usf. zu vergleichen und in Beziehung zu setzen. Aber wiederum bietet das Perspektivische erst eine äußerliche Beschreibung der Situation; sie zeigt sie noch mehr als eine durch Auswahl und quantitativ bedingte Besonderung der Wahrheit. Der echte, qualitative Sinn der Situation und damit ihre ganze Dringlichkeit tritt erst zutage, wenn man sie durch das in der Beschreibung der Personalität berührte Geheimnis des (Da-) Seins erläutert.

Dasein (als existentia und als esse) läßt sich nur am Gegenbegriff des Soseins (als essentia und als quidditas) abhebend beschreiben. Dieser höchst geheimnisvolle Dualismus innerhalb des einen Seins gibt dem Sein selbst und nicht erst der bestimmten Zusammensetzung von Seiendem eine unabsehbare perspektivische Tiefe. Es verhält sich mit diesen beiden Polen oder Aspekten des Seins so, daß wir sie zwar, wenn wir sie einzeln für sich betrachten, in ihrem Sinn und Gehalt zu kennen und zu verstehen meinen, daß aber gerade ihre unauflösbare gegenseitige Beziehung das Sein zu einem immer neuen Mysterium werden läßt. Von der Seite des Wesens oder des Soseins her läßt das Sein sich fortschreitend in Eigenschaften beschreiben und zerlegen, das einzelne Wesen durch eine Art von Einkreisung immer näher definieren; aber gerade auf diesem Weg wird schließlich ersichtlich, daß jeder Versuch einer endgültigen Erfassung immer scheitert an dem nicht zu erklärenden, nicht aufzuarbeitenden Block seiner tatsächlichen Faktizität, seiner Existenz. Alle Wesenseigenschaften zusammen ergeben niemals das Dasein, und dieses läßt sich keinesfalls wie eine Eigenschaft unter anderen zu den Wesenseigenschaften hinzuzählen. Vielmehr ist das Dasein die Voraussetzung, daß die Wesensanalyse überhaupt begonnen werden kann, sie ist (auch wenn man sich ein bloß mögliches, nicht real existierendes Wesen denkt) immer der Faden, an welchem alle jene Eigenschaften je schon aufgereiht werden. Es ist – das ist nun die Gegenseite der Frage – immer schon das, wovon das Wesen oder Sosein ausgesagt wird, das, was in seine Wesenseigenschaften zerlegt und dessen Fülle und Gehalt analysiert wird. So ergeben sich denn zwischen Wesen und Dasein zwei grundlegende, nie aufeinander zurückzuführende Beziehungen, welche in ihrer geheimnisvollen Zweieinheit das ewige Mysterium jeder Ontologie der geschöpflichen Welt bleiben: Dasein erscheint (als existentia) als jenes Moment am Seienden, das wesenhaft außerhalb der Reihe der Soseins-Eigenschaften steht, das ihnen «zukommt» (esse accidens) oder, wenn das Wesen ein nur gedachtes, nur mögliches ist, jetzt nicht, oder überhaupt nicht zukommt; es erscheint aber dann ebenso (als esse) als jenes Moment, auf das zuletzt alles Soseiende zurückzuführen ist als auf seine Quelle, so sehr, daß das jeweilige Sosein nichts anderes ist, als ein Ausschnitt aus der Fülle der Wirklichkeit des daseienden Seins. Aber umgekehrt verwirklicht ein existierendes Wesen nie, im Augenblick, da es existiert, die ganze Fülle seiner Möglichkeiten, ja, es zeigt jeweils nur einen kleinen Ausschnitt davon her. Das, was es in irgendeinem Querschnitt seines Lebens gerade ist, ist nur ein verschwindender Teil seines gesamten Wesens und verhält sich zu diesem wie der mikroskopische Schnitt zur ganzen Fülle eines Organismus. Das Wesen ist also weit davon entfernt, jeweils verwirklicht zu sein, es ist etwas wie eine überzeitliche Idee (εἶδος), die sich als einheitlicher Plan während des ganzen Ablaufs eines Daseins durchhält, aber auch etwas wie eine plastische Potenz ($\mu o\varrho\varphi\eta$), die sich in diesem Dasein fortschreitend entwickelt und darstellt.

In dieser immer neuen, perspektivisch unerschöpflichen Unterscheidung von Wesen und Dasein innerhalb des unteilbaren weltlichen Seins (distinctio «realis» inter essentiam et esse, bzw. inter existentiam et essentiam) wird also eine *innerseinshafte Bewegung* sichtbar, die sich zwischen beiden Seinspolen abspielt. Diese Bewegung läßt sich ebensowenig eindeutig beschreiben wie das Verhältnis der Pole selbst. Wird das Wesen als der gleichsam bekannte, ruhende Pol aufgefaßt, dann erscheint das Dasein wie etwas, das diesem Wesen niemals innerlich wird, das ihm immer nur «zukommt», das es gleichsam immer nur in einem Punkte berührt, an ihm gleichsam vorbeistreicht wie eine Tangente an einem Kreis (der Vergleich stammt von H. Conrad-Martius). Es kann aber ebenso auch das jeweils daseiende Wesen als ganzes aufgefaßt werden als die einzige in die Realität hineinreichende Spitze eines sonst nur als Möglichkeit und Idee bestehenden Wesens, das in seiner Verwirklichung angewiesen ist auf diesen infinitesimalen, scheinbar zur Gesamtheit des Wesens in keinem Verhältnis stehenden Punkt. Es kann endlich das weltliche Dasein betrachtet werden als die gleichsam aus der Fülle des Seins herausgetretene Form des Seins (existentia im wörtlichen Sinne), deren Außensein sich kundgibt an dem diese Fülle beschränkenden Umriß des Wesens (quidditas als limitatio des esse), das doch im Bestreben, an der Fülle Anteil zu behalten und sich dadurch im Sein zu halten, von der ewigen Ganzheit das Sein, das jeweils-jetzt-Sein zugemessen bekommt.

Wie immer man die Bewegung des geschöpflichen Seins betrachten mag, soviel wird klar, daß die geheimnisvolle Nichtidentität zwischen Wesen und Dasein sich innig berührt mit dem Phänomen der *Zeit*, ja, mit diesem, soweit die Zeit ein ontologisch grundlegender Sachverhalt ist, sich sogar deckt. Das soll nun keineswegs heißen, daß Sein und Zeit dasselbe wären; Zeit bleibt vielmehr auch in diesem Verständnis eine besondere, wenn auch fundamentale Eigenschaft des geschöpflichen Seins. Wohl aber ist damit gesagt, daß das Phänomen der Zeit ins Herz der geschöpflichen Ontologie hinein gehört und daß die philosophische Analyse der Zeit der eigentliche Zugang zu einem lebendigen und konkreten Verständnis der Realdistinktion ist. Man muß sich aber dabei von Anfang an deutlich vor Augen halten, daß jene mannigfachen Seinsstrukturen, die sich in der Beschreibung des Verhältnisses zwischen Dasein und Sosein, zwischen esse und essentia ergaben, durchaus nicht alle nur auf der bloßen durch die Geschöpflichkeit als solche bedingten Nichtidentität beruhen und somit etwas rein Negatives zur Voraussetzung haben. Der ganze innere Reichtum des Seins, der bei Gelegenheit dieser Analysen zutage tritt, weist vielmehr mit aller Deutlichkeit darauf hin, daß hier Einblicke in das Wesen des Seins überhaupt gelungen sind, daß also die Zeit, die in dieser konkreten Gestalt, wie wir sie kennen, gewiß etwas Weltliches und Geschöpfliches ist, doch Wesensmomente in sich enthält, welche auch positiv einen Abglanz, eine Ähnlichkeit und Nachahmung des ewigen Seins darbieten. Das Auseinandertreten im weltlichen Sein von Dasein und Wesen spiegelt auch als solches Geheimnisse der innern Lebendigkeit des ewigen Seins selbst ab, ja, wir erhalten vielleicht gerade durch dieses *in der* Nichtidentität sich öffnende Fenster Einblicke in den unübersehbaren Reichtum der göttlichen Identität. So wurde bereits gezeigt (S. 107 f.), daß die Realdistinktion zwischen Wesen und Sein der eigentliche Punkt ist, an welchem das Je-mehr- und Je-reicher-sein des Seins am elementarsten aufleuchtet, weil am Ende jeder Wesensforschung das noch unberührte jungfräuliche Dasein als das Unbewältigte steht, und am Ende jeder Erforschung des Faktischen das Geheimnis des ewig dahinterliegenden, nicht erforschlichen Wesens der Dinge auftaucht.

So gewarnt, wird man sich hüten, die Zeit und die ihr anhaftenden Eigenschaften nur als ein Negatives, etwas sie von der Ewigkeit Trennendes anzusehen. Vielmehr wird man in all ihren Aspekten immer beide Seiten berücksichtigen müssen, die in einer unlöslichen Verflechtung Positives und Negatives, Ähnliches und Unähnliches, der Ewigkeit und dem Nichts Zugewandtes enthalten. Das ist es, was nun auch in der Auslegung der Situation zu berücksichtigen ist.

Die Wahrheit als Enthülltsein des Seins, als Offenbarkeit und dargereichte Zugänglichkeit erhält durch die geschilderte Bewegung zunächst den Charakter der Gegenwart, der Präsenz. Sie unterscheidet sich von einer allgemeinen, indifferenten Zuhandenheit und Gültigkeit durch den Nachdruck, mit dem sie sich anmeldet, vorstellt, einem gleichsam die Spitze zukehrt, mit einer scharfen Betonung des Da im Sein. Aber das ganze Gewicht dieser Gegenwart wird erst dann deutlich, wenn man seine innere Bewegtheit als Zukunft und Vergehen betrachtet. Die Präsenz gibt sich als das jeweils gerade Ankommende. Sie ist wie das Aufgehen einer Türe, wie das Eintreten einer Person, das Auf-uns-zukommen eines Ereignisses, das Eintreffen einer Botschaft, das Anheben einer Geschichte, das Aufspringen einer Quelle, das Aufleuchten eines Lichtes. Diese Eigenschaft der jeweiligen Präsenz, daß sie immer gerade zukommt, ist die ihr innewohnende Zukünftigkeit. Zukunft ist keine neben der Gegenwart liegende, von ihr trennbare Zuständlichkeit des Seins oder der Zeit, sondern eine Richtung der Gegenwart und des Daseins selbst. Kraft dieser immanenten Zukünftigkeit ist das Dasein wesentlich unabgeschlossen, mehr: es ist wesentlich Anfang, Verheißung, *Hoffnung*, Entspringen, es hat die Seinsform des jeweils gerade Beginnens, des Inchoativen, oder, was dasselbe besagt, die Richtung auf Sein hin, also auf mehr Sein als was jeweils ist; es hat somit *komparativen* Charakter. Dieser Charakter liegt also nicht außerhalb des Daseins, in einer jenseits des jeweils Erreichten unerreichbaren Ferne, sondern er liegt nirgendwoanders als im Sein: dieses selbst trägt in sich die Richtung, die Verheißung, die Ankündigung, ja, die Vorwegnahme seines Jeweils-mehr.

Dieser Überschuß ist nur insofern ein «später» zu erwartender, als er auch schon, aber dem Fassungsvermögen jeweils überlegen, dem angebotenen, gegenwärtig präsentierten Geschenk des Daseins inwendig ist. Könnten wir dieses ganze Geschenk bis zum Grunde erfassen und ausloten, so gäbe es keine Zukunft, oder besser gesagt: die ganze Zukunft wäre in der Gegenwart gegenwärtig geworden. Das aber ist wesenhaft unmöglich, und zwar nicht nur darum, weil wir als endliche Wesen unfähig sind, die Fülle des dargebotenen Seins auf einmal zu erfassen, sondern ebensosehr darum, weil diese Fülle selbst eine unendliche ist und also jeweils reicher ist als sie selbst. Der Charakter der Zukunft, des jeweiligen Anfangs, des Entspringens und der Richtung auf mehr ist somit einer der positivsten, unüberholbarsten Aspekte des Seins überhaupt, der gerade auch dem ewigen Sein und dem Weilen innerhalb des ewigen Seins seine Fülle und Lebendigkeit gibt. Immer wird das Geschenkte größer sein als das Aufnahmevermögen, immer wird ein Teil der Erfüllung darin bestehen, diesen Überschuß der Gegenwart über alle Gegenwart hinaus, diesen zukunftgeladenen, zukunfterzeugenden Reichtum des ewigen Seins anzuerkennen.

Aber diese dem Sein selbst innewohnende Steigerung erhält ihre ganze Dringlichkeit erst, wenn sie ergänzt wird durch die stets mögliche, stets wirkliche Versäumnis ihrer Erfassung. Das Jeweils-Jetzt der zu-kommenden Präsentierung hat die zugespitzte Form des Jeweils-nur-Jetzt. Was jetzt nicht erfaßt wird, ist versäumt und kehrt in dieser Form nicht zurück. Mag noch so Reiches im Schoß der Zukunft liegen, mag der Verlust des Jetzt noch so sehr aufgewogen werden durch mehr: das einmal Versäumte wird nicht wieder angeboten. Die gerade jetzt scheinende Sonne geht unter, um nie wieder aufzugehen; das gerade jetzt der Quelle entströmende Wasser fließt ab und kehrt nicht wieder. Der Augenblick des Seins ist vergänglich, er ist es so sehr, daß er unwiederbringlich ist. Diese Vergänglichkeit erst gibt dem Augenblick seine ganze unersetzliche Kostbarkeit: sein Wert ist so groß, daß buchstäblich nichts ihn aufwiegen kann. Er ist nicht nur etwas Einmaliges, sondern die Einmaligkeit selbst, die qualitative Besonderung des Seins bis in jeden Splitter seines Umfangs hinein. Durch diese Beziehung der Gegenwart zur Vergangenheit, ja, durch diese innerliche Bedrohung der Gegenwart, die selbst das Vergehen in sich hat, erhält jeder Augenblick des weltlichen Daseins gerade sein unendliches, ewiges Gewicht. Er fordert die ständige Anstrengung des Nichtversäumens, die ständige Entscheidung zum volleren, letztlich zum ewigen Sein hin. Es ist wie ein dem Sein immanentes Gericht, das den vollen Ernst der Geschaffenheit ins Gedächtnis ruft. Die verschwenderische Fülle, die das Dasein als ewige Zukunft vor dem Daseienden entrollt und mit der es ihn je überschüttet, ist keine Fülle, in der er unbesorgt baden und sich tummeln kann; er muß sich mit allen Poren ihr gegenüber zu öffnen suchen, nicht um sie in ihrer überschwenglichen Fülle auszuschöpfen, sondern um sie wirklich in ihrem Überreichtum anzuerkennen. Würde er die Dimension des Je-mehr nicht mehr erfassen, so wäre ihm der wahre Sinn der Gegenwart entzogen und sein Dasein wäre ein nichtiges, der Vergangenheit überantwortetes geworden. Er würde nicht mehr dem Anfang entgegenleben, sondern dem Ende zugekehrt sein, er würde, anstatt ins Offene, ins Geschlossene, ins Abgeschlossene, Abgetane gehen, seine Gegenwart selbst hätte innerlich die Form der Vergangenheit bekommen. Das Leben, das er noch leben würde, wäre immer schon ein versäumtes, das das Einzige entbehren würde, was es lebenswert macht: seine Zukünftigkeit.

Diese innere Bedrohung der Gegenwart durch die Vergangenheit ist nun zweifellos das Moment, das der jetzigen Weltzeit ihren unterscheidenden Charakter gibt. Durch ihn, nicht aber durch die Zukunft, unterscheidet sich die gegenwärtige Zeit von der uns im künftigen ewigen Leben verheißenen und in Aussicht gestellten Zeit. Ewiges Leben ist ein solches, dessen Gegenwart ewige Zukunft in sich enthält, aber keinerlei Vergangenheit; während ewige Verdammnis ein Leben wäre, dessen ganze Gegenwart der Vergangenheit zugekehrt und somit die reine Hoffnungslosigkeit wäre. Ewiges Leben wäre die vollkommene Erfüllung der ewigen Steigerung, die im Sein selbst enthalten ist; es wäre der Zustand gewordene Komparativ des Lebens. Ewige Verdammnis dagegen wäre die vollkommene Entleerung des Daseins von dieser je größeren Fülle, die Zustand gewordene Vergeblichkeit und Sinnlosigkeit des Seins.

Wir leben unser irdisches Leben in einer Zeitform, die sowohl die Verheißung wie die Bedrohung in sich schließt, in der Hoffnung und Furcht unaufhebbar gemischt sind. Es liegt aber in unserer Hand, uns der Gegenwart so zuzuwenden, daß sie für uns immer mehr zum Beginn einer ewigen Zukunft, ja zur Gegenwart dieser selbst wird. Auf diese ewige Zukunft hinlebend können wir der Vergangenheit den Rücken zuwenden und sie jeder Macht über unsere Gegenwart berauben. Sie bleibt in dieser Gegenwart nur als eine ständige Mahnung, sich dem Zukommenden ernstlicher zu widmen, als man es bisher getan hat, der Entscheidung sich nicht zu entziehen, keinen Besitz in sich abzuschließen. Eine selbständige, der Zukunft im Sein wie einem Gleichgewicht entgegenwirkende Macht steht ihr nicht mehr zu.

Mit alldem sollte bewiesen werden, daß Gegenwart eine höchst bewegte, bedeutungsgeladene Form des Seins ist, und was für das Sein gilt, gilt ebensosehr für die Wahrheit. Wahrheit in dieser zeitlichen Gewandung ist nun das, was wir *Situation* nennen können. In der Situation spitzt sich die Wahrheit zusammen auf eine betonte Präsenz: hier oder nirgends ist sie zu fassen! Diese Gegenwart braucht nicht chronologisch gemeint zu sein; sie ist eine der Wahrheit inhärente Eigenschaft, die sie in gleicher Weise auch während einer Zeitstrecke, einer «Periode» behalten kann, ohne daß die Dringlichkeit des Angebotes an Wahrheit und der Aufforderung zur Entscheidung nachließe oder sich verlöre. Solange die Wahrheit den Charakter der bestimmten Situation hat, kommt das Bewußtsein nicht auf, man habe Zeit genug und könne die Entscheidung, etwa bis zum Ende dieser Situation, verschieben. Vielmehr bleibt die Eigenschaft der Dringlichkeit jedem einzelnen chronologischen Zeitpunkt der Situation gleichmäßig inhärent. Beide Dimensionen, die des zukommenden Angebotes und die der mit Entzug drohenden Mahnung, sind der Situation innewohnend. Uns ist es jeweils überlassen, welcher von beiden Seiten wir uns zuwenden wollen.

Es braucht nicht nochmals betont zu werden, daß der Situationscharakter der «allgemeinen Gültigkeit» und «Überzeitlichkeit» der Wahrheit keinerlei Eintrag tut. Die Wahrheit ist im gleichen Sinne allgemeingültig und überzeitlich wie jeder einzelne Mensch, jedes einzelne Seiende als Individuum Artwesen ist. So wie das Artwesen, die Spezies, sich in jedem Individuum in einer identischen Ausprägung findet – was ihre Variation und Modulierung ins Unendliche durch die Einzelwesen nicht hindert –, ebenso findet sich die eine und identische Wahrheit in allen Vereinzelungen der Situationen wieder. Aber wie es anderseits keine menschliche Natur gibt, die nicht jeweils vollkommen im Einzelwesen individuiert wäre, so gibt es auch keine Wahrheit außer in der konkreten Form der einzelnen Situation. Eine von dieser Konkretheit absehende Betrachtung der Wahrheit beschäftigt sich immer nur mit einer Abstraktion. Von den einzelnen, durch die Perspektivität bedingten Konstellationen läßt sich dabei noch besser absehen, denn sie behalten, am Wesen der Wahrheit selbst gemessen, immer einen zufälligen Charakter. Von der Situationsbedingtheit der Wahrheit dagegen kann ohne große Einbuße nicht abgesehen werden. Hier handelt es sich um eine apriorische, der Wahrheit als solcher, weil dem weltlichen Sein anhaftende Grundverfassung, die ihr ihre ganze Würde, ihre Kostbarkeit und Dringlichkeit, kurz ihren «Wert» verleiht. Auf Grund dieser Eigenschaft fordert sie als Antwort im Menschen mehr als eine bloß theoretisch-spekulative Haltung:

sie fordert eine Zuwendung des ganzen Geistes, eine Auseinandersetzung mit ihrer Jeweiligkeit, eine freie Entscheidung.

An dieser Stelle erhebt sich die Frage, wieweit eine bereits erkannte Wahrheit auf sich beruhen kann, und wieweit sie eine erneute Bemühung verlangt: die Frage des Verhältnisses zwischen *Suchen und Finden.* Der Gedanke, daß nie eine Erkenntnis abgeschlossen, nie eine Wahrheit in allen ihren Beziehungen durchdacht und in ihrer ganzen Tiefe ausgeschöpft, nie ein Wesen in allen seinen Aspekten betrachtet und umschritten worden ist, könnte den Erkennenden dazu verführen, sich beständig mit den gleichen Objekten von neuem beschäftigen zu wollen. Er könnte es als eine Untreue empfinden, diesen gleichsam den Rücken zu kehren, um Neuem, Unverbrauchtem sich zuzuwenden. Ein solches Bedenken würde aber den Gang des Lebens hemmen, ja verunmöglichen, das Dasein statt der Zukünftigkeit immer mehr der Vergangenheit sich zuneigen, den Sinn für die jeweilige Situation verkümmern lassen. Im Hintergrund der Besorgnis, den Dingen die Treue zu halten, läge schließlich die Vorstellung, irgend etwas ließe sich, mit der nötigen Geduld, vielleicht doch aufarbeiten. Gerade der Ernst der jeweils neuen und veränderten Situation ist es, der uns zwingt, das meiste im Leben halbfertig liegen zu lassen, um uns erneut dem heute Brennendsten zuzuwenden. Gerade dieser Ernst ist es, der uns eine gewisse Sorglosigkeit und Munterkeit inmitten des ganzen Reichtums an (scheinbar versäumten) Möglichkeiten gibt. Wer das durch die Situation jeweils Geforderte tut, weiß, daß er nichts versäumt, auch wenn Tausende von anderen Möglichkeiten durch die eine Wirklichkeit gezwungen werden zu versinken. Der bei Betrachtung der Personalität gefundene Satz drängt sich hier von neuem auf: was die Situation durch ihre Enge und Dringlichkeit uns an Extension raubt, das zahlt sie hundertfach durch Intensität zurück: in dieser Richtung liegt für uns der Weg und der Anfang des ewigen Lebens. Darum darf im irdischen Leben manches Unwesentliche, das man gefunden hat, nicht mehr gesucht werden, um des Wesentlichen willen, das, obzwar gefunden, doch umsomehr gesucht werden muß. Es verhält sich demnach gerade umgekehrt, als man anzunehmen geneigt wäre: es ist nicht so, daß man die zentrale Wahrheit ein für allemal gefunden hat und das Suchen sich progressiv an die Peripherie verlagert, um immer mehr vom Gesuchten zum Schatz des Gefundenen hinzuzufügen. Man wird vielmehr, wenn man die Wahrheit als Situation begriffen hat, immer mehr das Periphere als das Gefundene auf sich beruhen lassen und sich progressiv dem wesentlichen Kern als dem ewig zu Suchenden widmen. In diesem lebendigen Kern behält die je schon gefundene Wahrheit auch immer lebendig ihren Charakter als Zukunft und Komparativ. In allem Unwesentlichen kann man weitergehen, auf alles Wesentliche muß man ewig zurückkommen. Das ist die Treue, die es verdient und die man ihm halten muß. Es ist die Gewohnheit alles Tiefen im Dasein, im Umgang mit ihm immer tiefer und lockender zu werden, immer weniger abgetan, immer dringlicher, gleichsam immer jünger. Das will nicht sagen, daß man es immer weniger erkannt hat, daß die Erkenntnis keinerlei Fortschritt machen kann. Sondern gerade weil das Geheimnis und die überbordende Fülle, die ewige Zukunft und die immer wachsende Verheißung eine immanente Eigenschaft der Wahrheit ist, darum ist ein Seiendes, das diese Seiten herzeigt, erkannter als eines, dessen Wertgehalt man ausgeschöpft zu haben vermeint. Der wahre Fortschritt, der in der Wahrheitserkenntnis zu machen ist, ist kein geradliniger, einbahniger Lauf, kein einfaches Steigen von Stufe zu Stufe. Jeder Schritt voran ist vielmehr zugleich ein neuer Beweis für den immer je-größeren Reichtum des Seienden, der immer neue Ausblicke und Perspektiven ins Unabsehbare eröffnet und, weit entfernt den Erkennenden zu entmutigen, ihn gerade so in immer neue und immer spannendere Abenteuer der Erkenntnis hinauslockt. Die Überwältigung durch die Unübersehbarkeit aller wirklichen Wahrheit gehört also mit zum totalen Akt der Erkenntnis, die nicht anders finden will, als um immer zugleich von neuem zu suchen. So löst sich das von Lessing aufgestellte Dilemma zwischen endgültigem Finden und ewigem Suchen in einer notwendigen Einheit beider Seiten der Erkenntnis in ein und demselben Akt der Wahrheitserfassung. Nur ist, wie schon früher bemerkt, das Moment der Unendlichkeit viel weniger bedingt durch den unersättlichen faustischen Drang des Subjekts als durch die immer übersteigende Weite und Fülle der seienden Dinge selbst.

Daß die Wahrheit uns im Modus der Situation begegnet, daß sie darin die Dringlichkeit hat, welche Entscheidung fordert, ist nicht zuletzt in ihrem sozialen und dialogischen Wesen begründet. Es zeigt sich, daß die Wahrheit als Ausdruck und Wort in ihrem letzten Wesen polar gebaut ist und teils im Innenraum des Einzelsubjekts, teils im gemeinsamen intersubjektiven Raum als Rede und Antwort beheimatet ist. Von diesem zweiten Aspekt her ist ohne weiteres verständlich, daß die Entdeckung der Wahrheit nicht die Sache eines Einzelnen sein kann, daß dieser Einzelne vielmehr je schon veranlaßt ist, sie in der Auseinandersetzung mit Anderen, in einer Situation der Begegnung mit fremden Subjekten sich anzueignen. Die Konstellation, die die jeweilige Wahrheit individualisiert, wird hier zu einer solchen von mehreren subjektiven Konstellationen und Perspektiven, deren jede in ihrer Weise ihre Evidenz und ihre Dringlichkeit besitzt. Der Einzelne, der in diese Situation als Partner verflochten ist, wird seine ganze Mühe darauf zu verwenden haben, jeweils den richtigen Beitrag zu der im Gesamtgespräch findbaren Wahrheit zu bieten. Er hat sich dabei einer doppelten, scheinbar in sich selbst entgegengesetzten Funktion zu befleißen: einerseits seinen partikulären Standpunkt so beweglich und relativ zu handhaben, daß er die Entdeckung und Konstruktion der Gesamtwahrheit der Situation nicht verhindert. Es wird also von ihm wiederum der grundlegende Verzicht auf die persönliche Perspektive gefordert, um kraft dieses Opfers die allgemeine, allgemeingültige Wahrheit – nicht nur zu finden, sondern allererst bilden zu helfen. Anderseits hat er gerade in der Begegnung eine erhöhte, persönliche Verantwortung der Wahrheit gegenüber auf sich zu laden; er hat die Entscheidung, die in der Situation zu treffen ist, nicht nur als eine private zu betrachten, sondern als eine soziale, deren Folgen im Guten wie im Schlimmen sich auf mehrere Subjekte erstrecken. Das personale Moment in der Bewegung liegt also nicht im Erzwingen der eigenen Perspektive, sondern im verantwortungsvollen Dienst mit der ganzen Kraft der Persönlichkeit an der überpersönlichen Wahrheit. Wer der Wahrheit in Wahrheit dienen will, wird sich mehr bemühen, dem Anderen in der Auffindung von dessen persönlicher Wahrheit behilflich zu sein, als ihm die eigene Wahrheit, und mag sie noch so hart und persönlich erkämpft worden sein, als die alleinseligmachende aufzudrängen. Er wird es vermeiden, das Du zu einer Art Filiale und Ablage der eigenen Wahrheit ausbauen zu wollen, sondern mit aller Sorgfalt darauf achten, daß es die Freiheit finde, zu der ihm selbst und seiner Situation gemäßen Wahrheit zu gelangen. Alle Wahrheit steht zuletzt im Dienste der Liebe, und Liebe ist weit genug, fremde Wahrheit, wenn sie nur wirklich Wahrheit ist, zu sehen und gelten zu lassen. Sie wird am liebsten jene sokratische Geburtshilfe leisten, die jedem zu *seiner* Wahrheit verhilft und damit das Höchstmaß an erreichbarer Wahrheit herstellt. Der innere Charakter der Wahrheit wird dann selbst dafür sorgen, daß diese Mannigfaltigkeit der Einheit der Wahrheit keine Einbuße tut. Ist doch die Wahrheit ebenso Eine, wie die Menschheit Eine ist und alles geschaffene Sein in der Einheit der Geschöpflichkeit sich zusammenfindet.

Von hier aus mag ein Licht auf das Wesen des Irrtums fallen. Irrtum kann gesuchte, aber ungefundene, noch verhüllte Wahrheit sein. Solcher Irrtum verstört nicht die Ordnung der einen Wahrheit und hat in ihr als vorübergehendes, aufzuhebendes Moment Platz, als etwas, was die innerste Bewegung der Wahrheit, nämlich die gemeinsame Liebe, nicht aufhebt. Anders verhält es sich mit dem bewußten, gegen die eingesehene Wahrheit ankämpfenden Irrtum, der Lüge. Die Wahrheit ist so sehr eine, so sehr der gemeinsame Besitz aller, die in der Liebe sich finden, daß die Lüge, indem sie sich außerhalb der Wahrheit stellt, notwendig zu dem aus der Einheit des Seins selbst Ausgestoßenen werden muß. Innerhalb des Reiches der Wahrheit ist jede Wahrheit mit jeder verbunden; unendlich verschlungene Wege führen von jeder zu jeder, und wer eine wirklich bejaht, hat alle andern einschlußweise mitgesetzt, wie denn auch wer einen Menshen wirklich, das heißt selbstlos liebt, alle Menschen potenziell mitliebt. Demgegenüber kann es kein «Reich» der Lüge geben; denn jede echte Lüge als Zerstörung der Einheit ist in sich vollkommen isoliert, und wenn Lügen unter sich einen Zusammenhang zu bilden scheinen, dann nur durch eine trügerische Vorspiegelung oder Entlehnung gewisser Aspekte der Wahrheit. Ein System der Lüge ist ebenso unmöglich, wie eine Gemeinschaft des Hasses, da doch Gemeinschaft immer Liebe – in welcher Gestalt auch immer – voraussetzt.

Die Gesamtheit aller konkreten Situationen der Wahrheit ist das, was *Geschichte* genannt wird. Sie wird bedingt durch die äußere beständige Wandlung der Konstellationen und der individuellen Perspektiven, wie sie die Beweglichkeit des Werdens mit sich bringt, aber ebensosehr durch die innere qualitative Wandlung der Situation, die immer ein Jeweils-Jetzt ist. Sofern die Geschichte sowohl Geschichte des einzelnen Subjektes wie die der kleineren und größeren Gemeinschaften und schließlich die Geschichte der Welt und der Menschheit ist, überschneiden sich in ihr verschiedene Seinsweisen der Zeit, der Situation und der Präsenz. An der einen Stelle kann ihr Fluß ein rascher, an einer anderen Stelle ein bedächtiger sein; es kann für eine Generation der Begriff der Gegenwart eine Mehrzahl von individuellen Präsenzen, Zukünften und Vergangenheiten umfassen. So wird für den Einzelnen, der innerhalb der Gesamtgeschichte lebt, die jeweilige Entscheidung sich nicht allein nach dem zu richten haben, was seine private Gegenwart fordert, sondern ebensosehr nach dem, was seine Gemeinschaft, seine Kultur, seine Epoche an Wahrheit ihm vorstellt und an Einsatz dafür verlangt. Immer aber wird die Gesamtwahrheit, in welcher der Mensch lebt, auf diese Weise geschichtlich konkretisiert sein. Er kann durch keine gültige Abstraktion sich aus der geschichtlichen Färbung und Modulation der Wahrheit herauslösen, um sich dadurch auf die Ebene einer vermeintlich ewigen Wahrheit, der jeder Entscheidungscharakter des Historischen fehlen würde, in ein Reich überzeitlicher Geltungen und Zusammenhänge aufzuschwingen. Die Gesamtwahrheit der Menschheit erscheint konkret jeweils individualisiert in der Menge und Breite aller menschlichen Völkerschaften und Kulturen, in der Fülle der von ihnen gefundenen Ausdrucksformen und Worte, so wie die Wahrheit des einzelnen menschlichen Lebens nirgendwo anders zu finden ist als in der Gesamtheit seines Ablaufs von der Jugend über die Reife zum Alter. Wiederum ist damit keinem historischen Relativismus das Wort gesprochen, denn das, was sich so entfaltet und konkretisiert, ist kein wirres Chaos, nicht ohne Begründung in der Einheit des menschlichen Seins, sondern ebensosehr die eine und identische Wahrheit, wie der Mensch als Knabe, Mann und Greis das eine und identische Wesen ist. Aber freilich: wie dieses Wesen nicht außerhalb seiner zeitlichen Verwirklichung wirklich begriffen werden kann, wie der, der es verstehen will, seinen Lebenslauf nachfolgend mitvollziehen muß, so wird der, der die Wahrheit der Geschichte begreifen will, sie in ihrem Ablauf immanent mitzuverfolgen haben, um erst innerhalb dieses Tuns die transzendente Melodie des Ganzen zu erlauschen. Er wird zwar apriori gewisse Rahmenbestimmungen des historischen Geschehens an die konkrete Geschichte herantragen können, sofern die Gesetze von Situation überhaupt, Ablauf überhaupt, die Verhältnisse von Dauer und Wandel überhaupt usf. sich in jeder einzelnen Situation widerspiegeln. Aber der Rahmen allein ergibt noch kein Bild, und auf die Erkenntnis des Bildes kommt es zuletzt dem formenden Geiste an. Darum wird der, der die Wahrheit in ihrer geschichtlichen Konkretion zu erfassen sich bemüht, es vermeiden, an das Jeweils-Jetzt einer Epoche so überzeitliche Maßstäbe anzulegen, daß die Individuation der Wahrheit in ihr nur noch wie ein zufälliges, nebensächliches Moment erscheint. Er wird sich bewußt bleiben, daß die Identität der einen Wahrheit innerhalb der Wirklichkeit in Gestalt einer Reihe von analogen Ausgestaltungen auftritt, die weder durch eine einzelne aus ihnen, noch von einer imaginären übergeschichtlichen Warte aus bemessen und gerichtet werden können. Das ist der wahre Kern der Wortes Rankes, daß jede Epoche unmittelbar zu Gott sei, wie der morphologischen Geschichtsbetrachtung Spenglers, obwohl dieser letztern die ergänzende Einsicht in die wirkliche Einheit der sich so darstellenden Wahrheit verlorengegangen ist. Aber diese Einheit beruht – darin hat auch Spengler recht – nicht allein in einer schematischen Norm, die ohne Unterschied an jede Kultur angelegt werden könnte, sondern ebensosehr in dem für die Wahrheit der Geschichte grundlegenden, allen Zeiten in gleicher Weise zukommenden Charakter des Je-Jetzt der Situation. Und was so für die Geschichte überhaupt gilt, das gilt insbesondere auch für die Geistesgeschichte und nicht zuletzt für die Geschichte der Bemühungen um die Wahrheit selbst: für die Philosophiegeschichte. Gewiß ist die Wahrheit, die sich den großen Denkern aller Zeiten vorgestellt hat, in ihrem Wesen immer die gleiche, und gewiß erlaubt uns diese Einheit, die Systeme von Plato und Aristoteles mit denen von Thomas, Kant und Hegel zu vergleichen und im Vergleich abstrahierend unsere Schlüsse zu ziehen. Dennoch haben auch sie innerhalb einer persönlichen, politischen und weltgeschichtlichen Situation gedacht, und die Wahrheit, die ihnen erschien, war eine epochal konkretisierte. Dieser Gesichtspunkt setzt der Abstraktion eine Grenze, um den Nachvollziehenden aufzufordern, auch das Einmalige der jeweiligen geschichtlichen Situation in seinem Urteil mitzuberücksichtigen. Er wird dadurch, daß er es tut, keine Schmälerung, sondern eine Bereicherung seiner Einsicht erfahren: denn er wird dann auch die Konkretion der Wahrheit miteinführen können in seinen Versuch der Gesamtschau.

C. GEHEIMNIS

Nachdem die Wahrheit sowohl in ihrem Charakter als Ausdruck und Wort, wie in ihrer Geschichtlichkeit ausgelegt wurde, wird es nun möglich, noch weiter in ihren inneren Raum einzudringen, um sie in ihrem geheimnishaften Charakter zu beschreiben. Früher (S. 110) war ihr Geheimnis erst in der Form des Rätsels der Realdistinktion und darin des jeweils Tiefer- und Reicherseins des Daseins und des Wesens als sein Begriff erschienen. Nun sind die konkreten Modi der Enthüllung des Seins und seiner Darbietung hinzugewonnen worden, so daß jetzt der Geheimnischarakter in seiner vollen Gestalt, soweit er beschreibbar ist, hervortritt. Er läßt sich beschreiben von dem ineinandergreifenden Spiel von Enthüllung und Verhüllung her, dann vom Grund der Wahrheit überhaupt her, wie er aus dem System der Transzendentalien erhellt.

1. ENTHÜLLUNG UND VERHÜLLUNG

Wahrheit, *ἀ-λήθεια*, ist die Unverborgenheit des Seins. Alles Sein ist als solches jeweils enthüllt, sofern es überhaupt aus der Geborgenheit im Nichts und im Geheimnis des göttlichen Ratschlusses hinaustreten kann in das Dasein, in welchem es preisgegeben ist, als offenbares Wesen, dem Blick der Erkenntnis. Soweit also Sein erkennbar ist, ist es je schon als solches enthüllt. Es ist ferner immer auch als ein Dieses in einem Sosein enthüllt, indem sein Wesen immer schon in Erscheinung getreten und an der Erscheinung ablesbar ist. Es kann sich vielleicht vorübergehend vermummen, im wesentlichen aber wird es sich dem Blick der Erkenntnis nicht entziehen können. Ein Hund, eine Katze, ein Baum, auch ein Mensch, bekennen durch ihr bloßes Dasein ihr Wesen: sie können sich diesem seinshaften Bekenntnis nicht entziehen. Durch ihr Dasein und durch die Erscheinung ihres Wesens sind sie zu einem Bekenntnis aufgefordert und angeregt, das immer schon begonnen ist, und das sie nur durch spontane Akte des Lebens oder des Geistes fortzusetzen haben. Es kann wohl erschrekkend sein zu erleben, wie nackt die Dinge trotz allem Schutz im Grunde doch sind, wie unmittelbar sie uns ansehen, wie tief wir ihnen bei der ersten Begegnung ins Herz hineinschauen können, wie sehr sie sich selbst verraten, ja verraten sind, bevor sie an bewußte Aussprache denken. In dieser Nacktheit ruft die Wahrheit unmittelbar nach dem Schutz der verstehenden Liebe. Im elementaren Akt der Erkenntnis muß eine Haltung des Wohlwollens, wenn nicht gar des Erbarmens liegen, die den wehrlosen Gegenstand mit einer Atmosphäre der Wärme und der Diskretion empfängt.

Anderseits nun ist diese Beichte der Dinge, die ihre Wahrheit bekennen, selbst keine indiskrete und unbeschränkte. Sie hat ihre Grenzen an der Intimität des Seins. Die Dinge sind nicht nur enthüllt, sie sind immer und bis zuletzt ebenso wesenhaft verhüllt. Diese Verhüllung bedeutet naturgemäß eine Begrenzung ihrer Enthüllung, aber nicht notwendig eine Begrenzung ihrer Wahrheit. Denn die Verhüllung stellt sich der Enthüllung nicht einfach wie eine von außen begrenzende Schranke entgegen, sondern vielmehr wie eine der Enthüllung selbst einwohnende Form oder Eigenschaft. Die Dinge sind tatsächlich als verhüllte enthüllt, und in dieser Gestalt werden sie zum Gegenstand der Erkenntnis.

Dieses scheinbare Paradox einer enthüllten Verhüllung löst sich, wenn wir auf das zurücksehen, was einersets über Sein und Situation, anderseits über Ausdruck und Wort gesagt worden ist. Vom Seinsgeheimnis her, in seiner inneren Bewegtheit zwischen Wesen und Sein, seinem jeweiligen Überschuß an unerfaßtem Reichtum, seiner Zuspitzung und Dringlichkeit in Zeitlichkeit und Situation her ist zu sagen, daß gerade die Begegnung des Seins als Sein eine unerschöpfliche Quelle der Verwunderung wie der Bewunderung, des Erstaunens, der Befremdung, der Freude und der Dankbarkeit, kurz all jener Bestimmtheiten, die im Worte *θαυμάζειν* sich zusammendrängen, einschließt. Alle diese Akte werden durch die Erscheinung des Seins selbst hervorgerufen, das gerade in seinem Erscheinen das größte und unlösbarste Rätsel aufgibt: sich selbst. Daß es Sein und folglich Wahrheit überhaupt gibt, daß das Wirkliche wirklich und daß die Wahrheit wahr ist: wer vermöchte je mit diesem Geheimnis fertig zu werden? Hier erscheint wirklich und buchstäblich das Geheimnis als Geheimnis: gerade das Enthülltsein des Seins ist als solches seine tiefe Verhüllung. Anderseits wird vom Ausdruck und vom Wort her klar, daß das erscheinende Wesen immer auch in seiner Intimität, in seinem freien Innenraum verborgen bleibt. Es hat zwar als Erscheinung seine Außenseite, aber gerade an dieser wird ablesbar, daß dahinter eine nicht erscheinende Innenseite besteht, aus der die Erscheinungen hervortreten und die sich *nicht erscheinend* in den Erscheinungen ausdrückt. Auch sofern die Erscheinungen aus dieser Seinstiefe auftauchen, wird diese als das kostbare und heilige Geheimnis des Seins offenbar, das durch seine bloße Innerlichkeit vor der absoluten Veräußerlichung und Objektivierung bewahrt ist. So ist das erscheinende Wesen, insoweit es mit seiner Erscheinung sich niemals deckt, immer zugleich auch das Nichterscheinende, in der Verhüllung Zurückgehaltene und Aufgesparte, obwohl nicht willentlich Vorenthaltene und der Erkenntnis Entzogene. Man kann nicht sagen, daß die Dinge sich selber kostbarer machen als sie sind, daß sie sich neidisch in ihre Intimität verschließen und die Geheimnisvollen spielen. Vielmehr besitzen sie den gleichen naturhaften Schutz der Innerlichkeit, den ein Körper durch seine Haut oder sein Fell besitzt. Die in der Kontur des Körpers sich ausdrückende Form ist das, was vom Innern kundgetan werden soll: sie ist Offenbarung des Lebens und Sinnes eines Wesens, indem es zugleich seine innern Organe verdeckt. Man wäre vielleicht geneigt, hier einzuwenden, daß der Intellekt wie sein Name andeutet, gegenüber dem bloß äußern Schauen der Sinne das Sein innerlich lesen kann (intus legere), daß also der Vergleich mit der Oberfläche im entscheidenden Punkte versagt. Aber die Möglichkeit inwendigen Lesens bezieht sich auf die Seins- und Wesenserkenntnis überhaupt, die dem Sinn versagt bleibt; sie bedeutet mitnichten die Fähigkeit, den intimen Innenraum des fremden Subjekts zu durchforschen und nach außen zu kehren. Der Vergleich mit der Körperhaut besteht vielmehr gerade darin zurecht, daß der äußere Anblick der Erscheinung eines Menschen mehr über sein gesamtmenschliches Wesen verrät, als jede Sezierung und Innenschau seines Körpers. Genau so ist über seine Seele und seinen Geist mehr durch den normalen Umgang mit ihm zu erfahren, als durch jene geistige Eingeweideschau, die sich als Psychologie und Psychoanalyse bezeichnet. Man lernt ein Haus nicht besser dadurch kennen, daß man es, statt durch die für Besucher hergerichtete Eingangstüre, durch die Hintertüre für Lieferanten betritt. Möglicherweise bekommt man dabei Dinge zu sehen, die der vorn Eintretende nicht zu Gesicht bekommt; aber viel mehr als man dabei gewinnt, wird man an wahren und richtigen Eindrücken verlieren. Man kann der Wahrheit der Dinge nicht gleichsam von rückwärts beikommen, wenn sie von vorne verschlossen erscheinen. Vielmehr hat die Wahrheit selbst diese vorgesehene und durch keine Kunststücke zu umgehende Gestalt, daß ihr Wesen mehr ist als ihre Erscheinung und dieses Mehr sich im Wesen der Erscheinung selbst anzeigt.

Nur ein solches Sein ist auf die Dauer für die Erkenntnis erträglich. Nur ein mit Geheimnis Begabtes ist auf die Dauer liebenswert. Etwas Geheimnisloses kann man nicht lieben; es wäre höchstens eine Sache, über die man verfügen, keine Person, zu der man aufschauen könnte. Das ist so wahr, daß keine progressive Erkenntnis, auch nicht in der Liebe, die letzten Schleier vom Geliebten lüften darf. Die Liebe selbst erhebt die Forderung nicht nur nach Besitz und Enthüllung, sondern ebenso stark nach Verehrung und daher nach Verhüllung. Überall, wo der Mensch das Seltene, Kostbare und Heilige achtet, trennt er und sondert aus, er entzieht das Geweihte den Blicken der Öffentlichkeit, er verbirgt es in der Zelle eines Heiligtums, im Halbdunkel eines sakralen Raumes, er entrückt es durch eine wunderbare Legende dem Alltag der gewöhnlichen Geschichte, er läßt es umwittert sein vom Geheimnis. Denn nur wo Geheimnis ist, ist Tiefe und ist Anlaß und Möglichkeit zu Verehrung. Hätte ein Liebender das Bewußtsein, das Objekt seiner Liebe bis zum Rand erkannt und überschaut zu haben, so wäre dieses Bewußtsein das untrügliche Zeichen, daß seine Liebe an ihrem Ende angelangt wäre. Es bliebe ihr keine Bewegung mehr zu machen, keine Bemühung um das Geliebte wäre mehr möglich, keine Hingabe, keine Hilfe wäre mehr nötig, keine Begegnung könnte mehr stattfinden. Wo also Liebe bis zuletzt sein soll, dort darf die Enthüllung immer nur bis zum vorletzten gehen. Immer von neuem muß den Liebenden die Übersicht entzogen werden, müssen sie in eine Art von Dunkel geraten, in ein Verzagen über das je-größere Geheimnis des Geliebten, über ihr Unvermögen, dieses jemals zu lösen, in eine Art von Verlust der Liebe, um sie gerade aus der Unsicherheit elementarer zurückzugewinnen, aber auch in eine Ekstase über die Unübersehbarkeit dessen, was sie sich zur Liebe erkoren und was sich ihnen in Gnade zugeneigt hat. So ist in der Liebe ein eindeutiger Wille zum Geheimnis vorhanden, der nötigenfalls auch dort, wo kein Geheimnis mehr ist, ein neues hinzu erfindet, nur um die Liebe noch weiterhin zu ernähren und anzufachen. Kleinliche und nur scheinbare Liebe, die im Grunde verborgener Egoismus ist, wird sich mancher Spiele und Machenschaften bedienen, um die wahre Liebe, die derer nicht bedarf, äußerlich nachzuahmen und vorzutäuschen. Wahre Liebe dagegen hat am wahren Geheimnis des Seins und der Intimität genug, um in ihrer Bewegung zu keinem Stillstand zu kommen. Sie bleibt lebendig, weil für sie der Gegenstand selbst, auch ohne ihr Zutun, das immer Größere, nie ganz zu Umfassende bleibt.

Es wäre nun aber ganz einseitig, wollte man in der Liebe nur den Drang nach verehrender Verhüllung und nicht auch den nach erkennender Enthüllung gelten lassen. Beide Bewegungen spielen vielmehr unauflöslich ineinander und machen zusammen erst das ganze Leben der Liebe aus. In der wahren Liebe aber wird der Wille zur Enthüllung nicht so sehr darauf gerichtet sein, dem geliebten Objekt die verdeckenden Schleier zu entreißen, als sich selbst vor ihm zu enthüllen, sein ganzes Wesen unverborgen und nackt vor dessen Augen auszubreiten. Der Geliebte soll alles sehen, wie es ist, um frei über alles verfügen zu können. Jedes Verschweigen, das vielleicht auferlegt sein kann, wirkt in der Liebe wie eine Trübung, wie ein Vorbehalt. Der Liebende möchte vor dem Geliebten durchsichtig sein, in seiner ganzen Wahrheit und Unwahrheit von ihm durchschaut werden. Das heißt nun gerade nicht, daß er sich selber in diesem Tun erkennen, vor sich selber durchsichtig sein möchte. Im Gegenteil: es kümmert ihn wenig, wer er ist; er will es nicht wissen. Selbsterkenntnis erscheint ihm wie ein Zeitverlust, wo er alle Kräfte auf die Erkenntnis des Geliebten anzuwenden trachtet. Er will vor allem für den Geliebten wahr sein, für sich selber nur soweit, als diese Wahrheit für den Geliebten es erfordert. Ein solcher Wille zur Durchsichtigkeit in der Liebe ist das eindeutige Gegenteil der Verborgenheit des Egoismus, der sein inneres Geheimnis für sich selber verhüllt, um es in der Stille und ungeteilt zu genießen. Dieses Geheimnis ist Dunkel: es ist die Selbstverschließung des Seins und darum seine Unwahrheit. Es ist die Verweigerung jener Selbsthingabe, in der Liebe und Wahrheit eins sind; und diese Verweigerung ist die Sünde. Sie ist die Verfinsterung des sich nicht aufschließenden Seins. In einem liebenden Wesen kann viel Geheimnis sein, aber dieses Geheimnis ist Licht. In der Liebe ist unendliche Tiefe, aber keinerlei Finsternis. Sie lebt in der Haltung, die nichts für sich selber zurückbehalten will, die bereit ist, das Letzte zu geben und herzuzeigen, wo die Liebe es erlaubt oder fordert; sie lebt in einer dauernden Bereitschaft zur Beichte. Körperliche Hingabe ist dabei nur eine äußere Form, eine partielle Bezeugung, dort wie sie erlaubt und geordnet ist, der totalen Bereitschaft und des Verzichtes auf eigene Verfügung.

Aber dieser Wille zur eigenen Durchsichtigkeit wäre kein Liebeswille, wenn er selber das Maß der Enthüllung in den Händen behielte, die eigene Enthüllung gleichsam erzwingen wollte. Es ist vielmehr der Geliebte, der zuletzt bestimmt, was er sehen will und was nicht. Das Maß der Beichte, das Maß des Selbstbekenntnisses bleibt ganz in der Verfügung des Geliebten. Das Gegenteil würde gegen die Liebe selbst verstoßen, wäre eine Art Exhibitionismus, ein ungelegenes, sogar peinliches Sichaufdrängen. Das gilt um so mehr, als der Geliebte, wenn er selbst ein Liebender ist, die restlose Selbstenthüllung des Andern durchaus nicht wünscht. Er will vielmehr seinerseits einen Gegenstand der Verehrung haben, ein bleibendes Geheimnis, um immer lieben zu können. Dieser Wille des Geliebten ist so stark und eindeutig, daß es zu der vollkommenen Beichte, wie der Liebende sie vielleicht wünschte, innerhalb einer wahren Liebe nie kommen wird: nicht darum, weil mangelnder Wille zur Selbstenthüllung bestünde, sondern weil die jeweilige Norm dieser Enthüllung dem Andern in Liebe anheimgestellt bleibt.

Es kann aber weiter auch so sein, daß man innerhalb der Liebe Dinge verbirgt, ohne dabei nach dem Willen des Geliebten zu fragen. In diesem Fall hat die Liebe selbst und als solche die Entscheidung gefällt. Es gibt innerhalb der Menschlichkeit der Liebe die vorläufige Verhüllung, um später besser enthüllen und schenken zu können. Die Liebe liebt es zu überraschen, sie kann sich lange in Geheimnisse hüllen, die Geduld des Geliebten lächelnd auf die Probe stellen, um schließlich die Schleusen der lange angestauten Freude zu öffnen und diese wie einen Wildbach herabfahren zu lassen. Steht ihr dieses Recht zu, so kann sie auch alles für sich behalten, was dem Geliebten Kummer bereiten könnte, und sie wird dieses Vorenthalten als keinen Vorbehalt in der gegenseitigen Aufrichtigkeit empfinden. Sie wird ferner alles das in sich selber verschweigen, was sie an Mühen und Opfern für den Geliebten auf sich nimmt. Die Offenbarung dieser Dinge könnte zwar den Geliebten tiefer verpflichten, aber der Liebende würde sich schämen, zu solchen Mitteln gegriffen zu haben, um die Bande der Liebe fester zu knüpfen: Mitteln nicht der Liebe, sondern der Macht, vielleicht sogar einer sanften Erpressung. Es kann Fälle geben, in denen auch etwas von diesen Opfern der Liebe offenbar werden darf: dort, wo es gilt, eine lau gewordene Liebe wieder in die Echtheit ihrer ersten Glut zurückzuversetzen. Um der Liebe willen kann es erlaubt sein, den Liebenden zu beschämen; aber auch dann wird es weniger durch den Hinweis auf die eigenen Werke – sofern sie persönliche Leistungen sind – als auf die Werke der Liebe, sofern sie Ausdruck der beide übersteigenden, beiden zugleich geschenkten Liebe sind, geschehen. So bleibt als allgemeine Regel bestehen, daß innerhalb der Liebe alles enthüllt wird, was die Liebe fördert, alles dagegen verhüllt bleibt, was sie verletzen, kränken oder gefährden könnte.

Der Wille zur Enthüllung in der Liebe hat einen noch entscheidenderen Gegenspieler am Willen, *Vertrauen* zu schenken. Nichts ist innerhalb der Liebe dringender und vitaler als das Bedürfnis, nicht selbst zu verfügen, sondern den Geliebten verfügen zu lassen. Um diesem Drängen Nahrung zu geben, muß der Geliebte Gelegenheit zu solchem Verfügen erhalten. Nie wird in der Liebe der eine die Beichte des Anderen fordern, Einblick verlangen in Dinge, die ihm nicht ausdrücklich oder einschlußweise zugänglich gemacht worden sind. Es kann wohl sein, daß Liebende beschlossen haben, kein Geheimnis mehr voreinander zu haben, daß darum der eine frei über alles verfügt, was für Außenstehende als striktes Geheimnis des Anderen erscheinen möchte. Aber auch in solcher Gemeinschaft der Geheimnisse werden immer gewisse Zonen der Einsamkeit bleiben – vor allem das Verhältnis des Einzelnen zu Gott – wo die Liebe taktvoll haltmachen wird, um nicht in die Gefahr einer geheimnislosen Promiskuität zu verfallen. So sehr der Einzelne sich seiner Rechte begeben kann, so sehr muß er doch immer dem Anderen das Recht auf ein Geheimnis belassen. Er wird es um so lieber tun, als er ihm dadurch das Geschenk seines Vertrauens darbringt, eines Vertrauens, das sogar das Nichtverstehen der Taten und Verfügungen des Geliebten in Kauf nimmt. Wieder werden hier der Erkenntnis der Wahrheit Grenzen gesetzt, um die Liebe grenzenloser werden zu lassen. Wo diese Grenzen jeweils liegen, wieweit die Liebe es sich gestatten kann, um ihrer eigenen Verherrlichung willen auf das Wissen und die Einsicht zu verzichten, das kann nur die jeweilige Situation der Liebe entscheiden. Sobald aber diese Verdunkelung des Wissens im vertrauenden Glauben anfangen würde, zu einer Verdunkelung der Liebe – etwa zu Mißtrauen oder Verdacht oder ernstem Mißverständnis – zu führen, würde sie um der Liebe willen aufgeklärt werden müssen.

Aber noch ist damit das innerste Geheimnis der Verhüllung innerhalb der Liebe nicht berührt. Von diesem Geheimnis reden, heißt an den Kern der Liebe selbst rühren. Das Geheimnis des Seins, so sagten wir, ist ein wesentliches, ein unaufhebbares Geheimnis, ein solches, das in der vollen Offenbarkeit der enthüllten Wahrheit erst recht siegreich erstrahlt. Es ist das Geheimnis der Tiefe, der Innerlichkeit, der unschätzbaren Kostbarkeit des Seins. In dieser Tiefe liegt die Möglichkeit und die Wirklichkeit der Liebe begründet. Wenn also die Liebe im Kern des Seins lebt und dieser Kern wesenhaft intim und geheimnisvoll bleibt, dann will das Geheimnis sich selber Geheimnis bleiben. Die Liebe, die der Sinn und das Ziel aller

Dinge ist, drängt nicht dahin, sich selber geheimnislos zu durchschauen, sie ist so sehr substanzielles Mysterium, daß sie sich selber ein Wunder bleibt. Sie verhüllt sich selbst vor sich selbst, weil sie sich selber allzu hell, allzu offenbar ist. Sie ist der anbetungswürdige Kern aller Dinge, aber sie betet sich nicht selbst an, sondern wendet in einer unaussprechlichen Bewegung den Blick von sich selber ab. In dieser Bewegung bekundet sie eine Eigenschaft, ohne die die Liebe undenkbar wäre: *die Scham.*

Scham, wie sie hier verstanden ist, hat nichts zu tun mit dem Akt des sich Schämens über etwas, was objektiv schändlich ist. Sie wird im Gegenteil angeregt durch die Verhältnislosigkeit in der Liebe zwischen dem Angebot und dem Empfang. Die Größe des Geheimnisses ist es, was den, der es sieht, verwirrt, was ihn bewegt, die Blicke davon abzuwenden, und gerade dort, wo das Höchste unmittelbar auf ihn zutritt, die Augen zu schließen. Die Verhältnislosigkeit, die ihn dazu bewegt, braucht nicht unbedingt und ausdrücklich als Empfindung der Unwürdigkeit ausgelegt zu werden, obwohl der durch die Größe des Geheimnisses Überschwemmte seinem Gefühl vielleicht diesen Ausdruck geben wird. Denn in Wahrheit ist die Regung der Scham in ihrem Innersten nicht der Wille, sich ihm zu entziehen, aus seiner Umklammerung sich zu entfernen, auf seine Kenntnis zu verzichten. Es ist kein Verzicht auf die sich hüllenlos darbietende Wahrheit. Es ist vielmehr die Weise, in der der Empfänger sich dem letzten Geheimnis und seiner letzten Enthüllung darbietet. Er wird vom Geheimnis so sehr übermannt, daß er sich ihm in der Weise des Entzuges überläßt. Es ist der letzte Verzicht auf das Fassen- und Begreifenwollen, dort, wo die Wahrheit allzu überwältigend einströmt. Nicht so, daß das Subjekt sich der Erkenntnis des Objekts durch Abwendung entziehen wollte. Denn der Akt der Erkenntnis ist schon im Gange; beide sind schon in der Identität der einen Wahrheit vereinigt, die ihren Mantel um beide geschlagen hat. In diesem heiligen Hymen, in dem die

Wahrheit sich selber erfaßt, ihrer selbst ansichtig wird, wird sie von etwas ergriffen, das man nicht anders schildern kann denn als die Scham vor sich selbst, vor dem Zuviel ihrer eigenen Herrlichkeit.

Was diese geistige Scham ist, läßt sich auch nur indirekt am Wesen der leiblichen Scham erläutern. Leibliches Schamgefühl setzt wesentlich an bei der Doppelnatur des Menschen; weder das Tier noch der Engel kennt eine ähnliche Regung. Die Verknüpfung von Leib und Geist, genauer noch: die unerhörte Spannung zwischen der Niedrigkeit der Ausscheidung und der Erhabenheit der Zeugung, und innerhalb der Zeugung selbst zwischen der Niedrigkeit des geschlechtlichen Aktes und der unausdenkbaren Größe seines geistigen Sinnes: das alles macht das leibliche Schamgefühl zu einem unlösbar doppeldeutigen Phänomen. Was der Mensch hier leiblich verhüllt, bedarf dieses Schutzes, dieser Intimität immer aus beiden Gründen zugleich; er verbirgt es wie die allzu sichtbare Nahtstelle seiner Natur, wo das Oberste mit dem Untersten eins wird; er verhüllt es als ein Geheimnis, das gewiß im Sinn der Liebe auch seinen sichtbaren Leib zu einem intimen, kostbaren, in der Liebe als herrliches Geschenk anzubietenden Gefäß macht, das aber doch immer auch von der Armut der irdischen Existenz Zeugnis gibt und sich verschleiert, um dem geistigen Antlitz mehr Leuchtkraft zu geben. In der geistigen Scham gibt es dieses Doppelte nicht. Hier ist alles Ausdruck für das eine, unteilbare Geheimnis des Seins im ganzen. Es ist, als wäre das Auge der Erkenntnis geblendet vor soviel Wahrheit, als würde der Akt der Erkenntnis niederknien, um das Geschenk der Wahrheit in Empfang zu nehmen. Als würde im Augenblick, da das Langersehnte sich endlich zeigt, die Offenbarung zu erhaben sein, um ertragen zu werden. Als wäre das Wort, das hier gefordert wäre, viel zu zart, um ausgesprochen und als äußeres Wort gehört zu werden. So kann es sein, daß Liebende einander das Tiefste nicht in der Umarmung, sondern nur in einer voneinander abgewendeten Stellung verraten können.

Oder als schlösse die Liebe selber die Augen, bevor die letzte Vereinigung sich vollzieht. Als schlüge die Liebe um sich selbst einen Mantel, um nicht zu wissen, was in ihr vorgeht. So kann jeder der Liebenden dem anderen in seiner Seele eine Herberge bieten, ihn aber so unbewußt und nichtwissenwollend in sich tragen, wie eine Mutter ihr Kind im Schoße trägt. Einer bietet dem anderen seine Seele wie einen Mantel an, in den hinein er sich hüllen kann wie er will. Darum liebt und sucht die Liebe die Nacht: nicht weil sie etwas zu verstecken hätte, worauf der Tag mit Recht Anspruch erheben könnte, sondern weil sie in sich selbst so enthüllt, so preisgegeben ist, daß sie sich vor sich selber schützen muß, ihre allzu große Entblößung nur ertragen kann, wenn sie im Schutz der Unsichtbarkeit einhergehen darf. Die hier gemeinte Nacht ist nicht vor allem das Fehlen des äußeren Lichtes. Es ist die Abblendung des innern Lichtes der Liebe selbst, es ist die Liebe als Nacht, die sich selber zur Nacht macht, um das Übermaß ihrer Helligkeit zu ertragen. Es ist die Liebe, die sich in sich selber hüllt und verhüllt, weil sie zuletzt nichts anderes besitzt, um sich zu decken. In diesem äußersten Sinn sind nochmals Enthüllung und Verhüllung eins geworden.

Von diesem Punkt her absteigend, begegnen wir noch einer weiteren Form der Wahrheitsverhüllung in der Liebe: die schon beschriebene Form des schöpferischen *Vergessens* und Übersehens. Das Maß dieses der Richtung auf Wahrheit scheinbar entgegengesetzten Verhaltens liegt ganz in dem Vorschuß an Glauben und Vertrauen, den der Liebende dem Geliebten gewährt. Es kann Liebe sein, auch gegen den Augenschein selbst zu glauben, nämlich dann, wenn dieser Glaube dem Geliebten die Kraft gibt, der zu werden, der er sein sollte. Vielleicht sind in ihm alle einzelnen Elemente vorhanden, aber zerstreut, aus denen der Liebende das Idealbild aufbaut, das er dem Geliebten wie einen Spiegel darbietet. Er zeigt ihm darin wie den Plan des fertigen Gebäudes, er antizipiert in der schöpferischen Kraft der Liebe dessen Vollendung, obwohl in der Realität kaum die Materialien vorhanden sind, um es aufzubauen. Und doch: das wesentlichste Element zu diesem Bau ist vorhanden, der Glaube der Liebe selbst: aus ihr heraus wird das Unmögliche möglich. Ihre Kraft ist so groß, daß sie die entgegenstehende Realität einfach negiert und als nicht existent übersieht. «Ich weiß», sagt die Liebe, «daß du nicht der bist, als der du dich gibst.» Das Bild, das sie vom Geliebten erschaut hat, nimmt sie dabei nicht als ihre eigene Konstruktion und Erfindung, sie versteht es, wenn sie wahre Liebe und nicht gleißnerische Verliebtheit ist, als ein von Gott geschenktes Vorbild des Geliebten, das Gott ihr anvertraut hat. Denn es ist den Wesen gegeben, sich durcheinander und ineinander zu vollenden, im Du das zu werden, was man im Ich nicht sein kann. Nur die Liebe vermag diese Hilfe zu bieten, diese Synthese, deren Kraft das Gegenteil der entlarvenden Psychoanalyse bedeutet. Die Zaubereien der Liebe sind dabei vollkommen nüchtern. Sie haben in sich eine klare Beweiskraft und einen sittlichen Ernst, wie sie den phantastischen Konstruktionen der Seelenzergliederungsmethoden trotz ihrer scheinbaren Realistik nicht eignen. Denn das synthetische Bild, das die Liebe entdeckt und dem Geliebten vorhält, ist keine subjektive und willkürliche Erfindung, es ist in der objektivsten Haltung, die möglich ist, in der selbstvergessenen Hingabe an den Gegenstand, an seinen Sinn und sein Heil, als dessen innerste Wirklichkeit gefunden worden. Auch in dieser Leistung bleibt die Basis der Liebe eine strenge und sachliche Gerechtigkeit: indem sie aufstellt, was sein soll, hat sie zugleich das Maß dessen in der Hand, was ist. Und weil sie dieses Maß so sicher besitzt, kann sie es sich leisten, die Wirklichkeit so zu betrachten, wie sie sein soll, und durch Vergessen und Nichtbeachtung ausschalten, was ihrem Bild nicht entspricht.

Wir haben hier von der Liebe als absoluter Macht gesprochen. Daß diese Macht in der Welt und im Menschen nie in Absolutheit verwirklicht ist, daß ihre Taten daher innerhalb der Geschöpflichkeit nur begrenzte sein können, das versteht sich von selbst. Freies, souveränes Verfügen steht nur jener

Liebe zu, die in sich selbst unbeschränkt ist, der göttlichen Liebe. Von ihr und ihrer Mitteilung an die Welt wird im theologischen Teil dieser Studie zu handeln sein.

2. WAHR, GUT, SCHÖN

Der Geheimnischarakter, der der Wahrheit immanent ist, kann zuletzt nicht deutlicher beschrieben werden als durch eine abschließende, zusammenhängende Darstellung der transzendentalen Eigenschaften des Seins in ihrer gegenseitigen Verflochtenheit. Damit bekommt die ganze immanente Beschreibung der Wahrheit ihre Abrundung und zugleich ihre Öffnung auf das nächste Problem hin: die Beziehung der weltlichen Wahrheit zu Gott.

Wahrheit hat sich in allen bisherigen Analysen in ihrem Grundsinn immer wieder als Erschlossenheit des Seins dargeboten. Die Öffnung, die das Sein in ihr erfährt, ist nicht eine beziehungslose «Öffnung an sich», sondern eine «Öffnung für», eine Zugänglichkeit, die die Bedeutung eines Angebotenseins einschließt. Wem dieses Angebot gilt, bleibt zunächst ungesagt; es zeigte sich aber, daß das Subjekt, auf das sich die Erschließung bezieht, ebenso unmittelbar ein Ich wie ein Du ist, daß also die Wahrheit sowohl dem Erschlossenen immanent ist wie eine transzendente Beziehung der Erkennbarkeit für Andere in sich schließt.

Die Erschlossenheit setzt die Seinsbewegung des Sicherschließens voraus und ist ihr jeweiliges, von ihr nicht ablösbares Ergebnis, da es sich um eine dem Sein als solchem anhaftende Eigenschaft handelt. In dieser Bewegung läßt sich unterscheiden: 1. das, was sich erschließt, der Seinsgrund; 2. das, was erschlossen ist, die Erscheinung; 3. die Erschließung selbst als die Bewegung des Grundes in die Erscheinung. Die Erscheinung ist kein zweites selbständiges Sein neben dem Grund, sie ist der Grund selbst, sofern er erscheint und somit erschlossen ist. Dennoch besteht, da zwischen Grund und Erscheinung eine Bewegung stattfindet, keine restlose Identität;

die Erscheinung ist vielmehr die Darstellung des Grundes, seine Erkundung, gleichsam seine Ausmessung. Sofern sie dem Grund gegenübergestellt wird, kann sie als ein Bild des Grundes bezeichnet werden, sofern aber der Grund selbst in ihr aus sich hervortritt, ist dieses Bild nichts anderes als der geäußerte Grund. Darum ist auch die Bewegung der Äußerung nicht als ein selbständiges Moment von Grund und Bild abtrennbar: sie ist der Akt, in welchem der Grund sich selber darstellt als das, was er ist: als erscheinendes Sein. Am Ursprung des Aktes steht der Grund als dessen Ursprung; ursprünglich betrachtet ist also die Erschließung des Seins eine Aktion, ein Ausdruck, eine Lichtung, eine Teilgabe an sich selbst. Am Ziel und Ende des Aktes steht die Erscheinung als das Ausgedrückte: in ihm hat das Sein sein eigenes Maß genommen, es hat sich darin objektiviert, es ist darin verstehbar, weil innerlich licht geworden.

Nun verhält es sich nicht so, daß das Sein eine in sich beruhende, zunächst unerschlossene Tiefe besäße, die sich gleichsam erst nachträglich nach außen hin öffnete und vielleicht in einer erscheinenden Oberfläche äußerte. Sondern Tiefe erhält das Sein gerade erst dadurch, daß es innerlich licht wird, daß es einen Innenraum, eine Intimität erhält, daß es aus der Oberflächlichkeit des bloßen An-sich-seins übergeht (oder besser je schon übergegangen ist) in die Tiefe und Innerlichkeit des Für-sich-seins. Wenn der Grund sich äußert und in Erscheinung tritt, so wird er dadurch erst wirklich zum Grund, zu etwas, was erst dann Tiefe gewinnt, wenn es seine eigene Tiefe ermißt. Daran wird aber ersichtlich, daß in der Bewegung der Selbsterschließung der Grund immer auch Ziel ist: erst das wahrhaft geäußerte Sein ist zu sich selber gelangt, kennt seine eigene Tiefe und kann sich für andere darstellen. So läßt sich die Bewegung nun auch umgekehrt darstellen: als Bewegung der bloßen Erscheinung als des bloßen An-sich-seins in die immer größere Tiefe des Seinsgrundes hinein, der, als Norm und Ziel der Bewegung, sich in ihr erst als Grund verwirklicht.

Wie immer man den Vorgang ansehen mag: ob mehr als die Selbstaussprache des Grundes im Akt seiner Lichtung, oder mehr als seine progressive Selbstverwirklichung von der Bildidee zur Fülle der Wirklichkeit: immer heben sich in diesem Geschehen zwei Grundbegriffe ab, die sich fördern, sich ergänzen, sich gegenseitig einschließen: *Licht und Maß*. In ihnen ist die Wahrheit ursprünglich grundgelegt. Sofern der Seinsgrund in die Erscheinung tritt, wird er für sich und für Andere Licht: er ist in der Bewegung der Mitteilung begriffen, in der er sich selbst und Anderen erfaßbar wird. Aber er ist es nur, sofern er darin erscheinend sein eigenes Maß erhält: als Bild sich selber seinen Grund gegenüberstellt und im Bild als Grund sich erfaßt. Er nimmt darin sein eigenes Maß und bekommt damit auch für Andere Maß: und in dieser inneren Gemessenheit, in der seine Lichtung besteht, setzt er sich vom Chaos des Irrationalen ab und tritt ein in die Welt der verstehbaren Dinge.

Hierin wird auch das bloße, ununterschiedene Sein zum bestimmten Wesen: es erhält Form und Innerlichkeit, Umriß und Raum zugleich. Zwischen beidem entfaltet sich das Wesen derart, daß es sich in dieser Ausdehnung sowohl als gesetzt versteht, wie mitvollziehend sich setzt. Beide Seiten des Seinsaktes sind immer gleichzeitig: das naturhafte Gesetztsein und das im Gesetztsein sich selber Setzen. Als Gesetztes, je schon Seiendes ist es imstande, sich auch selbst als das, was es ist, zu ergreifen: seine Selbstsetzung ist nicht die Willkür des reinen Ursprungs, sondern der Nachvollzug eines vorgegebenen Maßes: sie ist Natur. Aber diese Natur ist kein totes, passives Gesetztsein, sondern hat die Lebendigkeit der Selbstergreifung in der Jeweiligkeit der seinsbegründenden Setzung, in der ihr auch die Beweglichkeit der Idee bleibt, die sich plastisch aus sich selbst ihr Ziel setzt und es auch, immer neu abgeschattet, aus den Anderen, aus der Umwelt erhält.

Zur Wahrheit im vollen Sinne des Wortes wird die Seinserschlossenheit dort, wo sie zur totalen Reflexion des innern

Lichtes in sich selbst, zur Selbstergreifung des Maßes zwischen Grund und Erscheinung in der Gestalt des inneren Wortes wird. Reflexion als in sich Zurückgehen des Lichtes ist Subjektivität, und gerade diese Geschlossenheit in sich selbst ist die volle Erschlossenheit für sich selbst. Diese wiederum ist die grundsätzliche Erschlossenheit des Seins überhaupt und somit der Welt, und darum weiterhin die grundsätzliche Erschlossenheit des so geöffneten Seins für die Welt. Sobald das Sein durch Licht und Maß zu einem gesetzten und sich mitsetzenden Wesen geworden ist, ist ihm Zugang geschaffen und Platz gesichert innerhalb der Welt der erschlossenen Wesen. Das Bild, das es für sich selbst gewonnen hat, hat es nicht für sich allein erobert, es gewährt auch Anderen die Möglichkeit, sich ein wahres und richtiges Bild von ihm zu machen. In diesem Licht und Maß-sein zugleich für sich und für anderes vollendet sich die Erschließung des Seins als Wahrheit.

Gutheit ist nun aber auf keinem anderen Weg zu erkunden als auf dem eben beschriebenen des bewegten Verhältnisses zwischen Grund und Erscheinung. In dieser Bewegung teilt das Sein seinen innern Gehalt mit und wird doch gerade erst so zum gehaltvollen Sein. Es offenbart seine eigene Tiefe und wird durch seine Offenbarung erst zu einer echten Tiefe. Es läßt sich in dieser Mitteilung wiederum unterscheiden: 1. das Mitteilende, entsprechend dem Seinsgrund; 2. das Mitgeteilte, entsprechend dem Sein als Erscheinung; 3. die Mitteilung selbst, entsprechend der Bewegung vom Grund zur Erscheinung. Daß das Mitteilende zum Mitgeteilten wird, daß es sich also zu dieser Bewegung der Mitteilung entschließt, ja, sofern es ist, was es ist, je schon dazu entschlossen ist, das gibt dem Seienden seinen *Wert*. Es ist nicht einzusehen, woher ein Seiendes, das nicht mitgeteilt wäre, Anspruch auf Wert erheben könnte. Es wäre vielmehr etwas völlig Indifferentes, das ebenso gut auch nichtseiend sein könnte, nach dem niemand, auch es selbst nicht, begehren würde, weil es eben als Unmitteilbares gar nicht angestrebt werden könnte.

Somit erhält es seinen Wert durch seine Mitteilung, und zwar seinen Wert sowohl für sich selbst wie für die Anderen. Es erhält Wert für sich selbst, da es im Akt der Mitteilung sich selber geschenkt wird: es erhält Einblick in die eigene Tiefe, die zur Tiefe gerade dadurch wird, daß sie mitteilbar und mitgeteilt ist. Es bekommt sich selbst zu Gesicht, und nicht als ein fremdes, ihm nur äußerlich zugesprochenes, sondern als das eigene Selbst, das ihm in der Bewegung der Mitteilung mitgeteilt wird. In der Verdoppelung zwischen Mitteilendem und Mitgeteiltem, die sich doch innerhalb des identischen Seins vollzieht, gründet sich die Möglichkeit, daß das Sein sich selber wertvoll wird. Es erhält sich selbst mit dem Gewicht und dem Nachdruck eines Geschenkten, das ihm das Wissen erweckt: es ist gut, zu sein. Und da es nicht nur das sich selbst Empfangende, sondern darin auch das Mitteilende selbst ist, weiß es, daß es an dieser Güte des Seins auch teilnimmt, die in der Mitteilung seiner selbst besteht (bonum diffusivum sui). In ein und derselben Bewegung verzichtet das Sein auf den Geiz des Für-sich-allein-seins, um sich mitteilend zu eröffnen, und erhält es durch diesen ursprünglichen Verzicht sein Gewicht als ein Gutes, seinen einmaligen Wert. Daß es sich selbst nicht als Kostbarkeit achtet, das eben macht seine Kostbarkeit aus.

Sofern der Grund bei seiner Mitteilung keinen anderen Grund hat als die Mitteilung seiner selbst, (es also unmöglich ist, hinter dem Grund einen weitern Grund zu suchen), sofern also der Grund des Seins die Mitteilung selbst ist, ist er unmittelbar eins mit dem Guten, das heißt mit der sich grundlos schenkenden Liebe. Denn in der Mitteilung ist das Sein sich Grund genug und will keinen anderen Grund als die Mitteilung selbst. In der Mitteilung als Heraustreten des Grundes in die Erscheinung wird das Sein zu dem, was es ist; aber im gleichen Zuge wird es der Erscheinung möglich, zur Tiefe des Grundes zu streben, sofern sich diese Tiefe als die Idee, das Seinsollende enthüllt. Sofern Grund und Erscheinung eins sind, sofern die Erscheinung wirklich der erscheinende Grund ist, ist das Gute im Sinn der Vollkommenheit (perfectum) je schon verwirklicht. Sofern aber zwischen beiden die Kluft der je neuen Mitteilung und darum auch des lebendigen Strebens und des Selbstbegreifens besteht, ist das Gute immer erst in Verwirklichung (als bonum honestum) begriffen. Das Zweite ruht auf dem Ersten, weil alles Streben nach Gutem das Gute als Erstrebbares voraussetzt, aber das Erste faßt das Zweite je schon in sich, weil das Gute nie sich selber genügt, sondern in seiner Mitteilung immer nach seiner eigenen Verwirklichung strebt. So vollendet sich der Begriff des Guten in der Einheit mit dem, was es ist: das sich neidlos mitteilende Sein und dem, was es anstrebt: die volle Entsprechung zwischen Grund und Erscheinung, das heißt das vollendete Mitgeteiltsein des sich mitteilenden Seins.

Schönheit läßt sich gerade aus dem im Problem des Wertes entwickelten Sachverhalt aufzeigen. Das Gute geht über das Wahre insofern hinaus, als die bloße formale Entsprechung zwischen Grund und Bild an sich noch keinen Wert darstellt. Als formale Beziehung und Entsprechung könnte in ihr zwar Richtigkeit festgestellt werden, ohne daß damit gesagt wäre, daß sich irgend jemand für diese Gleichung zu interessieren braucht. So könnte auch das Licht der Wahrheit als ein kaltes, niemand beglückendes Licht erscheinen, wenn ihm nicht darüber hinaus die Wärme des Guten zukommen würde. Sogar die Erschlossenheit des Seins für sich selbst und für Andere könnte an sich als eine bloße Tatsache gebucht werden, ohne daß das Seiende sich durch sich selbst bereichert oder durch die Erkenntnis eines Anderen angelockt fühlte. Daß dem nicht so ist, das ist der gegenseitigen Einwohnung von Wahrheit und Güte zu verdanken, durch welche die Erschließung des Seins immer schon Mitteilung ist, die Mitteilung aber immer schon Wert bedeutet. Jede Wahrheit ist somit selbst ein Wert, und alle Werte haben Anteil an der Enthüllung der Tiefe des Seins.

Wie der Wert des Seins in der rein formalen Entsprechung der Richtigkeit noch nicht zutage tritt, so wird er auch nicht faßbar in der bloßen formalen Beziehung zwischen dem Begehren (appetitus) und seiner Befriedigung durch das angestrebte Gut. Gewiß ist ein Gutes darum für mich gut, weil ich seiner aus irgendeinem Grunde bedarf, weil es einem Bedürfnis in mir entspricht und durch seine Erreichung dieses Bedürfnis befriedigt wird. Wäre aber das Bedürfnis die entscheidende Begründung des Guten, so würde dieses nicht nur bei der Befriedigung als Gutes verschwinden, es träte der noch viel tiefere Übelstand ein, daß das Sein gar nicht in sich selber sondern nur in Beziehung auf ein anderes gut genannt werden könnte. Damit wäre das Gute einem völligen Subjektivismus und Relativismus preisgegeben, während das Sein selbst in seiner Absolutheit der Eigenschaft des Guten verlustig gegangen wäre. Um diesen verderblichen Folgerungen zu entgehen, muß festgehalten werden, daß das Gute primär nicht im strebenden, sondern im angestrebten Sein selbst grundgelegt ist (bonum est principaliter in re), aber weder so, daß Sein und Wert unmittelbar gleichgesetzt würden, noch auch so, daß das Sein als für sich selbst wertvoll, gleichsam in Unbedürftigkeit sich selber genießend dargestellt würde, sondern so, daß die Mitteilungsbewegung, durch die das Sein zum Sein, zum Wesen und zum Subjekt wird, als die ursprüngliche und elementare Bewegung des Guten verstanden wird, weil die Liebe dem Sein auch seinen Wert verleiht.

In seiner Mitteilung begründet der Grund, wie schon gesagt wurde, sich selbst. Darum kann die Mitteilung durch kein Früheres begründet, sondern nur durch Späteres beleuchtet und in ihrer ursprünglichen Werthaftigkeit näher ausgelegt werden. In der Mitgeteiltheit des Seins sind wir auf den sich selbst begründenden Grund gestoßen. Man kann diese Mitteilung weder einseitig als Beziehung, noch einseitig als Akt auffassen, denn sie ist die hinter beidem liegende, sich einfach ergießende Quelle des Seins selbst, aus deren Fülle jede Beziehung wie jeder Akt, jedes gesetzte Maß wie jede setzende Tat erst verständlich werden. Hier wird der Grund des Seins zum Abgrund, weil der Grund der Mitteilung kein anderer ist als die Mitteilung selbst, diese also auf dem Grundlosen ruht. Daß aber Mitteilung um keines anderen Grundes willen geschieht als um der Mitteilung willen, das kennzeichnet sie als Liebe.

Auf diesen grundlosen Grund geht auch alle Wahrheit zurück: alle Wahrheit läßt sich begründen in der Entsprechung von Bild und Grund und in der darin sich vollziehenden Selbstergreifung des Seins (im Licht der innern Identität und Evidenz). Aber hiemit ist dann auch der Kreis der Wahrheit in sich geschlossen, und es ist nicht möglich, weiter zu fragen, *warum* es denn überhaupt Entsprechung und Evidenz, Maß und Licht gebe; warum etwas die Güte habe, sich uns als Sein zu schenken und zu erschließen, warum es Wahrheit überhaupt gebe. Diese Frage liegt «hinter» der Wahrheit, sofern man Wahrheit von der Güte unterscheidet, sie liegt aber zugleich «in ihr», sofern die Bewegung der Selbsterschließung des Seins keine andere ist als die der Selbstmitteilung. Sofern man das Mysterium der Liebe als «hinter» der Wahrheit stehend betrachtet, muß man sagen, daß alle Wahrheit auf dieses Mysterium zurückzuführen ist, daß sie aus ihm ihren Sinn als Wahrheit herleitet und, weit entfernt es als Mysterium erklärend zu bewältigen, vor ihm zu verstummen und sich zu bescheiden hat. Sofern aber das Geheimnis doch auch der Wahrheit selbst einwohnt, sofern die Wahrheit ein Moment der Selbsterschließung des Seins ist, ist ihr das Geheimnis nicht fremd, sie hebt sich von ihm nicht ab wie von einem irrationalen Hintergrund, sie strahlt es aus, und es gehört mit zum Wesen der Wahrheit, daß sie dieses strahlende Geheimnis durch sich selbst offenbart.

Diese Erklärung war nötig, um das Wesen der Schönheit in seinem Ursprung fassen zu können. Schönheit ist in der Tat nichts anderes als das unmittelbare Hervortreten der

Grundlosigkeit des Grundes aus allem Begründeten. Sie ist die Transparenz durch alle Erscheinung hindurch des geheimniserfüllten Hintergrundes des Seins. Darin ist sie zunächst die unmittelbare Offenbarung des nicht zu bewältigenden Überschusses an Offenbarung in allem Geoffenbarten, des ewigen Je-mehr, das im Wesen des Seienden selbst liegt. Es ist nicht nur die einfache Entsprechung zwischen Wesen und Erscheinung, die das ästhetische Wohlgefallen erregt, sondern die völlig unbegreifliche Feststellung, daß das Wesen wirklich in der Erscheinung (die doch das Wesen nicht ist) erscheint, und zwar erscheint als ein Wesen, das ewig mehr ist als es selbst, das also nie endgültig erscheinen kann. Aber gerade dieses Nichterscheinen erscheint. Gerade dieser ewige Komparativ drückt sich im Positiv aus.

Und zwar erscheint der Grund in seiner besonderen Eigenschaft als sich selbst begründende Abgründigkeit. In diesem Erscheinen liegt die Interesselosigkeit aller Schönheit. Sie ist das reine Strahlen des Wahren und des Guten um seiner selbst willen, das in sich selber Ruhende und Strömende der Mitteilung, eine schwebende, nicht zu beschreibende Freude, die teilnimmt an der abgründigen Freude der in sich selbst begründeten Strahlung des Seins. Darum ist die Schönheit auch von einer solchen Neidlosigkeit der Selbstpreisgabe: sie überstrahlt alle ihre Betrachter, wie die Sonne eine Landschaft überstrahlt, sie wird durch die Teilnahme an ihr nicht angegriffen, nicht in Teile geteilt. Sie kann in alle einzelnen Elemente und Aspekte eingehen, sogar in solche, die sich entgegengesetzt scheinen, ohne doch von dieser Vereinzelung innerlich getroffen zu werden. So kann es scheinen, als läge sie das eine Mal ganz im Maß, in der Proportion, in der begrenzten Gestalt, als wäre das Bild, sofern es Erscheinung des Wesens ist, ihre eigentliche Heimat. Aber im Handumdrehen kann auch wieder der Anschein entstehen, als läge sie wesentlich in der Bewegung, im Rhythmus der Mitteilung selbst oder in der ewigen Bewegung der Sehnsucht über alle beschränkten Gestalten und Bilder hinaus. Sie kann das eine Mal als das Formalste erscheinen, das andere Mal als das Formloseste; aber beide Erscheinungsweisen – man kann sie die klassische und die romantische, die lineare und die malerische, die apollinische und die dionysische nennen – sind doch nur Offenbarungen des gleichen Grundgeheimnisses der Schönheit. Sie lebt so ganz im Geheimnis des Seins, daß sie sich zur vollsten *Preisgabe* des Geheimnisses entschließen kann, wohl wissend, daß es immer die Preisgabe des *Geheimnisses* bleiben wird. So ist sie in ihrer Preisgegebenheit die reine Wehrlosigkeit, und doch ist niemand so sehr wie die Schönheit durch sich selber geschützt. Sie plaudert das Geheimnis des Seins an jeder Straßenecke aus, aber nur der versteht es, der den Sinn dafür im Gemüte hat. So riskiert sie alles und riskiert dabei doch nichts. Überall, wo sie als Erscheinung angegriffen wird, zieht sie sich in das Wesen zurück, wo sie unzerstörbar lebt als die wesentliche Schönheit des Seins.

Wahrheit, Gutheit und Schönheit sind so sehr transzendente Eigenschaften des Seins, daß sie nur ineinander und durcheinander begriffen werden können. Sie erbringen in ihrer Gemeinsamkeit den Beweis für die unerschöpfliche Tiefe und den überbordenden Reichtum des Seins. Sie zeigen schließlich, daß alles nur darum verständlich und enthüllt ist, weil es in einem letzten Mysterium gründet, dessen Geheimnischarakter nicht in einem Mangel an Klarheit, sondern im Gegenteil in der Überfülle des Lichtes beruht. Denn was ist unbegreiflicher, als daß der Kern des Seins in der Liebe besteht und daß sein Hervortreten als Wesen und Dasein keinen anderen Grund hat als den der grundlosen Gnade?

IV. WAHRHEIT ALS TEILNAHME

In den beiden mittleren Teilen dieser Untersuchung, die von der Wahrheit als Freiheit und als Geheimnis handelten, ging es vorwiegend um eine Beschreibung der weltlichen Wahrheit in sich selbst. Wenn dabei das Thema der Beziehung zwischen weltlicher und göttlicher Wahrheit zunächst in den Hintergrund gestellt werden mußte, so nur, damit jetzt mit größerem Gewinn die darauf zielenden Andeutungen des ersten Teiles aufgenommen und erweitert werden können. Keineswegs sollte der Anschein erweckt werden, es sei eine immanente Phänomenologie der weltlichen Wahrheit möglich ohne eine ausdrückliche Behandlung des Problems der endlichen und unendlichen Wahrheit. Für den achtsamen Leser muß vielmehr auf Schritt und Tritt deutlich geworden sein daß die ganze Schilderung der weltlichen Wahrheit eine solche ihrer geschöpflich-kontingenten Wesensart war, und daß sie stillschweigend deren Beziehung zum tragenden Hintergrund der ewigen Wahrheit einschloß. Diese überall gemachte Voraussetzung muß jetzt aufgezeigt uns als eigene Thematik entwickelt werden.

A. TEILNAHME UND OFFENBARUNG

Schon in der ersten Beschreibung der Wahrheit (S. 28 f.) stießen wir auf die Eigentümlichkeit, daß die Wahrheit einerseits abschließende Gewißheit schafft, sofern sie das Ende eines tastenden Strebens nach dem Richtigen setzt, daß sie aber anderseits in diesem Schließen Vertrauen und Glauben in sich erweckt und dadurch jeweils öffnet zu unendlichem Suchen hin. Diese öffnende Wirkung der Wahrheit wurde dann des nähern so ausgelegt, daß im grundlegenden Akt des Selbstbewußtseins, in welchem der Geist sein eigenes Maß nimmt, ihm auch das Maß des Seins im ganzen erschlossen wird, innerhalb dessen das eigene Sein und Bewußtsein eingebettet liegt. Die Wahrheit über ein einzelnes Seiendes wird nie anders vermittelt als zugleich mit der Eröffnung des Horizonts des Seins überhaupt, d. h. auf je mehr Wahrheit und Erkennbarkeit hin und dieser komparativisch ins Unendliche offene Charakter gehört so apriorisch zum Wesen der Wahrheit, daß diese, wenn sie ihn verlöre, sofort aufhören würde, Wahrheit zu sein. Das ganze Pathos der Suche nach jeweils weiterer Wahrheit lebt von einer der Wahrheit selbst immanenten Verheißung, die auf sich selbst als unendliche hinweist und deren Nichterfüllung einem inneren Betrug der Wahrheit, also ihrer Selbstzerstörung gleichkäme. Nun aber kann, wie gezeigt wurde (S. 50 f.), das jeweils noch zu enthüllende, bisher unenthüllte Sein keinesfalls, wenn es überhaupt erkennbar sein soll, ein in sich selbst verborgenes, noch von niemandem erkennend Gemessenes sein. Meßbar ist nur, was in sich selbst ein Maß hat, darum ist auch nur das erkennbar, was je schon erkannt ist. Die Verheißung der Wahrheit kann daher nicht auf eine bloße indefinite Aufreihung endlicher Erkennungsgegenstände hinzielen, die erst allmählich vom endlichen Subjekt entdeckt und erkannt werden könnten, sie setzt vielmehr mit Notwendigkeit eine Sphäre absoluter Wahrheit voraus, in der sich ewiges Sein und ewiges Selbstbewußtsein immer schon decken und von der her alle endlichen Objekte je schon gemessen und damit der Erkennbarkeit durch endliche Subjekte übergeben sind. So ergab sich dann auch in der Analyse des endlichen Selbstbewußtseins die Entdeckung nicht nur eines leeren, grenzenlosen Horizontes von Sein überhaupt, als eines über-kategorialen Apriori zur Ermöglichung jeder beliebigen endlichen Erkenntnis von Objekten, sondern der ausdrückliche und notwendige Schluß auf ein unendliches Bewußtsein als der Bedingung der Möglichkeit von endlichen Subjekten. In der sich so eröffnenden Analogie des Selbstbewußtseins galt als innerste und unumstößliche Evidenz die Nichtidentität des endlichen und des unendlichen Bewußtseins; das endliche Bewußtsein wurde vielmehr, sobald es an die Sphäre des göttlichen rührte (und es *mußte* als Selbstbewußtsein daran rühren), sogleich in die jeweils größere Distanz zu ihm zurückgeworfen. Diese Distanz wird nun endgültig verständlich von all dem her, was über die Wahrheit der Freiheit und Intimität gesagt worden ist. Jede pantheistisch-idealistische, unmittelbare oder dynamisch-progressive Gleichsetzung zwischen dem endlichen und dem unendlichen Subjekt verkennt die elementarsten Gesetze der Wahrheit, die immer einen freien, personalen Innenraum voraussetzt, und dies um so mehr, je vollkommener und unabhängiger von untergeistiger Natur das erkennende Subjekt ist. Es muß nun aber im Wesen eines absoluten Selbstbewußtseins liegen, in sich das Maß alles Seins zu besitzen und daher keiner naturhaften, unfreien Ausdrucksbeziehung und passiven Rezeptivität zu bedürfen. Die unendliche Freiheit, die mit einem unendlichen Selbstbewußtsein gegeben ist, verbürgt dem unendlichen Subjekt auch eine unendliche Intimität und somit eine absolute Transzendenz gegenüber allen weltlichen Subjekten und Objekten.

Diese Transzendenz der Wahrheit Gottes sagt nun aber sofort auch das Weitere, daß, wenn es überhaupt endliches Sein und endliche Wahrheit gibt, diese nur möglich sind auf Grund einer freien und aus keiner Notwendigkeit ableitbaren schöpferischen Tat und Äußerung Gottes. Dies folgt aus dem personalen Charakter des Absoluten, der keinen Raum läßt für irgendwelche der Freiheit vorausliegenden oder entzogenen Emanationen. In der ursprünglichen Analogie zwischen göttlichem und weltlichem Sein und Bewußtsein muß dieses Moment des freien Schaffens und Geschaffenseins auch ursprünglich hervortreten, weil in der Enthüllung des Seins im ganzen von dieser ersten Unterscheidung und ihrem Verständnis alle weitere Wahrheitserkenntnis abhängt.

Die Geschaffenheit der endlichen Wahrheit – denn um diese geht es hier vor allem, und nicht so sehr um die des endlichen

Seins – ist unmittelbar aus ihrer «Geschöpflichkeit», das heißt, aus ihrer Kontingenz zu erschließen. Diese Eigenschaft, die im folgenden Kapitel zusammenfassend dargestellt werden soll, ist so aufdringlich, so penetrant, daß sie vollkommen unübersehbar ist. Nichts in der weltlichen Wahrheit ruht in sich selbst, alles bleibt schwebend, unabgeschlossen, ja innerlich unabschließbar im Sinne einer immer weitern Angewiesenheit auf Ergänzung. Alles bleibt bis zuletzt gebunden an den jeweils sinnlichen Ausgangspunkt; kein Erkennender ist fähig, die Wahrheit anders als durch das Spiegelbild des äußern Ausdrucks hindurch zu betrachten. So behält nicht nur der jeweils erkannte seiende Gegenstand die Kennzeichen der Kontingenz, sondern in ausgesprochener Weise auch die ihn ausdrückende Wahrheit, die sein Maß ist. Kontingenz ist eine innere Qualität der weltlichen Wahrheit, und kraft dieses ihr anhaftenden unauslöschlichen Merkmals unterscheidet sie sich schon im ursprünglichsten Akt des Selbstbewußtseins von der göttlichen Wahrheit.

Wenn also in diesem ersten Akt, in dem das endliche Subjekt das Maß seiner selbst und des Seins im ganzen nimmt, Gott, das unendliche Subjekt, wenn auch noch so verhüllt und noch so indirekt, als der notwendige Grund jeder weltlichen Wahrheit ansichtig wird, so setzt er sich doch, gerade in dieser Erkenntnis seiner, als das in sich verborgene Geheimnis des unendlichen personalen Seins vom endlichen Selbstbewußtsein ab. Gott muß in jeder Wahrheitserkenntnis, bewußt oder unbewußt, notwendig mitgesetzt werden, aber so, daß die Offenbarkeit seines Seins unmittelbar zurückgeführt wird auf eine ursprüngliche Freiheit seines Sich-offenbarens – (die also nur eine hypothetische Notwendigkeit ist: vorausgesetzt nämlich, daß es Gott gefallen hat, eine Welt zu erschaffen) – und daß in diesem Offenbarwerden Gottes gerade seine herrschaftliche Freiheit und somit seine Verborgenheit in sich selbst ansichtig wird. Die endliche Wahrheit, die von der Erkenntnis erfaßt wird, hat den Charakter eines freien Geschenkes Gottes aus seinem Schatz an unendlicher Wahrheit. Sofern dieser Charakter der endlichen Wahrheit anhaftet, wird etwas vom Wesen Gottes kund: nämlich seine Güte als Schöpfer, der mitteilt, was keine Not ihn mitzuteilen zwingt. Und da die Form der Mitteilung, eben ihre Freiheit, an der Gabe haftet und an ihr ablesbar ist, erhält dann auch der Inhalt, das Mitgeteilte, die Bedeutung einer Mitteilung, die etwas vom Wesen des Schöpfers verrät. Aber da keinerlei naturhafte Beziehung zwischen dem Ausdruck und dem, der sich darin ausdrückt, besteht, weil die Schöpfung in jeder Beziehung frei und ungeschuldet ist, darum gibt es keine weitern Möglichkeiten, außerhalb dieser freien Äußerung Gottes, die das geschaffene Objekt darstellt, oder an diesem vorbei irgend etwas vom Wesen des Schöpfers zu erspähen. Die Erkenntnis der Existenz und des Wesens Gottes hat sich streng innerhalb der Beziehung zwischen endlichem Subjekt und endlichem Objekt zu ereignen. Was Gott in der Schöpfung von sich selbst offenbart, das hat er ganz in die Natur der erkannten Objekte und der erkennenden Subjekte hineingelegt. Aus ihrem Wesen, ihrer Kontingenz wie ihren positiven Werten und Eigenschaften ist das zu entnehmen, was der Schöpfer in der Schöpfung von sich darzustellen gewünscht hat. Er hebt sich also, indem er sich als der Schöpfer offenbart, unmittelbar auch als der in sich selbst nicht offenbare Hintergrund der Welt ab; er zeigt gerade genug von sich selbst, damit das Geschöpf wisse, daß er, der Schöpfer, in sich selbst das Freie und Verborgene ist.

Jetzt erst wird der Charakter der Wahrheit als Geheimnis ganz verständlich. Der unendliche Hintergrund, der sich hinter jeder endlichen Wahrheit abzeichnet, mehr noch: der innere Wesenszug auch aller weltlichen Wahrheit, alles Ausgedrückten, sich nicht anders ausdrücken zu lassen, als daß ein bleibendes Geheimnis miterscheint, der Wahrheit selbst also einen innerlich komparativen Charakter zu lassen: das alles wird erst sinnvoll im Lichte der innern Analogie aller Wahrheit zwischen unendlicher und endlicher, göttlicher und weltlicher Wahrheit. *Weil* die göttliche Wahrheit, als die Wahrheit einer *absoluten* Intimität, notwendig in jeder Offenbarung Geheimnis bleibt, darum hat jede weltliche Wahrheit etwas von diesem Geheimnischarakter an sich. Und zwar so, daß das Geheimnis, das der weltlichen Wahrheit anhaftet, ein dem weltlichen Sein zu *eigen* geschenktes ist, das es in einer eigenen, persönlichen Intimität, in freier und spontaner Weise verwalten kann, und dabei doch immer nur ein zu eigen *geschenktes* bleibt, als eine Teilnahme an der absoluten Intimität der göttlichen Wahrheit, von der her es seinen Geheimnischarakter bezieht. Das letztere ist so wahr, daß das Geschaffene, auch wenn es wollte, sein Geheimnis nie so verraten und entweihen kann, wie es in sündigem Streben wohl möchte: das Geheimnis ist ihm nie so sehr zu eigen gegeben, daß es nicht zugleich im Gewahrsam Gottes verbliebe; es ist ihm nie soweit anvertraut, daß es nicht auch für sich selber ein ewiges Geheimnis bleibt. Das ist das Siegel, das der Schöpfer seinem Geschöpf aufgedrückt hat und durch das er es als sein Eigentum stempelt. Auch die letzte Grundlosigkeit, die in der frühern Analyse der Wahrheit heraufkam, wird nun in ihrer Notwendigkeit verständlich: Grundlos ist alle geschaffene Wahrheit, sofern sie ihren Grund nicht in sich selbst hat, ihren eigenen letzten Grund also durchbricht in eine nicht mehr endlich auszulotende Tiefe des göttlichen Geheimnisses hinein; grundlos ist aber auch die göttliche Wahrheit in dem Sinne, daß sie auf nichts anderem mehr aufruht als auf sich selbst, auf ihrer eigenen Unendlichkeit. Die Grundlosigkeit alles weltlichen Grundes steht also wiederum in Analogie zu der des göttlichen Grundes, aber so, daß in der betonten Kreatürlichkeit der weltlichen Grundlosigkeit, also im Abstand des Nicht-in-sich-selber-Stehens die betonte Göttlichkeit der Grundlosigkeit Gottes: sein Ganz-in-sich-selber-Stehen ansichtig wird.

Die Beziehung zwischen endlicher und unendlicher Wahrheit erscheint daher von der Kreatur her betrachtet als Beziehung innerlicher, naturnotwendiger *Teilnahme*, so sehr, daß wenn die Beziehung zur göttlichen Wahrheit abgebrochen wäre, die weltliche sofort in sich zusammensinken und aufhören würde, Wahrheit zu sein; von Gott aus betrachtet aber als Beziehung freier, durch keine natürlichen Voraussetzungen geforderter *Offenbarung*. Diese Beziehung ist einzigartig und mit keiner anderen vergleichbar, weil alle innerweltlichen Wahrheitsbeziehungen zwischen relativen, kreatürlichen Polen gespannt sind. Unmöglich ist es, das zwischen Gott und Geschöpf herrschende Verhältnis von Teilnahme und Offenbarung unter irgendeinem (univoken) Begriff zu subsumieren, als einen «Fall», eine Ausprägung von Teilnahme oder Offenbarung unter anderen. Die durch die Schöpfung hergestellte Analogie zwischen Gott und Geschöpf ist sobeschaffen, daß sie mit jeder anderen Analogie selbst nur analog übereinkommt. Daß nun dennoch eine solche Analogie der Analogien tatsächlich besteht, das folgt aus dem Wesen der jede innerweltliche Analogie begründenden Analogie der Schöpfungsoffenbarung Gottes. Denn gerade in dieser Offenbarung erhält das Geschöpf durch Gottes freie Güte teil an der Wahrheit Gottes, und die Offenbarung der göttlichen Wahrheit vollzieht sich in der Gestalt solcher Teilgabe. Damit wird das Geschöpf innerlich als ein relatives Zentrum von Wahrheit ausgestattet, das seinerseits fähig wird, Wahrheit zu erkennen und von sich selbst auszudrücken. Die innerweltlichen Analogien besitzen also ihr letztes Maß in der Schöpfungsanalogie, aber es ist eben deshalb auch erlaubt, jene zu benützen, um das Wesen dieser zu klären, zumal dabei in letzter Instanz doch wieder das Innerweltliche durch das Zwischen-Gott-Weltliche seine entscheidende Deutung erhält.

Zu dieser Klärung der Schöpfung als Teilnahme und Offenbarung bieten sich also jene innerweltlichen Formen der Teilgabe an, wie sie früher als Bild, Bedeutung und Wort beschrieben worden sind. Was innerhalb der Schöpfung, und zwar grundlegend in der Beziehung zwischen Materie und Geist, mit diesen drei Kategorien sich ausdrücken ließ, das muß sich übertragen lassen auf die Beziehung zwischen Geschöpf und Gott, wenn dabei nur beachtet wird, daß diese letzte Beziehung das Maß der anderen ist. Bei einer solchen Übertragung wird man die drei Kategorien in ihrer Einheit zu nehmen haben, weil jene naturhaften Äußerungen, die nicht freies Wort, freier Ausdruck eines geistigen Sinnes in materiellen Bildern und Gleichnissen sind, nur eine entferntere, dunklere Analogie der Schöpfung bieten können als die freien Äußerungen und Gestaltungen des Menschen. Anderseits wird man aber die willkürliche Sprache doch wiederum nicht loslösen dürfen von ihrer Einbettung in die organische Leiblichkeit, weil diese keine reine Behinderung, sondern im Gegenteil eine Bereicherung des Ausdrucks-Apparates bedeutet. Die Wortsprache für sich allein genommen bietet großenteils nur solche Zeichen, die dem Bezeichneten äußerlich bleiben, während die Ausdruckssprachen des Leibes und aller anderen natürlichen Äußerungen den Vorteil haben, in einer innerlichen Analogie zum Ausgedrückten zu stehen.

So betrachtet erscheint die Welt als ein ungeheures Bild und Symbol des göttlichen Wesens, das sich in gleichnishafter Sprache ausdrückt und offenbart. Die Welt als ein solches Feld von Gleichnissen zu lesen wissen, heißt zugleich sie selber und den darin ausgedrückten Gott, soweit er begriffen sein will, verstehen. Die aufgestellte Proportion: «Materie zu Geist wie Welt zu Gott» bietet in der Tat den umfassendsten Zugang zum Problem der Gotteserkenntnis, und wer sich innerhalb der Welt gedanklich wie existentiell dazu geschult hat, alles Leibliche als ein Gleichnis und Ausdrucksfeld geistiger Wahrheit zu schauen, der wird die beste Vorbedingung mitbringen, die gesamte Schöpfung als das Gleichnis und Ausdrucksfeld des Schöpfers zu deuten.

In dem Verhältnis zwischen Gott und Welt taucht daher die analoge Spannweite zwischen Unmittelbarkeit und Mittelbarkeit der Äußerung auf wie im innerweltlichen Verhältnis zwischen bedeutendem Bild und sich darin ausdrückendem Geist oder Grund. Diese Spannweite ist auf der einen Seite durch den Satz festgelegt, daß wir Geistiges nur im sinnlichen Bild (phantasma) erkennen, daß uns also jede eigentliche Intuition in den fremden Geist verwehrt ist. Nur in der Deutung des sinnlichen Ausdrucks, in der Abstraktion und Konkretion, die der erkennende Verstand diskursiv im Bilde vornimmt, gewinnt er ein geistiges Bild und Verständnis dessen, was im sinnlichen Bild ausgedrückt war. Durch diese Indirektheit der diskursiven Erkenntnis war die Intimität des sich offenbarenden Seins geschont, während die Spontaneität des erkennenden Seins Gelegenheit erhielt, sich zu betätigen. Auf analoge Weise nun bleibt alle Offenbarung Gottes innerhalb der Schöpfung eine indirekte, auf das geschöpfliche Zeichen beschränkte, und nur durch dieses Zeichen hindurch kann das endliche Subjekt etwas vom Wesen des sich offenbarenden Gottes erfahren. Unsere gesamte Gotteserkenntnis bleibt streng beschlossen auf die Deutung weltlicher Zeichen, schon darum, weil eben jede menschliche Erkenntnis von Geistigem außerhalb des Ich auf das sinnliche Ausdrucksfeld eingeschränkt bleibt. Dies gilt aber, wie schon gezeigt, auch für die innerhalb des Selbstbewußtseins des Subjekts zu gewinnende Erkenntnis Gottes, da Gott auch im Innern des Subjekts nicht unmittelbar in sich selbst erschlossen ist, sondern nur indirekt auf Grund der Erschlossenheit des Seins im ganzen. Auf keinem Wege, weder innen noch außen, erhascht der endliche Geist etwas von Gott unmittelbar; er bleibt auf die Zeichensprache der Dinge angewiesen, durch die Gott zu ihm redet.

Aber so wie in den materiellen Zeichen der geistige Gehalt nun wirklich erscheint und sich ausdrückt, wie die weltliche Wahrheit darin besteht, daß der Grund sich im Ausdruck wirklich enthüllt und als Enthüllter anzeigt und beglaubigt, die Erscheinung also kein Schein und keine Verhüllung, sondern eine wirkliche Offenbarung des Wesens ist, so ist auch die Welt als Ganzes und jedes einzelne Sein und jede einzelne Wahrheit in ihr ein echtes Hervortreten Gottes. Das Zeichen, in dem er sich ausdrückt, ist für ihn keinerlei Hindernis, das zu sagen, was er sagen will. Zwischen Inhalt und Ausdruck besteht kein Zwischenraum, weil der Ausdruck ganz vom Offenbarenden herkommt und vom Inhalt, den er ausdrücken soll, bestimmt ist. Es gibt keine fremde Materie, in die Gott seine Ideen eingeprägt hätte, sondern die einzige vorliegende «Materie», aus der Gott die Welt schafft, ist sein freier Wille und seine ewige Idee. Darum kann in der Schöpfung Gottes Wesen unbehindert transparent werden, so sehr, daß der Betrachter der weltlichen Dinge durch das Bild hindurch auf das Urbild schauen und dabei vergessen kann, daß er dieses nicht unmittelbar, sondern im Spiegel der Kreatur erblickt (et sic quando aliquid cognoscitur per similitudinen in effectu suo existentem, potest motus cognitionis transire ad causam immediate, sine hoc quod cogitat de aliqua alia re; et hoc modo intellectus viatoris potest cogitare de Deo, non cogitando de aliqua creatura». De Ver q 8 a 3 ad 18). Die Bildhaftigkeit der weltlichen Dinge wird so sehr zu ihrem wahren Wesen, und das Bild selbst so transparent, daß Gott darin wie unmittelbar (immediate) herausleuchtet. Es ist dies die besondere Form der «Intuition», die in der symbolischen Erkenntnisform liegt, und die in einer psychologischen Unmittelbarkeit des Überganges über das immer noch vorhandene ontologische Zeichen (medium quo) hinweg besteht. Darum ist es ebenso richtig, von einer Art Schau Gottes im Medium der Kreatur zu sprechen (Röm. 1, 20), wie von einem mittelbaren Schlußverfahren. Jene «Schau» hat mit irgendeiner irrationalen Erkenntnisweise nichts zu tun, da sie implizit, als Übergang vom Zeichen zum Ausgedrückten, einen logischen Schluß enthält und jederzeit in einen solchen übersetzt werden kann. Meistens wird eine solche Übersetzung nicht notwendig sein, weil das Lesen der symbolischen Zeichensprache der Welt dem erkennenden Geist so geläufig geworden ist wie das Lesen von Buchstaben in einem Buch oder die Auffassung eines Kunstwerkes aus Farbe oder Tönen.

Dieses Erscheinen Gottes innerhalb der Zeichen seiner Schöpfung kann sich nun aber wiederum in jener Spannweite entfalten, die für das Erscheinen des Grundes im Bild aufgestellt worden war. Es kann sich dieses Erscheinen einerseits als ein äußerstes Hervortreten des Grundes im Bild selber geben, so daß das Bild fast mit dem Grunde selbst verwechselbar wird. So sprechend sind seine Züge, so lebendig der Ausdruck, daß man glaubt, den lebendigen Menschen selbst vor sich zu haben! Die Illusion, auf die der Künstler es abgesehen hatte, ist so stark, daß man an Stelle des Bildes unmittelbar die Wirklichkeit selbst gesetzt glaubt. So kann auch der Blick eines Menschen so enthüllend sein, daß man durch seine Augen hindurch schleierlos in seine Seele zu schauen vermeint. Das Bild wird hier so sehr bis zum Rand mit der ganzen Bedeutung des Grundes erfüllt, daß das Gefäß fast überzulaufen scheint, oder besser, daß der Inhalt, den es faßt, größer zu sein scheint als es selbst. Dieser Charakter ist denn auch der weltlichen Wahrheit der Geschöpfe gegeben, daß sie oft eine innere Unendlichkeit in sich zu bergen scheint, etwas Unerschöpfliches an Wahrheit, Schönheit und Güte, einen unmittelbaren Glanz der Ewigkeit und Unendlichkeit Gottes, die Ausstrahlung von etwas mehr als was sie auf Grund ihrer kreatürlichen Wahrheit in sich enthalten könnte. Dieses geheimnisvolle Mehr, von dem schon so viel die Rede war, ist die äußerste Füllung des weltlichen symbolischen Gefäßes mit dem Inhalt Gottes. So kann sich in einen Augenblick der Zeit eine Fülle eindrängen, die diesen Augenblick wie eine unmittelbare Erscheinung der Ewigkeit empfinden läßt, oder es kann ein Kunstwerk so vollkommen sein, daß es die Qualität einer nicht mehr irdischen, sondern unmittelbaren göttlichen Idee zu haben scheint. Diese Eigenschaft, die dem Geschöpf wohl zukommen kann und die ihm seinen höchsten Zauber verleiht, ist etwas so Zartes und mit solcher Vorsicht zu Handhabendes, daß ein völlig geordnetes Verhältnis zu Gott nötig ist, um der Gefahr einer Vergötzung nicht zu erliegen. Der Zauber, den die Geschöpfe auf

Grund der Immanenz der Herrlichkeit Gottes ausstrahlen können, legt eine Verheißung in sie, die eine unmittelbare Ankündigung Gottes ist. Gott spricht aus ihnen, Gott zieht den Betrachtenden durch sie zu sich, Gott lehnt sich gleichsam aus diesen Augen der Welt heraus, um den von der Schönheit der Dinge Verzückten unmittelbar anzuschauen. Jener Komparativ, der aus dem Wesen der Dinge in ein Unabsehbares lockt, meint Gott und nicht die Welt. Aber weil dieser Zauber sich nun doch tatsächlich innerhalb der Zeichensprache der weltlichen Dinge abspielt, weil auch in diesem äußersten Hervortreten Gottes der Schleier der Kreatürlichkeit nicht zerreißt, hat das Geschöpf die verderbliche Möglichkeit, diesen ihm anvertrauten Schein der Ewigkeit zu mißbrauchen und ihn als seine eigene Wahrheit auszugeben. Oder der Betrachtende läßt sich durch diesen Schein verführen, den Dingen, die vielleicht naiv und schuldlos ewige Wahrheit ausstrahlen, etwas zuzuschreiben, was ihnen als Geschöpfen nicht gehört. Was nur Teilnahme ist und Offenbarung, wird umgedeutet zu einer immanenten, stehenden Eigenschaft. Ein solcher Gebrauch des Symbolismus der Welt ist unmittelbare Verkehrung der Wahrheit in Lüge. So wenig das Kunstwerk sich selbst als der Künstler ausgeben kann, obwohl es das Beste des Künstlers in sich enthält, so wenig darf das Geschöpf die Werte, die ihm anhaften, als Eigenbesitz ansprechen, denn sie haben innerlich nur Sinn und Bestand als Anteilnahme an Gott und Gottes Offenbarung.

Die Gefahr wird gebannt durch den anderen Spannungspol in der Breite der möglichen Erscheinungen Gottes in der Schöpfung. Darin, daß das geschöpfliche Bild bis zur Überforderung mit göttlicher Wahrheit angefüllt werden kann, zeigt sich die Souveränität des Verfügens Gottes und die völlige Werkzeuglichkeit der Kreatur. Gerade dann, wenn sie am meisten Wahrheit und Herrlichkeit Gottes ausstrahlt, wenn Gott ihr am immanentesten ist, gerade dann ist sie am wenigsten Inhalt, am meisten Schale und Gefäß. Wenn Gott am transparentesten wird, muß das Geschöpf sich zum Transparentesten machen. Wenn Gott das Geschöpf am höchsten in Liebe zu sich erhebt, muß es sich am tiefsten in Ehrfurcht unter ihm demütigen: nur Knecht und nur Magd des Herrn. Das Geschöpf wird also von sich aus dem Schöpfer und seiner Offenbarung am meisten entgegenkommen, wenn es sich ganz werkzeuglich von ihm zu seinen Zwecken benützen läßt. Es wird dann am lebendigsten sein, durch die Einwohnung göttlichen Lebens in ihm, wenn es sich selbst am totesten stellt unter der Hand des göttlichen Töpfers. Es wird seine eigene Wahrheit, so weit sie der göttlichen gegenübersteht, in nichts anderem suchen als in der reinen Distanzstellung der Instrumentalität, die sich selbst nur als ein Konsekutives und in keiner Weise als ein Eigenthematisches gebärdet. In diesem Zurücktreten vor Gott bis zur Durchsichtigkeit der Sache, die man nicht mehr achtet, über die der Blick einfach hinweggleitet, unmittelbar (immediate) zum Urbild hin, das sich darin ausdrückt, liegt die Objektivität der geschöpflichen Haltung. Denn so ist es richtig, so entspricht es dem Verhältnis der Analogie: daß alle Wahrheit vom Grunde Gottes her stammt und daß die Wahrheit der Erscheinung keine andere ist als die: die Erscheinung des Grundes zu sein.

Damit vollendet die Kreatur in Bewußtheit jene Bewegung der materiellen Bilder, die vor dem erscheinenden Wesen verblassen, in einer Art rückläufigen Bewegung gleichsam in das Wesen sich auflösen, um so die Offenbarung des Wesens in ihnen zu krönen. Aber auch dann, wenn das Geschöpf diese Haltung nicht freiwillig einnimmt, wird sie faktisch von der Wahrheit Gottes zuletzt doch erzwungen. Denn auf die Dauer erweist sich die Geschöpflichkeit der Wahrheit des Bildes in ihrer ganzen Vergänglichkeit und Hinfälligkeit. Es ist ein Gleichnis zwar, aber doch «nur ein Gleichnis». Der Zauber, den die weltliche Gestalt ausstrahlen konnte, als sei sie ihr eigener Zauberer, verblaßt; die Gestalt steht herbstlich entblättert da, und die verführerische Illusion weicht einer ernüchternden Desillusion. Die Erscheinung löst sich gleichsam vom Grunde ab und zeigt in ihrer Verselbständigung ihre innere Scheinhaftigkeit. Es wird deutlich, daß die absolute Wahrheit zuletzt nicht in der Kreatur, sondern hinter und über ihr steht, und daß die Geschöpfe ihr wahres «Wesen» (im Sinne der deutschen Mystik) nicht in sich selber, sondern in Gott besitzen. Kein «Gottesbeweis» ist eindringlicher als dieser Rückzug der Transzendenz Gottes in sich selbst. Keine Erscheinung Gottes ist überwältigender als dieses Nichterscheinen der Wahrheit im bloßen Schein. So kann das Verstummen eines Menschen mehr von seiner persönlichen, unnahbaren Freiheit offenbaren als eine ausführliche Rede, in der er sein Inneres zu schildern versucht. Das heißt nun selbstverständlich nicht, daß die Geschöpfe nur Schein, nur Akzidenzien oder Modi der göttlichen Substanz wären. Das innerweltliche Verhältnis von Erscheinung und Wesen ist ja nur eine Analogie zum Verhältnis zwischen Geschöpf und Gott. Vielmehr ist es das ganze, aus Erscheinung und Wesen bestehende Geschöpf, das in dieser Weise gleichnishaft, nichtig und durchsichtig wird, um die Qualität der Absolutheit der göttlichen Wahrheit siegreich wie eine Sonne durch das weltliche Gewölk hervorbrechen zu lassen.

Die Beziehung der Teilnahme des Geschöpfes an Gott und der Offenbarung Gottes im Geschöpf ist somit analog der Beziehung zwischen weltlichem Ausdruck und Ausgedrücktem, Materie und Geist. In der innerweltlichen Analogie scheinen die beiden Pole durch ein Drittes in der Mitte verbunden zu sein: die sinnliche Anschauung oder Einbildungskraft, die das Materielle in den Geist hineinhält, ohne es an sich noch zu vergeistigen, und den Geist in der Materie organische, physiologische Wurzeln schlagen läßt. Eine analoge Vermittlung zwischen der göttlichen und der weltlichen Wahrheit scheint in der transzendenten Analogie die Sphäre der «Ideen» oder «Urbilder» einzunehmen, welche die weltliche Wahrheit nach oben hin zusammenfaßt und gleichsam innerhalb der Sphäre des göttlichen Geistes repräsentiert, anderseits jene allgemeine und notwendige Form der Wahrheit darstellt, in welcher sich die göttliche Wahrheit innerhalb der vergänglichen Welt einwurzelt und offenbart. Aber diese Analogie zwischen der Ideenschöpfung der sinnlichen Einbildungskraft und einer Ideenwelt zwischen Gott und Geschöpf kann, wenn sie weiter durchgeführt wird, nur zu einer Verkennung der Offenbarung Gottes führen. Die Existenz einer Einbildungskraft im System der menschlichen Erkenntnis ist durchaus bedingt durch die Naturhaftigkeit (im Sinne der Untergeistigkeit) des menschlichen Erkenntnisvermögens. Sie ist der wesentliche Ausdruck dafür, daß der geschaffene Geist in die Erkenntnis hineingeworfen ist, lange bevor er sich zu ihr entscheiden kann, daß ihm das Material der Verarbeitung von außen her geliefert wird und daß auch sein spontaner Ausdruck sich an die vorgegebene Ausdruckssprache einer von seinem Wirken nicht abhängenden Natur halten muß. Nichts dergleichen kann in der Selbstoffenbarung Gottes in der geschöpflichen Welt Geltung haben. Denn diese Offenbarung ist die freieste, die es gibt; sie schafft sich aus der Souveränität des sich offenbarenden Gottes heraus sowohl den Ausdruck wie die Mittel des Ausdrucks selber, ohne an irgend etwas gebunden zu sein, was nicht Gott selbst wäre. Die Aufstellung einer Ideensphäre zwischen Gott und Welt kommt daher, wenn mit ihr Ernst gemacht wird, einer Leugnung der Freiheit Gottes gleich und führt zu einer Art von Gnosis oder Pantheismus. Von Ideen kann innerhalb des Verhältnisses von Teilnahme und Offenbarung nur in einem doppelten Sinne rechtmäßig gesprochen werden: einmal als von den Urbildern, die in Gott selber im Zusammenhang mit seinem freien Schöpfungsentschluß entworfen werden als die möglichen Nachahmungen seiner unendlichen Wesenheit und Wahrheit. Sodann als von deren Abzeichnung innerhalb der geschaffenen Welt als den in ihr verkörperten Sinngestalten. Diese Sinngestalten sind, wie früher (S. 210 f.) ausgeführt wurde, den einzelnen Dingen nicht nur immanent, sondern als

Gesetze des Geltens und Sollens auch transzendent, in der Weise, daß die einverkörperten Sinngestalten, ohne daß eine Grenze feststellbar wäre, übergehen in solche über den Dingen, als ewige, von Gott selbst vorgestellte Normen, die ihre in Gott zusammengefaßte Wahrheit vorbildlich enthalten. In diesem doppelten Sinn kann man wohl von Ideen sprechen; aber die unaufhaltsame Reduktion aller Geltens- und Sollensgesetze auf das an der unendlichen Nachahmbarkeit des göttlichen Wesens sich orientierende, souveräne Verfügen des Schöpfers macht es unmöglich, die Welt der Ideen wie eine in sich gefestigte Zwischeninstanz zwischen Schöpfer und Geschöpf aufzufassen. Diese Welt der Ideen ist, menschlich gesehen, eine dynamisch bewegte, sie ist die für uns jeweils neue Zumessung der unveränderlichen ewigen Wahrheit Gottes an die geschöpfliche Wahrheit der Welt und die jeweils neue Ausrichtung dieser letzten nach der ersten. Sie kann deshalb als das Formale der zwischen-gott-geschöpflichen Analogie selbst bezeichnet werden, indem sie sowohl den göttlichen Ausgangspunkt der Wahrheit wie ihren Endpunkt in der Welt, wie endlich die Ausdrucksbewegung von Gott zur Welt in sich schließt. In diesem Sinne stellt die Idee das Maß der Wahrheit dar. Aber dieses Maß ist in keiner Weise dem Maß des sich offenbarenden Gottes als ein eigenes, selbständiges entgegengesetzt. Es ist nicht Maß im Sinne einer in sich schwebenden, ausgewogenen Proportion, vielmehr reduziert sich alles, was an ihm wie ein Verhältnis zwischen zwei Größen erscheint, unaufhaltsam auf die von der souveränen Freiheit Gottes her erfolgende Zumessung. Jede in sich ruhende Ideenwelt löst sich damit auf in ein nicht mehr überblickbares Maß, das im Geheimnis des Schöpfers verborgen ist.

Der Ursprungspunkt der Offenbarung Gottes und der Zielpunkt der Teilnahme des Geschöpfs ist von der Welt her gesehen die absolute Einheit des schaffenden Gottes. An dieser Einheit schlechthin hängt die ganze Vielfalt der geschaffenen Welt, mit all ihren immanenten Entgegensetzungen von Artwesen und Individualität, von Essenz und Existenz, von Geltung und Faktizität, von Grund und Erscheinung, von innerweltlicher Notwendigkeit und innerweltlicher Kontingenz. Alle diese Spannungen sind Verfassungen und Zeichen der Nichtgöttlichkeit der weltlichen Wahrheit. In der Nichtidentität ihrer Geschöpflichkeit offenbart sich die Identität der göttlichen Wahrheit. Diese nicht zu zerlegende Identität ist das Maß sowohl ihrer selbst wie jeder ihrer Mitteilungen nach außen. In sich ist sie die Identität des unendlichen Seins und des unendlichen Bewußtseins, somit absolute, unbedingte, auf keinen anderen Grund als sie selbst zurückführbare Souveränität. Weil diese Selbstherrlichkeit unmittelbar eins ist mit dem unendlichen Sein und der unendlichen Erkenntnis, fällt sie zusammen mit der unendlichen und unbedingten Notwendigkeit, und es kann auch in Gott von seiner Selbstbestimmung keine Notwendigkeit unterschieden werden, von der sie in irgendeiner Beziehung abhängig wäre. Die Wahrheit Gottes ist Identität von Notwendigkeit und Freiheit: Gott ist frei, was er notwendig ist, und notwendig, was er frei ist. Er begründet sich selbst, und diese Selbstbegründung ist ein Ausdruck seines Wesens und dafür, daß er absolute Person ist. Seine personale Freiheit beruht nicht, wie die des Geschöpfes, auf naturhaftem Fundament, das in irgendeiner Beziehung seinem freien Geistsein vorausginge. Darum ist auch jeder Ausdruck Gottes nach außen, in einer nichtnotwendigen Schöpfung, also durch einen Akt Gottes, der in einer neuen, mit der vorigen nicht zu verwechselnden Art frei ist, doch immer Ausdruck seiner innergöttlichen Einheit von freier Souveränität und Notwendigkeit. Schon der Begriff der Nachahmbarkeit des göttlichen Wesens setzt wenigstens einen hypothetischen Willen in Gott zu einer möglichen, freien Schöpfung voraus. Und jede Notwendigkeit innerhalb der Welt hat ihre letzte Instanz und Appellationsmöglichkeit an dieser sich selbst begründenden göttlichen Einheit von Freiheit und Notwendigkeit. In diese souveräne Einheit hinein reduziert sich jede

«Wesensschau» notwendiger Ideen über der Welt als in ihren letzten Grund. Für das Geschöpf gibt es keine anderen letzten Begründungen als die der souveränen Freiheit Gottes, deren Verfügungen darum die richtigen sind, weil Gottes Freiheit eins ist mit dem Gesetz der Notwendigkeit. Stünde die Freiheit in Gott den Ideen so gegenüber wie der platonische Demiurg seiner Ideenwelt, so hätte das Geschöpf an diesen Ideen (possibilia) eine Appellationsinstanz, die von der Souveränität der göttlichen Verfügung unabhängig wäre. Die Freiheit Gottes wäre damit beschränkt und bedingt, und das Geschöpf wäre in einem heimlichen Bund mit einem der Freiheit vorausliegenden Unbedingten getreten. Es könnte von diesem Unbedingten her die freie Verfügung Gottes beurteilen und richten; es wäre gleichsam hinter die Freiheit Gottes geraten, in eine Zone, von der her diese bedingt und geregelt würde. Es hätte über die Freiheit Gottes hinweg eine geheime Identität zwischen der geschöpflichen Wahrheit und der ewigen Wahrheit in Gott hergestellt und damit die Wahrheit der von Gott her zumessenden Analogie der Wahrheit zerstört. Die Freiheit Gottes hätte dann innerhalb der Welt nur noch ein begrenztes Gebiet, in welchem sie sich offenbaren könnte, nämlich die «Existenz», in genauer Abscheidung von der «Essenz». Die Existenz müßte allein jene kreatürlichen Züge tragen, die sie als eine kontingente, von Gottes Freiheit geschaffene anzeigen würde. Die Essenz dagegen könnte, ohne Berührung mit der Freiheit Gottes, auf eine in Gottes Wesen und deren notwendige Nachahmbarkeit gelegene Nezessität zurückverfolgt werden.

Eine solche Deutung der gottweltlichen Analogie würde die Analogie selbst zugunsten einer verborgenen Identität aufheben. Nur noch ein Teil der geschöpflichen Welt, ihr Dasein «außer Gott», wäre Ausdruck ihrer Geschaffenheit, während ihr Wesen sich in einer Art mystischen Einheit mit den notwendigen «Ideen» und naturgegebenen Nachahmungsmöglichkeiten Gottes befinden würde. Das Maß der Wahrheit des Geschöpfes wäre unmittelbar das Maß der göttlichen Wahrheit.

Dem aber widerspricht alles, was früher über das Verhältnis von Wesen und Dasein in der geschöpflichen Welt gesagt worden ist. Die sehr reale, unlösliche Spannung zwischen den Polen des weltlichen Seins drückt die Kontingenz nicht nur eines Teilmoments, sondern der ganzen geschöpflichen Seinsstruktur aus. Die Spannungseinheit des geschöpflichen daseienden Wesens hängt somit als ganze an der absoluten göttlichen Einheit souveräner Verfügung und Notwendigkeit. Wenn auch der göttliche Schöpferakt sein Maß an der möglichen Nachahmbarkeit des göttlichen Wesens besitzt, so verrät uns Gott doch nicht außerhalb seiner freien Schöpfung, auf welche Weisen er nachahmbar sein will. Darum bleibt für das Geschöpf die letzte Begründung alles weltlichen Sinnes die freie Verfügung Gottes, in der wir mit vollem Recht den Ausdruck der höchsten Sinnhaftigkeit finden sollen. Jede Frage nach einem Warum führt daher zurück auf die Antwort: weil Gott es will, und in dieser Antwort liegt beschlossen, daß dieser Wille höchste Vernunft ist. An dieser Einheit Gottes hängt nicht nur das Dasein, sondern ebenso auch das Wesen der Kreatur (ipsa quidditas creari dicitur. De Pot q 3 a 5 ad 2), so wahr es anderseits ist, daß dieses Wesen eine Nachahmung der göttlichen Natur ist. Darum kann jede teilnehmende Angleichung der Kreatur an Gott nur in einer Einfügung ihrer kreatürlichen Freiheit in die absolute souveräne Freiheit des göttlichen Willens bestehen, der sich in ihr und über ihr offenbart. Sowohl in der Nahstellung, in der die göttliche Wahrheit das irdische Gefäß bis zum Rande zu füllen scheint, wie in der Fernstellung, in der sich die göttliche Fülle, ihre Unbedürftigkeit offenbarend, aus dem irdischen Gefäß zurückzuziehen scheint, in beiden Möglichkeiten der göttlichen Offenbarung, deren Weise und Form allein von Gottes freiem Ratschluß abhängen, in der Consolatio der Nähe wie in der Desolatio der Ferne, besteht die Wahrheit des Geschöpfes einzig darin, diesen göttlichen Willen in sich als göttlichen anzuerkennen und die Verfügung ihm allein zu überlassen.

Die letzte Schärfe erhält dies alles aber erst, wenn die jeweils außerhalb der geschöpflichen Wahrheit sich offenbarende göttliche Wahrheit in ihrem situationserzeugenden Charakter betrachtet wird. In der Analyse der Situation konnte dieser der weltlichen Wahrheit als solcher anhaftende Charakter irgendwie abgelöst von seiner Verankerung in der göttlichen Wahrheit beschrieben und glaubhaft gemacht werden. Aber der Zusammenhang mit der Zeitlichkeit einerseits, mit dem sozialen, dialogischen Wesen der innerweltlichen Wahrheit anderseits genügt nicht, um die ganze Dringlichkeit der Situation bis zum Grund zu klären. Sie erhält diese Dringlichkeit erst in dem Augenblick, da durch die Erscheinung weltlicher Wahrheit hindurch das Auge der Ewigkeit uns trifft. Wäre die weltliche, vergängliche Wahrheit in sich selbst geschlossen, so wäre nicht einzusehen, warum sie uns mit solchem Ernst anfordern könnte. Wir wären frei, ihre Endlichkeit uns anzueignen oder auch an uns vorübergehen zu lassen; niemand könnte uns zwingen, uns mit dem Augenblick so auseinanderzusetzen, als ob er der erste, der letzte, der einzige wäre. Erst wenn der zeitliche Augenblick in all seiner Vergänglichkeit eine Teilnahme und Offenbarung des ewigen Augenblicks ist, und wenn uns darüber hinaus diese Ewigkeit in der Form eines souverän verfügenden Willens angeht, erhält er diese nicht mehr zu überbietende Schärfe. Denn nun wird die Zeitlichkeit des Seins zum Ausdruck der schöpferischen göttlichen Freiheit selbst: sie ist die Form, in der sich der pure Schöpferakt anzeigt: als ein solcher, der das Geschöpf je-jetzt aus sich entläßt und je-jetzt in seiner Abhängigkeit hält. Darum ist der zeitliche Augenblick auch das Gefäß des je-jetzt sich neu offenbarenden, qualitativen und unverschiebbaren Willens des Schöpfers über seinem Geschöpf. Weil durch die Zeitlichkeit hindurch die Wahrheit Gottes als seine schöpferische Freiheit und Souveränität uns angeht, darum ist es unmöglich, diese Zeitlichkeit in eine eingebildete Zeitlosigkeit, die immer noch Zeit hat und immer noch Zeit läßt, zu verharmlosen, in die

Überzeitlichkeit einer Region «allgemeiner Geltungen» und «zeitloser Wahrheiten». Sondern durch die ganze positive Intensität der Zeitform des Daseins, der je-jetzt zu-kommenden und (ver-)gehenden Gegenwart wird die unendliche Intensität der göttlichen Daseinsform transparent, die das Dringendste und Drängendste ist, was es gibt. Nur von dieser Transparenz her erhält die Zeit ihren Situationscharakter. Sie fordert nicht aus sich selbst, sondern im Namen Gottes Entscheidung, und sie fordert sie nicht für sich selbst, sondern für Gott. Sie steht mit ihrem innerweltlichen Situationscharakter im Dienste des Schöpfers. So wird auch eine Analogie der Situation deutlich: die Vergänglichkeit des weltlichen Augenblicks, die als solche die betonte Nicht-Ewigkeit der irdischen Daseinsform anzeigt, wird zum Ort und Mittel, dessen die Ewigkeit sich bedient, um ihre unvergängliche Intensität anzuzeigen. Gerade *weil* hinter dem vergänglichen Augenblick die unvergängliche Ewigkeit steht, ist die Vergänglichkeit so aufregend, so kostbar, so fordernd. Wieder reduziert sich die Dringlichkeit des zeitlichen Augenblicks – ohne Übergang über eine Sphäre arkadischen Zeithabens in irgendeinem weltüberlegenen Idealhimmel – auf die nackte Unmittelbarkeit der göttlichen Freiheit. Und weil diese das Maß des Geschöpfs in den Händen hält und jeweils neu in der Situation offenbarend zumißt, weil das Geschöpf in dieser ihm je neu offenbarten Wahrheit das wirkliche Letztmaß seiner selbst anerkennen muß, darum reißt die Forderung des Augenblicks das endliche Wesen je neu über sich selbst empor, um es, vom Standpunkt der in sich beruhigten Immanenz, auch je neu zu überfordern. Alles was ihm der göttliche Wille vorstellt, erscheint dem mit sich selbst und seinem irdischen Wollen beschäftigten Geschöpf als eine Überforderung; sie ist es aber nur insoweit, als die eigene immanente Idee über sich selbst hinaus bezogen ist auf die transzendente Idee in Gott. Das Maß des weltlichen Seins liegt, als ganzes betrachtet, bei Gott; so ist das Geschöpf dann in der Wahrheit, wenn es, sein eigenes Maß Gott übergebend, danach trachtet, über sich selber, sein Erkennen und Wollen hinaus, dem durch Gottes Erkennen und Wollen ihm zugemessenen Maß zu entsprechen. Dieses Maß Gottes ist aus keinem vorgegebenen irdischen Maß zu erraten, abzulesen, auszurechnen. Es kann nur im jeweils neuen sich Öffnen zu Gott hin in der Situation erhorcht und entgegengenommen werden. Darum vollendet sich die Analogie der Wahrheit als Teilnahme und Offenbarung in dem je-größeren Gehorsam des Geschöpfs dem sich in der Situation je-neu offenbarenden Verfügen des je-größeren Gottes.

B. ENDLICHKEIT UND UNENDLICHKEIT

Die Wahrheit dieser Welt hat zu ihrem Grunde die Wahrheit Gottes, die sich in ihr offenbart. Aber diese Offenbarung bleibt in der Schöpfungsordnung eine indirekte; das Medium des Erscheinens ist das Geschaffene, das als solches nicht Gott ist. Darum hat dieses Geschaffene eine eigene, wirkliche, geschöpfliche Wahrheit, die mit der göttlichen Wahrheit ebensowenig identisch ist, wie das geschöpfliche Sein mit dem göttlichen Sein. Zwischen beiden Verhältnissen besteht vielmehr Analogie, und zwar, weil die Wahrheit das Maß des Seins ist, eine sich deckende Analogie. Ebenso kontingent wie das Sein des Geschöpfs ist auch seine Wahrheit. Aber so wie das Sein des Geschöpfs nur Bestand hat durch das in ihm und über ihm lebende Sein Gottes, so ist die geschöpfliche Wahrheit das, was sie ist, nämlich Wahrheit, allein durch die sie tragende und ermöglichende Wahrheit Gottes.

Wie das Sein des Geschöpfs geschaffen ist, so ist es auch seine Wahrheit (veritas creata. S. Th. 1 q 16 a 7). Und wie das Sein des Geschöpfs diese Geschaffenheit in seiner innersten Struktur darstellt und offenbart, so offenbart es auch die Struktur seiner Wahrheit. Das Hauptkennzeichen des geschaffenen Seins und der geschaffenen Wahrheit ist ihre innere Endlichkeit. Endlichkeit wird hier natürlich nicht als eine quantitative

Grenze verstanden, an die man stoßen könnte, sondern als eine das ganze Sein und die Wahrheit der Welt durchwirkende *Qualität*, die als solche unmittelbar die Geschöpflichkeit ausdrückt und dadurch mittelbar das unendliche Sein und die unendliche Wahrheit des Schöpfers. Diese Qualität der inneren Endlichkeit wird an der Kreatur so erspürt, wie der Kenner durch Befühlen eines Tuches seine Qualität bestimmt oder durch Kosten eines Weines dessen Alter und Herkunft.

Die Endlichkeit der irdischen Wahrheit drückt sich vorzüglich darin aus, daß die Form des menschlichen Wissens die der Abgrenzung, der Definition ist. Erkenntnis erfolgt dadurch, daß man den Raum dessen, was erkannt werden soll, begrenzt gegenüber anderer, ausgeschlossener Wahrheit, und auf Grund der Grenzsetzungen und des Umrisses, den sie bilden, den Inhalt des Raumes bestimmt. Jede Neubestimmung, die die Erkenntnis vertieft, die das noch Ungewisse konkretisiert, ist einerseits eine Verengung des Allgemeinen durch immer partikulärere Bestimmungen, anderseits eine fortschreitende Ausschließung von möglichen Wahrheiten durch immer weitergehende Differenzen. Ist ein einzelner Gegenstand so genügend konkretisiert, so lassen sich neben ihm und in vorher ausgeschlossenen Gebieten wiederum neue Grenzsetzungen vollziehen und durch neue Einkreisungen weitere Erkenntnisse gewinnen. Auf diese Weise läßt sich allmählich ein Feld von Wahrheit parzellieren und systematisch «urbar» machen. Diese Arbeit, die vom Allgemeinsten und Unbestimmtesten in das immer Exaktere, Konkretere und Partikulärere fortschreitet, ist freilich grundsätzlich unabschließbar. Denn nie wird auch nur ein einzelner Gegenstand so genau umrissen und eingeteilt sein, daß sein ganzes Wesen und Dasein in Begriffe aufgelöst werden könnte. Der Prozeß der Erkenntnis kann in dieser Richtung ins Unendliche schreiten. Denn die immer neue Unterscheidung, die zur weitern Erkenntnis vonnöten ist, gleicht der Teilung des räumlichen Kontinuums, die man ins Unendliche fortsetzen kann. Diese Unendlichkeit hat eine immanente Endlichkeit, ja, sie ist in ihrem ganzen Wesen ein Ausdruck der Endlichkeit. Denn sie geht von einer ersten Abgrenzung aus und schreitet unbegrenzt nur durch immer weitere Abgrenzungen fort. Würde man sie ins Unendliche fortsetzen, so würde man sich der absoluten Grenze und Endlichkeit immer mehr nähern. Die immer größere Exaktheit und Vertiefung des Wissens auf *einem* Gebiet, über *einem* Gegenstand wird nur durch immer größeres Nichtwissen aller anderen Gebiete der Wahrheit erkauft. Hätte das menschliche Denken keine andere Richtung als diese, so wäre es dem sichern Tode geweiht; es würde, statt zu einem Maximum an Wahrheit fortzuschreiten, schließlich bei einem absoluten Minimum enden.

Darum steht ihm als Ergänzung die andere, komplementäre Richtung zur Seite: neben der Analyse steht die Synthese. Man stellt ein erkanntes Begrenztes in einen größeren Zusammenhang hinein, um es dadurch allseitiger zu erkennen. Es könnte nun zwar auf den ersten Blick scheinen, als würde diese Tätigkeit keinerlei Neuerkenntnis vermitteln; denn um ein Besonderes einem Allgemeineren einzuordnen, muß sowohl die Grenze des einen wie die des anderen bereits bekannt sein. Daran ist wohl richtig, daß die Erweiterung des Wissens über das Einzelne nur dann gelingt, wenn es in einen bereits im voraus bekannten Rahmen hineingestellt wird: daß der Mensch ein Lebewesen ist, bedeutet nur dann eine Bereicherung der Erkenntnis, wenn der besondere Inhalt des allgemeinen Begriffes Lebewesen schon einigermaßen bekannt ist. Aber das jeweils Allgemeinere ist zugleich das jeweils Leerere und in seinen konkreten Anwendungen weniger Bekannte; je weiter die Grenzen hier gezogen werden, um so unbestimmter wird die Kenntnis des in ihnen eingefangenen Inhalts. In dieser Hinsicht bedeutet die Synthese zwar wiederum ein Schreiten ins Unendliche – weil sich immer allgemeinere Rahmen spannen lassen – aber in eine leere und schlechte Unendlichkeit, die der des räumlichen Kontinuums abermals verwandt ist.

Nun ist aber eine solche Darstellung der synthetischen Form der Erkenntnis keineswegs erschöpfend. Im Urteil «Der Baum ist grün» (S = P), das zweifellos eine Synthese darstellt, geschieht ja keine einfache Subsumption eines Besonderen unter ein Allgemeines. Grün ist nicht der Oberbegriff, unter den der Baum fällt, obwohl das Prädikat Grün in dem gefällten Urteil das im Wissen bereits Bekannte repräsentiert, das in seiner Allgemeinheit dazu dient, das partikuläre Subjekt, das als solches das zu Erkennende ist, in die Sphäre des Bekannten einzuführen. Wenn diese Einführung gelingen soll – und daß sie tatsächlich gelingt, ist das Geheimnis der menschlichen Erkenntnis – dann muß hier *mehr* geschehen als ein bloßer Vergleich zweier bekannter Größen, es muß sich etwas Schöpferisches ereignen. Das zu erkennende Subjekt des Urteils ist ja an sich das *Unbekannte*, und die scheinbare Subsumption unter das bekannte Prädikat hebt es empor in das Licht der Erkenntnis. Dargestellt und repräsentiert ist das Sein, der Baum, innerhalb der Erkenntnis nicht in sich selbst, sondern in seiner sinnlichen Erscheinung, die als solche, wie festgestellt worden war, das Unerkannte ist, und indem nun diese sinnliche Erscheinung in das geistliche Licht der Erkenntnis eintritt, wird sie im Prädikat, im Begriff, synthetisiert. Jenes Etwas, das in einer sinnlichen Anschauung sich dem Erkenntnissubjekt anmeldete, aber in seinem ansichseienden Subjektsein, in seiner partikulären Existenz das völlig Unbekannte war, wird durch diese Synthese zu einem Bekannten oder doch wenigstens nicht mehr gänzlich Unbestimmten. Die im Urteil vollzogene Synthese ist also gleichzeitig auch eine beginnende Analyse, die beginnende Differenzierung des völlig leeren Dieses-da des Urteilssubjekts. Menschliche Erkenntnis ist demnach immer eine Einheit von Analyse und Synthese; sie konkretisiert das geistig-allgemeine Prädikat im Subjekt, das sinnlich-allgemeine Subjekt im Prädikat, sie schreitet also gleichzeitig in die beiden entgegengesetzten Richtungen, die vorhin getrennt aufgezeigt wurden, und entgeht dadurch der Gefahr, sich in einer der beiden leeren Unendlichkeiten zu verlieren.

Gerade dadurch aber kennzeichnet sie sich radikaler als endlich. Sie bewegt sich wesentlich von einer Mitte aus nach Richtungen, von denen keine konsequent abgeschritten werden kann, weil sie der Gegenrichtung bedarf, um überhaupt zur Erkenntnis zu führen. Beide Richtungen sind für sich allein tödlich; nur in ihrer gegenseitigen Temperierung erzeugen sie das Leben des Geistes. Erkenntnis strebt wesenhaft nach Einheit, aber sie kann es nicht anders tun als indem sie die Einheit in zwei konträren Richtungen sucht. Sie sucht sie in der Richtung des Urteilssubjekts durch Analyse, indem sie durch Zerteilung und Ausscheidung die ursprüngliche, unteilbare Einheit des seienden Subjekts, des Individuum ineffabile, zu ergründen trachtet. Sie sucht sie aber ebenso unmittelbar in der Richtung des Urteilsprädikats durch Synthese, indem sie das atomistische Einzelne in immer einheitlichere Kategorien zusammenzufassen und dadurch zu einer Seins- und Sinn-Einheit des Ganzen in seiner Universalität zu gelangen trachtet. Aber die Einheit, die die Erkenntnis so in entgegengesetzter Richtung zu suchen verurteilt ist, ist eben im weltlichen Sein selbst nicht anders verkörpert als in der Spannung zwischen universaler und individueller Einheit, und zeigt dadurch ihre Nichtidentität mit der unvergleichlichen und unerreichbaren göttlichen Einheit an. Das Denken also, das in dieser Mitte zwischen zwei gleich unmöglichen Extremen schwebt, ist zuinnerst ein endliches Denken. Es kommt von der Form der Verendlichung der schlechten Unendlichkeit nicht los, denn in dieser Tätigkeit liegt immer auch etwas von seiner Fruchtbarkeit und Positivität. Es kann also keine Rede davon sein, daß dieses Denken sich durch progressive Erweiterung dem unendlichen Denken Gottes asymptotisch annähern könnte. Die Denkgesetze des endlichen Denkens bleiben bis zuletzt diejenigen der formalen Logik, die mit ihren Unter- und Überordnungen von Begriffen, ihren unablässigen Abgrenzungen die innere Begrenztheit dieses Denkens und der in ihm erfaßten Wahrheit deutlich genug zum Ausdruck bringt.

Indem die menschliche Denkstruktur zwischen der Einheit des Urteilssubjekts und derjenigen des Urteilsprädikats schwebt, bleibt auch der erkannte Inhalt auf halber Strecke zwischen Erkenntnisobjekt und Erkenntnissubjekt. Die Analyse des Erkenntnisobjekts bleibt beschränkt auf das von ihm in der sinnlichen Anschauung Erscheinende, die ein ewiges Mehr an Erkennbarem in der dahinterliegenden Seinstiefe ankündigt und verheißt. Kein Ding wird, auch wenn es in seinem Artwesen und in seiner individuellen Eigenart erfaßt worden ist, bis zum Grund seines Seinsgeheimnisses gelichtet. Ebensowenig aber wie das Erkenntnisobjekt wird im Akt der Erkenntnis das Subjekt sich so gegenwärtig, wie es an sich ist. Zwar nimmt es in einer Art von Intuition das Maß seines Seins, indem es sich selbst gegenwärtig wird, aber diese Intuition ist so blitzhaft und so indirekt, daß sie nicht hinreicht, um ihm sein eigenes Wesen ganz zu enthüllen. Intuitive Gewißheit ihrer selbst (scientia de anima est certissima) verbindet sich mit der praktischen Unmöglichkeit für die Seele einer vollen Selbsterkenntnis (sed cognoscere quid sit anima difficillimum est. De Ver q 10, a 8 ad 8). Jene unmittelbare Intuition schlägt nur dann wie ein Funken zusammen, wenn ein objektiver Gegenstand, auf den die Erkenntnis sich intentional hinrichtet, vom Geist beleuchtet werden soll. Nur diese mittlere Region zwischen Subjekt und Objekt tritt durch die Erkenntnis ins volle Licht, während die Hintergründe beider wie ins Unendliche verdämmern.

Dasselbe gilt nun für alle weitern Aspekte, unter denen man die weltliche Wahrheit und Erkenntnis betrachten kann. Immer ist sie polar gespannt und immer ist jeder der Pole auf den anderen hin relativ. Bei jedem Versuch, die Ellipse in einen Kreis umzuwandeln, rächt sich das Objekt durch einen Überschuß, der nicht reduziert werden kann und der sich, je mehr man alles systematisch verzwängt, sich um so mehr quer legt und sperrt. So ergänzen sich, ohne je ineinander aufzugehen, eine anonyme und eine personale Form der weltlichen Wahrheit, die anonyme als Ausdruck der allgemeinen Arteinheit, die personale als Ausdruck der individuellen Einheit. Wollte man die Wahrheit so allgemeingültig gestalten, daß sie nicht mehr das Siegel der Persönlichkeit trüge, dann wäre sie zum Gemeinplatz verflacht; wollte man aber das Persönliche an ihr derart kultivieren, daß es zum Maß des Allgemeinen erhoben würde, so wäre dessen Originalität zur Schrulle entartet. Der Verzicht auf die Durchführung einer dieser beiden Formen der Wahrheit kann besonders empfindlich, ja schmerzlich sein. Deutlicher als anderswo wird der Mensch hier gemahnt, die unerreichbare Identität des Persönlichen und des Universalen in Gott allein zu suchen.

Nicht besser ergeht es dem Versuch, essentiale und existentiale Wahrheit zur Deckung zu bringen. Dies ist ebenso unmöglich als die Herstellung der Identität zwischen Essenz und Existenz im geschöpflichen Wesen. Diese Folgerung ist so einfach und evident, daß man sich wundert, warum die Systeme der Philosophie, die auf jene Unterscheidung im geschöpflichen Sein ihr Gebäude aufbauen, nicht ebenso radikal die geschöpfliche Wahrheit unter dem Gesichtspunkt der realis distinctio betrachten. Aber diese Spannung innerhalb der weltlichen Wahrheit verunmöglicht eben jede Systematik, die nicht zugleich aufgebrochen wäre zu den historischen Spielarten, in der sich die Wahrheit im Laufe der Tradition entfaltet, und schließlich zur Form der persönlichen Mitteilung hin, wie sie Platon in seinem siebten Brief als die völlig unentbehrliche Ergänzung systematischen Lehrens und Lernens fordert. Durch alle Zeiten hindurch wird die Philosophie sich in ein mehr um den Kern der Essenz und in ein mehr um den der Existenz zentriertes Denken auseinanderfalten, und nur in der unabschließbaren Bewegung zwischen essentialem und existentialem Denken, wie es ja in der allereinfachsten Urteilsstruktur schon grundgelegt ist, paßt sich menschliches Erkennen der Struktur des weltlichen Seins an.

Schließlich verbleibt noch die rätselhafte Spannung zwischen Faktizität und Nezessität, wiederum angelehnt an die Spannung in der Erkenntnis zwischen Anschauung und Begriff. Empiristen und Rationalisten werden, jeder auf seiner Seite, versuchen, die Spannung zu lösen und in einer Einheit zu harmonisieren, aber der unstillbare historische Kampf zwischen beiden verkörpert nur die sachliche Unmöglichkeit einer letzten Synthese. Wiederum sind beide Pole hier aufeinander bezogen, indem das Faktische sich wohl unter die Gesetze des Notwendigen einfügen muß, das Notwendige aber nichts anderes vorschreiben kann und darf, als was der Sphäre des Faktischen entspricht: die innerweltliche Nezessität bleibt eine Nezessität der Faktizität. Von dieser gegenseitigen Abhängigkeit von Notwendigkeit und bloßer Vorhandenheit hebt sich mit aller Deutlichkeit die göttliche unabhängige Notwendigkeit ab, und zwar gerade als Freiheit (sunt autem differentiae entis possibile et necessarium, et ideo ex ipsa *volutante* divina originantur necessitas et contingentia in rebus, . . . sicut a prima causa, quae transcendit ordinem necessitatis et contingentiae. In Periherm 1 14 vers. fin).

Aus all dem zeigt sich deutlich, daß die weltliche Wahrheit ganz und gar das Maß des weltlichen Seins ist, das ein «Sein im Nichts», ein bewegtes, werdendes Sein ist. Dieses Werden bewegt sich nicht einseitig vom Nichts weg zum Sein hin, sondern bleibt immer wieder dem Nichts zugewandt,innerlich ungesichert und jeweils nur gerade durch die Schöpferhand Gottes über das Nichts hinweg gerettet. Die Potentialität dieses Seins ist keine solche, die eine progressive eindeutige Richtung auf immer größere Aktualität hin besäße, sondern die Richtung des Werdens enthält in sich eine Gegenrichtung des Entwerdens. So bleibt das weltliche Sein in einer steten Bewegtheit, kraft deren es sich überhaupt am Sein erhält. Die weltliche Wahrheit, die das Maß dieses Seins ist, folgt in allem seiner Bewegung: sie ist in demselben Maße veränderlich, als das Sein veränderlich ist und im gleichen Maße beständig als das

Sein innerhalb derVeränderung beständig bleibt (De Ver q 1 a 6). Das gilt so sehr, daß auch die Wahrheit der göttlichen Idee, die dem Sein und seinem Wandel nicht folgt, sondern ihm als Vorbild vorgestellt wird, diesen Wandel nicht ausschließt, sondern in sich birgt (ebd.c) und somit keine werdensfreie Sphäre der überzeitlichen Geltungen und Werte darstellt. Die weltliche Wahrheit als solche erscheint, verglichen mit dieser Idee, wie eine «Wahrheit im Nichts», und die Erkenntnis dieser Welt wie ein «Erkennen im Nichterkennen», und darum geradezu als eine Art Irrtum (omnis humana deliberatio et cognitio reputatur quidam error in comparatione ad stabilitatem et permanentiam divinae et perfectae cognitionis. In Dionys. c 7, l 1 med.) So kann es wohl sein, daß alle irdische Wahrheit dem Suchenden eitel und hohl erscheint, daß er ihrer müde und überdrüssig wird und es nach seinem Dafürhalten die Mühe nicht lohnt, sich mit ihr abzugeben: «Nun hab ich, ach, Philosophie, und leider auch Theologie . . .» Er sieht, wie innerhalb der Endlichkeit der weltlichen Wahrheit eine Art von unendlichem Betrieb entfaltet werden kann, wie jeder wahre Satz weiter analysiert, geteilt, in Beziehung gesetzt und nach allen Seiten hin entwickelt und bespiegelt werden kann, wie man, durch eine Art Zauberkunststück aus ein oder zwei Sätzen ein ganzes System und eine philosophische Weltanschauung entfalten kann, aus anderen Prämissen wiederum andere Systeme, wie man diese untereinander in tausenden Beziehungen setzen kann, wie zehntausend Überschneidungen, Verwandtschaften und Ableitungen sich ergeben, die einen freundlich, die anderen feindlich, und wie dieses Treibens durchaus kein mögliches Ende abzusehen ist. Aber er kann, wenn er diese Fülle in die eine Waagschale wirft, in die andere das *Gewicht* des Ganzen legen, die Qualität der Endlichkeit und inneren Dürftigkeit, und indem er dieses Gewicht erwägt, das Ganze als zu leicht befinden. Er sieht eine Art von Inflation der weltlichen Wahrheit und gerade in dieser vielbeschäftigten Vermehrung ihre innere Abwertung. Und es mag in ihm die Sehnsucht aufkommen, jenseits all dieses Treibens teilzuhaben an der einfachen Identität der göttlichen Wahrheit.

Er hätte, wenn er so empfände, wohl die eine Seite der irdischen Wahrheit richtig gesehen. Aber er hätte vergessen, daß diese ganze Relativität der einzelnen voneinander abgesetzten und wieder zueinander in Beziehung gesetzten Teilwahrheiten doch, sofern sie wirklich Wahrheit der Welt enthält, Splitter und Spiegel ist, in denen etwas von der göttlichen Wahrheit in Zeichen und Rätsel sich ausdrückt. Er hätte vergessen, daß er um weltliche Wahrheit gar nicht wissen könnte, wenn ihm nicht gleichzeitig etwas von der Existenz und vom Wesen der überweltlichen, nicht mehr endlichen Wahrheit erschlossen wäre. Gerade dies, daß er die Endlichkeit der weltlichen Wahrheit in ihrem spezifischen Gewicht erwägen und verglichen mit der ewigen Wahrheit als zu leicht befinden kann, gerade dies zeigt ihm, daß er mit einem Fuße geheimnisvoll schon jenseits dieser Welt steht. Die Kreatürlichkeit als Kreatürlichkeit erkennen heißt unmittelbar darin auch Gott erkennen. Die Grenze der weltlichen Wahrheit empfinden heißt das jenseits der Grenze Befindliche heimlicherweise miterfassen. Wenn auch die weltliche Wahrheit in Analyse und Synthese sich immer wieder über einem Einzelnen schließt, so bleibt doch wahr, daß jede Wahrheit, auch die bescheidenste, die Verheißung und Bestätigung ewiger und totaler Wahrheit trägt, daß sie also auch öffnet. Nur auf dem immer gegenwärtigen Hintergrund der Erschlossenheit des Seins im ganzen wird das einzelne Sein in seiner Beschränkung gezeigt. Nicht zuletzt die alles Endliche übersteigende Bewegung des Denkens, seine Sehnsucht nach der Kenntnis und Ergreifung der Wahrheit im ganzen legt in jedem endlichen Denkschritt Zeugnis ab für deren hintergründiges Dasein. Daß überhaupt gedacht wird, daß der endliche Verstand, wenn ihm das Sein im ganzen in seiner Unbegrenztheit aufgeht, sich gezwungen sieht, die Existenz des absoluten Seins und der absoluten Wahrheit zu setzen und aus der Kraft dieser transzendenten, das einzelne Bild und den endlichen Begriff, den er synthetisiert, unendlich übersteigenden Setzung auch dem endlichen Gegenstand wahre Wirklichkeit zuzusprechen, beweist, daß die endliche Vernunft selbst nur darum ihr Werk tun kann, weil in ihr eine auf die Unendlichkeit zielende Ausrichtung lebt. Dunkel weiß sie sich unterwegs zu dieser ewigen Wahrheit und immer schon, durch den Anruf aller endlichen Gegenstände hindurch, von ihr angeblickt und aufgerufen. So ist menschliche Vernunft nicht in der Endlichkeit eingeschlossen, ja sie kann ihr endliches Werk der Erkenntnis endlicher Dinge nur darum als Vernunft verrichten, weil sie je schon mit dem Unendlichen Fühlung hat. Hätte sie sie nicht, so würde sie sich vom Instinkt der Tiere nicht innerlich unterscheiden, sie wäre beschränkt auf eine bestimmte Region des Seins, ihr Apriori gliche der spezifischen Energie eines Sinnesorgans und hätte nicht den vollen Horizont des Seins vor sich liegen. Sie würde also auch nicht das Seiende als Seiendes erkennen, und so wäre ihr Erkennen nicht objektiv.

Im kleinsten Denkschritt lebt also einschlußweise schon die Kenntnis der wahren Unendlichkeit; jedes Urteil, das ein endlicher Verstand fällt, ist ein Gottesbeweis. Und so ist auch die ganze Suche nach der Einheit des Seins im Grunde eine Suche nach Gott und zugleich die Anerkennung, daß kein Geschöpfliches Gott ist. Die schlechte Unendlichkeit, auf die die Erkenntnis überall stößt, ist wie ein spiegelverkehrtes Bild der wahren, aber nie ergreifbaren Unendlichkeit Gottes. Weltliche Wahrheit bleibt in sich, in ihrer ganzen Endlichkeit, ein Hinweis auf diese in ihr erscheinende und sie ermöglichende unendliche Identität. Der Mensch hat darum ein Recht, ja sogar eine Pflicht, sich mit der begrenzten und abschließenden Form der Ratio nicht zufrieden zu geben. Er soll aber dabei nicht nur dies wissen, daß die menschliche Ratio in ihrer Ganzheit keineswegs bloß diese beschränkte und beschränkende Funktion ist, als die man sie öfters hinstellt, sondern ebenso, daß geschöpfliche Intelligenz in sich selbst einen Abdruck und wie ein Siegel der unendlichen göttlichen Wahrheit trägt. Das ist es, was dem Irrationalismus der «Lebensphilosophie» entgegenzuhalten ist, die nur die Reaktion auf einen engen Rationalismus darstellt. Nicht dem «Leben» im Gegensatz zur wahrheitswissenden «Vernunft», sondern der stets sich selbst transzendierenden Vernunft ist es eigen, ihre jeweiligen endlichen Errungenschaften immer wieder zu übersteigen. Das Problem zwischen *Wahrheit und Leben* läßt sich nur so befriedigend lösen, daß das jeweils reichere Leben zusammenfällt mit der jeweils größeren Wahrheit. Die Wahrheit, die vom Leben abgelöst und ihm wirklich entgegengestellt werden könnte, hätte schon aufgehört, ein Bild der ewigen Wahrheit zu sein. Es gibt keinerlei auf die Dauer zu rechtfertigende Zuwendung zum Leben, die in sich eine Abwendung von der Wahrheit und der Beschäftigung mit ihr einschlösse. Denn das Maß des lebendigen Seins ist die lebendige Wahrheit. Mag es innerhalb der Wahrheit Spannungen und Polaritäten geben, diese erlauben doch nicht, die Wahrheit dieser Welt in zwei heterogene Stücke auseinanderzureißen: eine theoretische, rationale Wahrheit des Denkens und eine praktische, vitale und irrationale Wahrheit des Lebens. Solche Tendenzen innerhalb der Geistesgeschichte sind das untrügliche Anzeichen einer Dekadenz des philosophischen Vermögens, das sich sein eigenes Werk, die Erkenntnis der Wahrheit, nicht mehr zutraut. Wer Nutzen und Nachteil der Wahrheit für das Leben am Leben als Maßstab mißt, der will entweder über das Leben Wahrheit aussagen und bekundet damit, daß auch das Leben wirkliche Wahrheit besitzt, oder er schlägt sich, wenn er dies leugnet, zu den Tieren, die erkenntnislos und darum auch verantwortungslos in ihrem Trieb vegetieren. Freilich, eine Wahrheitsforschung, die nicht mehr die unendliche Wahrheit als ihren ständigen Hintergrund und Horizont hätte, wäre eben damit auch schon abgestorben und zur Sterilität verurteilt, und es wäre historisch nur allzu begreiflich, wenn die Anwendung einer solchen für das Leben nur noch nachteiligen, in keiner

Weise mehr nützlichen Wahrheit sich in das andere Extrem der Verherrlichung eines wahrheitslosen Lebens verirrte. Heilung aus diesem heillosen Dilemma bringt allein ein solches Denken, das sich vor dem stets bewußten Hintergrund der ewigen Wahrheit abspielt, deren vollendete Erkenntnis eins ist mit dem ewigen Leben.

C. GEBORGENHEIT

Nach dieser Aufweisung der mehr formalen Beziehungen zwischen der weltlichen und der göttlichen Wahrheit wird es nun möglich, abschließend die letzte, entscheidende Haltung des endlichen, geschöpflichen Subjekts gegenüber der Wahrheit zu beschreiben. Eine erste grundlegende Bestimmung ergibt sich aus der Tatsache, daß das Geschöpf, dem das Sein im ganzen erschlossen ist, darin nicht nur an ein indifferentes, farbloses Sein überhaupt stößt, sondern darüber hinaus an die Qualität des Absoluten, des Göttlichen. Es lernt das Sein an dem Maße kennen, das es von sich selber nimmt, also am Selbstbewußtsein des Subjekts, und muß folgerichtig weiterschließend auch dem absoluten Sein ein absolutes Für-sich-sein zulegen. Daraus ergibt sich für das endliche Subjekt das elementare Wissen, daß es selbst nicht Gott ist, daß es sich vielmehr in der noch so großen Ähnlichkeit des Seins und Bewußtseins doch als Geschöpf jeweils mehr von Gott unterscheidet und absetzt. Die beiden Sphären stehen sich gegenüber als die Sphäre des Herrn und die des Knechtes, die des Befehlenden und die des Dienenden, die des Gebenden und die des Aufnehmenden. Die Spontaneität, die sich im endlichen Selbstbewußtsein kundtut und grundlegt, hat in sich selbst die Qualität einer tiefern Rezeptivität gegenüber der unendlichen Spontaneität Gottes.

Die Wahrheit Gottes ist demnach dem endlichen Subjekt nicht in der Gestalt einer gewöhnlichen apriorischen Form erschlossen und zur Verfügung gestellt, die das Subjekt einfach zum Vollzug seiner endlichen Erkenntnisakte benützen könnte, so wie es die sinnliche Anschauung unter der Form eines universalen Begriffs subsumiert. Denn einmal ist ihm diese Wahrheit gar nicht in sich selbst erschlossen, sondern ausdrücklich in der Gestalt der Verschlossenheit in ihrem *innern* Geheimnis bekanntgegeben, so daß wohl die Existenz einer solchen Sphäre bekannt ist, nicht aber ihr Gehalt und ihr Wesen (In Boeth de Trin q 1 a 2 c), ja die Gotteserkenntnis in dem Wissen besteht, daß wir Gottes Wesen nicht kennen (hoc ipsum est Deum cognoscere, quod nos scimus nos ignorare de Deo quid sit. In Dionys. c 7, l 4 med.). Und ferner ist diese uns verwehrte Sphäre nicht einmal von *außen* her so bekannt, daß sie uns als ein Etwas gegeben wäre, über das wir zugunsten unserer endlichen Erkenntnis einfach verfügen könnten. Auch die leere, jeden Inhalt offenlassende «Form des Absoluten» in uns ist nichts, worüber wir selbst disponieren, das wir nach Belieben anwenden, das wir irgendwie überblicken, durchschauen und erschöpfen könnten. Diese Form ist uns nicht anders gegeben als mitsamt einem unendlichen, unbekannten, unerschlossenen Inhalt, sie ist das in unserem Geist, was die Gegenwart Gottes repräsentiert und darum von allen Mysterien der Ewigkeit umwittert bleibt. In keiner Abstraktion und Formalisierung läßt sich die letzte Analogie des Seins so verharmlosen, daß sie als eine einfache «Kategorie», vergleichbar mit den innerweltlichen Ordnungsschemata, gehandhabt werden könnte. Sprechen wir auf Grund der Erschlossenheit des Seins im ganzen einem einzelnen Wesen das Sein zu, so können wir es nur in dem Bewußtsein tun, daß auch dieses Wesen teilnimmt an der unfaßlichen Geheimnisfülle, die in diesem versiegelten Begriff eingeschlossen ist, daß es als ein Geschöpf jenes verborgenen Gottes ansprechbar ist, der sich uns auf Grund unseres geschöpflichen Daseins geoffenbart hat. Und weil wir über Gott und seine Offenbarung in uns nicht wie über eine Sache verfügen können, sondern seine Offenbarung uns von Anfang an in die Stellung solcher versetzt, über die in der freien Schöpfung Gottes verfügt worden ist, darum können wir auch nicht in weltlicher Erkenntnis im Namen dieser Repräsentation Gottes in uns, nämlich der Erschlossenheit des Seins im ganzen, über unsere Mitgeschöpfe verfügen. Wir werden vielmehr in jene Haltung zurückversetzt, die bei der Beschreibung von Subjekt und Objekt geschildert wurde, in die *Haltung des Dienstes*, die an der Quelle der geschöpflichen Erkenntnisbewegung steht. Dort erschien die Erkenntnis primär als ein Dienst des Subjekts am Objekt, das sich unaufgefordert im subjektiven Raum einstellt, und dem sich das Subjekt auch ohne vorherige Überlegung immer schon zugewendet hat in der aktiven Indifferenz seiner spontanen Rezeptivität. Was in jener ersten phänomenologischen Beschreibung als ein Dienst der Geschöpfe aneinander und untereinander erschien, das wird hier fundiert in einem tiefer liegenden Dienst an Gott, der jenen weltlichen Dienst allererst ermöglicht und innerlich sinnvoll macht. Weil wir in der ursprünglichen Analogie des Selbstbewußtseins uns jeweils schon als solche vorfinden, die vor dem Mysterium des absoluten majestätischen Gottes in die Stellung von abhängig Dienenden gestellt sind, wird uns diese erste eingeborene Haltung des Dienens zur urbildlichen für jede Verhaltungsweise auch den Geschöpfen gegenüber. Die Haltung des Dienstes ist so sehr die unbedingt erste in aller Erkenntnis, daß, wer die Indifferenz und die Bereitschaft nicht aufbringt, das Objekt so zu empfangen und aufzufassen, wie es sich selber zu geben und anzuzeigen wünscht, der elementarsten Voraussetzung objektiver Erkenntnis ermangelt.

Darum hat auch die ursprüngliche Spontaneität, die die Lichtung des Erkenntnisraumes und die Zubereitung für mögliche Begegnung von Seiendem bedingt, den Namen Dienst (servitium) und nicht Streben oder Drang (appetitus) zu tragen. Wäre sie in ihrer ersten Bestimmung strebender Drang, so könnte es nicht ausbleiben, daß der Grund dieses Dranges in der Unbefriedigung des Strebenden gesucht und das Erstrebte infolgedessen unter dem Gesichtspunkt der Bedürfniserfüllung angestrebt würde. Der Grund der Bewegung läge primär im Subjekt selbst, und das Objekt würde zu einem Mittel, durch welches das Subjekt seine eigenen Zwecke verfolgte. Es würde dann die Rezeptivität und das in ihr erscheinende Sinnesdatum gedeutet als jenes Mittel, das erforderlich ist, um dem Subjekt zur Identität seines Selbstbewußtseins zu verhelfen, es würde jede Fremderkenntnis als die Bereicherung des Erkennenden gewertet und schließlich Gott selbst, wenn auch in subtilerer Weise, zur Befriedigung des subjektiven Erkenntnisdranges benötigt. Denn so groß erschiene dann dieser Drang, daß er sich nicht stillen läßt, außer wenn Gott ihn sättigt. Aus dem Maß der Leere in der Tiefe des Subjekts würde das Maß der Fülle errechnet, das erforderlich wäre, um ihr zu entsprechen. Und so könnte es sein, daß sogar die unmittelbare Anschauung Gottes, die über alle «Forderung» der geschaffenen Natur hinausliegt, von der «religiösen Ungeduld» eines solchen strebenden Subjekts, wenn auch fromm verhüllt, zur Stillung seines unendlichen Dranges nach Wissen gefordert würde. Jede Erkenntnislehre, die auf dem Grundbegriff des strebenden Dranges aufgebaut wird, gerät unweigerlich an diesen höchst gefährlichen Punkt, an welchem eine Art Übergriff in die Rechte des freien Gottes fast unvermeidbar wird und nur von einem von der Theologie her diktierten Kompromiß umgangen werden kann. Sie gerät in das Dilemma, entweder im Sinne des Ontologismus eine ursprüngliche Anschauung der göttlichen Sphäre aufstellen zu müssen, oder, da dies nicht geht, diese statische Schau in einem «Dynamismus» aufzulösen, der dann aber unaufhaltsam über alle Schranken hinweg auf die unmittelbare Anschauung Gottes hindrängt. Hier im letzten Moment den Riegel einer «velleitas inefficax» einschieben, heißt dann, die Finalität, auf der man das ganze Gebäude errichtete, verleugnen oder die je schon ergangene übernatürliche Offenbarung so sehr in den Dynamismus der natürlichen Vernunft einbeziehen, daß sie schließlich doch zu einer naturhaften Einheit mit ihm verschmilzt.

Man entgeht diesen Schwierigkeiten nur, wenn man die ursprünglichste Haltung des geistigen Geschöpfs nicht als Drang, sondern als dienende Bereitschaft versteht. Diese Deutung ist keine abwegige Konstruktion, da sie in der einfachen Tatsache der ursprünglichen Rezeptivität der Erkenntnis grundgelegt ist. Es ist nicht das erkenntnishungernde Subjekt, das ursprünglich auf Beute ausgeht und dabei dem Objekt begegnet, sondern es ist das Objekt, das sich als erstes im Raum des Subjektes anzeigt und ihm dadurch erst die Möglichkeit gibt, einen Akt der Erkenntnis zu setzen. (Cognitio alicujus intelligibilis praecedit cognitionem, qua quis cognoscit se intelligere et per consequens cognitionem, qua quis cognoscit se habere intellectum. In Boeth de Trin. q 1 a 3 c). Erst wenn diese ursprüngliche indifferente Bereitschaft des Subjekts anerkannt ist, darf man dann auch dem Subjekt einen wirklichen Willen zur Erkenntnis zugestehen, der seiner Natur als geistigem Wesen und als Geschöpf Gottes entspricht, und diesen Drang nach Wissen mitheranziehen zur Deutung des bereitgestellten, gelichteten Erkenntnisraumes. Er mag sich über die ganze Welt hin ausbreiten, da Bildung zur natürlichen Ausstattung des geistigen Geschöpfs gehört, und mag bis zu Gott hin dringen, den ein Geschöpf als seinen Ursprung und sein Ziel zu erkennen wünscht: dieses ganze Feld steht dem Drang nach Erkenntnis unter der einen Bedingung offen, daß dieser sein Maß an dem Dienst hat, den das Subjekt an Gott und an der Welt zu leisten erkoren ist. Im Vollzug dieses Dienstes wird ihm die Erkenntnis der Welt und ihres Schöpfers wie von selber zufallen, ja, die Dienstbereitschaft wird die unerläßliche Vorbedingung für objektive Erkenntnis überhaupt sein. Aber dabei bleibt das letzte Maß des Ob und Wie und Wieweit der Erkenntnis doch immer in den Objekten, sofern diese in ihrer Gesamtheit und als Situation genommen werden, vorgezeichnet. Sobald diese Indifferenz der Bereitschaft als der Grundaffekt der Geschöpflichkeit anerkannt wird, besteht auch keine Gefahr mehr, daß das Geschöpf durch eine von der Freiheit

Gottes gesetzte hypothetische Grenze in seinem Glück und seiner innern Befriedigung gestört werden könnte, daß es, wenn auch nicht mit seinem freien Willen, so doch mit dem seiner geschöpflichen Natur eine solche Schranke zu überrennen trachtete. Denn nicht das Gesetz des eigenen Begehrens ist dann der Maßstab dessen, was der erkennenden Natur angemessen ist, sondern einzig das, was der Schöpfer in Freiheit ihr zumißt. Und nicht die eigene Glückseligkeit ist die letzte Norm aller weltlichen Bewegung, sondern der jeweils bessere Dienst an der Majestät und Herrlichkeit Gottes, in welchem das Geschöpf seine wahre Erfüllung und somit seine Seligkeit findet.

Man kann dies auch so ausdrücken, daß man sagt, alles begreifende Erkennen sei jeweils eingebettet in ein freilassendes, weil selbst umgriffenes Erkennen. Darin wird noch einmal die innere Form der geschöpflichen Evidenz klar. Evidenz ist das im Selbstbewußtsein sich selber erfassende und messende Sein, dem in diesem Akt das Sein im ganzen erschlossen ist. Aber dieser messende Akt hat selbst zu seiner innern Form ein Gemessensein durch die absolute Identität von Sein und Bewußtsein, also durch die freie göttliche Person. Dadurch wird die aktive Selbstergreifung keineswegs verunmöglicht oder in eine bloße Passivität des Gemessenwerdens verwandelt, im Gegenteil: die Form des Selbstbewußtseins des endlichen Subjekts wird durch die Identität des unendlichen Subjekts wie mit unendlicher Autorität bestätigt. Es ist also keine Rede davon, daß die Rationalität der endlichen Erkenntnis angezweifelt werden könnte, weil diese Erkenntnis die ihr überlegene, mit ihr nicht identische göttliche Erkenntnis anzuerkennen gezwungen ist. Nur das ist wahr, daß sich das weltliche Subjekt in seiner Selbstergreifung als ein bereits ergriffenes und umgriffenes versteht, daß sein Erkennen zur innern Form das ewige Prius des Erkanntseins hat.

Diese innere Form verhindert es, daß das weltliche Erkennen wie ein autonomes sich gebärdet und von einem quasi-göttlichen Zentrum aus sich über die Dinge ausbreitet, um schließlich sich auch noch des göttlichen Raumes zu bemächtigen. Wäre eine solche Autonomie Wirklichkeit, dann würde die Erkenntnis Gott wie einem äußeren Gegenstand begegnen, den sie an ihrer persönlichen Evidenz messen und nach Gutdünken annehmen oder ablehnen könnte. Würde die Erkenntnis auf Grund eigener Reflexion zum Schluß gelangt sein, daß es Gott wirklich gibt und daß es überdies noch vernunftgemäß ist, ihn als Herrn anzuerkennen, sich ihm zu unterwerfen und ihm schließlich auch Dinge zu glauben, die nicht mehr am Maßstab der persönlichen Evidenz meßbar sind, so ginge eine solche religiöse Unterwerfung der persönlichen Einsicht doch immer zurück auf eine ursprünglich autonome Entscheidung des Subjekts, das in Selbstherrlichkeit es für gut gefunden hat, sich zu unterwerfen und zu glauben. Der Akt des Glaubens hätte also gleichsam zwei Zeiten: die erste innerhalb der natürlich-autonomen Vernunft, die auf Grund ihrer in sich geschlossenen Evidenz darüber befindet, ob es den Gründen der Vernunft entsprechend sei, den Gehorsam des Glaubens zu leisten. Die zweite Zeit bildete dann dieser Akt der Unterwerfung selbst, in welchem die Vernunft, gestützt auf ihre eigene Einsicht, über sich selbst hinaus in den Abgrund der transzendenten Wahrheit Gottes sich stürzte. Aber in einer solchen vernünftigen Rechtfertigung des Glaubensaktes erscheint der erste Schritt als rationalistisch und darum der zweite als irrational. Es gibt, auch im Bereich der natürlichen Geschöpflichkeit, keine so in sich selbst geschlossene Evidenz, daß sie nicht immer schon offen wäre auf die umgreifende Evidenz Gottes hin. Schon im ursprünglichsten Akt der Selbstergreifung muß das endliche Bewußtsein sich dem unendlichen gegenübersetzen, das es umgreift. Deshalb stößt das weltliche Denken nie erst nachträglich, bei seiner Erkundung des weltlichen Seins, auf das Problem des Daseins und der Erkenntnis Gottes, sondern geht schon im ersten Akt der Erkenntnis mit der innern Form der Analogie des Bewußtseins an das Objekt heran. Es gehört zur ursprünglichen Verfassung der geschöpflichen Ratio selbst, daß sie einschlußweise um ihre Geschöpflichkeit weiß, somit den Schluß auf das Dasein ihres Schöpfers explizierend vollziehen kann. In dem je schon Umgriffensein alles Begreifens durch das Begreifen Gottes liegt innerhalb der natürlichen Vernunft die Form des Glaubens vorgezeichnet. Und wenn der Mensch sich dann in freier Entscheidung zu diesem Akt der Glaubensunterwerfung unter das umgreifende Wissen seines Herrn und Schöpfers entschließt, dann gehorcht er zugleich seiner Natur oder, genauer: dem in seine Natur selbst eingegrabenen Befehl des Schöpfers. Dann hat jener zweite Schritt im Akt des Glaubens nicht mehr den irrationalen Charakter, der ihm solange anhaftet als die Rationalität in einer gottgleichen Autonomie der innern Evidenz gesucht wird.

Es verhält sich nicht so, daß die Vernunft zuerst eine Art Übersicht über Gott, sein Dasein und sein Wesen sich verschaffen könnte, um sich dann erst der Übersicht Gottes zu fügen. Übersicht über Gott ist dem Geschöpf nicht gestattet. Schon seine erste Sicht bleibt eine «Untersicht», die sich des einzigen «Über» Gottes bewußt ist. So hätte auch, wenn der Mensch sein Erkenntnisvermögen nicht mißbraucht hätte, die natürliche Gotteserkenntnis niemals zu einem «Griff nach Gott», zu einem Eingreifen in seine absolute Souveränität werden können. Vielmehr wäre dann der erste Denkakt schon ein solcher des Gehorsamsdienstes gewesen, in welchem der Erkennende, unter Gott, geleitet von Gott, sein Erkenntniswerk verrichtet hätte.

In dieser Immanenz einer Glaubenshaltung innerhalb der Erkenntnishaltung bekommt nun auch das über das doppelte, subjektiv-objektive, persönlich-soziale Kriterium der Wahrheit Gesagte seine letzte Begründung. Diese innerweltliche Polarität und Analogie des Wahrheitskriteriums wurzelt zuletzt in einer tranzendenten Analogie zwischen göttlichem und weltlichem Subjekt im Erkenntnisakt selbst. Es wäre unverständlich, daß die innerweltliche Erkenntnis sich der Autonomie des subjektiven Wahrheitskriteriums begeben und die Ganzheit dieses Kriteriums mit dem Objekt zusammen teilen müßte, wenn ihr nicht schon vom Ursprung her eine solche Autonomie entzogen oder besser nie erteilt worden wäre. Weil aber schon die erste Begegnung mit der Wahrheit im Selbstbewußtsein die Form einer Mitteilung hat, ist es nicht erstaunlich, daß diese Form sich auch in der innerweltlichen Erkenntnis durchhält. Jenes Subjekt, das die Wahrheit nur so besitzt, daß es sie zugleich immer neu von Gott her empfängt, wird sich nicht dagegen sträuben, sie in einem dialogischen Austausch auch immer von einem weltlichen Gegenüber entgegenzunehmen. Es wird auch hier die Form eines glaubenden Vertrauens haben, weil es von der Voraussetzung ausgeht, daß es nicht allein Schöpfer und Richter über die Wahrheit ist. Dieser Glaube ist also nichts als die apriorische Voraussetzung, daß Wahrheit außerhalb des Subjekts existiert, und daß sie nicht nur erkennbar ist, sondern sich auch faktisch dem Subjekt zur Erkenntnis darbietet.

In diesem Glauben ist die Evidenz ebenso eingelagert wie die ganze weltliche Wahrheit von der göttlichen umgriffen wird. Der Erkennende weiß, daß die Wahrheit, die er erfaßt, nur ein Teil oder ein Abglanz der totalen Wahrheit ist, in die er eingebettet ist. Er denkt innerhalb der Wahrheit, die ihn als Erkennenden von allen Seiten umgibt. Es gibt keine Möglichkeit, in diesem unendlichen Medium, durch das er fliegt und schwimmt, an eine Grenze zu stoßen; jedesmal, wenn der Erkennende von sich aus als von einem Mittelpunkt um sich blickt, dehnt sich der Horizont ins Unendliche. Die Wahrheit ist immer größer als das, was ein endlicher Verstand von ihr erfaßt, und im Bewußtsein ihres Größerseins erfaßt er sie. Hätte er dieses Bewußtsein nicht, so könnte er sich vornehmen, die Wahrheit als ganze erkennen zu wollen, oder er könnte überzeugt sein, daß er kraft seiner Anlage als wißbegieriger Geist ein Anrecht darauf hätte, die ganze Wahrheit zu vernehmen. Er könnte dann in der Tat aus seiner Erkenntnisstruktur ableiten, daß er, weil er noch mehr Wahrheit erkennen *kann*, dieses Mehr auch noch erkennen soll und darf. Sobald aber die erste Evidenz schon den Charakter des Umgriffenseins durch die jeweils größere Wahrheit Gottes hat, hören diese Aspirationen der endlichen Vernunft auf, um einer Haltung Platz zu machen, die das Maß der zu erkennenden Wahrheit von Gott her erwartet. In der freien Offenbarung des freien persönlichen Gottes, in diesem Gebot und unter Umständen in diesem Verbot liegt dann das Maß an Wahrheit, nach dem der endliche Verstand streben soll.

Wäre der bloße Drang der Natur (appetitus naturalis visionis bzw. beatitudinis) die Norm des erstrebbaren Wissens, so wäre eine Schranke dieses Dranges nicht einsichtig zu machen, und man müßte der alten Schlange das Recht zubilligen, vor dieser Schranke der gottgleichen Erkenntnis des Guten und Bösen ihr «Warum» aussprechen zu dürfen. Warum in der Tat sollte es dem Menschen verwehrt sein, nach einer Erkenntnis zu streben, wenn doch seine Natur auf die Erkenntnis *alles* Wahren ausgerichtet ist? Die Bosheit der Schlange liegt aber darin, daß sie die Wahrheit Gottes als etwas hinstellt, was auf Grund des natürlichen Erkenntnisdranges des Menschen ihm erschlossen werden müßte, etwas auch, was mit bloßem Wissen und ohne die Haltung des Glaubens erkannt werden könnte. Sie stellt sie dar wie etwas Sachliches und allgemein Zugängliches und Zuhandenes, das nur zufällig einem bestimmten Menschen aus einem widernatürlichen Grund vorenthalten wird. Sie verdeckt die Tatsache, daß das ganze Streben nach Wahrheit kein unbedingtes sein darf, sondern ein am zumessenden Maß Gottes gemessenes. Denn Wahrheit bleibt in ihrem Wesen die freie Zuwendung eines in sich verhüllten intimen geistigen Raumes, des göttlichen Raumes zuerst, und in Analogie zu ihm jedes anderen Innenraumes der geschaffenen Wesen. Die Erkennbarkeit an sich dieser frei geäußerten Wahrheit gibt noch keinerlei Anrecht auf ihr tatsächliches Erkanntsein. Die Schlange entwickelt daher eine Art anthropozentrischer Erkenntnistheorie, während die Wahrheit der weltlichen Erkenntnis nur auf dem Grund einer theozentrischen verständlich wird.

Es ist daher nicht umsonst, daß die erste Sünde gerade in einem Mehr-wissen-wollen als erlaubt ist besteht, daß das Böse gerade die Form der Wahrheit als Einkleidung und Deckmantel wählt. Sie tut es, weil hier die Verwechslungsmöglichkeit und damit die Versuchung besonders nahe liegt. Aus der Erschlossenheit des Seins im ganzen, die in der Evidenz jeweils gegeben ist, scheint es durchaus legitim zu folgern, daß das Sein im ganzen auch *für mich* erschlossen sein darf und soll. Denn tatsächlich liegt *in mir* kein Grund vor, warum dem nicht so sein dürfte. Die Unbegrenztheit des Seinshorizontes, der sich in jeder endlichen Erkenntnis auftut, zeigt auch bei genauestem Zusehen keine Stufen, keine Abschnitte und Einkerbungen, und somit ist von der apriorischen Form des Seins im ganzen her auch ohne weiteres zu erwarten, daß dieser leeren Form eine entsprechende aposteriorische Erfüllung zuteil werden wird. Der Fehler, der hier begangen wird und der die erste und urbildliche Sünde ist, ist der, daß der Mensch sich selber als Maßstab nimmt und darum schließt, daß dort, wo *er* keinen Grund einer Schranke sieht, tatsächlich auch keiner vorhanden sein kann. Es ist dabei nicht eigentlich die Sehnsucht nach der Wahrheit im ganzen, die als Ungehorsam anzusprechen ist, sondern die Weise, wie sie angestrebt wird: als ein bloßes Wissen ohne empfangenden Glauben. Daß die Wahrheit im ganzen tatsächlich erschlossen sei, das beruht auf einem freien Entschluß der ewigen Wahrheit selbst. So hat jede Sehnsucht, die dieser Enthüllung entgegendrängt, zu ihrem inneren (und nicht erst nachträglich äußerlich einschränkenden) Maß die beigefügte Bedingung: «soweit es der göttlichen Majestät gefällt, sich selbst zu offenbaren». Damit wird die Wahrheit nicht als innerlich endlich erklärt, auch nicht die unendliche Erkenntnisfähigkeit des menschlichen Verstandes vergewaltigt. Als eine Vergewaltigung kann ein göttliches Gebot oder Verbot nur solange betrachtet werden, als der Mensch sein eigenes Erkenntnisgelüst zum Maßstab erhebt. Er kann das aber nur gegen seine eigene Natur tun, in der das Wissen immer auch die *innere* Form des empfangenden Glaubens besitzt. Will er sich dieser Wesensstruktur seines erkennenden Geistes wider besseres Wissen nicht bewußt sein, so wird er zwar vielleicht äußerlich einen «Gehorsam des Willens» gegenüber dem unverständlichen Gebot der ewigen Wahrheit leisten, aber diese äußerliche Unterwerfung wird, weil sie der innern Überzeugung von der Angemessenheit des Gebotes zuwiderläuft, schon eine innerliche Auflehnung neben sich haben und darum nicht von Dauer sein. Die apriorische Form des Glaubens in der menschlichen Gewißheit des Wissens fordert daher unmittelbar und analytisch einen «Gehorsam des Verstandes», der im Grunde nichts anderes ist als die Anerkennung der eigenen Kreatürlichkeit und der Absolutheit Gottes durch den menschlichen Geist. Gehorsam des Verstandes ist naturhaft eingeschlossen in der Selbsterkenntnis eines geschaffenen Geistes, und seine Aufsage daher ein widernatürlicher Akt. Es ist nicht wahr, daß der natürliche Drang des Verstandes dahin geht, alles wissen zu wollen. Abgesehen davon, daß unendlich vieles den Verstand gar nicht interessiert, wird er, soweit er der Verstand eines Liebenden ist, vom Geliebten so viel wissen wollen, als dieser ihm mitteilen will. Er würde es als lieblos und schmachvoll empfinden, wenn er heimlich die Geheimnisse des Geliebten ausforschen wollte, die dieser ihm mit guten Gründen, die immer Gründe der Liebe sind, verschweigt. Ein Wissensdrang, der rücksichtslos alle Vorhänge herunterreißt, würde sehr bald die Liebe ertöten. Er würde das Maß des Wissens außerhalb der Liebe in sich selber suchen und damit der Liebe ein fremdes Maß aufzwingen. Die Liebe aber duldet kein Maß; sie selbst ist das Maß aller Dinge. Die Wahrheit ist das Maß des Seins, aber die Liebe ist das Maß der Wahrheit. Und die Sünde besteht darin, das Maß der Wahrheit über das Maß der Liebe zu setzen. Die Liebe dagegen hat ihre Wonne darin, das Maß der Erkenntnis aus der Hand des Geliebten entgegenzunehmen. Um das nicht Erkannte und nicht Mitgeteilte hat sie keine Angst, denn es ist ihr genug, daß der Geliebte es weiß. So ist es auch genug, daß Gott liebt, genug, daß Gott die ewige Wahrheit besitzt. Sie wird nicht wahrer dadurch, daß ich, das Geschöpf, sie auch noch weiß. Sollte es Gott aber gefallen, in diesem Mitwissen des Geschöpfs eine Bereicherung seiner Herrlichkeit zu erblicken, sollte er sich darin gefallen, daß auch sein Geschöpf mit ihm zusammen das Wissen um seine Wahrheit teilt, so werde ich diese Wahrheit mit beiden Händen ergreifen, aber viel mehr darum, weil Gott wünscht, daß ich sie wisse, als weil mich selber nach solchem Wissen gelüstet. Oder genauer: es wird mich darum nach ihr gelüsten, weil ich weiß: es ist Gottes Freude, daß ich sie weiß.

Die Umgriffenheit der menschlichen Evidenz durch die göttliche ist nicht quantitativ zu fassen als das Behaltensein eines kleinern Kreises innerhalb eines größern Kreises, sondern qualitativ als das Aufgehobensein des Relativen im Absoluten. Hier bietet wiederum die innerweltliche Analogie zwischen Subjekt und Objekt einen Vergleichspunkt: das materielle Objekt wird vom geistigen Subjekt nicht in dem Zustand erfaßt, wie es, sich selbst überlassen, an sich ist, sondern mitsamt der Ausstrahlung seiner Möglichkeiten, die es erst im subjektiven Anschauungsraum gewinnt. Der Eintritt in diesen Raum bedeutet für das Objekt die Erhebung in eine höhere Zone des Seins, und kraft dieser Erhebung, die nicht in seinem Dasein als Objekt begründet ist, gewinnt es allererst die Möglichkeit, jenen Reichtum zu entfalten, der vom Subjekt mit Recht als Darstellung des Wesens des Objekts betrachtet wird. In Analogie dazu wird auch das Geschöpf in die Sphäre der göttlichen Wahrheit hineingehoben, um in dieser Sphäre seine wahre Entfaltung und Darstellung zu finden. Die Emporhebung über sich selbst hinaus ist in beiden Fällen das Gemeinsame, während im Unterschied zum Objekt, das ein Ansichsein hat, das Geschöpf außerhalb der göttlichen Sphäre, die es umfaßt und im Dasein erhält, gar nicht gedacht werden kann. Und wie die Sphäre des Subjekts für das Objekt schöpferisch ist, da sie ihm Möglichkeiten entlockt, die es in seinem An-sich-sein nicht besitzt, so ist die einfache Tatsache der Aufgehobenheit des Geschöpfs in Gott schon eine schöpferische Entfaltung seines Wesens und Seins durch das göttliche Wesen und Sein und in dieses hinein. In Gott lebt das Urbild jeder Kreatur, das, weil es von Gott gedacht und geschaut wird, die ganze Fülle der (nur in Gott möglichen) Vollkommenheit des Geschöpfs enthält und ausdrückt. Dieses Urbild bedeutet für das Geschöpf, wenn es sich selbst in seinem «An-sich» betrachtet, das vollkommen Unerreichbare und die schlechthinige Überforderung. Aber so wenig das weltliche Subjekt das Objekt außerhalb seiner Erscheinung im Subjekt betrachtet, noch einen Vergleich anstellt zwischen dem nackten An-sich des Objekts und seiner Ausstattung durch die subjektive Erscheinung, um durch eine Subtraktion der subjektiven Eigenschaften zur «eigentlichen» Objektivität zu gelangen, so wenig betrachtet Gott das Geschöpf außerhalb seiner göttlichen Sphäre, um zu wissen, was das Geschöpf vielleicht an sich und abgesehen von Gott sein könnte. Auch dort, wo zwischen Urbild in Gott und Verwirklichung im Geschöpf eine Kluft sich auftut, das Sein sich mit dem Sollen nicht deckt, auch dort stellt sich Gott nicht gleichsam zwischen Urbild und Verwirklichung, um beide von außen her zu vergleichen und die Differenz festzustellen. Gewiß ist Gott diese Differenz nicht unbekannt, und da sie für ihn besteht, erhebt sich die schwerwiegende, das ganze Schicksal des Geschöpfs in sich bergende Frage, welche dieser beiden Wahrheiten über das Geschöpf die wahre ist: die Wahrheit des Urbildes, das Gott in sich trägt und anschaut, oder die Wahrheit des vom Urbild sich entfernenden, von ihm abgefallenen Nachbilds. Würde die Wahrheit des Urbilds als die endgültige Norm genommen werden, so wäre das Geschöpf gerechtfertigt und gerettet, aber auf Grund des schöpferischen Blickes Gottes, der das Sein-sollende als das Seiende sieht und erklärt. Würde dagegen die Wahrheit des vom Urbild sich entfernenden Nachbilds als die endgültige betrachtet werden, so müßte dieses Nachbild als ungenügend erklärt und verworfen werden.

An dieser Stelle muß an das früher Gesagte erinnert werden, daß die Wahrheit des Geschöpfs in einem bruchlosen Übergang von der immanenten Idee (als Morphe) über die Idee im Weltzusammenhang bis zur transzendenten Idee in Gott hinaufreicht. Eine von dieser letzten wirklich trennbare Idee besitzt das Geschöpf nicht. Es hängt so sehr an Gott, daß es sein Maß immer neu und unmittelbar von Gott her bekommt, mögen noch so viele Zweitursachen dieses Maß innerweltlich mitbestimmen. Darum betrachtet Gott es auch nicht außerhalb seiner totalen Wahrheit, die von der göttlichen Idee nicht ablösbar ist. Wenn er die Differenz zwischen Urbild und Verwirklichung auch erkennt, so sieht er diese Differenz doch immer durch das göttliche Urbild hindurch, er betrachtet sie im Medium seiner eigenen Substanz, deren Nachahmungsmöglichkeit ja das Urbild ist, weil alle Wahrheit für Gott innerhalb seines eigenen Wesens liegt und alles nur soweit wahr ist, als es in Beziehung zu seinem Wesen steht. Von Gott aus gesehen hat das Geschöpf Wahrheit in sich selbst nur insofern als es immer neu durch Gott aus dem eigenen Nichts emporgehoben wird in die Sphäre des göttlichen Seins und der göttlichen Wahrheit. So gibt es also keine *absolute* Betrachtungsweise des kontingenten Seins und der kontingenten Wahrheit in sich selbst, sondern nur eine solche, die es immer im Zusammenhang mit dem absoluten Sein und der absoluten Wahrheit sieht. Anders als in diesem Zusammenhang ist es als das, was es ist, gar nicht begreifbar. So erhebt sich hier ein letztes Mal, und zwar nunmehr in der ernstesten Weise, die Frage nach dem Verhältnis von *Gerechtigkeit und Liebe* in der Erkenntnishaltung. Liebe ist der Grund des göttlichen Urbilds, denn nur aus Liebe ist Gott nachahmbar, und Liebe ist der Grund der jeweils neuen Zumessung dieses Urbilds an die Kreatur. Reine Gerechtigkeit wäre die Betrachtung des

Abstands zwischen Urbild und Abbild, die nackte Schau dessen, was ist, getrennt von dem, was sein sollte. Weil aber, wie gesagt wurde, Gott diesen Abstand nicht an sich betrachtet, sondern nur innerhalb des Urbilds und seiner Erkenntnis, darum ist der totale Blick Gottes auf die Kreatur nur zu beschreiben als ein solcher der Liebe, die die Gerechtigkeit in sich hat. Liebe ist die Erfüllung der *ganzen* Gerechtigkeit, aber sie ist zugleich etwas mehr als bloße Gerechtigkeit. Sie kennt keine kalte Objektivität, sondern nur eine solche, die von ihrer schöpferischen Kraft mitgesetzt und miterzeugt wird.

Weil das Urbild in Gott, die höhere Wirklichkeit, in die das Geschöpf emporgehoben ist und die als seine endgültige Wahrheit vor Gott gilt, ein Erzeugnis der Liebe ist, darum weiß sich das Geschöpf in diesem Urbild *geborgen*. Es hat zwar ein Dasein und Wesen in sich selbst und dieses Dasein und Wesen ist eine Wirklichkeit in sich und für sich, die nicht Gott ist; aber es hat auch diese Wirklichkeit in sich selbst nicht außer Gott. Es hat sie nur, sofern es in Gott ist, von ihm erzeugt und innerhalb seines umgreifenden Wesens gehütet und umfangen ist. Es hat keine Möglichkeit, sich außerhalb Gottes zu betrachten und zu verstehen. Es ist, was es ist, nur in den Armen des Schöpfers. Nicht einmal denken kann es unabhängig von dem Gedanken, mit dem Gott es denkt. Der Gedanke des Abbilds hat sein Maß an dem Gedanken des Urbilds, der erste Gedanke geht unaufhaltsam über in den zweiten Gedanken. Käme das Geschöpf auf den Gedanken, sich einen Augenblick außerhalb Gottes zu betrachten, so würde es, wie Petrus auf den Wellen, sofort zu sinken beginnen: in das Nichts, das unter ihm ist. Das Sein, das es hat, ist ein von oben her gehaltenes, über dem Abgrund des Nichts schwebendes Dasein und Wesen. Blickt es auf sich selbst, statt nach oben auf Gott zu blicken, so kann es sich selbst nur als das Herausgeworfensein aus dem Sein betrachten, es deutet seine Ex-sistenz als ein Sein im Nichts, vom Nichts, zum Nichts. Es kann aber diese Deutung nur dann vollziehen, wenn es sich gegen die ursprüngliche Form der Evidenz sträubt, die sich eingebettet weiß in die unendliche Wahrheit des unendlichen Seins. Blickt es auf sich selbst, so kann ihm das Sein im Urbild nur wie eine absolute und ungerechte Überforderung erscheinen; die «Idee» scheint ihm dann als ein irreales Reich bloßer Geltungen und unverwirklichbarer Forderungen ewig über dem Reich der Wirklichkeit zu schweben. Blickt es aber, wie die ursprüngliche Evidenz es anleitet, auf Gott, so weiß es sich im Urbild Gottes als seiner wahren Wirklichkeit aufgehoben und schenkt dieser schöpferischen Idee in Gott vertrauensvollen Glauben. Nur im Blick auf sich selbst erscheint ihm die immanente Spannung in seinem Sein zwischen der Kontingenz, die es ganz und gar ist, und der ewigen Urbildlichkeit, die ihm als Idee vorgestellt ist, wie eine maßlose Überspannung. Im Blick auf Gott öffnet es seine Relativität zum Absoluten hin in der ursprünglichen Haltung der Hingabe.

D. BEKENNTNIS

Die Einfassung des kontingenten durch das absolute Sein und Wissen besagt nun aber notwendig, daß alles weltliche Sein und Bewußtsein vor dem Absoluten enthüllt ist. Dies wäre solange nicht evident, als man Gott wie einen Gegenstand der Welt gegenüberstehend sich dächte; es ist aber sofort klar, wenn man die innere Analogie des Selbstbewußtseins erwägt, kraft welcher Gottes Subjektivität auch von innen her alles Selbstbewußtsein begründet und unterfaßt (Deus interior intimo meo). Dieser Gedanke könnte zunächst wie eine Infragestellung all dessen erscheinen, was früher über das Wesen der Wahrheit als Freiheit, Intimität und Geheimnis gesagt worden ist. Es scheint fast wie eine Entweihung dieses Geheimnisses der Wahrheit zu sein, daß sie vor dem Absoluten schleierlos nackt daliegen soll, beinahe wieder wie jene rein sachliche Wahrheit, die als der nie erreichte Grenzfall der bloßen Anonymität aus dem Umkreis der weltlichen Wahrheiten und Erkenntnisweisen ausgeschaltet worden war. Vorbei scheint das schöne Geheimnis der Freiheit, die die Enthüllung der inneren, geheimen Wahrheit zu einem Akt der hingebenden Selbsterschließung machte, vorbei auch ihre Kostbarkeit, die den Akt ihres Empfangs zu einem gnadenhaften, bereichernden Ereignis werden ließ. Wenn Gott alles weiß und alles durchschaut, was könnte man ihm dann noch zeigen und geben? Das Geschöpf wäre vor ihm seiner personalen Privilegien beraubt und zu einer Art rechtlosen Sache geworden.

Aber dem ist nicht so. Die absolute Wahrheit ist gerade nicht die Sphäre der allgemeinen, anonymen, jedermann zugänglichen Wahrheit. Sie ist vielmehr die Sphäre der absoluten personalen Freiheit Gottes, und damit auch die Sphäre des absolut Geheimnisvollen. Was zu Gott hin enthüllt ist, ist eben damit auch in Gott hinein verborgen und verhüllt. Es ist dem Geheimnis zugekehrt und vom Schleier des Geheimnisses mitbedeckt. Darum allein weiß sich das Geschöpf in Gott wirklich geborgen. Ein Mantel des Schweigens umhüllt ihr beiderseitiges Geheimnis, in welchem sie einander offenbar sind. Nichts ist zarter und unentweihter als diese gegenseitige Enthüllung zwischen Gott und der Seele. Sie ist das Gegenteil einer Öffentlichwerdung des vorher Geheimen, sie ist umgekehrt die Vergeheimung eines bis anhin noch Tiefelosen. In dieser Öffnung zu Gott hin, in der das Geschöpf für Gott kein Geheimnis mehr hat, empfängt es Teilnahme an der geheimnisvollen Wirklichkeit Gottes und wird dadurch erst selber fähig, Geheimnis in sich zu haben. In der vollkommenen Enthüllung vor Gott empfängt es seinen Anteil an innerem Geheimnis. Ein Geheimnis, das nicht im Geheimnis Gottes geschöpft worden wäre, wäre ein leeres, gar nicht wissenswertes Geheimnis. Was immer die Kreatur an persönlichen Werten zu verschenken hat, das hat sie in der Teilnahme an der unendlichen Persönlichkeit Gottes empfangen. Wäre sie nicht gewillt, ihr inneres Geheimnis an dieser Quelle zu schöpfen, so wäre ihr Geheimnis auch schon versiegt, und sie hätte nichts mehr zu geben.

Vor Gott ist sie also nackt. Aber ihre Nacktheit wird verhüllt in das Kleid des Geheimnisses Gottes. Gott sieht ihr innerstes Wesen. Sie aber soll als Hülle um dieses Innere keine andere legen als die Verhüllung, die sie in Gott erhält. Weder soll sie sich Gott gegenüber zu verhüllen trachten, denn das wäre vergebliche Mühe und würde die Wahrheit zwischen Gott und ihr trüben, noch soll sie sich vor den Menschen anders zu verbergen suchen als durch ihre Verborgenheit in Gott. Diese ist ihr eigentliches Geheimnis, und andere Geheimnisse als die ihr von Gott gegebenen soll sie auch vor den Geschöpfen nicht haben wollen. Das Maß von Enthüllung und Verhüllung der Welt gegenüber liegt in dem Maß des Enthülltseins vor Gott und Verhülltwerdens durch Gott.

Die seinshafte Enthüllung des Geschöpfs vor Gott ist die Bürgschaft dafür, daß die Wahrheit dieser Welt überhaupt wahr ist. Wahrheit ist Unverborgenheit des Seins, und diese fordert zu ihrem vollen Begriff ein Jemand, dem sie unverborgen ist. Dieser Jemand ist Gott und kann nur Gott sein, denn keinem endlichen Subjekt kann alles weltliche Sein offenbar sein. Weil es Gott enthüllt ist, darum kann es auch anderen Subjekten enthüllt sein, ohne daß es aktuell von ihnen erkannt zu werden brauchte. Es hat seine objektive Wahrheit kraft seiner Unverborgenheit vor dem ewigen Subjekt.

Diese Enthüllung des Geschöpfs auf Grund des Schöpfungsaktes enthält aber, wie alle seinshaften Artikulationen der Wahrheit, eine sofortige Forderung zu einem geistigen und bewußten Nachvollzug. Was ist, das soll auch sein. Darum fordert die Nacktheit der Kreatur vor dem Schöpfer auch deren bewußte Enthüllung: die Beichte und das Bekenntnis. Alle Geschöpfe befinden sich vor Gott beständig im Zustand der Beichte, aber sie sollen dies auch wissen und wissend bejahen. Die Unverborgenheit aller kreatürlichen Wahrheit fordert jene Haltung vor Gott, die jeden Augenblick bis auf den Grund der Seele durchsichtig ist. Nicht nur soll es wissen, daß es im Licht des Auges Gottes wandelt und passiv gesehen wird, es soll sich spontan diesem Lichte darbieten, sein Enthülltsein als freiwillige Enthüllung mitvollziehen. Denn es soll das sein wollen, was Gott will, daß es sei. Diese Freiheit ist ihm von Gott gelassen: sich in wirklicher Wahl dazu entscheiden zu können, die Wahl Gottes anzuerkennen und zu seiner eigenen Wahl zu machen. Ist es auf Grund seines Seins zu Gott hin erschlossen, so ist es auf Grund seiner Freiheit zu Gott hin entschlossen. Entschluß besagt eine Öffnung des Willens, und diese hat ihr Maß in der Öffnung der Einsicht, die sich wieder mit der Offenbarkeit des Seins zu decken hat. Diese Angestrengtheit des Willens der Kreatur muß demnach die gleiche Weite haben wie im Selbstbewußtsein die Erschlossenheit des Seins im ganzen, sie muß eine unabgegrenzte sein. Und wie die Erschlossenheit des Seins im ganzen auf seiten des Verstandes keine andere Haltung erzeugte als die der aktiven Indifferenz, der spontanen Rezeptivität, die zu diesem Objekt nicht prädisponierter ist als zu jenem, sondern allen, die sich melden, den gleichen Empfang bereitet, so kann auch die Haltung des Willens Gott gegenüber keine andere sein als die der totalen Entschlossenheit in der totalen Indifferenz. Dieses Offenstehen des geschöpflichen Willens zum Verfügen des Willens Gottes ist die letzte Haltung der Kreatur zu Gott und der Inbegriff aller Vollkommenheit. Es ist das einzige Apriori der Ethik, wie die Indifferenz der Vernunft zu allem Sein das einzige Apriori der Erkenntnis ist, und es reicht hin, um das Geschöpf zu den Höhen der Heiligkeit emporzuführen. Für Gott aber ist es nicht gleichgültig, ob er das, was er im Geschöpf schon besitzt, nun auch von diesem angeboten erhält. Denn nicht das bloße Wissen allein erfreut und verherrlicht ihn, sondern die freie Hingabe des Geschöpfs, die ihm mit dem Sein und der Unverborgenheit auch seine Liebe entgegenbringt. Dadurch wird die Liebe, die Gott in seiner freien Zuwendung zum Geschöpf an die Welt verschwendet hat, ihm in der Gestalt der Gegenliebe wieder zurückgegeben. Gott teilt dem Geschöpf seine Wahrheit mit, indem er ihm das jeweils tiefere Geheimnis seines Wesens als Geheimnis sichtbar werden läßt; und das Geschöpf teilt Gott seine Wahrheit mit, indem es dieses Geheimnis anerkennt und an Gott zurückgibt.

Aber kein Geschöpf steht einsam vor Gott. Es weiß, daß auch sein Mitgeschöpf, dessen Geheimnis ihm verborgen ist, mit ihm zusammen vor Gott unverborgen und enthüllt steht. Voreinander sind die Geschöpfe in ihrer letzten Wahrheit verhüllt, aber miteinander sind sie vor Gott enthüllt. Darum ist der Ort, an welchem sie auch füreinander enthüllt sind, kein anderer als Gott. Wie jedes von ihnen seine volle Wahrheit in Gott besitzt, so besitzen sie auch ihre gemeinsame Wahrheit in ihm. Will einer einen anderen erkennen, wie er in Wahrheit ist, so muß er ihn mit Gottes Augen zu betrachten versuchen, er muß, wie Gott, seine Mängel durch das Medium des Urbildes ansehen und den Abstand zwischen Urbild und Abbild in einer allseits gerechten Liebe zu ermessen und zu überwinden suchen. Eine solche Sicht des Nächsten kann nur im engsten Anschluß an Gott, in Gebet und Selbstentsagung erfolgen, denn das gesuchte Urbild ist kein totes, allgemein und überzeitlich vorhandenes, sondern ein durch die Freiheit Gottes in jeweils neuer Situation zugemessenes. Alle schöpferische Mithilfe an der Gestaltung dieses Bildes in Liebe wird darin ihre fruchtbarste Form haben, daß man das, was man liebt, jeweils mehr in Indifferenz der schöpferischen Lenkung Gottes überantwortet und anheimstellt. Alle aktive Sendung zur Mitgestaltung der Welt beginnt in der Indifferenz und mündet am Ende wieder in sie. Gewiß gehört es zum Wesen des menschlichen Verstandes, urteilend über die Wahrheit der Dinge zu richten (als intellectus dividens et componens); und er soll dieses Gericht in Übertragung der richterlichen Macht Gottes ausüben. Doch wird er eingedenk sein müssen, daß dieses ganze Richten nur ein vorläufiges ist und daher zu seiner innern Form die Rückgabe des Gerichtes an Gott einschließt. Vor allem darf das Richten des endlichen Verstandes sich nicht anmaßen, so zu urteilen, als wäre ihm das Wesen der Dinge, der innere, intime,

Gott zugewandte Kern bis in seine Tiefen durchschaubar. Er kann zwar objektive Erkenntnis gewinnen, und was er von den Dingen erfaßt, das kann in Wahrheit erfaßt sein. Aber wann hätte er die absolute Gewißheit über ein Wesen erreicht, wann also wäre sein Gericht ein unumstößliches? «Richtet nicht, damit ihr nicht gerichtet werdet»: diese Warnung versetzt uns zurück in die Sphäre der Kontingenz, in die unser Richten gehört und deren es sich bewußt bleiben soll. Das Bekenntnis der eigenen Enthülltheit vor Gott, wie das Bekenntnis der Verhülltheit des Nächsten vor uns sind beide nur ein Moment innerhalb des alles beherrschenden Bekenntnisses des Geheimnisses Gottes für jegliche Kreatur.

Wir stehen hier am Ende einer philosophischen Untersuchung, die keine andere Offenbarung Gottes betrachtet als die in der Schöpfung selbst ergangene, innerhalb derer sich der Schöpfer als Dominus (Vatic. Dz. 1806) und als Principium et Finis (ebd. 1785) anzeigt, aber darüber hinaus das unerforschliche Geheimnis bleibt. Als Geheimnis ist er in der Form des Selbstbewußtseins bekannt, das an seinem kleinen Geheimnis der Selbstergreifung im innern Licht, an seiner Personalität und Freiheit einen Schimmer dessen erhascht, was die unendliche Identität und Freiheit der göttlichen Wahrheit sein könnte. Als Geheimnis ist er in der Form jeder geschöpflichen Wahrheit bekannt, die auch in ihrer Endlichkeit den Charakter des Wunderbaren, des Gnadenhaften, des grundlos sich Öffnenden und Schenkenden niemals ganz abstreift. Die unlösbare Verbundenheit der irdischen Wahrheit mit der Bewegung des Guten und der des Schönen zeigt deutlich genug auf den Sinn dieses Seinsgeheimnisses hin, das in absoluter Vollendung und Steigerung das Geheimnis Gottes selbst sein muß: auf das Geheimnis der grundlosen Hingabe, auf die alles, was begriffen werden soll, als auf die letzte, sich selbst begründende Ursache zurückgeführt werden muß. Daß Gott die Liebe ist, soll nicht heißen, daß etwa seine Essenz substanzielle Liebe sei, daß seine übrigen unendlichen Eigenschaften alle in diese eine aufgelöst werden müßten. Es gibt jene Fundierungsordnung, daß die Liebe Erkenntnis voraussetzt, die Erkenntnis das Sein. Aber was am Ende der Reihe als Ziel der Entfaltung steht, das hat doch, in einer anderen Perspektive, am Anfang als Anstoß gestanden. Im Kreislauf der Ewigkeit schließen sich Anfang und Ende zusammen, und während alles Begründete, als Wahrheit zu Begründende innerhalb der Fundierungsreihe steht, wird die ganze Reihe von dem letzten Grund getragen, welcher die Liebe ist. Es gibt die ewige Wahrheit Gottes, durch die alles wahr ist und sinnvoll erklärt werden kann. Aber *daß* es überhaupt Wahrheit und ewige Wahrheit gibt, das hat seinen Grund in der Liebe. Wäre die Wahrheit das Äußerste in Gott, so könnten wir mit offenen Augen in ihre Abgründe schauen, geblendet vielleicht von soviel Licht, aber ungehindert im Drange unserer Sehnsucht nach Wahrheit. Weil aber die Liebe das Äußerste ist, darum bedecken die Seraphim ihr Antlitz mit ihren Flügeln, denn das Geheimnis der ewigen Liebe ist so geartet, daß seine überhelle Nacht nur durch Anbetung verherrlicht werden darf.